iCourse · 教材

高等学校管理类专业基础课程教材

新形态教材

U0771639

ORGANIZATIONAL BEHAVIOR

组织行为学

（第五版）

主　编　段万春

副主编　孙永河　杜元伟　魏　蕾　傅　红

　　　　谢　晖　任金凤　王　璇

中国教育出版传媒集团

高等教育出版社·北京

内容简介

本书是精品资源共享课配套教材《组织行为学》的第五版。全书共分为十一章，包括绪论、人性假设与组织管理、个体行为的影响特质、激励与沟通中的组织行为匹配、激励理论与应用、组织沟通理论及应用、领导行为与管理、组织设计与变革发展、组织文化、群体行为、团队管理，各章均配套导入案例、关键概念、复习思考题、管理游戏和案例分析。本书在第四版的基础上，围绕数字化时代与人工智能时代对组织管理、领导模式、团队行为、消费群体演变、沟通理念、个体特征及行为偏好转变等内容的影响，及时更新并调整了相应理论内容。同时，为便于授课教师更为合理地开展教学，继续沿用第四版所设计的十一个内容相对完整独立的授课专题。此外，本书还配有知识链接、教学课件、模拟试卷及在线课程等教学资源，供师生教学使用。

本书适合高等院校工商管理、市场营销、人力资源管理等专业的本科生或低年级研究生使用，也可供从事组织行为学、管理学研究工作的人员参考。

图书在版编目（CIP）数据

组织行为学／段万春主编 . -- 5 版 . -- 北京：高等教育出版社，2025.9 . -- ISBN 978-7-04-064552-1

Ⅰ . C936

中国国家版本馆 CIP 数据核字第 2025FE9230 号

Zuzhi Xingweixue

| 策划编辑 | 孙　维 | 责任编辑 | 孙　维 | 封面设计 | 赵　阳 | 版式设计 | 杨　树 |
| 责任绘图 | 李沛蓉 | 责任校对 | 吕红颖 | 责任印制 | 刘弘远 | | |

出版发行	高等教育出版社	网　址	http://www.hep.edu.cn
社　址	北京市西城区德外大街 4 号		http://www.hep.com.cn
邮政编码	100120	网上订购	http://www.hepmall.com.cn
印　刷	北京七色印务有限公司		http://www.hepmall.com
开　本	787 mm×1092 mm　1/16		http://www.hepmall.cn
印　张	21.5	版　次	2010 年 3 月第 1 版
字　数	480 千字		2025 年 9 月第 5 版
购书热线	010-58581118	印　次	2025 年 9 月第 1 次印刷
咨询电话	400-810-0598	定　价	52.00 元

第五版前言

本次修订是在《组织行为学（第四版）》的基础上展开的。党的二十大对我国经济社会发展的重要环境与趋势进行了分析研判，本版据此及时调整了相应理论内容，丰富了党的创新理论进教材，精简了部分表述，更新了引用案例及课后思考题。通过汲取第四版以来的授课经验以及同行交流学习心得，我们希望借助本次再版修订，用更具中国文化底蕴和更反映新时代特色的理论与案例，为教师和读者学习组织行为学提供有效参考。

本书是段万春教授主讲的国家精品课程"组织行为学"配套教材。在广大师生、业界同仁和兄弟院校的支持下，该课程不断发展完善，先后入选教育部国家精品课程（2008年）、教育部精品视频公开课（2013年）、高等学校工商管理类核心课程金课建设研究项目（2019年）、云南省研究生优质课程（2019年）、云南省线下一流本科课程（2020年）以及MBA西南联盟21所高校共享公开课（2020年）。课程持续丰富教学内容、更新教学模式、扩大教学影响。2010年至2025年间，编写团队以云南省哲学社会科学创新团队"组织行为与复杂行为决策"为支撑，于2013年完成了教材的第一次大幅修订，于2015年编写出版了课程教材配套的《组织行为学教学案例集》，汇聚了大量的本土典型组织管理案例，有效充实了教学内容和丰富了课程的案例教学体验。2020年，面对数字化时代的新挑战和新机遇，更新了组织增长模式、消费群体迭代、沟通理念、个体特征及偏好转变等重要内容，并在原有经典体系七章内容的基础上系统梳理并整合形成了内容相对完整独立的十一个授课专题，为教师和学生独立开展学习提供了更为合理的结构框架。自第四版更新以来，编写团队多次在全国组织行为学骨干教师高级研修班、交流会开展授课交流，收集到同行在教学实践、理论研究进展及社会反馈等方面的诸多宝贵建议，这些内容都反映在了历次修订中，在此深表谢意！时至2025年，第五版修订继续秉承"古为今用，洋为中用，博采众长，自成一家"的教材建设理念，延续"响应时代、深化内涵、传承创新"的三维度更新理念，进一步更新了本土化案例、增强了党的创新理论进教材内容、完善了课后思考题等。

当今世界正经历百年未有之大变局，我国正处于全面建成社会主义现代化强国、实现第二个百年奋斗目标，以中国式现代化全面推进中华民族伟大复兴的新发展阶段。党的二十大报告把高质量发展明确为全面建设社会主义现代化国家的首要任务，凸显了发展质量的全局和长远意义。连接经济与社会高质量发展的微观主体是兼具经济与社会融合属性的企业，企业的高质量发展离不开企业社会责任创新发展。秉承这一社会责任创新发展的历史使命，一方面我国越来越多的企业践行"创新、协调、绿色、开放、共享"的新发展理念，在"双碳"目标、ESG发展、乡村振兴、社会公益等方面大展宏图，谱写了中国企业勇担社会责任、服务区域经济社会高质量发展的新篇章。另一方面地缘政治、贸易保护、技术封锁等问题在全球范围内日渐凸显，在此背景下深入学习宣传贯彻党的二十大精神，探讨大变局下企业勇担社会责任、实施创新发展和高质量发展问题尤为重要，这也成为第五版修订的重点方向。

第五版由段万春教授主编，全书共十一章，具体分工如下：第一章由段万春、孙永河、杜元伟修订；第二章、第三章由魏蕾、任金凤修订；第四章、第五章由傅红、王璇修订；第六章、第七章由杜元伟、谢晖修订；第八章、第九章由孙永河、王广雷修订；第十章、第十一章由段万春、石成玉修订；全书由段万春、魏蕾统稿和审阅。

本书适用于高等院校经济管理专业本科生、研究生的课程教学，也适合各类管理干部培训，还可供政府部门及企事业单位从事经济管理工作的相关人员参阅。

在修订过程中，编者引用借鉴了国内外部分学者的最新研究成果，在此向他们表示最诚挚的感谢！同时，本书的出版得到高等教育出版社的支持，在此也深表感谢！此外，虽几经校对，再版教材中仍难免存在错漏之处，也敬请广大读者批评指正。

编　者

2025 年 4 月

第四版前言

在《组织行为学（第三版）》的基础上，第四版结合近年来数字化时代特征对经济环境、组织增长模式、消费群体迭代、沟通理念、个体特征及偏好转变等内容的影响，及时更新并调整了相应理论内容。同时，为便于授课教师更为合理地开展教学，在原有经典体系七章内容的基础上拆分、梳理并整合形成了内容相对完整独立的十一个授课专题。通过汲取第三版以来的授课经验以及同行间的交流学习心得，希望借助本次修订，贴近年轻群体的问题导向学习方式，也便于授课教师教学，用更新的话题、更聚焦的理论内容、更简洁的篇章结构，为教师和读者有效学习和理解组织行为学的相关理论提供借鉴。

在广大师生、业界同仁和兄弟院校的支持下，段万春教授主讲的"组织行为学"课程不断发展完善，依托国家精品课程和国家精品视频公开课平台，持续丰富教学内容、更新教学模式、扩大教学影响。2010—2020 年，以云南省哲学社会科学创新团队"组织行为与复杂行为决策"为支撑，编写团队于 2013 年完成了教材内容的第一次大幅度修订，于 2015 年编著出版了课程教材配套的《组织行为学教学案例集》，汇聚了大量本土的典型组织管理案例，有效充实了教学内容和丰富了课程的案例教学体验。自第三版出版以来，团队多次在教育部全国高校教师网络培训中心以及高等教育出版社筹备的组织行为学骨干教师高级研修班开展组织行为学授课交流，收集到同行在教学实践、理论研究进展及社会反馈等方面的许多建议，在此深表谢意！时至 2020 年，面对数字化时代的新挑战和新机遇，第四版修订继续秉承"古为今用，洋为中用，博采众长，自成一家"的教材建设理念，延续"反映时代、深化内涵、传承创新"的三维度更新理念，进一步探索完善了目前的内容框架。

数字化时代为组织管理带来了更加不确定的管理情境，技术驱动带来更多的跨界融合，组织的边界更加模糊，对环境的快速响应更加重要，使得组织中的经营模式、产品内容、服务内涵、合作方式、员工激励内涵、领导模式、组织架构、变革管理等内容都受到显著影响，小而精的团队化运作与创业型组织建设、去中心化的企业创新分布形式、随需随聘的员工管理、强调参与式互动化的沟通与考评等被越来越多的行业和公司采用。面对组织环境、合作方式、变革驱动因素的上述潜在影响，系统、深入理解管理者自身以及管理对象的心理和行为规律变化特征，就显得尤为重要，这也成为本次修订的重点工作。

第四版由段万春教授主编，在第三版的基础上做了全面修订和完善。全书共分十一章，第一章由谢晖、魏蕾修订；第二章由谢晖、孙永河修订；第三章由傅红、谢晖修订；第四章由许成磊、张超修订；第五章由缪彬、张超修订；第六章由傅红、陈童婕修订；第七章由段万春、魏蕾修订；第八章由孙永河、魏蕾修订；第九章由孙永河、周欢修订；第十章由许成磊、陈童婕修订；第十一章由许成磊、周欢修订。全书由段万春教授统稿和审阅。

修订后的第四版教材，补充了新时代的机遇与挑战、激励与沟通中的组织行为匹配、沟通理论与应用、团队创业特质等内容，更新了经典结构中的理论进展与前沿、热点问题及导入案例，完善了课后的关键概念、复习思考题、管理游戏和案例分析。本书适合高等院校工商管理、市场营销、人力资源管理等专业的本科生或低年级研究生使用，也可供从事组织行为学、管理学研究工作的人员参考。

在修订过程中，编者引用借鉴了国内外部分学者的最新研究成果，在此向他们表示最诚挚的感谢！同时，新书的编辑和出版也得到高等教育出版社的指导和支持，在此也深表感谢！此外，虽几经校对，再版教材中仍难免存在错漏之处，也敬请广大读者批评指正。

编 者
2020 年 5 月

第三版前言

在《组织行为学（第二版）》的基础上，第三版为契合近年来我国经济发展新常态下网络经济、创新创业、消费服务等热点趋势、新兴业态与难点问题，对部分章节的理论框架及要点进行了更新、整合与新增。同时结合网络授课与"互联网+"对课程要点设置方式的新要求，增加了诸如"小贴士""案例""知识链接"等新颖的栏目内容。编者希望能够借助本次再版修订，探索本领域及相关领域的前沿问题与实践要点，结合近年来从事组织行为学教学研究的心得体会，进一步完善教材的理论体系，扩大应用范围，增加实践指导价值，为读者更好地理解并运用组织行为学相关理论提供切实指导。

段万春教授承担的"组织行为学"课程为国家精品课程和国家精品视频公开课。近年来，段万春教授先后获得"云南省教学名师""全国优秀教师"和"云南省高层次人才特殊支持计划高等学校教学名师"等多项荣誉，并享受国务院政府特殊津贴和云南省政府特殊津贴，所领衔的云南省哲学社会科学创新团队"组织行为与复杂行为决策"也于2014年获批建设。自2010年以来，以相对稳定和发展的研究梯队为支撑，课程建设团队于2013年完成了对教材内容的第一次较大幅度的修订，于2015年编著出版了与课程教材配套的《组织行为学教学案例集》，在面向多层次群体的教学中产生了积极影响，受到国内多所兄弟院校及合作企事业单位的广泛好评。与此同时，自第二版出版以来，在赴教育部全国高校教师网络培训中心授课交流，应邀参与高等教育出版社在北京、西安、武汉、南京和郑州等地召开的教学经验、成果交流学习会议等活动的过程中，课程建设团队积累了大量教学实践经验、理论研究进展及社会反馈建议。据此，本次修订形成的第三版教材继续遵循了"古为今用，洋为中用，博采众长，自成一家"的风格和体系，围绕"新时期、新机遇、新挑战"，从"反映时代、深化内涵、传承创新"三个维度进一步探索完善了目前的理论框架。

在日益复杂的动态不确定管理情境下，由于组织行为学课程本身具有现代管理科学的跨学科特性，持续更新课程体系、内涵与方法显得尤为重要，这甚至已经成为本门课程的主要优势，即"梳理关联理论，搭建思维框架；培养问题导向，形成综合分析能力；关注时事热点，提升体系拓展素养"。基于这种考虑，发挥组织行为学在经济全球化与国内经济新常态下的实践作用，培养能够体现个体、群体、组织特征的多学科动态融合的理论基础，提升复杂系统视角下多维度管理问题的应对能力，是本门课程未来教学与研究的核心，也是本次修订的主要侧重点。

第三版由段万春教授主编，在第二版的基础上做了全面修订和完善。全书共分七章，第一章由许成磊、王媛、杜凤娇修订；第二章由孙永河、曹勤伟修订；第三章由傅红、王鼎修订；第四章由段万春、程思路修订；第五章由缪彬、王玉华修订；第六章由魏蕾、苏佳、李阳修订；第七章及术语和文献由戴璟、赵叶叶、谢晖修订。全书由段万春教授统稿和审阅。

修订之后的第三版，理论体系更加完整，学习内涵的可扩展性更强。每章新增的多媒介专题化学习内容，有助于培育贯穿管理学、心理学、社会学、政治学等学科的复合型知识体系；更新完善的课后习题及案例分析，有助于训练围绕新问题探索新方法的辩证思考能力。本书适合高等院校经济管理类专业本科生、研究生的课程教学使用，同时也适合各类管理干部的培训使用，还可供政府部门及企事业单位中从事经济管理工作的相关人员参阅。

在修订过程中，编者参阅和引用了国内外部分学者的研究成果，在此向他们表示真诚的感谢和敬意。同时，本书的出版也得到了高等教育出版社的大力支持和帮助，同样在此表示诚挚的感谢。此外，虽几经校对，本书中仍然可能存在些许差错疏漏，敬请各位专家和广大读者予以批评指正。

编　者
2016 年 5 月

第二版前言

本书是国家精品课程配套教材《组织行为学》的第二版，是编者根据以往十多年组织行为学研究和课程教学的经验修订完成的。此次修订希望通过增加近年来的前沿研究成果、案例分析及管理游戏，来丰富教材的理论体系，扩大应用范围，同时增加理论与实践的结合点，助力读者更好地理解组织行为学的相关理论，并在实践中加以运用。

在管理科学的诸多领域中，组织行为学占据着重要的位置。随着全球经济形势的不断发展变化，现代组织的管理者面临着越来越多前所未有的挑战，这使得管理者对于组织中的人、群体、组织发展环境的不断变化和发展给予了更多的关注和研究。本书通过对国内外学者的观点与中国古代管理思想的融会贯通，秉承"古为今用，洋为中用，博采众长，自成一家"的风格和体系，对个体、群体和组织中决定行为的因素进行系统且深入的研究。其目的在于提高现代组织管理者对组织成员行为的预测、控制和引导能力，协调个人、群体和组织之间的相互关系，充分激发和调动组织成员的积极性、主动性和创造性，建立合理的组织结构及形成流畅的组织作业流程，进而提高管理行为的有效性，实现组织目标。

昆明理工大学的"组织行为学"课程于2008年被评为教育部国家精品课程，并于2013年经教育部批准为第三批国家精品视频公开课。课程建设的一项重要任务是及时更新教材。本书的编写团队以国家精品课程教学团队成员为主，还吸纳了多位博士和博士后。编写团队在高等教育出版社已出版的《组织行为学》的基础上，充分听取读者及专家意见，对教材进行了丰富完善，更加突出教材的基础性、简明性、可读性、实践性和前沿性。本书有配套习题库、教学课件及课程教学网站，方便师生交流学习和教学互动。

本书由国家精品课程"组织行为学"的负责人段万春教授主编，在第一版的基础上进行了全面修订和完善。全书共分七章，第一章由杨红娟教授编写；第二章由张劲梅博士、杜元伟博士编写；第三章由傅红副教授、孙永河博士编写；第四章由段万春教授、谢晖博士编写；第五章由马芬副教授、可星教授编写；第六章由魏蕾老师、黄庆华博士编写；第七章由戴璟博士、任金凤老师编写。全书由段万春教授统稿和审阅。

本书结构完整，每章附有导入案例、学习目标、学习内容，有助于读者理解课程知识和掌握课程的重点与难点。同时章后附有本章小结、复习思考题、管理游戏以及案例分析，可以帮助读者进一步复习巩固所学内容，在一定程度上实现理论联系实际。本书适合高等院校经济管理专业本科生、低年级研究生课程教学使用，也适合各类管理干部培训使用，还可供政府部门及企事业单位从事经济管理工作的相关人员参阅。

在编写过程中，编者参阅和引用了国内外部分学者的研究成果，在此向他们表示真诚的感谢和敬意。同时，本书的出版得到了高等教育出版社的大力支持和帮助，借此表示诚挚感谢。对书中的错误或不当之处，敬请各位专家和广大读者予以批评指正。

编　者
2013 年 5 月

第一版前言

随着全球化进程的日益加快，现代组织的管理者面临着前所未有的诸多挑战。这些挑战既来自组织外部环境的确定性与不确定性变化，也来自组织内部出现的各种各样的新问题。可以说，管理活动在价值创造过程中，变得日益精细且艰巨。在国际化进程中，企业管理者要想在激烈的市场竞争中取得一席之地，就必须在管理过程中不断提高自身素质，以系统的管理知识和理论为依托，开展科学的管理工作。

在管理科学的诸多领域中，组织行为学占据着重要的位置。这是一门应用实践性很强的综合学科。它运用系统分析的方法，综合运用管理学、心理学、政治学、社会学、生理学、生物学等学科的理论、方法和手段，对个体、群体和组织中决定人们行为的因素进行系统深入的研究。加强对这门学科的学习、研究及应用，对于提高管理人员对组织成员行为的预测、控制和引导能力，协调个人、群体和组织之间的相互关系，充分激发和调动组织成员的积极性、主动性和创造性，构建合理的组织结构及形成流畅的组织作业流程，进而提高管理行为的有效性以实现组织目标，具有重要的作用。

昆明理工大学的"组织行为学"课程于2008年被评为教育部国家精品课程。为更好地推动国家精品课程的建设，我们在原有教材的基础上，总结多年的教学经验和成果，同时汲取国内外组织行为学研究领域的精粹，编写了本教材，作为国家精品课程"组织行为学"的配套教材。本书主要适用于高等院校工商管理、市场营销、人力资源等专业的本科生或低年级研究生。对于从事管理实践和对人员管理有兴趣的工作者而言，本书也具有较好的学习参考价值。在编写过程中，本教材着重强调基础性、简明性、可读性、实践性和前沿性。本教材配有习题库、教学课件及精品课程教学网站，方便师生进行交流学习和教学互动。

本书由国家精品课程"组织行为学"的负责人段万春教授主编，马芬、戴璟、杨红娟和魏蕾任副主编。段万春教授负责教材的总体设计和最终审稿；戴璟、魏蕾负责统稿编辑；马芬、杨红娟负责文字校对。具体编写分工如下：第一章由傅红、于东平、任金凤编写；第二章由缪彬、马祥凯、杜润萍编写；第三章由杨红娟、陈蕾、邓昭编写；第四章由田存刚、魏蕾、林江珠编写；第五章由马芬、刘思娟、王云编写；第六章由可星、李建波、赵东红编写；第七章由和矛、李鹤虎、郑小亚编写；各章节后附的案例和习题由黄波、兰图、李祎收集；后附的专业术语中英文对照表由戴璟负责编写。

在编写过程中，编者参阅和引用了国内外部分学者的研究成果，在此向他们表示真诚的感谢和敬意。书中若有错误或不当之处，敬请各位专家和广大读者批评指正。

编 者
2009 年 11 月

目　　录

第一章 绪 论

【学习目标】

1. 理解组织行为学概念，了解其发展历程
2. 掌握组织行为学的研究方法
3. 理解组织行为学的相关理论
4. 了解组织行为学的发展趋势和面临的挑战

导入案例

空城计背后的博弈

三国时期，魏蜀之战，魏平西都督司马懿夺取要塞街亭后，率领大军逼近西城。而诸葛亮已将兵马调遣在外，一时难以回援，城中只有一些老弱兵丁。危急时刻，诸葛亮自坐城头饮酒抚琴，摆出一副悠闲自在的样子。司马懿兵临城下，见城门大开，几个老兵在扫地，耳听诸葛亮琴声镇定从容，心中疑惑，不敢贸然进城，自退二十里路观察。待他探明实情再返回时，赵云已率大军赶到，司马懿就这样中了诸葛亮的空城之计。

空城计为何会产生并被后人津津乐道？这就需要我们了解当时复杂的权力关系和背后的博弈关系。当时，曹操之子曹丕已建魏称帝，三分天下的格局已经形成，这是一种权力分散且极不稳定的局面。在这种情况下，曹丕将司马懿提拔为大将军，然而司马懿始终未能在曹魏的内部集团中得到更大的权力。诸葛亮则在蜀汉辅佐刘备，并在刘备去世后逐渐成为执掌蜀汉大权的关键人物。在这种背景下，司马懿必须找到一种方法来平衡自己在曹丕和诸葛亮之间的利害关系，并应对他在曹魏的长期竞争者，而空城计中的退兵之举则成为他彼时的最优策略。

在博弈中，"两败俱伤"是最坏的结果，而"合作共赢"是最理想的局面。司马懿和诸葛亮之间的这场博弈，便是一场心照不宣的"合作博弈"。一方面，诸葛亮是这场博弈的胜者，他利用司马懿天性多疑的性格，制定出了最优策略，不费一兵一卒，吓退了司马懿的大军。另一方面，司马懿也是这场博弈中的胜者，所谓"鸟尽弓藏，兔死狗烹"，这次退兵帮助他保留了实力，助力他日后在曹魏提升影响力。因此，司马懿即使知道诸葛亮在演戏，困守一座空城，也不会带兵入城。

资料来源：罗贯中. 三国演义［M］. 北京：人民文学出版社，2006.

第一节　组织行为学相关概念

一、组织的定义

组织是人们生活中一种普遍的存在形式和方式。例如，学校、军队、医院、银行、企业等都是组织。目前，管理学领域尚未形成对组织的统一定义。不同的管理学家从不同的研究视角给出了不同的组织定义。

被称为现代管理理论"鼻祖"的切斯特·巴纳德（Chester I. Barnard）将组织定义为：有意识地协调两个或两个以上的人的活动或力量的协作系统；詹姆斯·穆尼（James D. Mooney）认为，组织是每一种人群联合以实现某种共同目标的形式；哈罗德·孔茨（Haroldo Koontz）则将其定义为：正式的、有意识形成的职务结构或职位结构；社会学家斯坦利·尤迪（Stanley H. Udy）认为，组织是指那些具有明确的、有限的边界，并且公开宣告了其目标的正式机构，它们具有共同的、正式的目的，并要求人们与它建立一种正式的、带有契约性质的关系。由此可见，组织不仅是人的简单结合，而且是一种特定的体系。

从组织的诸多定义中可知，组织具有以下三个特征：一是组织具有明确的目标。目标是组织存在的基础，也是决定组织性质与发展方向的重要因素；二是组织拥有为实现目标而配置的资源，如设备、人才、资金等。其中，人是组织的基本构成要素，也是组织中最有活力、最具创造性的资源，是实现组织目标的保障；三是组织具有特定的结构。组织结构是组织成员之间工作关系的体现，合理的组织结构有利于组织活动的顺利开展。组织需要对部门及层次进行科学的划分，明确各部门、各层次的责、权、利，并根据个体成员的才能为其安排合适的工作与职位，落实每个职位的责、权、利。

二、组织行为的定义与类型

组织行为是指在一定的组织环境中，全体组织成员在工作时表现出来的行为的总和。该行为特指成员在工作状态下的行为表现，工作之外的组织成员行为，如旅游、交友、购物、娱乐、运动等，都不属于组织行为的范畴。概括而言，组织行为是组织内部的个体与群体在工作时产生的行为，以及这些行为与外部环境的相互作用。

依据分析层次的不同，组织行为可以分为微观组织行为、中观组织行为、宏观组织行为。

（1）微观组织行为，是组织内的个体行为。

（2）中观组织行为，是组织内的群体行为，包括人际行为、群体及群际行为。

（3）宏观组织行为，是组织作为整体所表现出来的行为，包括组织结构、组织文化、组织变革与发展、组织学习等。

三、组织行为学的内涵

在组织行为学的发展过程中，不少学者从不同角度对该学科下过定义。以下列举三种具有代表性的定义：

（1）安德鲁·杜布林（Andrew J. DuBrin）认为，组织行为学是系统研究组织环境中所有成员行为的一门学科，以成员个人、群体、整个组织以及外部环境的相互作用所形成的行为作为研究对象。

（2）乔·凯利（Joe Kelly）认为，组织行为学是对组织的性质进行系统研究的学科：组织是怎样产生、成长和发展的，它们怎样对各个成员、组成这些组织的群体、其他组织以及更大的机构产生作用。

（3）斯蒂芬·罗宾斯（Stephen P. Robbins）认为，组织行为学是一个研究领域，它探讨个体、群体以及结构对组织内部行为的影响，旨在应用这些知识来提高组织的有效性。

本书对组织行为学的定义如下：组织行为学是运用系统分析的方法，研究各类组织中人的心理和行为的规律，从而提高管理人员预测、引导和控制人的行为的能力，增强组织的适应能力，以实现组织目标的科学。

根据上述定义，可以从以下四个方面掌握组织行为学的内涵。

第一，组织行为学将人的心理活动规律与行为活动规律作为一个统一体来研究。这是因为人的行为与心理活动是密不可分的，心理活动是行为的内在基础，行为是心理活动的外在表现。

第二，组织行为学不研究人的一般行为规律，也不研究一切人类的心理与行为规律，而是聚焦各种工作组织中人的心理与行为规律。这种工作组织主要是工商企业，也包括政府机关、学校、军队、医院等。所研究的心理与行为规律不仅包括单个人的心理与行为，还包括处于一定组织环境中的人的心理与行为。

第三，组织行为学并非孤立地研究一个组织中的个体、群体和组织的心理与行为，而是用系统分析的方法，按照系统理论的观点，将个体的人作为一个系统，并把它放在群体这个较大的系统中来研究。个体就是群体的子系统，而很多的群体又构成一个组织，因此，群体是组织这个大系统的子系统。它们均自成系统而又相互联系、不可分割。同时，它们都处在社会环境这个更大的系统中并相互作用，因此它们又都是社会环境的子系统。

第四，组织行为学的研究目的是在掌握一定组织中人的心理和行为规律的基础上，提高预测、引导、控制人的行为的能力，进而实现组织的既定目标。

第二节　管理理论发展的演变

自从有了人类社会生活，就有了管理实践。管理实践活动的历史和人类社会的历史一样悠久。有关管理的理论和知识体系，就是在人类长期实践的基础上形成的。在系统的管理理论产生之前，最先出现的是一些管理概念和管理思想，它们是对管理实践经验的积累和总结，反映出人类对管理实践的初步认识和见解。当人类社会发展到资本主义阶段以后，生产力水平的迅速提高、科技进步的日益加快，促使人们不断地对前人的管理经验和管理思想进行总结，从中提炼出规律性的内容，于是，系统的管理理论便随之产生并不断向纵深方向发展。迄今，西方管理理论的产生和发展大体经历了早期经验管理阶段、科学管理阶段、管理科学阶段、现代组织管理阶段等主要阶段。

一、早期经验管理阶段（18 世纪中叶至 19 世纪初）

管理与人类社会的发展始终相伴相随，管理的实践活动自古有之。堪称世界奇迹的埃及金字塔、巴比伦古城和中国万里长城，均以其宏大的建设规模证明当时人类已经具备了相当的管理才能与经验，标志着生产技术和协作水平已发展到一定程度。尽管如此，在 18 世纪产业革命以前，管理思想仍处于萌芽状态，仅仅以观念的形式存在于人类的管理实践之中。

18 世纪中叶以后的产业革命，把管理实践和管理思想推到了一个新的历史阶段。这场革命使手工业生产转变为机器生产，促使以手工业为基础的资本主义工场向采用机器的资本主义工厂制度过渡。工厂制度一经形成，管理者就遇到了一系列前所未有的棘手问题，例如如何分工协作、如何指导工人劳动、如何协调人的活动、如何预测社会需求、如何实行均衡生产等等。这种变化要求管理思想做出变革，计划、组织、领导、控制等管理职能应运而生。为适应这种需求，许多经济学家在著作中越来越多地探讨管理问题，很多实业家（包括厂长、经理等）也潜心总结管理经验。于是，涌现出了一系列早期的管理思想。受当时社会条件以及科学技术和生产力水平的限制，这些思想和观点比较零散，尚未形成系统的知识体系，但为后来管理理论的产生和发展奠定了重要基础。其中具有代表性的包括亚当·斯密（Adam Smith）的管理思想、查尔斯·巴贝奇（Charles Babbage）的管理思想、罗伯特·欧文（Robert Owen）的管理思想等。

（一）亚当·斯密的管理思想

英国古典政治经济学家亚当·斯密于 1723 年出生于苏格兰的柯科迪城。他不仅是第一个系统论述古典政治经济学的代表人物，也对管理思想的发展做出了重大贡献。特别是 1776 年，亚当·斯密在其著名论著《国民财富的性质和原因的研究》（简称《国富论》）中提出的劳动分工理论和"经济人"观点，对后来的管理理论产生了深刻的影响。

1. 劳动分工理论

亚当·斯密认为，一国财富的增加，关键在于提高劳动生产率，而劳动生产率的提高又依赖于劳动分工，所以劳动分工成为该著作的出发点。他认为，劳动分工之所以能够提高劳动生产率，是因为分工可以减少劳动者的工作转换，节省由一种工作转到另一种工作所损失的时间；分工可以简化劳动，把人的注意力集中在特定的对象上，有利于发现更加简便的工作方法，进而推动工具的改革和新机器的发明。亚当·斯密的劳动分工理论，不仅契合了当时生产发展的需求，而且成为资本主义管理的一条基本原理。

2."经济人"观点

亚当·斯密认为,人是理性的"经济人",为了追求经济利益而从事经济活动,所有的经济现象都是由具有利己主义的人们的活动引发的。人们在经济活动中追求的完全是个人利益,但是每个人的个人利益又受到他人利益的制约。这是因为,人不同于动物,他的生存必须依靠他人的帮助,而这种帮助不可能是无偿的——他人也是自私的,不可能无偿地为别人做事。只有当他意识到帮助别人有利于自己的时候,他才肯伸出援手。这种利益上的相互依存和相互制约关系,迫使每个人在追求个人利益时必须顾及他人利益,因而产生了共同利益,进而产生了社会利益。社会正是以个人利益为基础的,这一观点对资本主义管理理论及其实践产生了重要影响。

(二)查尔斯·巴贝奇的管理思想

英国剑桥大学教授、数学家、机械学家查尔斯·巴贝奇是一位富有现代气息的管理先驱。巴贝奇曾耗费数年时间到英、法等国家的工厂了解和研究管理问题,并于1832年发表了《论机器和制造业的经济》一书,在书中对专业化分工、机器与工具使用、时间研究、批量生产、成本记录等问题进行了充分的论述。他十分强调人的作用,主张实行建议制度,鼓励工人提出改进生产的建议,并对有益的建议按生产效率的提升程度给予奖励,使建议制度具有激励作用。他以亲身经历奉劝管理者尽量采用劳动分工。通过时间研究和成本分析,他进一步肯定了劳动分工对提高劳动生产率的意义,并作出了较亚当·斯密更为全面、更加细致的解释,认为劳动分工之所以能够提高生产率,其原因在于:节省了学习所需要的时间,以及学习期间所耗费的材料,减少了从一道工序转到下一道工序所需要的时间;经常从事某一工作,肌肉能够得到锻炼,不易产生疲劳;重复同一操作,工作速度会更快;注意力集中于单一作业,便于改进工具和机器。

巴贝奇还提出了一种有利于调动工人积极性的工资加利润分享制度。他认为,工人除按照工作性质获得固定工资外,还应按照生产效率及其所做的贡献分得部分工厂利润。这样做的好处在于:可以使每个工人的利益同工厂的发展及其创造的利润直接挂钩;每个工人都会关心浪费和管理不善等问题;促使每个部门改进工作;激励工人提高技术及道德水平;工人同雇主利益一致,可消除隔阂,共求企业发展。在劳资关系上,巴贝奇强调双方协作,认为工人同雇主之间存在利益共同点,工人应认识到工厂制度对他们的有利方面。

(三)罗伯特·欧文的管理思想

作为英国工业家、改革家和空想社会主义的代表人物之一,罗伯特·欧文在历史上较早公开阐述了管理思想,其理念独树一帜。他最早注意到企业内部人力资源的重要性,提出要重视工厂管理中人的因素,主张企业应侧重于对人力资源的开发和投资,从而开创了人际关系和行为管理理论的先河。他认为,工人是"有生机器",与设备等"无生机器"有所不同。既然保养机器能够提高劳动生产率,那么关心工人就能获得更大的利益,因而提出"至少要像对待无生命的机器那样重视有生命的工人的福利"。欧文按照他的管理思想进行了一系列改革尝试。例如,改善工人的劳动条件;限制工人每天的劳动时间；限制童工的年龄；提供免费午餐、改善工人住宿条件等。通过改革实践，他认为重视人的因素和尊重人的地位，可以使工厂获得更多利润，而且用于改善工人待遇和劳动条件的投资，会得到加倍的补偿。由于欧文率先在人事管理方面做出了许多试验和探索，他被称为"现代人事管理之父"，现代管理中的行为科学学派也将他视为先驱者之一。

早期管理思想的出现对传统管理实践产生了指导作用，推动传统管理实践迈向一个新的发展阶段。但是，这些管理思想尚未形成一套科学的管理理论和管理方式，因而难以产生巨大的推动力以引导传统管理摆脱小生产方式的影响，致使当时的管理仍然主要依靠个人经验。其主要特征是：① 企业所有者和经营者没有完全分离，大多数企业由资本家直接管理，专职经营者为数不多；② 企业生产和管理主要凭借个人经验来开展；工人凭个人经验操作，没有科学的操作规程，管理人员凭个人经验管理，没有科学的管理制度，也没有劳动定额和固定的劳动时间；③ 在工人的培养上主要采取师傅带徒弟、直接传授个人经验的方式，缺乏科学的教育与培训手段。

二、科学管理阶段（19 世纪末至 20 世纪 20 年代末）

（一）泰勒的科学管理理论

弗雷德里克·泰勒（Frederick W. Taylor）所处的年代正值美国南北战争结束后的资本主义蓬勃发展时期。在这一时期的美国，一方面，企业资金积累迅速，新技术不断引进，企业规模不断扩大；另一方面，工厂管理还是依靠传统经验，工人怠工、合谋对抗现象普遍存在，生产效率低下，企业生产要素的潜力难以充分发挥。据文献记载，当时美国只有少数企业的产量能达到实际生产能力的 60%。在这种情况下，要提高劳动生产率就必须寻求合理的生产组织方式，提高管理水平。为此，一批工程师、企业家进行了积极的探索与研究，并发表了许多见解，泰勒是他们之中最有成就的一个。泰勒根据他的实践经验和研究成果，于 1911 年出版了《科学管理原理》一书，认为科学管理的核心是提高劳动生产率，其主要内容可以用泰勒本人归纳的管理部门四项职能（又称工作原则）来说明：① 为工人工作的各组成部分研究出一套科学的方法，以替代过去凭经验行事的做法；② 科学地挑选工人，然后对其进行培训、指导，使之提高业务水平，而在过去是由工人自己选择工作并尽其所能来训练自己；③ 诚心诚意地与工人合作，以保证一切工作都能按照已制定的科学程序进行；④ 在管理部门和工人之间大致平等地进行分工，双方承担相应的责任，而在过去几乎所有工作都落在工人身上。

无论是在发源地美国，还是在其他工业化国家，科学管理原理（又称泰勒制）的影响都是广泛和久远的。据美国 1971 年版的《工业工程手册》介绍，在科技发达的 20 世纪 70年代，美国仍有 83% 的企业在应用泰勒所倡导的某些科学管理方法。日本则在第二次世界大战后和 20 世纪 70 年代后期，两度掀起推广运用泰勒制的热潮，大大促进了日本工业的振兴和发展。苏联在 1933 年开始实施的第二个五年计划中便运用泰勒制开展劳动竞赛；到 20 世纪 60 年代，苏联又重新研究泰勒制并在工业生产中推广运用。1984 年，美国通用汽车公司与日本丰田汽车公司在美国弗里蒙特合资兴建了汽车公司，该公司从运转一开始便运用泰勒制的动作时间研究和合理挑选工人等管理原则，十多年间创造了世界一流的劳动生产率和产品质量。由日本丰田公司创立的号称世界级制造系统（World Class Manufacturing，WCM）的准时生产制（Just in Time，JIT），其基本思想也来源于科学管理原理。基于泰勒在管理科学领域的突出贡献，他在管理学界被誉为"科学管理之父"。

后来，不少学者对泰勒制提出了批评，主要指责泰勒把经济上的需要看作工人的唯一需要。不过孔茨等人认为，在当时的生产力水平条件下，泰勒著作的主旋律实则是强烈的人道主义。泰勒认为，要精心选人用人并加以培训，让他们做自己最胜任的工作。泰勒最大的贡献在于，他把管理的制度化思想带到管理实践中来，正如他在《科学管理原理》一书的导言中所说，过去，人是第一要素，将来，制度则是第一要素。这绝不是说不需要伟大人物。相反，任何一种好的制度的首要目标必须是造就和培养一流人才。

与泰勒同时期，对科学管理理论有贡献的还有吉尔布雷斯夫妇（Frank and Lillian Gilbreth）以及亨利·甘特（Henry L. Gantt）等。

（二）法约尔的计划组织理论

与科学管理原理相辅相成的是古典组织理论。古典组织理论侧重于研究组织中行政管理方面的问题，其主要代表人物是亨利·法约尔（Henri Fayol）和马克斯·韦伯（Max Weber）。

法约尔第一个阐明了关于管理和协调的一系列组织原则，因而被称为"现代经营管理之父"。与泰勒着重于工人个体不同，法约尔着重研究高层管理问题。1916年，法约尔写了《工业管理与一般管理》一书，书中指出管理的五大职能是计划、组织、指挥、协调和控制。另外，法约尔还把管理与经营的概念区分开来，认为管理只是经营的6种职能活动之一。他将一个工业企业的各种活动划分为6类：① 技术活动（生产）；② 商业活动（采购、销售和交换）；③ 财务活动（资金的筹措和有效使用）；④ 安全活动（保护财产和人身安全）；⑤ 会计活动（包括统计工作）；⑥ 管理活动（计划、组织、指挥、协调和控制）。他指出，这些活动广泛存在于各种不同规模的企业里。

（三）韦伯的行政组织理论

马克斯·韦伯是德国著名的社会学家。他在管理领域的主要贡献是提出了"理想的行政组织体系"，因此被誉为"组织理论之父"，其主要著作有《社会和经济组织的理论》等。

"行政组织体系"（bureaucracy）一词的德文原文又可译为官僚政治、官僚体制，其实质是一种"层峰结构"。理想的行政组织体系，是指不凭家族世袭地位、人事关系、个人感情等，而是按照严密的行政组织、严格的规章制度来组成的管理机构。当时德国正处于从封建社会向资本主义社会过渡阶段，韦伯的理想行政组织体系理论，反映了冲破封建家族的世袭式管理、走向新式职业管理的工业化发展要求。韦伯组织理论的主要观点包括以下几方面。

知识链接 1-1
法约尔组织管理的 14 项原则

1. 设计了理想的行政组织体系

其要点是：① 组织内的各种职务和岗位要按照职权等级来组织，形成一个逐层分级指挥系统，要明文规定各人的责、权；② 在任用组织成员时，应通过正式考试或培训的方式，确保人员达到职务的要求，而不是凭世袭地位或人事关系进入组织；③ 组织内每一个人都必须严格遵守规章和纪律，没有例外。

2. 行政组织体系的基础是合法规定的权力

任何组织都必须以某种形式的权力作为基础，才能保障组织的秩序并达到组织的目标。韦伯指出，组织存在三种类型的权力：① 理性和法定的权力，这是指经过合理挑选，依法任命，并被赋予行政命令的权力；② 传统式的权力，这种权力来源于传统习惯，例如封建社会的传统习惯就是家族世袭，权力代代相传；③ 个人崇拜式的权力，它来自对某个人的特殊和超凡的神圣、英雄主义或模范品质的崇拜，或对这个人所表现的标准模式的崇拜。韦伯认为，理想的行政组织体系必须建立在第一种权力，即理性和法定权力的基础之上，因为只有这种权力具有合法性，在任命时经过了理性的考虑和挑选，能保证管理的连续性。

3. 行政组织体系的结构

韦伯的理想的行政组织体系，可用图1-1来简单表示。

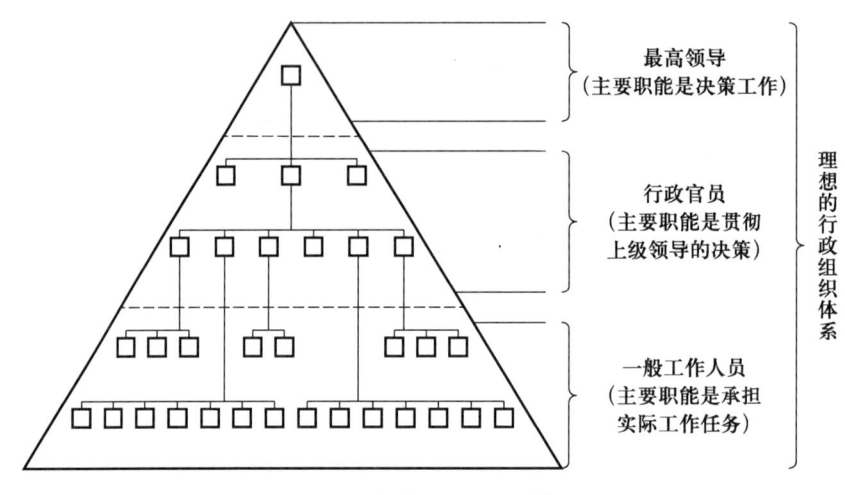

图1-1 韦伯的行政组织体系

从图1-1可以看出，理想的行政组织体系有3层结构：最高领导层相当于目前许多组织的高级管理阶层；行政官员层相当于中级管理阶层；一般工作人员层相当于基层管理阶层。韦伯的组织理论对后世产生了深远影响。

知识链接1-2
关于泰勒、法约尔、韦伯的延伸阅读

泰勒、法约尔和韦伯的理论分别代表了那个时代管理理论的3个重要方面，即科学管理理论、计划组织理论和行政组织理论。尽管这3种理论的研究侧重面各不相同，但它们有共同的特点，那就是试图通过建立严格的管理制度、周密的计划和刚性的组织结构来解决当时企业面临的问题，以达到提高生产率的目的。然而，它们在一定程度上轻视或忽视了组织中人的思想、情感和主观能动性。

三、管理科学阶段（20世纪30年代至20世纪50年代）

（一）行为科学学派

20世纪20年代末到30年代初，世界经济陷入了空前的大危机，泰勒、法约尔、韦伯等人的古典管理理论虽然在提高劳动生产率方面取得了显著的成效，却激起了工人，特别是工会的反抗，这使得欧美部分国家的统治阶级意识到，单纯采用古典管理理论和方法已不能有效地控制工人，不能达到提高生产率和利润的目的。因此，统治阶级和管理学者不得不开始注重在微观层面上研究除硬件外造成企业效率下降的影响因素，行为科学理论和学派因此出现。

知识链接 1-3
霍桑实验

行为科学学派是在乔治·埃尔顿·梅奥（George Elton Mayo）开创的人际关系学说基础上发展起来的，以人的行为及其产生的原因作为研究对象，主要的代表人物及理论包括亚伯拉罕·马斯洛（Abraham H. Maslow）的需要层次理论、弗雷德里克·赫茨伯格（Frederick Herzberg）的双因素理论、道格拉斯·麦格雷戈（Douglas McGregor）的"X理论-Y理论"。

行为科学学派从心理学、社会学角度出发，着重研究个体需求与行为、团体行为、组织行为和激励、领导方式等内容，认为人不仅仅是"经济人"，同时还是"社会人"，将对人的管理提升到所有管理对象中最重要的地位，开创了管理理论中的人本主义潮流，催生了许多全新的管理观念和方法，进而形成了现代管理理论的各种人本主义学派。行为科学学派为缓和现代市场经济的内部矛盾和冲突、维持生产力发展提供了有力的工具。

（二）运筹学（数理技术）——管理科学学派

管理科学学派又称数理学派，是泰勒科学管理理论的延续与发展，其代表人物是美国管理学家埃尔伍德·伯法（Elwood Buffa），其代表作为《生产管理基础》。伯法强调运用数学模型和计算机技术来进行管理决策，提高经济效益。

管理科学学派认为，管理就是用合乎逻辑的数学模型与程序来表示计划、组织、控制、决策等，通过求出最优解，以达到所追求的目标。管理科学就是制定用于管理决策的数学模式与程序的系统，并借助电子计算机将其应用于组织管理之中。管理人员在企业中运用数学模式的主要目的是寻求解决问题和进行决策的最佳方案。他们提出，解决问题的一般程序是：① 提出问题；② 建立一个针对研究系统的数学模型；③ 从模型中获得解决问题的方案，并对数学模型求解，取得能使系统达到最佳效益的数量值；④ 检查这个模型对预测实际情况的准确程度；⑤ 对所求得的解进行控制，提出对方案进行调整控制的措施；⑥ 实施方案。

管理科学学派的特点是：① 力求减少决策的个人艺术成分，通过建立一套决策程序和决策模型来增加决策的科学性。具体地，将众多方案中各种变数或因素加以数量化，利用数学工具建立数量模型，研究各变数和因素之间的相互关系，寻求一个用数量表示的最优化答案，在这种情况下，决策过程实际上就是建立和运用数量模型的过程；② 以经济效果为依据来评价各种可行的方案；③ 广泛地使用计算机，大大提高了运算的速度，使数学模型在企业和组织中的应用成为可能。

📋 案例

连锁餐饮企业的供应链管理

餐饮企业的经营效益离不开对成本和收入的综合评估，而连锁餐饮企业则面临着更为动态、复杂的供应链管理难题，这对统计、优化和决策系统的应用提出了更高要求。

长期以来，食品领域呈现出产品链条较长、保质期要求严格、非标准化等特征，而对于餐饮行业来说，在效率、标准、成本等方面都存在很多难以标准化和管理的问题。具体而言，连锁餐饮企业的供应链管理需要围绕以下 5 个维度实现决策优化。

（1）品质。供应链要支撑企业从菜单设计、选品到出品整个供应链条的稳定运行，并且围绕消费者的喜好进行供应链全链条的管理。

（2）食品安全。供应链可以保证从田间地头到消费者餐桌的全流程食品安全溯源，通过严格的食品安全管控，保障食品安全，防患于未然。

（3）成本。对于餐饮企业而言，供应链还有两个重要作用，即降本和增效。通过供应链管理，餐饮企业在损耗、库存、资金占用等方面，都可以得到非常大的改善。

（4）服务。供应链强调快和准，尤其是食材配送的及时性和准确性，这对门店的食材供应保障非常重要。

（5）协同。供应链条涉及很多节点，包括门店、第三方服务商等，如何实现整个链条更高效地协同，是供应链面临的最大挑战。

因此，借助大数据支持的供应链管理和优化体系，实现对全品类、全链条、全场景的供应链服务支持，是提升连锁餐饮企业供应链安全性和高效性的重要手段。

四、现代组织管理阶段（20 世纪 60 年代至今）

（一）管理科学理论（系统科学阶段）

1. 社会系统学派

社会系统学派的代表人物是巴纳德。巴纳德在继承古典组织学派理论的基础上，用社会学的视角来研究管理理论，并针对组织理论提出了许多新的观点，这些观点集中反映在其 1938 年出版的代表作《经理人员的职能》一书中，该书也是组织理论的经典著作之一。巴纳德组织理论的主要观点有以下几方面。

（1）组织的定义。巴纳德认为，组织是两个或两个以上的人的有意识协调和活动的合作系统。该定义包括以下几层含义：① 组织是由人的活动，即人的行为构成的系统，实质上是人的行为；② 组织之所以是一个系统，是因为它按一定的方法调整人的活动和行为的相互关系；③ 组织是动态和发展的，会随系统中部分要素的变化，或与其他部分关系的变化而变化；④ 组织是一个协作系统，信息联系是决定组织效率的重要因素。

（2）权力接受理论。古典组织理论认为，组织存在的基础是权力。而权力来自行政领导人自上而下的授予。巴纳德则认为，权力不是来自自上而下的行政授予，而是取决于下级是否接受。只有当行政命令为下级所理解，并且相信它符合组织目标和个人利益时，才会被接受，这时权力才能成立。因此，一个组织不能单纯依靠组织中少数几个人的行政命令行事，而必须取得组织内全体成员的支持与合作。巴纳德的这一观点对于加强组织内信息交流、推动组织成员参与以及转变领导方式等方面的研究，具有重大影响。

（3）诱因和贡献平衡论。巴纳德认为，组织成员的协作意愿取决于通过协作而得到的诱因和为协作而作的贡献之间的比较结果。只有当贡献小于或等于诱因时，成员才愿意协作，组织才得以存续和发展。这里的诱因指的是组织为了补偿个人的贡献而提供的各种刺激，不仅包括物质因素，如金钱等，而且包括社会因素，如威望、权力、参与管理的机会等。贡献指的是个人为实现组织目标而提供的服务、付出的时间等。个人之所以要比较诱因和贡献，是因为组织中的每一个成员都有其个人的需要。如果要求成员对组织做出贡献，组织就必须为他们提供适当的刺激以满足其个人需要。一个组织的成员会按照能最大限度满足其个人目标的原则行动，而个人进行比较时所依据的因素不是客观的，大多是由个人主观决定的，如有的人重视金钱，有的人更重视威望，等等。

就组织方面来说，为了获得其成员的协作意愿，一般可以从两个方面采取措施：一方面是为成员提供金钱、威望、权力等各种客观的刺激；另一方面是通过说服来影响成员的主观态度，包括培养成员的协作精神、号召他们忠诚于组织、发扬集体主义精神、相信组织目标等。

（4）非正式组织的职能。巴纳德认为，非正式组织是不属于正式组织的个人联系和互相作用的集团，产生于同工作有关的广泛联系中。这种集团虽然并不一定具有明确的共同目标，但有共同的利益、观点、习惯、语言或准则。非正式组织可能对正式组织产生消极影响，但它至少在三个方面对正式组织有积极作用：① 一些不易在正式组织中解决的问题，在非正式组织中却易于解决；② 有助于维护正式组织的团结；③ 能够维护成员的个人品德、自尊心。因而，非正式组织是企业组织中不可缺少的部分，其存在能使组织更有效率和效能。

（5）协作系统三要素。巴纳德认为，构成组织协作系统的要素有三个：一是共同的目标；二是协作的意愿和行为；三是信息的交流。对一个组织来说，如果没有共同的目标，组织的成员就不知道他们该怎样努力，以及他们从协作中能得到怎样的满足。一个组织的目标只有被其成员接受，才能促成协作活动。个人的协作意愿意味着自我克制、交出对个人行为的控制权和舍弃一定的个性化，其结果是与个人的努力结合在一起的。对个人来说，接受组织目标和产生协作意愿往往是同步发生的。

在组织的三要素中，信息交流是使前两个要素发挥作用的基础。因为信息交流是连接组织目标与个人协作意愿的桥梁。巴纳德是第一个把信息交流作为组织要素的人，他还制定了组织中信息交流的几条原则：① 信息交流的渠道要被所有的组织成员明确了解，组织要明确规定每个人的权力与责任，公开宣布每个人所处的地位；② 每个成员都要有一个正式的信息联系渠道，每个人只能有一个直接上级领导；③ 信息联系的渠道要尽可能直接，组织成员要经常进行信息交流，以避免产生矛盾和误解；④ 经理人员是信息联系的中心，必须称职，必要时，可由经理人员、辅助人员和参谋人员共同组成信息联系中心；⑤ 在组织执行职能的过程中，信息联系线路不能中断；⑥ 信息链的每一个连接点都必须具备权威性；⑦ 必须经常运用完整的信息联系线路来加强沟通和增进了解，这要求从一个组织从最高层到基层的信息传递，应该经过信息链的每一个层次。

以上分析的协作系统三要素，可用图 1-2 表示。

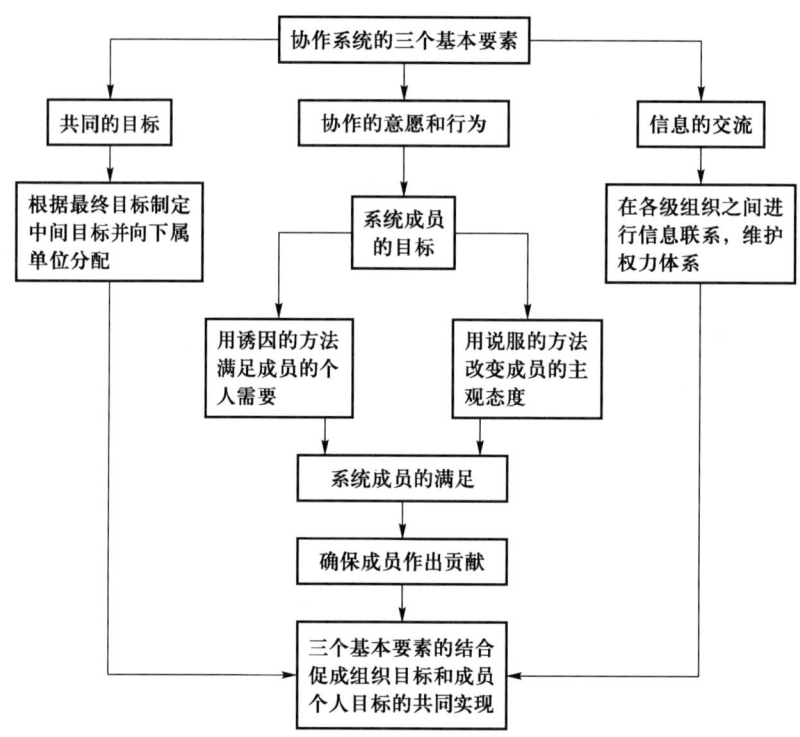

图 1-2 巴纳德的协作系统

由于巴纳德对组织理论做出的重大贡献，他被称为"现代组织理论之父"。

2. 系统管理学派

系统管理学派的代表人物主要有理查德·约翰逊（Richard A. Johnson）、弗里蒙特·卡斯特（Fremont E. Kast）和詹姆斯·罗森茨韦克（James E. Rosenzweig）等。三人于 1963 年合著的《系统理论与管理》一书，从系统概念出发，建立了企业管理的系统模式，是系统管理学派的代表作之一。他们在组织理论方面的主要观点包括以下两个方面。

（1）组织是一个人造的开放系统。组织为了求得生存和发展，必然要同外部环境相互作用。也就是说，它必定要消耗来自环境的人力、物力、财力、信息等资源，同时又向环境输出各种产品、服务等资源。同时，组织又具有内部和外部信息反馈网络，能够不断地自我调节，以适应环境的变化。开放系统的组织模型可用图1-3来表示。

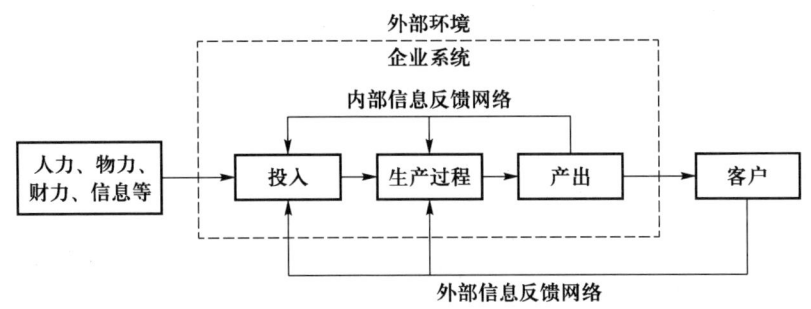

图1-3　开放系统的组织模型

（2）组织本身是由各个子系统组成的有机系统。组织的优化强调整个系统的优化，而不仅是各个子系统的优化。按照不同的标准，组织内的子系统有不同的划分方法，具体包括以下两种。

按各子系统在组织中所起的作用可划分为：① 传感子系统，用来度量和传感企业内部的变化；② 信息处理子系统，如会计系统和电子数据处理系统等；③ 决策子系统，接受输入的信息，作出决策并传达下去；④ 加工子系统，利用信息、物资、能量和人工来完成一定的任务；⑤ 控制子系统，保证加工过程按照原定的计划进行，一般都有反馈控制机制；⑥ 记忆或存储子系统，可采用记录手册、工艺规程、电子计算机程序等形式。

按各子系统的性质可分为：① 目标与价值子系统，组织的有些价值观是从外部的社会文化环境中取得的，有些则是根据组织自身的需要而塑造的。企业的目标体现了价值观的要求，包括企业的战略目标、各部门的策略目标和职工的个人目标。② 技术子系统，包括实现目标和任务所需的技术和知识。③ 社会心理子系统，包括组织成员的行为和动机、地位和角色的关系、群体动力、影响力等。④ 结构子系统，包括职能结构、岗位结构、部门结构、职权结构和协调规则等。⑤ 管理子系统，包括计划、组织、领导、控制等管理职能。管理子系统在上述五个子系统中处于中心地位，负责指导和协调其他子系统的活动。由这五个子系统构成的组织系统模型如图1-4所示。另外，在复杂组织的管理等级制度中，还存在战略子系统、协调子系统和作业子系统等重要的子系统，它们各自承担着不同的管理任务。

（二）权变理论

权变理论学派形成于20世纪70年代。其基本观点是，没有一成不变的、普遍适用的、最好的管理原则和方法，一切管理活动都要根据企业所处的外部环境和企业的内部条件而权宜应变。权变理论学派是按权变观念来考察问题的。系统观念为我们了解和分析组织提供了较广泛的、概括性的一般观点；权变观念则更注重具体组织的特殊性。权变理论

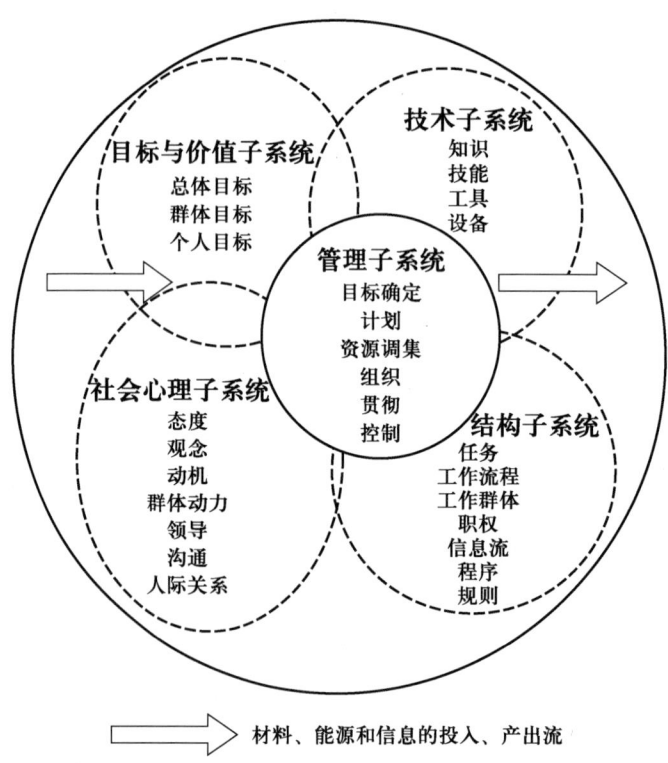

目标与价值子系统
总体目标
群体目标
个人目标

技术子系统
知识
技能
工具
设备

管理子系统
目标确定
计划
资源调集
组织
贯彻
控制

社会心理子系统
态度
观念
动机
群体动力
领导
沟通
人际关系

结构子系统
任务
工作流程
工作群体
职权
信息流
程序
规则

材料、能源和信息的投入、产出流

图 1-4　组织系统及其各子系统之间的关系

学派十分注重从大量的实际事例中概括、归纳出几种基本模式，并致力于寻求造成这些模式差异的影响因素及相应的管理方法。

权变理论学派的代表人物较多，在组织理论方面主要有汤姆·伯恩斯（Tom R. Burns）、琼·伍德沃德（Joan Woodward）、保罗·劳伦斯（Paul R. Lawrence）和杰伊·洛希（Jay W. Lorsch）等人。他们在组织理论方面有如下观点。

（1）强调组织的多变量性，即与每一组织有关的条件的多样性和环境的特殊性。

（2）强调外部环境对组织结构设计的影响，认为企业的组织设计应当是开放式的，要求企业的组织结构不仅要有稳定性，而且要有对环境的适应性，要对环境的变化具有足够的敏感性，以保证企业的生存与发展。

（3）试图通过对企业的分类和对环境因素的分析，对不同类型企业所适用的组织结构模式得出一般性结论。

（三）以战略管理为主的企业组织理论的发展

20 世纪 60 年代末至 70 年代初，美国经济既面临石油危机，又遭遇崛起的日本以及欧洲国家的挑战，科技竞争愈演愈烈。管理学界开始重点研究如何适应充满危机和动荡的环境，以谋求企业的生存发展并获取竞争优势。于是，军事学战略概念被引入管理学界。伊戈尔·安索夫（Igor Ansoff）《公司战略》（1965）一书的问世，开创了企业战略研究的先河。《从战略规划到战略管理》（1975）一书的出版，则标志着现代战略管理理论体系的形成。该书认为，战略管理是指，企业高层管理者为保证企业的持续生存和发展，通过对企业外部环境和内部环境的分析，对企业全部经营活动所进行的根本性和长远性的规划与指导。他认为，战略管理与常规管理的不同之处在于面向未来，动态地、连续地完成从决策到实现的过程。此外，还有多部论述企业组织与外部环境关系的著作，例如劳伦斯与洛希合著的《组织与环境》（1967）提出，公司要制定应变计划，以求在变化且不确定的环境中生存；卡斯特与罗森茨韦克的《组织与管理——系统方法与权变方法》（1979）是权变理论学派的代表作，该书从长期视角探讨企业如何适应环境，认为企业管理要根据企业所处的内外条件随机应变，组织应在稳定性、持续性、适应性、革新性之间保持动态的平衡。迈克尔·波特（Michael E. Porter）的《竞争战略》（1980）无愧为战略管理的理论高峰，书中许多思想被视为战略管理理论的经典，比如五种竞争力（进入威胁、替代威胁、买方议价能力、供方议价能力和现有竞争对手的竞争）、三种基本战略（成本领先、差异化和专一化）以及价值链分析。该书通过对产业演进的说明和各种基本产业环境的分析，得出不同的战略决策。这一套理论与思想在全球范围产生了深远的影响。

（四）企业再造理论

20 世纪 90 年代以来，美国企业开始了管理上的重大变革。这次变革的中心思想是"企业再造"（reengineering the corporation），即以系统动力学原理为指导，对企业组织进行整体层次的变革。按照迈克尔·哈默（Michael Hammer）和詹姆斯·钱皮（James Champy）的定义，企业再造是指为了迅速改善成本、质量、服务、效率等重大问题，在强调以顾客为导向和服务至上的前提下，对企业的整个运作流程进行根本性的重新思考和彻底改革，以期在产品成本、质量、服务以及企业对市场反应速度上获得较大的改善。美国麻省理工学院的弗雷斯特（Jay W. Forrester）早在 1965 年发表的论文《企业的新设计》中曾对企业再造思潮作过预言；1993 年哈默和钱皮合著的《企业再造》则是企业再造思潮的代表作；而彼得·圣吉（Peter M. Senge）1990 年出版的《第五项修炼》是企业再造实务的重要指导书。

企业再造思潮在变革策略上有以下几个方面的内容。

（1）重新整合业务流程。运用现代信息技术重新分析不同业务流程以及同一业务流程各个阶段的内在关系，进行优化组合，以提高服务质量。

（2）组建自我管理小组。用自我管理小组取代或削减专职管理别人的管理幕僚，并赋予管理小组更大的决策权，以改变过去组织体系中管理层次过多以及决策与执行分离的局面。

（3）建立新型的学习型组织。这种新型的学习型组织是一种充分发挥人的主观能动性、运用高新技术和先进信息技术的扁平型（层次少）组织，它能够灵活应变并促使集体（或组织）持续学习。

（4）重新设计组织的系统边界。企业要按照业务流程的性质和与外部环境的互动关系，超越原有"法定"组织界线，制定工作规程。

企业再造的支持性理论较多，但目前尚未形成成熟的理论体系。

（五）全球化和知识经济时代的组织理论

20世纪90年代以来，信息化和全球化浪潮迅速席卷世界，跨国公司的重要性日益上升，跨国经营也成为大公司发展的重要战略，跨国投资不断增加。知识经济的到来使信息与知识成为重要的战略资源，而信息技术的发展又为获取这些资源提供了可能。顾客的个性化、消费的多元化决定了企业只有合理组织全球资源，在全球市场上赢得顾客，才有生存和发展的可能。这一阶段的管理理论研究主要围绕学习型组织及虚拟组织展开。

阿里·德赫斯（Arie de Geus）在《长寿公司》一书中，通过对40家国际长寿公司的考察，得出结论：成功的公司是能够有效学习的公司。在他看来，知识是未来的资本，只有学习才能为不断变革做好准备。此外，罗伯特·奥伯莱（Robert Aubrey）与保罗·科恩（Paul M. Cohen）合著的《管理的智慧》则描述了管理者在学习型组织中角色的变化——他们不仅要掌握管理学习的技巧，也要扮演学习的领导者、师傅和教师等多重角色。

除了学习型组织，20世纪90年代还有一个热点——虚拟组织。1990年，《哈佛商业评论》第6期发表的《公司核心能力》一文提出，企业应将经营的焦点放在不易被复制的核心能力上，由此引发后来的"虚拟组织热"。虚拟组织与传统的实体组织不同，它围绕核心能力，利用计算机信息技术、网络技术及通信技术，与全球企业进行互补、互利的合作。在合作目的达到后，合作关系随之解散。企业以此种形式能够快速获取全球各处的资源为己所用，从而缩短"从现金到现金流"的周期。1994年，史蒂文·戈德曼（Steven L. Goldman）、罗杰·内阁尔（Roger N. Nagel）及肯尼斯·普瑞斯（Kenneth Preiss）合著的《灵捷竞争者与虚拟组织》出版，该书是反映虚拟组织理论与实践的代表性著作。

（六）组织关系管理理论

在组织关系管理理论中，"关系"的概念与社会网络概念密切相关。社会网络理论认为，任何经济组织或个人都与外界存在一定的"社会关系"与"联结"，并且都镶嵌或悬浮于一个交叉重叠的复杂社会网络中。作为社会存在物的企业，其各种经济活动是镶嵌在特定的社会网络中的，社会网络为企业获取发展所必需的各种资源和信息提供了途径。在企业发展过程中，外部网络和内部网络同样重要。外部网络是指企业与外部拥有企业发展所需信息或资源的对象之间的联结；内部网络则指企业内部存在的各种私人关系联结。

东方情境下的"关系"网络与西方的社会网络在概念上存在交叠。首先，它们都强调信息对于维持社会系统稳定的重要作用，无论是"关系网"还是"社会网络"，都注重网络中信息的传递与流动；其次，这两个概念均认为人伦序列的稳定性在某种意义上是由信任关系带来的，并且这种信任关系存在变革的可能性；最后，它们都将关系产生的随机性及后续形成的秩序看作网络关系的本质特性。

（七）积极组织行为学

积极组织行为学（positive organizational behavior，POB）的理论基础源于积极心理学的研究成果。在西方，"积极心理学"的发展始于20世纪60年代，在人本主义思潮以及人类潜能开发思想的影响下，研究者开始研究快乐、幸福、满意、士气等积极的心理课题。至20世纪90年代，有关"积极心理学"的研究成果大量涌现。马丁·塞利格曼（Martin E. P. Seligman）自1997年担任美国心理协会（APA）主席后，便积极倡导"积极心理学"思想，并与米哈里·契克森米哈赖（Mihaly Csikszentmihalyi）于2000年在《美国心理学家》杂志正式撰文，提出"积极心理学"的概念，指明积极心理学的作用在于推动个人与社会的发展，帮助人们获得幸福，促使儿童健康成长、家庭幸福美满、员工心情舒畅、公众称心如意。至此，积极心理学发展的潮流已锐不可当，被心理学界称为"第四次改革运动"。其矛头直指在过去近一个世纪中占主导地位的消极心理学模式。

积极组织行为学的提出受积极心理学理论的影响，其理论和研究专注于人的积极优势和心理能力的驱动，而不是仅仅把传统的组织行为学概念进行翻新或者简单地由消极面转到积极面。弗雷德·鲁森斯（Fred Luthans）为积极组织行为学的特定研究内容提出了具体的标准，即能够纳入该领域的内容必须满足一系列要求：具有清晰的概念界定和积极的意义、相对传统组织行为学研究领域具有独特性、拥有有效的测量方法、适用于工作场景中的管理开发和员工训练，并且有助于工作绩效的改善。

鲁森斯将积极组织行为学定义为：为提高工作绩效，对心智能力进行测量、开发及有效的管理，并以员工的积极活力为导向的应用学科。这个定义包括态度、人格、激励和领导能力。这一定义既为积极组织行为学的未来发展奠定了研究的框架，也将其与传统取向的组织行为学划清了界限。

积极组织行为学建立于积极心理学的研究成果上，但又与积极心理学有所不同，其研究的重点放在可以改变的心理状态上，而不是相对较难改变的心理特质。实际上，心理学界在特质与状态的界定上历来存在争论，而且相当多的概念所包含的特征既有稳定的特质，也有可变的状态。目前组织行为学涉及的概念中，有些是状态（如信心、自我效能），有些则既是状态又是特质（如乐观、情商等），但是，抛开状态与特质的争论，积极组织行为学关心的是研究结果能否用于对管理者及员工的培训及开发。换句话说，积极组织行为学的研究必须能够应用于管理实践，用于对管理者和员工的开发、训练，最终实现提高组织绩效的目标。因此，能否进行开发、培训这一标准是从本质上区分积极组织行为学和积极心理学、传统取向的组织行为学的关键。

第三节　组织行为学在管理中的作用

一、组织行为学的管理目标

组织行为学是研究人的行为规律的学科。只要我们能够掌握、运用这些基本规律，就能够使自己以及所管理的团队和组织得到不断的发展和成长——由能管理好自己，到能管理好一个团队、一个组织，进而有望治国安邦、影响世界。古人所说的"修身、齐家、治国、平天下"，就体现了人们管理行为能力的发展历程和不断追求的境界。管理好自己、管理好他人或团队、管理好组织系统，这是每一个学习组织行为学的人应该努力追求的三个相互联系、相互支持的目标。

（一）管理好自己

人是群体、组织和社会的细胞，群体、组织和社会的健康首先取决于每个个体的健康。管理好自己不仅关系到每个人的切身利益，而且对组织的发展极为重要。学习组织行为学的首要任务就是要管理好自己，这样才能在组织中实现发展和成长。管理好自己要求我们做到：学会正视自己，不断理清内心深处的真实愿望，合理地确立自身目标和定位；了解自身在价值观、态度、兴趣、偏好、性格、能力等方面的特点，找到合适自己并能发挥自身长处的工作，做好职业规划；培养敬业精神，在工作中充分发挥自身的潜力，热情而有创造性地工作，为组织效力；不断地学习和成长，超越自我、提升自我。总之，管理好自己就是努力让自己成为一个既对组织和社会有价值，又能够实现自身追求和目标的人。

（二）管理好他人或团队

人是社会性动物，每个人都生活在一定的工作群体和社会群体之中。若不能管理好自己和他人的关系、自己和团队的关系，不仅影响个人在团队和组织中的升迁和发展，也会影响整个团队的成效。管理好他人或团队要求我们做到：学会正视他人，理解他人的愿望、需求和目标，采取有效的措施去激励他们；要善于认清他人的价值观、态度、兴趣、偏好、性格、能力、为人处世和思考问题的方式，努力给每个成员安排合适的、能发挥他们长处的职位；要善于在团队内部建立有效的信息沟通、分工协作及矛盾冲突解决机制；要学会建立一种共创共享的利益机制和伙伴文化；要促进团队成员间信息、知识和经验的相互分享，并善于整合所有人的智慧来解决复杂问题。总之，管理好他人或团队就是要建立一个有利于个人和组织发展的良好人际关系氛围，建立一个具有团队合作精神和凝聚力的团队，为实现组织整体目标服务。

（三）管理好组织系统

随着个人的不断发展和组织的需要，人们可能在一定的时期和环境中承担管理一个组织系统的责任。这里所说的组织系统可以是企业、社会组织、政府机构，也可以是国家和社会。由于组织系统的复杂性增加，所以相对于管理自己、管理他人或团队，管理组织系统对人们提出了更高的要求。管理组织系统要求管理者能深入认识到由人组成的组织系统的本质，具有既见树又见林的能力，能够看清复杂系统；要求管理者掌握必要的组织设计和分析的理念、方法和工具，从而正确构建合理的组织结构、动作流程和制度体系，建立良好的内外利益关系，打造适合自身和环境的组织文化和价值观，建立不断学习和创新的机制；要求管理者能够引领组织沿着正确的方向高效运行，使组织既能达成现有的目标、保持内外部和谐和相对稳定，又能不断发展和成长。总之，管理好组织系统就是要使整个组织系统保持持久、健康的发展态势，并拥有可持续发展的竞争优势。

管理好自己、管理好他人或团队、管理好组织系统共同构成了人的管理行为体系。这三者如同三角形的三条边，三者之间的关系是清晰可见的。第一，作为三角形的三条边，它们之间缺一不可、相互依存；第二，它们存在一定的排列顺序，人通常先发展出管理好自己、管理好他人或团队的能力，再发展到管理好组织系统；第三，它们需要保持合理的比例，才能维持平衡和发展。也就是说，管理好自己、管理好他人或团队、管理好组织系统这三者中的任何一方都必须随着另外两者的发展而调整，只有这样才能维持整体的平衡和发展。

总之，管理者要真正同时做到管理好自己、管理好他人或团队、管理好组织系统，不是一件容易的事情。在当前全面深化改革开放、产业深度转型升级、全球化竞争日益激烈的大环境下，中国的管理者既面临充足的机会，也面临巨大的挑战。随着中国企业和管理教育的发展，组织行为学已经成为管理教育的核心课程，这一学科越来越受到学术界和实践者的重视。学习组织行为学的最终目的就是提升管理者驾驭人的行为的能力，使个人、群体和组织都获得成功。

二、组织行为学的管理意义

组织行为学对于提高组织的管理水平，实现以人为中心的管理具有重要的意义。组织行为学的研究目的在于，通过探索组织环境对组织行为产生影响的规律，对组织行为进行调整控制，从而实现良好的组织绩效，建立高效的组织，同时促成组织成员个人目标的实现。组织行为学的管理意义体现在以下四个方面。

第一，有利于调动人的积极性、主动性和创造性。组织成员之间的分工与协作离不开管理，管理者需要调动下属的工作积极性，做好与上级、关联部门等的沟通，处理成员之间的冲突，引导和改善成员行为等。组织行为学的理论与知识，有助于分析、解释、预测人的行为，从而提高管理的有效性。

第二，有助于增强群体的凝聚力和向心力。组织行为学通过对群体行为的研究，帮助个人更加了解群体的行为规律，从而使个人与群体更加和谐。同时，了解群体行为，可以使一些兴趣相投、价值观一致的人聚在一起，增强组织的凝聚力和向心力。

第三，有助于提高企业管理层的领导水平。组织行为学中的领导理论对于领导者应具备的素质、领导艺术以及如何根据不同情境采取不同的领导方式进行了研究，为企业的管理实践提供了学习的方向。

第四，有助于推动组织变革与发展。组织是一个动态的社会技术系统，必须与外部环境保持适配性。因此，组织必须随着环境的变化而不断地调整并发展。学习组织行为学的理论与知识，有助于及时有效地引领组织的变革与发展。

第四节　组织行为学关注的内容

一、组织行为学的理论学习框架

1. 个体行为的理论

认识个体是了解组织行为的基础，个体是构成组织的最基本单位，是组织的细胞。从人自身的角度来看，人又是组织的主体，每个人都具有独立的人格。对个体行为的研究，包括对人性的认识，对个体心理因素中知觉、价值观、个性和态度的认识，对人的需要的认识及有关激励理论的研究。

2. 群体行为的理论

个体构成群体，但群体并不是个体的简单叠加，而是有机组合。在群体形成演化的过程中，个体会反映出群体在某些方面的心理和行为要求；群体也会体现出多样化的个体差异。整体来说，群体是组织的基本单位，在组织中大量存在。群体行为会对组织行为产生重大影响，因此，组织行为学要对群体的功能、分类、压力、规范、冲突、竞争等方面进行专题研究。

3. 组织行为的理论

组织的心理和行为规律是组织中个体、群体共同心理和行为规律的集中体现。组织行为的理论即在应用以上个体、群体心理和行为规律的基础上，对组织结构设计、组织文化管理、组织变革和组织发展进行研究。

4. 社会环境的作用理论

任何个体、群体及组织的心理和行为规律都要受到社会环境的直接或间接影响。如果把组织视为一个开放系统，研究组织与社会的交换关系，社会环境和文化对组织行为的影响，那么个性心理、动机需要、激励、领导、执行、变革等一系列组织行为范畴，都会受到外部环境中不确定因素的干扰。

二、组织行为学的思维分析框架

组织行为学是一门贯穿管理学、心理学、社会学和政治学等多个学科的综合性课程，要求具备横跨不同学科的理论基础与思维分析框架。学好组织行为学的重点在于理解有关概念的形成和实践难点，思考如何通过理论联系实际将组织行为化繁为简。因此，需要关注以下三个环节。

1. 梳理基础理论关联，搭建组织行为学思维框架

组织行为学是一门综合性应用课程，具有普遍存在的跨学科特性。在理论学习过程中，应以教材为基础，在理解相关概念、内涵和方法的基础上，主动思考本课程与相关课程的理论联系与应用差异。同时，还应结合教材指引，开展针对社会学、心理学、政治学、人类学等相关学科的专题延伸阅读，注重培养对交叉学科主要理论的情景化思考方法，逐步建立起适用于复杂系统观的组织行为学理论支撑体系。

2. 培养问题导向解析框架，形成多维度综合分析能力

组织行为学是一门强调多学科理论综合应用的课程，针对不同领域实践问题的解析侧重点，需要有机融合现有理论的知识体系，提炼出具有实践导向的方法论与执行路径。遵循这一学习要点，学生需要认真参与课程的案例分析与讨论环节，通过课程提供的知识体系，探索形成能够反映管理问题复杂性的分析框架，不断提升逻辑思维能力，理解本课程对解析实际管理问题的指导意义。

3. 关注实践热点、难点，提升理论拓展与实践思考素养

随着我国国民生活水平不断提高和国内外交流环境的持续变化，组织自身及其存续环境不断变化，需要应对跨国经营、多元经营与新兴业态崛起带来的组织变革新趋势，思考新的组织行为管理问题。在这种演化导向下，考虑到能够推动社会经济发展的关键组织往往管理边界日益复杂，面临的协调问题也日趋多维化，因此本课程提供的理论和方法并非一成不变，应该用发展的眼光去看待和解决新的实践问题。基于此，在理论学习、拓展阅读和案例分析的基础上，学生还应遵循历史观和发展观相统一的原则，结合所了解、接触到的实践热点与难点，不断拓展和加强自己的辩证思考能力，关注、思考、解决新的实践问题，并有意识地为更新、拓展现有组织行为学的理论内涵做出自己的努力。

三、组织效能的观点

几乎所有的组织行为学理论都将提升组织有效性作为管理目标，因此组织效能（organizational effectiveness）成为组织行为学领域中最受关注的内容，被视为该学科的最终变量。衡量组织效能的观点主要有以下四种。

（一）开放系统观点

开放系统观点将组织看作复杂的有机体，生存于一定的外部环境中。组织依靠外部环境提供所需的资源，包括原材料、员工、资金、信息以及设备。外部环境包括对组织的规则与社会期望，如法律、规范等。组织内部存在众多的子系统，如部门、团队、非正式群体、工作流程等，这些子系统相互依赖、相互作用，将输入（如原材料等）转化为输出（如产品、服务）并产生相应的价值，对外部环境产生有利或不利的影响（如污染）。

1. 组织—环境的匹配

根据开放系统观点，当组织能够与不断变化的外部环境保持良好适应时，组织就是有效的。通常组织通过三种方式来实现与环境的适应：一是更新子系统（如产品、服务、流程等）以满足外部需求；二是积极管理组织的外部环境，如通过营销策略引导需求；三是调整组织的业务与市场位置，如将组织迁移到一个新的、更加适宜生存的环境中。

2. 组织效率

组织效率反映了组织内部的运转状况，即衡量组织投入与产出的运转过程。成功的组织不仅需要高效的传递机制，还需要能够提高组织适应能力、孕育创新的传递机制，从而更好地适应外界环境的变化。同时组织内部子系统的协调问题也是影响组织效率的重要因素，需要通过工作流程、信息交流等协调机制来保障组织的有效性与灵活性。

（二）组织学习观点

1. 智力资本

组织学习观点将知识视为一种资源，认为组织效能取决于知识的共享、使用与存储能力。知识资源以三种形式存在，统称为智力资本。一是人力资本，即员工带入组织的知识、技能和能力，这些是有价值的、稀有的、难以模仿和替代的；二是结构性资本，包括

在组织系统以及结构内获取并保留下来的知识，如工作手册，还包括已经完成的产品，可通过拆解掌握其工作原理；三是关系资本，即从组织与顾客、供应商以及其他互惠关系中获得的价值，包括商誉、品牌形象、客户关系等。

2. 组织学习过程

组织通过知识获取、分享、运用以及存储四个过程积累智力资本。为保持智力资本，组织需要激励并留住知识型员工，完成知识的传递并将其转化为结构性资本。组织学习观点不仅关注有效组织是如何学习的，还关注组织如何摒弃陈旧的惯例、政策、步骤、模式，以及可能为组织带来危害的态度、行为及假设。

（三）高绩效工作实务观点

高绩效工作实务观点源于人力资本（员工拥有的知识、技能和能力）是组织竞争优势的重要来源这一观点，其显著特征是组织通过引入一系列系统和成果，充分发挥人力资本的价值。现有研究表明，员工参与、员工工作自主性、员工能力发展以及基于绩效和能力发展的奖励机制，能够有效提高组织绩效。高绩效工作实务有助于培养人力资本，而卓越的人力资本能够帮助组织更好地适应外部环境的变化，强化员工激励，从而改善组织内部关系。

（四）利益相关者观点

上述三种观点主要聚焦于组织资源与生产过程，未考虑组织与利益相关者之间关系的重要性。利益相关者包括任何与公司存在权益关系的主体，包括员工、股东、供应商、政府、社会团体、顾客等。该观点认为，利益相关者的关系是动态的，组织若要理解、管理和满足利益相关者的需求以提高组织绩效，就必须考虑自身行为对其他主体的影响；在提高组织有效性时，必须考虑价值观、道德伦理和社会责任。

第五节　组织行为学的学科体系

组织行为学诞生于第二次世界大战后，伴随行为科学学派的出现而产生，是行为科学在组织管理领域的具体应用。1945 年，第一本有关组织行为学的教科书问世。20 世纪 50年代末，美国建立了专门的研究机构，美国心理学协会第十四分会——工业心理学分会中的一批人独立出来，专门从事"组织行为学"课题的研究。组织行为学的形成与其他学科有着千丝万缕的联系，如图 1-5 所示。

组织行为学的系统化体系形成，经历了一个理论准备和知识积累的过程。在这一过程中，有不少学者和专门机构进行了不懈探索，发表了许多卓有见地的论著，为组织行为学理论的创立做出了突出贡献。

（1）雨果·闵斯特博格（Hugo Munsterberg）在 1913 年所著《心理学与工业效率》一书中，率先把心理学知识运用到企业管理中。他在书中论述了用心理测验方法选拔合格的工人等问题，即人与机器的适配问题。

（2）梅奥在管理科学史上最早提出以人为中心的管理思想，他主持的霍桑实验是组织

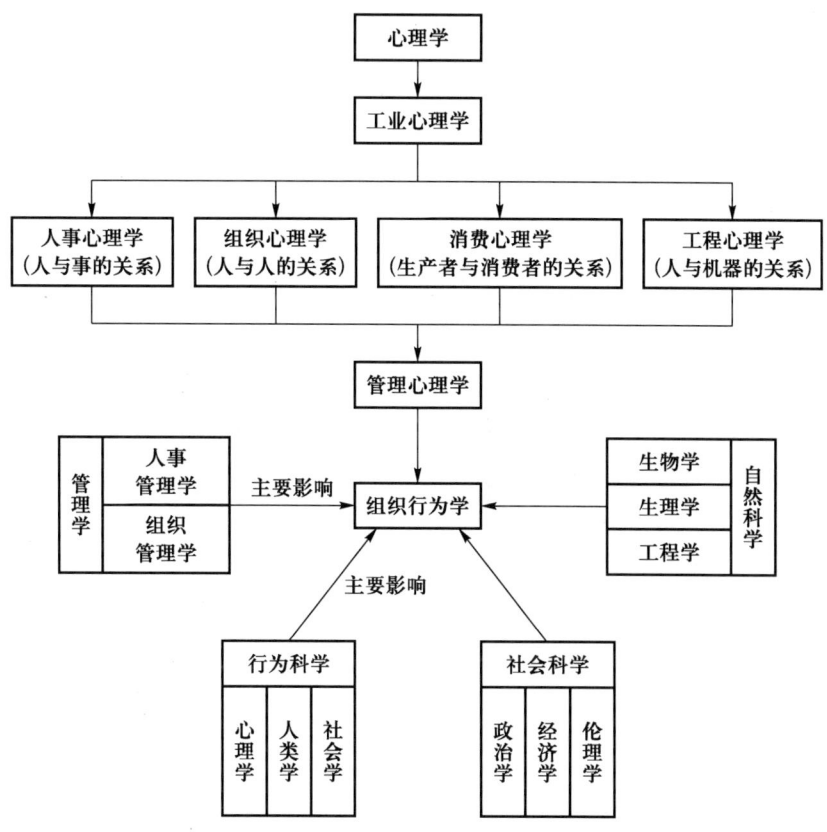

图 1-5　组织行为学与其他关联学科的关系

行为学的先驱性研究。

（3）莫里诺（J. L. Moreno）在 20 世纪 30 年代创立了社会测量学。该理论的测量技术通过问卷让被调查者根据好感或反感对伙伴进行选择，经适当处理后分析群体中的人际关系。社会测量学为组织行为学研究群体行为提供了科学的方法和技术手段。

（4）库尔特·勒温（Kurt Lewin）独创性地提出关于人类行为的"场论"，进而形成"群体动力学"。勒温认为，人的心理和行为取决于内在需要和周围环境的相互作用，进而形成社会秩序。群体动力学对群体行为的研究贡献很大。

（5）马斯洛在 1943 年发表的《人类激励理论》一文中，首次论述了作为人类动机基础的需要层次理论。马斯洛认为，人的需要从低级到高级依次分为生理需要、安全需要、社交需要、尊重需要和自我实现需要。这一理论对组织行为学中激励理论的发展有很大影响。

（6）1945 年，美国俄亥俄州立大学商业研究所领导行为研究组根据企业领导行为的两维因素，即"抓组织"和"关心人"，提出领导行为四分图理论，为研究组织中的领导行为指出了新的方向。

（7）弗雷德·费德勒（Fred E. Fiedler）于 1951 年提出有效领导的权变模式，认为任何领导形式均可能有效，关键在于要与环境情境相适配。这一理论为 20 世纪 70 年代和 80 年代的领导问题研究开辟了一条新的途径，即对领导理论的动态研究。

（8）麦格雷戈在1957年发表的《企业的人性面》一文中，提出了两种对立的人性观点及相应的管理理论：X理论与Y理论。

（9）赫茨伯格于1959年在《工作中的激励因素》一书中提出了双因素理论，将影响职工工作积极性的因素分为保健因素和激励因素，认为这两种因素是彼此独立的，并以不同的方式影响人们的工作行为。

（10）维克托·弗鲁姆（Victor H. Vroom）于1964年在《工作与激励》一书中提出了工作激励的期望理论，经过后人的发展和补充，成为西方普遍接受的激励模式之一。

（11）亚当斯（J. S. Adams）在《工人关于工资不公平的内心冲突同其生产率的关系》（1962，与罗森·鲍姆合著）、《工资不公平对工作质量的影响》（1964，与雅各布森合著）和《社会交换中的不公平》（1965）等著作中，提出公平理论。这是一种激励理论，侧重研究工资报酬分配的合理性、公平性及对职工生产积极性的影响。

（12）劳伦斯和洛希在1967年发表的《组织和环境》等文章中，分类研究了外部环境对组织结构的影响，这是组织结构与外部环境关系研究的标志性进展。

（13）亨利·明茨伯格（Henry Mintzberg）在1973年出版的《管理工作的本质》一书中，着重研究了管理者的工作内容及其工作特点。

（14）普菲尔（J. Pfeffer）和萨兰西克（G. Salancik）在1978年合著的《组织的外部控制》一书中建立了资源依赖性模型，阐明部门之间由资源依赖性关系决定的权力关系。

（15）威廉·大内（William G. Ouchi）在1981年所著《Z理论——美国企业界怎样迎接日本的挑战》一书中，对价值观和管理效率的影响作了国际比较。

（16）哈默和钱皮在1993年所著《企业再造》一书中，对信息化和全球化背景下企业组织的系统变革进行了研究。

第六节　组织行为学面临的挑战与趋势

进入21世纪以来，组织面临着比以往任何时代都更加迅速变化的外部环境。为更好地适应环境，组织需要在个人及组织层面不断作出调整以应对变化。本节主要从全球化、多元化、企业伦理与社会责任、互联网与大数据四个方面，介绍组织行为学领域面临的挑战。

一、组织所面临的挑战

（一）不确定的经济全球化趋势

曾几何时，信息技术革命以及互联网的广泛应用打破了国与国之间的界限，使得多数组织面临的是一个国家、市场、技术和组织相互融合、相互联系的"全球化"世界。在持续数载的经济全球化背景下，企业必须参与到这个无界限的市场中，这对管理者与员工都提出了更高的要求。总体而言，经济全球化使得工作场所的情境变得更为复杂，既为组织和个人带来了潜在的机遇，如更大的市场、更低的成本、更便利的知识创新，也带来了诸多挑战，如文化冲突、全球化视野的培养、非语言沟通的障碍等。

然而，近年来，一种新的"去全球化"共识正在全世界形成。长期存在的全球性问题与当前变幻莫测的国际形势，使得"逆全球化"由暗流涌动演变为显著趋势，为当前经济全球化进程带来了前所未有的阻碍。这种趋势的直接影响是暴露了全球供应链的脆弱性，使得更具弹性和内生优势的供应链受到推崇，并间接导致很多西方国家将关键产品的跨国生产转移回本国。同时，"逆全球化"也加剧了区域之间的经济冲突，造成了更多的隔阂与信任缺失，给开展跨组织合作带来了严重的不利影响。

（二）多元化

在知识经济时代，组织中员工的多元化体现在方方面面，包括：组织构成的多元化，如性别、年龄、种族、国籍、个性、信仰、态度等正变得越来越多样化，男性与女性在越来越多的工作岗位上差异逐渐缩小，种族与国籍的差异也不再成为工作的限制；年龄结构的多元化，如青年员工正逐步成为组织中的新生力量，其价值观和行为方式与中年员工有较大的差别，新生代员工更加喜欢挑战新事物，具有较强的学习能力与创新能力，对于自我实现的需求更高，这使组织更富活力，但同时受成长环境的影响，他们更加强调以自我为中心，抗压能力较差，职业稳定性欠佳，跳槽现象较为频繁。因此，原来行之有效的管理方式已经不再适用，需要探索能够适应新生代员工个性特征的多元化管理模式。

（三）企业伦理与社会责任

企业不仅是以自身利益最大化为目标的经济实体，而且是承担着道德责任的伦理实体。企业的可持续发展建立在经济价值和伦理价值统一的基础之上。企业在创造社会财富的同时，理应承担起相应的社会责任。如果企业盲目地追求经济效益，谋求自身的私利，这种不道德的经济行为不仅会扰乱市场秩序、损害社会利益，最终还会导致企业被社会淘汰。

企业在经营过程中，在追求利润、对员工和股东负责的同时，应当兼顾社会责任，即对环境的保护、对消费者的责任以及对社会的贡献等。人们希望企业的行为是对社会负责的行为，包括保护资源、保护环境、带动区域经济发展、支持社会福利与社会公益事业等。例如，许多企业积极地捐助福利院、养老院等，娃哈哈集团作为我国企业勇于承担社会责任的典范，在多起灾难中积极捐款捐物，展现出强烈的社会责任感。娃哈哈集团对待员工宽容体恤，对待他人乐善好施，对待国家忠诚奉献，其产品的诸多细节，都体现了爱国主义精神。

（四）互联网与大数据

以大数据、移动互联网、物联网、人工智能为代表的新技术影响着社会生活的方方面面，改变了人们的工作、生活和社交方式。科技已经渗透到企业生产经营的各个环节，对组织沟通、规范、领导、激励、工作方式、团队建设等都产生了广泛的影响，主要表现在以下四个方面。一是互联网改变了工作的空间与时间边界，越来越多的人选择居家或者移动办公，工作时长也从传统的八小时延伸到全天候、随时随地，这进一步促进了社会分工与协作的有机统一。二是互联网背景下出现了越来越多的虚拟组织，团队工作效率、领导职责、分工模式等各类新问题也成为虚拟组织需要解决的问题。三是大数据为组织行为学研究提供了新的方法论，能够让研究者从海量数据中观测到人类社会的复杂行为模式。与传统数据关注群体行为的模式不同，现今可以通过大数据挖掘出个体的社会行为，并将分散的数据在大数据中心进行处理，从而推导出群体行为规律。四是大数据能够提高决策参与者的决策能力，进而影响组织的决策能力。

二、组织行为学的发展趋势

随着管理实践的发展，组织行为学呈现出新的发展趋势，根据国内外学者的观点，组织行为学要沿着深度与广度两个维度发展。

（一）深度的发展

首先，在组织行为学理论研究方面，学者持续深化探索，不断推进有关领导效能、个体、团队、组织创造力与创新，跨文化管理等主题的研究，其中，在个体、团队创造力与创新等领域取得许多令人欣喜的成就，识别出更多的个体因素与情境因素，包括个体创造力、自我效能、奖励制度、网络结构等。跨文化管理的研究与动态文化理论相结合，也取得了诸多有特色的创新成果。

其次，从组织行为学的研究方法与研究范式来看，学者们正逐步采用更加多元化、前沿化的方法论与规范化的研究范式对研究问题进行探索。例如，综合运用多类型（包括文献回顾、实证研究、元分析及理论研究等）、多研究、多方法（如同时应用扎根理论等定性研究及统计分析等定量研究）、多样本、多层级（跨个体、团队或组织层面）的研究范式。同时，采用基于手机等通信工具的经验抽样（experience sampling）方法，推动组织行为学学科的进一步发展。此外，运用跨学科的分析方法（如语言学中的话语分析、社会学中的社会网络分析、心理学中的实验设计及人类学中的民族志等），从多角度考察组织中的个体行为。在领导力与组织行为研究中，关注点由过去以领导、关系为中心，逐渐转变为以员工为中心，更加注重研究的动态性，提倡自下而上的理论构建。

最后，从组织行为学的管理实践来看，内外部环境的复杂化给组织带来的最大挑战是组织结构的变化，扁平化、适应性与无边界组织成为组织变化的新方向。信息技术的发展与企业规模的迅速扩大要求组织能够及时处理大量信息，纵向层级的减少、管理幅度的扩大使得组织结构趋于扁平化。同时虚拟组织伴随新技术而诞生，具有更为灵活的结构，有利于资源的合理配置。组织边界也朝着无边界的趋势进一步发展。

（二）广度的发展

首先，组织行为学的发展紧跟社会发展的步伐，关注社会组织中的重要现象。在信息科技高速发展、经济全球化的背景下，人们的工作与沟通交流方式都发生了根本性变化，不少企业已启动团队化的组织变革。因此，互联网经济中组织和个体行为的特点与效率、虚拟工作团队与远程合作模式、信息资源分散流动情境中的领导力形成等，都成为未来组织行为与领导科学发展的重要趋势。

其次，组织行为学的发展与本土化的情境研究相结合。目前，中国经济已进入高质量发展阶段，组织发展也面临新的棘手问题，如人口红利消失、新生代员工的生活及工作价值观与"前辈"有较大差异，组织中出现了娴熟却倦怠、技术高超却内心冷漠、生活殷实却精神空虚的员工，这些都是组织行为科学应该关注的基础性问题。此外，在跨界创新越来越成为企业竞争优势来源的今天，本土的才是世界的，如何以中国本土的人文思想为基础，将东方人情管理法则与西方企业管理法则相结合，构建具有中国特色的组织行为管理理论，是中国学者应当重点关注的问题。

最后，组织行为学与其他学科的交叉融合会进一步深化。从学科体系来看，组织行为学一直受到心理学、社会学、人类学、政治学等各学科的理论支撑，而未来，复杂性科学与组织行为学的交叉融合将成为新的研究领域。复杂性科学以各类复杂系统为研究对象，而组织行为学的研究问题都聚焦于系统层面，如群体行为、群体决策、群体创新、组织学习、组织变革等，因此，将复杂性科学的理论与方法应用于组织行为学研究，成为未来发展的重要趋势。

关键概念

组织（organization）

组织行为学（organizational behavior）

组织效能（organizational effectiveness）

个体行为（individual behavior）

群体行为（group behavior）

多元化（diversity）

全球化（globalization）

复习思考题

1. 什么是组织行为学？

2. 你同意"行为一般是可以预测的"这一说法吗？为什么？

3. 什么是组织？家庭是一个组织吗？请解释。

4. 根据管理思想发展的演变规律，阐述管理思想的发展与组织发展、变革的联系。

5. 如何理解组织行为学的跨学科性？

6. 有人认为，理解人类行为是管理工作中唯一重要的任务。你同意这一看法吗？为什么？

7. 举出一些受人类行为影响较大的管理工作例子，再举出一些受这类影响较小的例子。

8. 有人说："四五十岁的员工勤劳、诚实、充满干劲，而二三十岁的员工就差很多。"你同意这一说法吗？请说明理由。

9. 从管理者角色出发，你认为学习组织行为学的意义是什么？

10. 在科技迅速发展的今天，组织与管理者面临哪些新的机遇与挑战？

管理游戏

"我的期望"卡

参与人数：集体参与

时间：10分钟

场地：室内

道具：笔、纸、"我的期望"卡

应用：教学开始前的沟通与交流

游戏规则与程序：

1. 给每个学生发一张"我的期望"卡，给他们两分钟时间，让他们思考本次课程的学习目的，以及希望从课程中收获的内容。

2. 接下来让大家分享各自的学习期望，选出最具代表性的回答。

在任何情境下，只有知道对方到底想要什么，才能有的放矢，更好地满足对方的需要。这个游戏正是通过师生之间的沟通来说明这一点。

相关讨论：

1. 大家分享学习目的，对于后续教学有哪些帮助？

2. 这种沟通方式还可以用在哪些场景中？

姓名：_____ 学号：_____ 我的期望： 1. _____ 2. _____ 3. _____ 4. _____ 5. _____ 6. _____ 7. _____

革新理念聚活力　更新价值闯市场
——摩尔农庄的自主发展观①

云南摩尔农庄生物科技开发有限公司（简称"摩尔农庄"）是不断追求发展理念转型和企业价值提升的典型民营科技企业。摩尔农庄将"立足云南丰富的生物资源优势，以市场为导向，结合高新生物技术，倡导健康养生理念，致力于打造有机、健康养生产品品牌"作为基本战略，凭借其独特的品牌架构转型、研发技术创新、多品大规模的产品线转变、人才开发管理及理念革新、市场角色转变等一系列经营理念转变，最终在民营生物科技企业中站稳了脚跟。

一、摩尔农庄概况

摩尔农庄成立于 2006 年，是集有机食品、功能性食品和民族药的研发、种植、加工、生产、销售于一体的股份制科技企业。摩尔农庄被农业部（现农业农村部）认定为全国农产品加工业示范企业，入选国家发展改革委认定的国家生物产业高新技术示范工程项目。

二、创业之初

创业之初，摩尔农庄以"乐尼白"品牌进行植物蛋白饮料市场的初探。这种核桃乳精选"中国核桃之乡"云南楚雄无工业污染、海拔 2 000 米左右的彝族山区核桃，配以有机蜂蜜精制而成；富含人体所需的 18 种氨基酸、酪蛋白等营养成分，不仅营养丰富，还有助于消化吸收；生产过程完全拒绝使用农药、化肥、激素等化学合成物质及基因工程技术，真正实现无添加。然而，尽管该产品价格与同类产品差不多，甚至在某些地区还要更低，销售情况却不好，即使在某些渠道、推广力度等方面占有一定优势的地区，其销量仍远远落后于知名品牌的同类产品。

为此，摩尔农庄深入一线市场调研后发现以下问题：产品品牌认知度不够，产品线单一，目标消费群体范围较窄，产品无法满足其他细分市场的需求。同时，公司的人才管理出现严重偏差，在自身转型发展的关键时期未能吸引和培养适配转型发展的优秀人才，这极大地影响了产品线的研发、扩充和品牌推广工作。

三、成长之困

摩尔农庄的品牌定位不精准、人才管理不到位、研发意识不清晰、产品链意识不深刻，这些涉及企业自主创新及转型发展的难点问题曾经在一定程度上限制了摩尔农庄核心

---

① 本案例由昆明理工大学管理与经济学院段万春教授撰写，版权归段万春教授所有。未经允许，本案例的全部内容不得以任何方式或手段擅自复制或传播。因企业保密要求，案例中对有关名称、数据等进行了必要的掩饰性处理。本案例仅用于课堂讨论，无意暗示或说明某种管理行为的有效性。

竞争力的打造。

（1）品牌定位不精准。摩尔农庄最初把"乐尼白"品牌定位在中低档，这一品牌定位偏离了市场需求，忽视了消费者对高端有机饮品的潜在需求，同时产品在与消费者的利益关联方面沟通不足，不仅包装缺乏个性，而且本应定位高端的产品实际定价偏低，导致品牌形象疲软，无法应对众多知名品牌的差异化竞争。

（2）人才管理不到位。摩尔农庄在成立之初缺乏对产品研发、生产管理、品牌推广、产品销售等领域中高端人才的系统招聘和管理，致使企业在品牌推广、市场开拓、研发等方面的人才支撑不足。在人才培训方面，企业没有对自身人才进行系统、专业化的产品知识和产品管理培训，未能积极推动企业人才知识技能结构转型，难以形成与企业发展转型相适配的有效积累。在决策模式方面，企业仍然采取中小民营企业普遍采用的自上而下的单向、人治、集权管理模式，导致决策的连续性、相关性与科学性均处于较低水平。

（3）研发理念不清晰。企业对联合研发、消费者需求定位及产品线革新三者的关系认识模糊。现有联合研发并未以品牌定位及其转型为导向，不利于产品线的适时扩展，致使摩尔农庄无法在特定细分市场上集中有限的研发资源与竞争对手抗衡。同时，联合研发的领域缺乏以产品线革新为导向的规划，不利于改变"乐尼白"有机核桃乳在市场上孤立无援的局面，阻碍企业扩展形成多层次的消费人群以及构建起强大的核心竞争力。

（4）产业链意识不深刻。在初期探索阶段，企业并没有意识到产业链竞争力提升的重要性和产品线资源化对企业的战略意义。在产业链价值提升方面，摩尔农庄各生产环节的价值控制相对独立，没有完好地实现产业链价值的创造、提升和控制，进而限制了企业整体价值的增长。在产品线资源化方面，全国市场一盘棋的开放竞争格局使企业面临的竞争压力陡增，摩尔农庄虽然已经捕捉到了主要的市场需求，但未积极提升自身在健康产业及高科技生物产业中的竞争地位，难以有效扩大企业在行业内的多元化资源优势。

针对这几方面存在的问题，摩尔农庄通过"三大整合"来应对成长之困，在三大理念革新的基础上，围绕各理念之间的关联，形成了独特的持续整合理念，开拓出了一条自主发展之路。

四、自主发展

摩尔农庄为应对成长之困，在实践中逐渐形成了一套自主发展观：依据市场需求，重新进行产品品牌策划，改进包装设计，并与国内领先的营销策划公司深度合作，整合营销策划资源，打造品牌高端引领优势；积极谋求并整合业界领先管理理念，打造领先管理运营优势；整合高层研发资源，打造多层次研发优势；整合地区行业资源，打造特色市场竞争优势；整合关键业态资源，打造产业链布局优势。

（1）观念整合。从"乐尼白"到"摩尔农庄"，摩尔农庄通过提升品牌定位、打造明星产品，改变核桃乳的中低端定位，对品牌营销资源进行整合，以推动品牌架构理念转型、提升品牌价值、开拓新市场。摩尔农庄联合业界领先的策划机构，实施市场调研、产品定位、产品包装设计及产品完善的营销策划方案，并借助云南电视台、云南广播电台等媒体大力宣传造势。同时，摩尔农庄利用多种网络手段整合营销策划资源，利用电子邮件推广的方式，加强与消费者的沟通；利用资源合作推广的方式，包括与合作伙伴进行网站访问量资源合作、互为推广，加强摩尔农庄网站的宣传和建设。摩尔农庄在生产、销售和管理方面分别以顾客、代理商和员工为出发点，很好地实现了以人为本、以客户为本的观念整合。

结合管理实际需求，摩尔农庄在管理模式，生产、仓储、物流管理方法，设备技术及企业文化等方面实施了对口人才的系统培训，形成了"雏鹰计划""飞鹰计划""精鹰计划"和"雄鹰计划"四个递进式人才培养体系，与多家专业培训机构合作组织实施包括EMBA、高级培训课程、"青春创业扬帆计划"等在内的多层次人才培养计划。这些管理举措不仅有效提升了企业员工的综合素质，极大地增强了员工对企业与品牌的认同感，而且助力了企业管理与运营理念的转型升级。

（2）方法整合。摩尔农庄通过积极推动技术研发理念转型，战略性联合高层次研发机构，积极构建自主研发与联合研发相结合的多层次技术创新模式，打造多层次研发优势和特色市场竞争优势。公司于2007年与国家新药开发工程技术研究中心合作成立国家新药开发中心楚雄民族药研发基地，2013年挂牌成立企业院士工作站，并被科技部认定为高新技术企业。目前，摩尔农庄与中国医学科学院药物研究所、国家新药开发工程技术研究中心、中国航天员中心航天营养与食品工程重点实验室、中国科学院、武汉轻工大学等多家科研单位建立了长期紧密的技术合作关系，为企业的发展提供了强有力的科技支撑。摩尔农庄依托十余年积累的技术、研发、品牌、产品、渠道、管理等资源，深入核桃全产业链的技术研发和基础研究、应用研究，拥有国家专利技术147项，正在申报与核桃青皮、核桃花、核桃叶、核桃枝条有关的专利技术12项。

在市场开拓方面，摩尔农庄整合地区行业优势，推动产品线从单品小规模向多品大规模转型。企业目前已建成年产26万吨功能性饮料深加工生产线、4万吨利乐钻功能性饮料生产线、1.5万吨核桃系列坚果精加工生产线、360吨蜜制核桃仁生产线和360吨台式南枣核桃糕生产线，所有生产线均通过保健食品GMP和ISO22000国际食品安全管理体系认证，生产环境达到药品口服固体制剂10万级洁净标准。

（3）模式整合。摩尔农庄通过产业链角色与地位的转型实现产业链的延伸和升级，通过资本结构的优化和产业链角色、地位的转型实现商业模式的打造与革新。为确保有机、绿色产品的高品质并稳定原料市场秩序，企业一方面强力整合原料作物种植、生产、预加工的各个环节，借助相关专业人才优势外延打造标准生产模式；另一方面谋划整合原料交易信息，搭建一体化原料交易平台。摩尔农庄产业链布局日趋完善，集群效应凸显，生产、销售等各环节之间配套更加合理，生产规模日益扩大、技术装备日趋精良、品种覆盖逐渐齐全，实现了产品链与技术链的协同发展。摩尔农庄从强化原料基础地位和推动资源运作市场化两个方面进行了探索性尝试，为打通"品牌—创新—市场"的循环发展模式提供了有力支撑。在原料基础地位强化方面，企业将核桃原料基地作为企业的第一加工生产车间，通过实施"公司+科技+基地+协会+农户"模式，推动人才重心下移，正确引导农户进行科学化、规范化种植。在资源市场化运作方面，企业计划投资建设年吞吐量5万吨、以核桃为主的有机产品交易专业市场平台，力求打造集交易、物流、信息等增值服务于一体的交易中心，成为滇西核桃行业的信息中心、交流中心、物流配送中心和结算中心，促进云南核桃现代化新型交易，拉动核桃产业的发展和下游延伸。

至此，摩尔农庄实现了观念整合、方法整合、模式整合的协同发展，持续整合理念得到了完整实施，企业的未来获利能力得到了有力的保证，进而使企业整体价值得到实质性提升。

五、未来之想

经过持续多年的改革进取，企业紧扣云南省打造世界一流"绿色食品牌"发展规划，助力云南核桃产业高质量发展。相信伴随整合理念的持续革新、企业价值的不断提升，摩尔农庄将继续发挥自身优势，在既有基础上通过持续整合绽放异彩、大有作为。

【思考题】

1. 摩尔农庄经营初期采取了怎样的经营策略？为什么收效甚微？
2. 摩尔农庄为转变经营劣势采取了哪些措施？
3. 摩尔农庄在整合前后，策略调整的重点是什么？
4. 结合本案例和生活实际，谈谈学习组织行为学的目的和作用。

第二章　人性假设与组织管理

【学习目标】

1. 理解人性假设的原因
2. 理解自我概念的含义、特征
3. 了解形成自我概念和促成个人决策与行为的四个过程
4. 掌握人性假设的主要理论
5. 了解人性假设对组织管理的影响

导入案例

这个员工值不值得表扬

某年夏天，海滨城市大连异常闷热，空调销售火爆。国内某知名家电企业大连分公司经理张三接到一个电话："你好，我想订一台你们的空调。我现在在美国，母亲独自住在大连，老太太是农村的，爱忘事，不识字，希望你们能把安装和后续服务做到位，我多付几百元作为额外服务费。"张三回答："服务是我们的根本，我们一定会做好，额外的服务费就不用了。"

张三放下电话后，决定让入职一年多的员工王二负责这件事。王二工作勤勤恳恳，任劳任怨，刚被评为优秀员工。王二听完经理的转述后表示一定会尽力做好这单服务。当天，王二就上门为老太太安装空调，并一步步辅导老太太操作，确保她当场掌握。完成全部工作后，王二清理了安装垃圾并将家里的其他垃圾一并带走，老太太很满意，王二也很高兴。

第二天，王二刚上班，老太太就打来电话："王二在吗？空调坏了，赶紧来修修吧。"

"哪里出问题了？"王二一头雾水地问。"我哪里知道，反正是坏了，不能用了。"老太太回答得很干脆。

王二向经理张三汇报："昨天给老太太安装的空调出现了问题，让我抓紧时间过去看看。"张三说："这件事情今天必须处理好，但是你今天的工作任务已经排满了，因为这趟额外的服务，今天会少安装2台空调，影响1 200元毛利润，按公司规定，这种情况不能配车，你自己想办法过去吧。"于是王二自己打车去了老太太家。

到老太太家后，王二看到她穿着毛衣，便问："您怎么不关空调呢？""你教我怎么开，可没教我怎么关，我可不敢乱动，万一坏了怎么办。"王二将空调关上，专门辅导老太太关空调的操作。这一天王二除了少安装2部空调外，自费打车花费158元。

第三天，王二一上班，老太太又来电话了："空调又坏了，怎么打不开了？"王二没有考虑自己的得失，立刻向经理张三汇报，张三说："你看看能不能通过电话查明原因，再决定是否上门服务。"

王二尝试打电话，结果一直占线，他只好再去一趟。到了老太太家才知道，老太太认为空调一开，家里温度就会马上下降，不知道空调需要运行一段时间才能制冷，于是反复开关，导致空调无法正常工作，她就断定空调出问题了。王二感觉有些委屈，今天又少装2台空调，还承担了158元打车费。

第四天，王二提前半小时来到办公室，第一件事就是给老太太打电话："阿姨，今天您想开空调时我会打电话教您怎样开，关空调时也会打电话告诉您怎样关。"上午10:30，王二准时给老太太打电话，教她开空调，下午5:30时又打电话提醒她关空调。这一天比较顺利。

第五天，王二还是用这样的方式给老太太打了电话。

第六天，王二一早又打电话过去，老太太说："好孩子，不用打电话了，我忘不了了。"

第七天，公司东北地区总经理检查大连分公司工作，发现本周少装4台空调，影响毛利润2400元，按规定，需处罚20%，计480元。检查报告指出：由于本周未实现销售计划，企业可能流失两位顾客，请分公司经理张三找到具体责任人，落实罚款，并将绩效沟通及负激励结果反馈给东北地区总经理。

开周例会时，王二说明了本周少装4台空调的经过，并表明自己宁可少收入也要做好服务的决心。话音刚落，经理张三和全体同事都为他鼓掌。晚上，张三自己拿出480元交给财务，并给公司文化部门写了一封表扬信。

资料来源：本教材编写组自编.

第一节　关注人性假设的原因

马克思认为，人是各种社会关系的总和。自从有了人类活动和人类文明，关于人的研究就从未间断。随着社会的发展、组织的壮大和对更高效率和利益的追求，关于人类行为规律的研究也越来越深入。弗洛伊德提出的人的动物性与社会性理论就是其中的代表。弗洛伊德认为，"我"分为三个层次，即本我、自我和超我。本我是指被压抑（与社会标准相违背的）的本能与欲望，这一层次遵循"快乐原则"，追求各种欲望的满足，这也是驱动人的行为的原始动力。自我属于意识的结构部分，按照"现实原则"来支配行为，它既反映本能冲动的驱使，又体现现实规范的要求。超我则是最高层次，按照"至善原则"去规范行为，是道德规范、社会规范及准则的体现，也可以说达到了超凡的境界。超我对自我有指导作用，又限制了本我之表现。弗洛伊德的人性学说为西方人性理论研究奠定了基础。

知识链接 2—1
弗洛伊德的人性学说

组织行为学的研究对象是各类组织中人的心理和行为规律，研究目的是提升管理人员预测、引导和控制人的行为的能力，以实现组织管理目标。而组织管理都要以对人性的假设和认识为基础，不同的管理者对人性

的假设和认识不同，所采取的管理措施和选择的管理方式也会不同。一个管理者对员工的人性认识，就是他确定管理方式和策略的基本前提，因此，组织行为学对人性假设的关注，是开展个体、群体以及组织层面行为研究的前提和基础。

第二节　自我概念与人性假设

自我概念（self-concept）指的是个体的自信与自我评价。每个人都有个体自我（个人特征）、关系自我（人际关系）和集体自我（在特定社会群体中的身份）。自我概念有三个特征。一是复杂性，即人们自我感知到的独特且重要的角色或身份复杂多样，例如每个人在不同时期会扮演不同角色（学生、孩子、家长、员工、领导等）。当个人最重要的几个身份高度关联时，其自我概念的复杂性较低。二是内部一致性，即个人自我感知的角色与人格特质、价值观以及其他属性的匹配程度，当匹配度较高时，内部一致性较高，反之则较低。例如，如果认为自己是严谨的律师，同时是追求自由的摄影师，这种情况下自我概念一致性较低。三是清晰度，即自我概念的清晰性、稳定性程度，该特征会伴随年龄的增长以及多重自我的一致性提升而加强。

自我概念的形成、个人决策与行为的促成需要经过自我提升、自我验证、自我评价和社会自我（社会认同感）四个阶段。第一阶段的自我提升是指人天生有动力，希望感知自己（以及被他人感知）是有能力、有吸引力和重要的。自我提升对于组织既有积极方面又有消极方面。积极方面，当个体自我概念增强时，会拥有更健康的身心且抗压能力更强；消极方面，人在决策时会高估未来收益，并且承认错误的时间成本更高。第二阶段的自我验证是指人们在自我提升的激励下，会产生动力去确认并维持现有的自我概念。自我验证会影响人的知觉，使人更易接受与自我概念一致的信息，同时员工更愿意与肯定自我概念的人交流，这直接影响组织成员之间的关系。第三阶段的自我评价由自尊、自我效能以及控制点决定。自尊代表一个人对自我的总体评价。自我效能代表一个人对自己能够成功完成某项任务的自信程度，是关于自我概念的综合体，自我效能水平越高，总体自我评价就越高。控制点是指个体对所发生的事情的控制程度。通常内控型个体认为自身人格特征（如动机和能力）是影响生活的主要因素，自我评价更加积极，具有较高的工作满意度与适应力；外控型个体则认为生活更多地受到命运、运气、环境等外部因素的影响，倾向于在熟悉的环境中工作。第四阶段的社会自我是指个体会根据自身所处或有情感联系的团体来定义自己的身份。更关注社会身份的人具有更强的团队合作意识，愿意遵守团队规范，但也更易感知压力；更关注个人身份的人则不太遵守团队规范，更愿意表达分歧。

个体的自我概念能够显著地提高组织绩效与个体幸福感。员工对于自我价值的实现具有强烈的动机，渴望得到组织以及领导的认可。对于管理者而言，其对人性假设的认识会直接影响其对员工自我概念的评价。积极的管理者应当认可和支持员工的自我概念，从而激发其动力，同时，针对具有不同自我概念的员工应当采取不同的管理措施，从而最大限度地提高个体绩效。

第三节　中国古代管理思想中的人性观

古代关于人性的认识及实现途径对现代人的价值引导具有重要的借鉴意义。中国古代人性思想内容丰富，其中精彩纷呈的人性学理论，在中国思想史上占有重要的地位，而义利观、天人合一等思想，正是中国古代人性思想中的优秀成分。

（一）孟子的性善说

战国时期，孟子第一个系统地提出并论证了人性善的理论，性善论也是孟子整个学说的理论基础。在孟子看来，人和禽兽有本质区别，人的生活优于禽兽，是因为人有自觉的道德观念。孟子认为："无恻隐之心，非人也；无羞恶之心，非人也；无辞让之心，非人也；无是非之心，非人也。恻隐之心，仁之端也；羞恶之心，义之端也；辞让之心，礼之端也；是非之心，智之端也。人之有是四端也，犹其有四体也。"按照孟子的观点，仁、义、礼、智"四端"与生俱来，是善的开端、萌芽，是人与禽兽的分水岭，即所谓"人之初，性本善"。通过"养心""寡欲"的道德修养，善端不断扩充、发展，就成为"四德"，"四德"发展到完善的程度，人就达到圣人境界，所以说"人皆可以为尧舜"。孟子的性善论与现代管理理论中的"自我实现人"假设有一定的相似之处，作为"仁政说"的理论基础，对后世影响深远。宋代的张栻、陆九渊，明末清初的陈确、黄宗羲、王夫之都是赞同性善论的代表人物。

（二）荀子的性恶说

荀子是中国古代哲学史上第一个明确提出性恶论的哲学家。"人之性恶，其善者伪也。"这是其性恶论的核心宗旨，也是其最终的结论。荀子说，"今人之性，饥而欲饱，寒而欲暖，劳而欲休，此人之惰性也"，这与西方管理理论中的"经济人"假设十分接近。荀子在性恶论的基础上，提出了"隆礼""重法"、礼法结合的思想。此后韩非子、李斯等人把荀子的性恶论推向极致，形成了法家"法治"的理论基础。

（三）朱熹的人性二元论

在人性问题上，朱熹直接继承了张载的思想。张载把人性分为"天地之性"和"气质之性"两种，认为人性善恶源于禀气不同，朱熹对此十分认同。在此基础上，朱熹全面论证了"天命之性"和"气质之性"的人性二元论。朱熹认为，"理"与"气"，都是人生不可缺少的。"理"在人形成之前，浑然于天地，人一旦形成，便附于人体，成为先验禀赋于人心的仁、义、礼、智等特征，是先天的善性所在，人人都有，故名"天命之性"。人体形成之时，必禀此气，由于气精粗、厚薄、清浊、久暂不同，就产生了善恶、贤愚、贫富、寿夭的差异和性格上的差异。它有善有恶，名曰"气质之性"。"天命之性"和"气质之性"并存于人身，二者互相依存。

（四）王守仁"心学"

王守仁，即王阳明，明代思想家、文学家、哲学家和军事家，心学之集大成者，与孔子、孟子、朱熹并称为孔、孟、朱、王。王守仁的学说思想，即王学、阳明学、心学，作为儒学的一门学派，最早可追溯到孟子，经王守仁发展后成为明代影响力最大的哲学思想，并传至日本、朝鲜半岛以及东南亚，影响范围极广。王守仁的人性学说，主要强调"心即理"的思想，反对程颐、朱熹通过事事物物追求"至理"的"格物致知"方法——因为世间道理无穷无尽，故提倡"致良知"，从内心寻找"理"。他认为，"理"化生宇宙天地万物，人心自秉其精要；人心本无善恶，善是良知，恶是意念所致。"无善无恶心之体，有善有恶意之动。知善知恶是良知，为善去恶是格物"是王守仁心学中关于人性的精华理论。在知与行的关系上，王守仁强调要知，更要行，知中有行，行中有知，即所谓"知行合一"，二者互为表里，相辅相成，不可分离；知必然要表现为行，不行则不能算真知。

以上几种学说只是古代管理思想中关于人性探讨的一部分，在中国五千年文化历史中，还有很多关于人性的讨论。

总之，我国古代关于人性的争论是人类思想史上一道亮丽的风景，为建立与我国封建农业经济相适应的道德规范和政治、法律秩序提供了理论依据。此后，一方面，封建专制制度禁锢了人们的思想；另一方面，在小农经济条件下，没有出现新的组织形式创新，学术理论缺乏实际需要的推动。因此秦汉以后，学者对人性的讨论主要围绕先秦诸子的思想框架而进行丰富和深化。尽管也有一定发展，但从总体上说，寻章摘句的考证多，革故鼎新的创新少，研究方法和思想并没有产生大的突破。

第四节　人性假设的主要理论

一、"经济人"假设——X 理论

（一）"经济人"假设的主要内容

"经济人"假设是古典经济学家和古典管理学家关于人性的假设，是西方经济学和泰勒科学管理理论的出发点。美国心理学家麦格雷戈将该假设概括为 X 理论。"经济人"假设源于享乐主义，认为人的行为就是为了获得最大的经济利益，工作的目的是获得经济报酬。它的主要内容如下。

（1）大多数人都是懒惰的，会尽可能逃避工作。

（2）大多数人都没有雄心壮志，宁愿接受别人领导，也不愿承担任何责任。

（3）大多数人的个人目标与组织目标都是矛盾的，必须依靠外力强制达成组织目标。

（4）大多数人都缺乏理智，不能克制自己，很容易受他人影响。

（5）大多数人为满足基本生理需要和安全需要，往往会选择能带来最大经济收益的事情去做。

（6）人群大致分为两类，多数人符合上述假设，少数人能克制自己，这些人应承担管理的责任。

（二）管理人员的职责和管理方式

根据"经济人"假设，管理人员的职责和管理方式如下。

（1）将管理工作的重点放在提高劳动生产率、完成任务上。

（2）运用职权发号施令，使下属服从。

（3）强调严密的组织，制定具体的规范和工作制度，如工作定额、技术规程。

（4）在激励与约束制度上，主要用金钱报酬调动人的积极性，同时对消极怠工者采取严厉的惩罚措施。

泰勒制是"经济人"假设的代表，它采用"胡萝卜加大棒"的办法，一方面靠金钱的收买和刺激，另一方面靠严密的控制、监督和惩罚，促使人为组织目标而努力。现在，在发达的资本主义国家，人们普遍认为"经济人"的时代已经过去，但其思想影响仍然存在。在我国企业改革和组织管理工作中，这一理论仍有一定借鉴意义。

二、"社会人"假设

（一）"社会人"假设的主要内容

"社会人"假设是梅奥等人依据霍桑实验的结果提出的。这一假设认为，人们在工作中最重视的是与周围人友好相处，物质利益是相对次要的因素。其基本内容如下。

（1）社交需要是人的行为的主要动机，是人与人之间形成认同感的主要因素。

（2）工业革命以来，专业化分工和机械化使劳动失去了内在乐趣而趋于单调，因此必须从工作的社会意义中寻找安慰。

（3）非正式组织通过人际关系形成的影响力，比正式组织的管理措施和奖励对人具有更大的影响。

（4）组织领导者应当满足员工归属、交往和友谊的需要，工作效率会随着员工社会需要的满足程度而提高。

（二）"社会人"假设相应的管理措施

根据这一假设，相应的管理措施如下。

（1）管理人员不能只考虑如何完成工作任务，应当关心人、体贴人、爱护员工、尊重员工，致力于建立融洽的人际关系，提高组织士气。

（2）对员工的奖励，应当尽量采取集体奖励，而不能单纯采取个人奖励。

（3）管理人员要由单纯的监督者变成上下级之间的中介，鼓励交流、沟通，经常倾听员工意见并向上级反映。

这一理论对西方的组织管理方式有很大的影响，管理者采取建立劳资联合委员会、实行利润分成等措施，收到了较好的效果。

三、"自我实现人"假设——Y 理论

（一）"自我实现人"假设的主要内容

"自我实现人"假设由行为科学和人力资源学派的一些代表人物提出。例如，马斯洛

需要层次理论中的最高一级需要是自我实现的需要；阿吉里斯的"不成熟-成熟"理论中所谓成熟的个性；麦格雷戈的 Y 理论。"自我实现人"假设是对这三者的概括，认为人都期望发挥自己的潜力，表现自己的才能，只要潜能得到充分发挥，就会产生最大的满足感。其主要内容如下。

（1）一般人都是勤奋的，厌恶工作并不是人的普遍本性，只要环境条件有利，工作就会像娱乐、休息一样自然。

（2）人能够自我管理、自我控制，外来的控制、惩罚不是鞭策人为组织目标而努力工作的唯一方法。

（3）个人自我实现的要求和组织目标并不矛盾，在适当的条件下，人会自我调整，将个人目标与组织目标统一起来。

（4）在正常情况下，人会主动承担责任，力求有所成就，缺乏抱负、逃避责任并非人的本性。

（5）大多数人都具有高度的想象力、聪明才智和解决组织中困难问题的创造性。而在现代工业社会中，人的潜能只得到部分发挥。

（二）"自我实现人"假设的相应管理措施

根据这些假设，相应的管理措施如下。

（1）管理的重点是创造一个有利于人发挥潜能的工作环境，管理者的职能应从监督、指挥变为帮助人们克服自我实现过程中遇到的障碍。

（2）激励方式应从外在激励为主转变为内在激励为主。外在激励来自经济收入、人际关系等外部因素，内在激励来自工作本身，例如，工作的挑战性，在工作中获得知识、增长才干、发挥潜能以及满足自尊和自我实现需要的可能性。

（3）在管理制度上给予员工更多的自主权，让员工参与管理和决策，分享权力。

四、"复杂人"假设——超 Y 理论

（一）"复杂人"假设的主要内容

"复杂人"假设是在 20 世纪 60 年代末 70 年代初提出来的。埃德加·沙因（Edgar H. Schein）等人经过长期研究，认为以往的人性假设，如"经济人"假设、"社会人"假设、"自我实现人"假设各自反映出当时的时代背景，适用于某些人和某些场合，有合理的一面，但也过于简单和绝对化。事实上，人是复杂多变的，不能把所有人归为一类。由此提出了"复杂人"假设。其主要内容如下。

（1）人的需要分为许多种，纷繁复杂，而且随发展阶段、生活条件和具体环境不同而改变。每个人的需要各不相同，表现形式因人而异、因事而异。

（2）人在同一时间会有多种需要和动机，它们相互作用，并结合为统一的整体，形成错综复杂的动机模式。

（3）人在组织中可能产生新的需要和动机，在某一特定阶段和事件中，人的动机是内部需要和外部环境相互作用的结果。

（4）人在不同的组织、工作部门和岗位，可能有不同的动机模式。

（5）人感到满足、致力于为组织工作的程度，取决于本人的需要结构及其与组织之间的相互关系。工作能力、工作性质、与同事的关系等都可能影响其积极性。

（6）由于人的需要不同、能力各异，对同一管理方式会有不同的反应，所以不存在适用于任何时代、任何组织和任何个人的唯一正确的管理方式。

（二）"复杂人"假设的相应管理措施

根据"复杂人"假设，管理的方法和技巧必须因环境的不同而随机应变、灵活运用，这对保证组织管理的成功至关重要。管理者最重要的能力体现在鉴别情境、分析差异、诊断问题的洞察力上。美国管理心理学家约翰·莫尔斯（John J. Morse）和洛希于1970年提出了"超Y理论"，其思想观点和"复杂人"假设一致，二者共同构成权变学派的理论基础。

知识链接 2-2 不同的人类文明对人性特点的影响

五、全面而自由发展的人——Z理论

威廉·大内（William Ouchi）的《Z理论——美国企业界怎样迎接日本的挑战》一书中，对以美国为代表的西方和以日本为代表的东方这两种不同文化背景进行了比较研究。他认为，每种文化都赋予其人民不同的特殊环境，从而使其形成不同的行为模式。因此，组织发展的关键是创造出一种组织环境或气氛，使得具有高生产率的团体得以产生和发展。大内认为，应以美国的文化为背景、吸收日本式企业组织的长处，形成一种既能实现高生产率，又能带来高度员工满足感的企业组织，并将这种新型的组织命名为"Z型组织"。大内的这一研究把人性和激励理论的研究推向了一个新的高度。

与此同时，托马斯·彼得斯（T. J. Peters）与小罗伯特·沃特曼（R. H. Waterman）合著的《成功之路——美国最佳管理企业的经验》（1982）一书提出了"企业文化"这一概念，认为它在管理要素结构中处于核心地位，关系到企业的兴衰成败。他们所强调的企业文化，是在美国和日本的成功企业中发现的共性特征，处于这种企业中的人又可被称为"文化人"，即具有典型文化模式的人。

第五节　人性假设对组织管理的影响

（1）从人性研究的发展变化来看，研究已从对人的先天本性的探讨，转向对后天环境影响的研究；从对人的片面但确定的结论，转变为比较全面但不确定的结论，最明显的是从"经济人""社会人"假设到"复杂人"假设的转变。前者反映了由唯心观点向唯物观点的逐渐渗透，后者则体现了从形而上学向辩证法的转变。

（2）人性研究发展变化的根本原因是社会的发展变化。尽管西方资本主义社会制度没有变，但是生产技术水平和生活环境在变化，员工的构成和文化素质也在变化。当原有的观点不能适应变化后的现实时，新的理论必然会取代旧的观点。

（3）人性研究的发展变化并不意味着原先的观点被全盘否定。因为原先的人性假设观点，比如"经济人"假设，都有它出现和存在的条件，反映了一定条件下的客观现实，有合理性、科学性的一面。所以只要这一历史条件没有完全消失，这些观点仍会有一定的适用性。例如，经济需要对人的行为具有驱动作用这一观点至今仍然适用。

（4）人性研究及各种假设都存在明显的片面性和局限性，主要体现在：仅提出了人性的某些表象特点，没有触及社会本质；单纯根据人性特点提出管理对策，忽略了社会化大生产的客观要求；提出了社会文化环境对人的影响，却未能揭示社会文化产生与形成的经济基础。

（5）人性研究存在片面性和局限性的原因，在研究方法方面表现为：人性假设的观点，绝大部分是依据实证调查得出的，缺乏逻辑分析和推理，只能说明"是什么"，不能说明"为什么"，因而容易被其他实证调查的结论否定。研究方法的局限主要来自研究者世界观的局限，因此要想真正弄清人的本质，必须依靠马克思主义的人性理论。

拓展链接 2-1
梨子的"善"
与"恶"

西方人性研究对我国企业管理工作的启示是：① 应当始终重视影响员工积极性的原因所在；② 没有统一的"人性"，任何管理方式都有其适用条件，盲目追随时髦或被推崇的管理方式很可能导致失败；③ 应同时重视员工的物质需要和心理需要，二者不可偏废。

关键概念

人性假设（assumption about human nature）

自我概念（self-concept）

自我提升（self-enhancement）

自我验证（self-verification）

自我效能（self-efficacy）

经济人（economic man）

社会人（social man）

复杂人（complex man）

自我实现人（self-actualizing man）

社会身份（social identity）

复习思考题

1. 什么是人性假设？为什么要关注人性假设？

2. 如何理解自我概念的元素？举例说明其复杂性、一致性和清晰度。

3. 假如你是企业的领导，会采取哪些措施帮助员工更好地认识自我概念？

4. 什么是 X 理论？持 X 理论观点的管理者会采取什么样的管理策略？

5. 什么是 Y 理论？什么是超 Y 理论？二者之间有什么联系？

6. 试根据人性假说中的任意一种，举例说明其内涵。

7. 人性假设观点的差异能够反映出管理情境与措施的哪些变化特征？

管理游戏

起 名

参与人数： 全体学员（需要分组，每组人数不少于 5 人）

时间： 10~15 分钟

场地： 不限

道具： 纸、笔、黑板、粉笔

游戏规则与程序：

1. 将所有学员分成人数基本相同的若干组。

2. 各小组设计自己的行动口号，要求完成后进行齐步走并反复呼喊几次口号。

3. 选择观察员对各小组的统一性、一致性程度进行评分。

4. 请各小组尽可能写出其他组的口号，对被写出次数最多的口号进行讨论并分析其特点。

5. 分析某小组获得第一的原因。

相关讨论：

在逐一认识所有小组的优点后，你可以重组一个融合这些优点的新团队吗？试试看。

案例分析

云南变压器电气股份有限公司的"5S"管理[①]

云南变压器电气股份有限公司主要生产铁道电气化牵引变压器系列、电力变压器、H级绝缘赛格迈干式变压器。几年前，公司启用了一条大管径生产线，在竞争非常激烈的管道市场中，发挥了很大的作用。此时，公司总经理杨先生开始把目光瞄准外贸领域。

一、接受"5S"的挑战

云南变压器电气股份有限公司与某公司洽谈的合资项目，是在改造公司生产系统之后，引进该公司的大生产线设备和工艺。然而，合资谈判进行得并不顺利。对方对公司的工厂管理提出了很多在杨总看来太过"挑剔"的意见，比如：仓库和车间里的原材料、工具的摆放不够整齐；地面不够清洁，设备油污多得"无法忍受"；工人的工作服也不符合

---

① 段万春. 组织行为学教学案例集［M］. 北京：高等教育出版社，2015.

要求；等等。在合资条款里，合作方执意将"引入现代生产企业现场管理的'5S'方法"作为必要条件，写入合同文本。

最初，公司管理层觉得合作方有点小题大做，不就是做做卫生，把环境搞得优美一些，杨总认为这些与现代管理、信息化管理根本不沾边。不过，为了合资能顺利进行，杨总还是答应了。一个月后，回想起这些"鸡毛蒜皮"的小事，杨总有一种脱胎换骨的感觉。

二、"鸡毛蒜皮"的震撼

"5S"是指 5 个以日语单词罗马注音"S"为开头的词汇，分别是：清理（Seiri）、整顿（Seiton）、清扫（Seiso）、整洁（Seiketsu）、素养（Shitsuke），于 20 世纪 50 年代风靡日本制造企业。这 5 个词及其含义听上去非常简单，刚开始大家很不以为意。

几天后，合作方派来指导"5S"实施的张先生，通过实地调查，用大量现场照片和调查材料，给公司的领导和员工带来了强烈的震撼。

张先生发现，车间的人流通道和物流通道没有区分，物流占用人流通道的现象尤其严重，大量周转箱和原材料容器占用人流通道、产品周转车堵塞通道；生产车间地面总是堆放着不同类型的废品，里面有现在用的，也有"不知道谁搬过来的"；废弃的原料桶和拆下来的模具躺在车间的角落里，沾满了油污；工人使用的工具上都没有醒目的标记，要找一件合适的工具需要费很大的周折；工作台上的物品摆放无序，还有工作服、毛巾、设备罩等无关物品；周转箱、原材料、在制品存量不合理，个别区域存量过大，仅空置周转箱就占用了存放间 70%~80% 的空间；车间和生产班组几乎没有看板，一层大厅虽有一块板，但是没有任何内容。

生产物品定置率低，大多数物品随意存放，处于失控状态。整个生产区域内，没有画线标出物品定置区域，待验成品和已验收的合格成品没有分区存放，往往在同一区域混放；堆放管件、铜管和配件的货架与成品的货架之间，只有一条窄窄的、没有隔离的通道，货号和货品不符的情况司空见惯；有时候，车间返回来的剩余铜材与新的材料混在一起，谁也说不清到底领用了多少。

张先生还检查了杨总引以为傲的大管件生产设备，以及计划科、销售科、采购科的几台计算机，发现硬盘文件同样混乱不堪：随意建立子目录和文件。对于有些子目录和文件，除非打开看，否则不知道里面到底是什么；文件的版本繁杂，过时文件、临时文件、错误文件或者同一文件多个副本的现象，数不胜数；工作记录不规范，有的记录随意用别的记录表代替；各暂存间、周转库的物品"账、物、卡"未建立；清洗间的拖把没有专用挂架，清洁过的、未清洁的分不清，地面有积水；车间办公区域杂乱，办公桌上物品随意摆放，文件、资料未归类，人员离开后桌面未清理等。

张先生直率地问杨总："你如何确保产品质量？如何确信计算机里的数据真实可靠？如何鼓舞士气，增强员工的荣誉感和使命感？"最后一个问题，张先生指向墙上落满灰尘的标语——"视用户为上帝，视质量为生命"。

三、清理、整顿、清扫

张先生把推进"5S"的工作分为两大步骤，首先是推进前三个"S"，即清理、整顿、清扫。公司决定从以下几个方面进行改革。

（一）现场管理组织领导及办公区域的"3S"管理

"3S"管理工作的关键是领导重视、率先垂范。公司和车间成立"3S"管理领导小组，明确单位负责人为"3S"管理第一责任人；建立健全"3S"管理网络图，明确分工及责任人，生产班组在现有"二长五大员"的基础上设"3S"活动管理员；"3S"管理活动必须做好策划工作，制定切实可行的实施计划和便于操作的考核奖惩办法；开展广泛宣传教育培训，要方式灵活，分级、分批对干部、工人进行管理知识培训和讲座，让大家明白"怎么做、自觉做"。

车间办公区域和生产区域同步进行"3S"管理：办公物品分类定置、摆放，标志准确，桌面无多余物品，实施目视管理，保证大家能迅速找出所需资料；办公桌牌摆放统一规范，人员离开工作区域时应收拾办公桌面，并将座椅推入办公桌内；办公人员工作态度端正，举止文明礼貌，有良好的团队精神。

（二）现场的质量管理与工艺"3S"管理

操作工人应按洁净要求正确穿戴工作服，不得串岗、串区；各种工艺记录按要求填写，不允许有看不清字迹的记录；关键工序应设质量控制点，并且标志鲜明；操作人员及检验人员应熟悉本工序工艺要求，并严格执行工艺，持工艺培训合格证上岗；产品流转卡或工序卡片中批号、数量、操作者、时间填写正确、规范，产品质量具备可追溯性措施；各种工艺文件规范有效，量具、仪表均有检定合格证且在有效期内。

（三）现场设备、能源的"3S"管理

现场设备应为完好设备，并挂有标志牌；正在清洁或有故障的设备绝不允许投入生产；操作人员需持证上岗，严格遵守操作规程，及时排除设备隐患；设备调试应该由专人负责，调试正常后方可交当班人员操作；贯彻设备保养制度，无跑、冒、滴、漏现象，保持设备背面清洁；重点设备、封存设备、限用设备、报废设备都应该有规范的标志牌；设备附件完好、齐全、摆放整齐（上架存放），设备修理现场整洁，零件摆放整齐，不影响通道运输和操作；进口设备及高精尖设备应有明显标志，由专人操作和维护。

（四）现场物品定置及环境的"3S"管理

人流、物流通道应该有严格的分隔措施，并且用标志线标明区域和流向；各生产区域应该有定置图，物品必须有指定存放区域，区域线鲜明，严禁压线或超线存放；在制品、原材料、待验品、合格品均应该有指定存放区域，并且挂有醒目标志牌，不得混放；周转车、周转箱应有指定存放区域，不得随意停放，更不得占用通道，确保通道畅通；周转箱在生产区域内应该有合理存量，严禁超量存放；各类物品摆放整齐，横平竖直，不超高，数量准确，账物相符；做好均衡生产，合理控制批量，及时拉运，生产线上无产品堆积和超存现象；库房保管制度健全，账、物、卡齐全相符。库内存放物品标牌醒目，定额、定时发料，原始记录准确、齐全；生产现场整洁、窗明壁净，符合洁净度要求。地面无积水，拖把上架晾干，其他洁具在规定地点存放；废弃物存放要有明显标志，入袋或入箱密闭存放，及时清理运出；各保洁区域应该由专人负责，按工艺要求保洁，保洁制度齐全；各工具柜、货架、工作台应该有物品定置标志，定点存放。

（五）现场的看板管理及班组的"3S"管理

车间应该设有看板一块，置于车间人员出入必经之处。看板内容主要反映当月、当周或当天的生产任务、品种数量、各项经济指标、车间重大事项通知和决定、车间企业文化等，且需及时更新；各班组应该各设看板一块，置于本班组活动场所或工序前面，看板内容应该反映班组任务、完成指标、班组风貌及合理化建议等；班组各项管理工作由专人管理（可以兼职），必须有开展活动的记录，记录要真实、及时，严禁弄虚作假、事后补记；班组成员自觉遵守公司各项规章制度，互相帮助，团结友好，团队意识强；严格遵守交接班制度，记录、签字准确、完整、规范。

四、爽朗心情

随着"3S"（清理、整顿、清洁）的逐步深入，车间和办公室的窗户擦干净了，卫生死角清理出来了，库房、文件柜、计算机硬盘的文件目录、各种表单台账等重点整治对象也有了全新的面貌。但是，包括杨总在内的所有人，起初并没有觉得张先生引进的"灵丹妙药"有什么特别之处。不过杨总承认，大家的精神面貌还是有了一些微妙的变化：人们的心情似乎比过去好多了，一些员工不拘小节的散漫习惯也有所收敛；报送上来的统计数据，不再是过去那种经不住推敲的糊涂账；工作台面和办公环境也的确清爽很多。

张先生结合前一阶段的整治成果，向杨总进言："'5S'管理的要点，或者说难点，并非仅仅是纠正某处错误，或者打扫某处垃圾；其核心是要通过持续有效的改善活动，塑造一丝不苟的敬业精神，培养勤奋、节俭、务实、守纪的职业素养。"

按张先生的建议，公司开始推进"5S"管理的第二步：推行后两个"S"，一个是整洁，另一个是素养。整洁的基本含义是保持清洁状态，也就是将清洁、有序的工作现场作为日常行为规范的标准坚持下去。素养的基本含义是"陶冶情操，提高修养"，也就是说，员工自觉自愿地在日常工作中贯彻这些基本准则和规范，约束自己的行为，并形成一种风尚。

张先生进一步指出，后两个"S"其实是公司文化的集中体现。很难想象，客户会对一个到处是垃圾、灰尘的公司产生信任感；也很难想象，员工会在一个纪律松弛、环境不佳、浪费随处可见的工作环境中产生强烈的责任心，并确保生产质量和劳动效率；更不用说在一个"脏、乱、差"的企业中，信息系统会发挥巨大的作用。

经过"5S"改造，公司的整体面貌焕然一新。

【思考题】

1. 案例中的企业为什么要实施"5S"管理？

2. "5S"管理活动是基于什么样的人性假设实施的？

3. "5S"管理活动强调团体精神，要求所有员工行为秩序化、规范化，这会不会影响个人创新思维的发挥？会不会限制个人的自由？

第三章　个体行为的影响特质

【学习目标】

1. 了解知觉、态度、价值观、个性等心理因素与行为的关系，以及需要、动机、行为之间的因果关系
2. 理解个体心理与行为研究的基础性作用，以及个体心理对行为的重要影响
3. 掌握如何运用个体行为理论提高管理水平

导入案例

员工，他们为什么不高兴

从 2018 年开始，2000 年以后出生的"00后"进入大学校园，开启大学生活；"95后"则已成为企业或组织新生代员工中的中坚力量；与此同时，企业或组织中，"70后""80后"多数已经占据了中层以上的管理职位，这些经验丰富的管理者面对初入职场的新鲜血液时，总是会有措手不及和喜忧参半的感觉。一方面，这些"新人"学习能力强、接受新事物速度快、敢于挑战权威、在工作中往往能够打破常规，创造力和创新能力更是突出，因而被寄予厚望；另一方面，他们追求自由，不喜欢被拘束和限制，这使得他们与很多企业文化难以兼容。加之，一些企业在管理和激励新生代员工方面缺乏经验和有效措施，使得新生代员工在实际工作中满意度低，离职现象频频发生。相关数据显示：新生代员工首次就业的平均在职时长仅约 7 个月。员工入职后短期内频繁离职，会增加用人单位的人力成本。以电商行业为例，广东中山海马集团电商部的数据显示，把一名新入职的客服人员培养成电商运营师需要 7~12 个月。高离职率导致企业在培训等方面的投入变成为其他企业作嫁衣，精英人才和优秀员工的流失更是严重阻碍了企业的人才战略布局和长远发展；另一方面，短期内频繁的就业与失业循环也加剧了年轻人的择业困境，频繁跳槽，使得新生代员工被贴上"不值得信任"的标签，以格力集团为例，其人才战略是几乎不聘用有频繁跳槽经历的员工，这使得部分新生代员工丧失了进入优质企业的机会。

对管理者而言，需要认识到，不同年龄段的员工都有各自鲜明的个性和时代特征。管理者不应当以偏概全，更不应将自己的价值观强加于新生代员工，要充分认识新生代员工所处的环境以及他们在心理和工作需求上的差异，特别是其个性特征，比如情绪表达、工作态度、价值观等。通过充分分析，尊重新生代员工的个性特征和工作习惯，给予理解与支持；要不断为他们创造有利条件，提高其幸福感，包括提高工作满意度、促进工作与家庭的平衡、满足心理安全需要等，帮助他们适应组织文

对于心理和行为的研究，一般都要从个体心理与行为的研究开始。因为个体是群体和组织的细胞，个体心理与行为是群体心理与行为、组织心理与行为的基础。而要研究个体心理与行为，必须对人的本质——人性有明确的认识，清楚人的需要、动机、行为之间的因果关系，并对人的价值观、知觉、态度、个性等心理因素进行详细考察，这些是形成个体心理与行为的具体要素、原因和内在动力。

第一节　心理学知识概述

人的心理活动和行为之间相互作用、相互依存，两者遵循一定的规律。心理学通过探讨人的心理活动及行为变化的规律，对人的心理和行为做出科学的解释，通过对行为的观察、分析、揭示、预测，实现对人的心理和行为活动的调节和控制。所以说，心理学是组织行为学的主要理论依据之一。

一、心理学基本概念

1879 年，德国哲学家和心理学家冯特（Wilhelm Wundt）在莱比锡大学建立了世界上第一个心理学实验室，从此心理学从哲学中分离出来，成为一门独立的科学。随着心理学研究的深入，理论界逐渐对心理学做出了相对统一的定义：心理学是研究人的心理现象的科学，具体来说，是研究人的行为和心理活动规律的科学。

心理学兼具自然科学和社会科学的性质，因此一般被称为边缘学科或中间科学。它不仅是一门认识客观世界和主观世界的科学，也是一门认识与调控人的心理活动与行为的科学。

20 世纪以来，心理学有了极大的发展。其显著特点是容易与邻近学科建立联系，并向所有相关学科渗透和结合。因此，心理学的发展速度之快、分支之多、服务领域之广，是其他学科难以比拟的。其中，许多分支的研究成果为行为科学的发展提供了理论来源，主要包括发展心理学、教育心理学、管理心理学、团体心理学、社会心理学、消费心理学等。

任何一门学科都有其特定的研究对象和探索领域，心理学的研究对象是人的心理现象及其变化规律。人的心理现象纷繁复杂，多种多样，与人们认识世界、改造世界的一切活动密不可分。在心理学中，一般把心理分为两个部分：心理过程与个性心理，如图 3-1 所示。

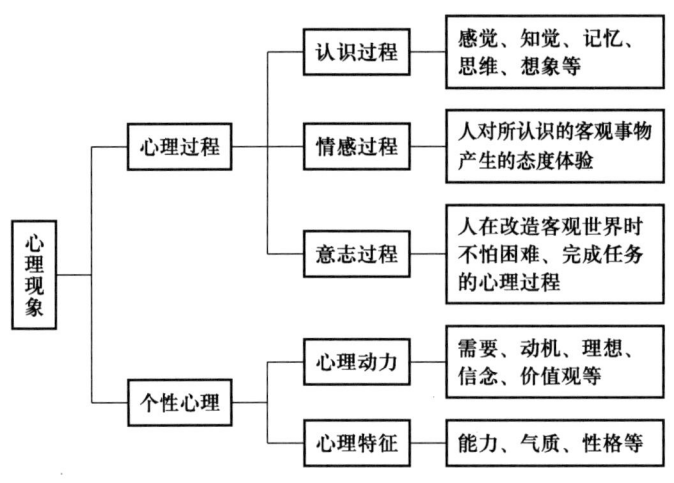

图 3-1　人的心理现象归类

1. 心理过程

心理过程泛指心理操作的加工程序，包括心理事件相互作用和相互转化的加工进程。在心理学上，"心理过程"与"心理活动"这两个术语一般是通用的。通常把认识（认知）过程、情感过程和意志过程统称为心理过程。

（1）认识过程。认识过程也称为认知过程，是人们获取知识、运用知识的过程，包括感觉、知觉、记忆、思维和想象等。通过感觉，我们获取反映事物个别属性的信息，比如颜色、声音、气味、软硬等。而知觉则是对感觉到的信息的解释，反映事物的整体属性，如一张桌子、一个人、一幢房子。感觉和知觉通常同时发生，所以合称"感知"。我们感知过的信息存储在大脑里，需要的时候可以提取出来，这就是记忆。同时，我们能借助存储的信息去获取间接、概括的知识，认识事物的本质和规律，这就是思维。比如，通过思维，我们可以把形形色色的笔（铅笔、毛笔、钢笔、蜡笔等）的本质属性（写字的工具）概括出来。思维具有间接性、概括性，通常借助语言实现。正常人的思维同语言活动是分不开的，我们用语言与他人交流认识活动的成果，并接受他人的经验。通过他人的描述，人脑能想出从未感知过的新形象，这就是想象。想象是人脑对已经存储的表象加工改造形成新形象的过程。比如，人们能想象出原始人类的生活情景，想象出恐龙时代的状况。感觉、知觉、记忆、思维、想象等都是人们为了认识事物的性质和规律、获得知识而进行的心理活动，在心理学上统称为认识过程。

（2）情感过程。人们认识世界时，总会伴随着相应的态度体验，有满意、不满意，愉快、不愉快，以及自豪感、美感、理智感等，这就是我们的情感过程。情感过程是人在认识事物过程中，对所认识的客观事物产生的态度体验。

（3）意志过程。人们在认识世界的过程中，不仅会产生相应的情绪体验，还必须排除各种障碍和困难，这就是意志过程。意志过程是人自觉地确立目的，根据目的调节和支配行为、克服困难以实现预定目标的心理过程，是人的主观能动性的充分体现。

认识过程、情感过程与意志过程并不是孤立存在的，而是相互联系、相互制约、相互渗透的统一整体，三者简称知、情、意。首先，认识过程是情感产生的基础。没有无缘无故的爱，也没有无缘无故的恨。同时，情感过程能反作用于认识过程，这种反作用既有积极的，也有消极的。其次，认识过程是意志过程的前提。只有通过认识过程深化对事物规律的了解，才能确定意志过程的目标，选择实现目标的途径、方式、方法等。另外，意志可以影响人的认识过程，使人在认识过程中更具有目的性和方向性。最后，情感对意志也有一定的影响。积极、愉快的情感可以提高人活动的积极性，成为意志的动力。消极、不愉快的情感会降低人活动的积极性，妨碍意志活动。意志可以调节人的情感。意志坚强的人可以控制消极的情感，而意志薄弱的人会被消极的情感左右。

2. 个性心理

个性心理是心理过程在不同的人身上表现出来的比较稳定的个体差异，是一个人的总体精神面貌，反映了人与人之间稳定的特征差异。个性心理结构比较复杂，一般而言，包括心理动力和心理特征。

（1）心理动力。心理动力是人进行活动的动力系统，所以又称为个性倾向，是人对客观事物的态度以及对活动对象的选择与趋向，决定人追求的目标和事物的价值。它是人从事活动、做出某种行为的基本动力，主要由需要、动机、理想、兴趣、信念、价值观等因素组成。心理动力随着人的心理和生理不断发展而发生变化。例如，在儿童时期，兴趣爱好是支配心理活动和行为的主要动力；在青少年时期，理想则上升到主导地位；成年之后，人生观、价值观、世界观会成为占主导地位的心理动力因素。

（2）心理特征。心理特征是指一个人在心理活动过程中形成的稳定且经常表现出来的特征，集中反映了一个人精神面貌的稳定类型差异，主要包括能力、气质和性格。

能力是直接影响活动效率、使活动得以顺利完成的个性心理特征，标志着人在完成某项活动时潜在的差异，存在水平、类型和表现早晚的差异。

气质是指在人的心理活动和行为中表现出的稳定的动力特征。气质是人与生俱来的，有急与缓、动与静、积极与消极的区分，没有好与坏之分。有的人活泼好动、反应敏捷，有的人热情直率、情绪冲动，有的人安静、稳重，有的人敏感、孤僻，这都是气质的差异。气质本身并不直接对个体的行为产生推动作用，也不决定行为的发生和方向，只表现为心理活动与行为的外显动力特点。

性格是表现在人对现实的态度和行为方式中的较为稳定而且有核心意义的心理特征。善良、凶恶、勤奋、懒惰、果断等都是性格特征的反映。性格是在后天的学习生活环境中形成的，有类型的差异，也有好坏之分，具有社会评价意义。

人的能力、气质和性格是在人的生活实践中形成的，它们相互制约、相互影响、相互联系。

心理过程和个性心理共同构成了纷繁复杂的心理现象，二者联系密切、互相影响。个性心理是通过心理过程形成的，即心理过程作用于个性心理；个性心理一旦形成，又会制约心理过程的进行和发展，即个性心理反作用于心理过程。

二、心理的产生

（一）心理现象

心理现象是人人都熟悉的。但是，究竟什么是心理？它的本质是什么？它为何发生、又如何发生？这些都不是简单的问题。心理活动是宇宙间最复杂的现象之一，也是人们长期以来就力图认识的一个重要问题。

早在远古时代，人们就已经注意到世界上有两种截然不同的客观存在——物质现象和精神现象。但是，受到当时生产力发展水平和知识经验的限制，人们对自己的身体结构和机能缺乏正确的认识，因而不能正确认识自己的心理现象，不能揭示心理产生的原因及其本质。当时人们认为，人的心理现象，如感觉、记忆、思维以及睡眠、做梦和觉醒等，都是与身体有特殊关系的灵魂的活动，认为灵魂是不依赖于物质而独立存在的精神实体。人出生后，灵魂就寄居在身体里，控制着人体的活动；人睡眠时，灵魂可以暂时离开人体外出活动，所以人就会做梦；人去世后，灵魂就离开人体。并且认为灵魂是不灭的、超自然的东西。由此就产生了肉体和灵魂、物质和精神是两种根本对立的本源的观念。随着社会的发展，人们在心理和物质的关系问题上逐步形成了唯心主义和唯物主义两大派别。

（二）心理是人脑的机能

知识链接 3-1
唯心主义心理
观与唯物主义
心理观

心理是人脑的机能，人脑是心理的器官。人的心理发展以高度发达的人脑为物质基础，心理并不是独立于物质的实体，而是高度完善的、由物质组成的人脑的属性。人脑是神经系统的中枢部位，人脑的两个半球是中枢神经系统的最高部位，其结构和机能最为复杂，是心理活动的主要生理基础。而大脑皮层的活动又决定着人的心理。人的大脑如果受到损坏，心理活动就会随之受到破坏。

人脑的结构、机能与心理现象的关联，是逐渐被科学研究证实的。19世纪中叶，脑科学从解剖角度将脑与心理现象联系起来。1861年，法国外科医生布罗卡（Pierre P. Broca）发现，大脑左半球皮层额下回受损会导致运动性失语症。这个区域后来被命名为布罗卡区。后来还陆续发现，皮层额上回受损引起失听症，额中回受损引起失写症，顶叶角回受损引起失读症等。这些发现初步地证明了大脑部位功能专门化的假设。

20世纪60年代以来，斯佩里（Roger W. Sperry）等在治疗癫痫时，在割断连接两个大脑半球的胼胝体手术中，发现大脑两半球的心理功能是有差异的。经过反复研究发现，左半球擅长言语思维，右半球擅长空间定向。后续对两半球单侧化的大量研究，进一步揭示了左半球为认知优势，右半球为情绪优势，左顶叶为正性情绪优势，右顶叶为负性情绪优势等功能差异。

与此同时，微电极技术在细胞水平上的研究取得突破。休伯尔和威塞尔（David H. Hubel and Torsten N. Wiesel）发现，大脑皮层上的某些细胞专门负责接收外界一定方向的线条、形状、边缘等视觉刺激；而对脑的核心部位的微电极埋藏研究指明，下丘脑的某些部位分别产生正性或负性情绪反应等。

此外，在20世纪40年代，加拿大医生潘菲尔德（W. Penfield）在大脑手术中发现，对脑的刺激作用能唤醒患者的某些记忆，推动了以后对记忆的神经传导和物质变化的研究。在动物实验中发现，记忆活动中神经突触的核糖核酸增多，从而发现核糖核酸是记忆的物质基础；如果血液中酶物质的增多超过脑中核糖核酸的数量，记忆就会被破坏，从此开展了大量脑生物化学研究。

这些研究成果越来越精确地证明，脑是心理的器官，心理是脑的机能。尽管当前脑科学尚未完全说明全部心理机制，但是可以肯定，随着脑科学研究的进步，心理的生理机制定将得到更精确的揭示。

知识链接 3-2
心理产生的社会实践机制

三、人口统计学特征

人口统计学特征是指能够从员工档案中直接获取的信息，包括性别、年龄、教育背景、工作经历、婚姻状况等。这些指标能够直接影响员工的工作绩效、工作满意度、流动率等。

1. 性别

研究表明，性别因素在工作绩效表现方面并无显著差异。但女性在表达、沟通、形象思维等方面更胜一筹；而男性在空间知觉、综合分析、抽象思维等方面更强。

2. 年龄

随着年龄的增长，受生理因素影响，年老员工的身体机能逐渐退化，在力量、速度、敏捷性与协调性等方面逊于年轻员工。不过，他们的经验、判断力、工作责任心等弥补了身体机能下降带来的劣势。

3. 教育背景

教育背景指个体的受教育程度、专业背景、学习成绩、毕业院校等相关内容。通常个体的受教育程度越高，知识水平相对越高，学习能力越强，越容易适应新的工作环境，进而提高工作绩效。所学专业与岗位匹配度越高，越能够较快适应岗位要求。学习成绩反映了个体在校期间的表现，是个体智力水平与努力程度的体现。毕业院校知名度越高，教育资源越丰富，个体综合素质和自信程度越高。

4. 工作经历

工作经历反映了个体的职业目标清晰度、积累的工作经验与职业技能。有工作经历的个体能够更快适应新的工作，而缺乏工作经验的员工则需要组织投入更多资源进行培养。

5. 婚姻状况

现有研究表明，与未婚员工相比，已婚员工的缺勤率和离职率更低，工作满意度更高。可能的原因是婚姻增强了个体的责任感，使个体更具有稳定倾向。但工作—家庭冲突研究表明，当个人的工作角色产生的压力与其家庭角色产生的压力相冲突时，可能会影响工作绩效。

第二节　知觉、态度与行为

人脑对客观现实的反映是从感觉与知觉开始的。一切较高级的复杂心理活动，都要以感觉和知觉作为基础，即在感觉与知觉所获得信息的基础上才能产生。因此，研究人的心理现象，必须首先研究感觉与知觉。

一、感觉与知觉

感觉是直接作用于感觉器官的客观事物的个别属性或个别部分在人脑中的反映。在日常生活中，人们时刻都会接触到外界的许多事物，它们直接作用于人的各种感觉器官，从而在人脑中产生各种各样的感觉。例如，人们看到的颜色、听到的声音、闻到的气味等。同样，身体的运动与姿态、体内器官的状况，也能作用于有关感觉器官，从而在大脑中产生舒适、疼痛、饥渴等感觉。

知觉是直接作用于感觉器官的客观事物的整体属性或各个部分在人脑中的反映。客观事物的各种属性并不是各自孤立地作用于人体，而是组合成整体，同时或相继作用于人体的感官，于是在大脑中就产生对事物的整体印象。例如，当我们拿起苹果品尝时，苹果的颜色、气味、表面光滑度和味道等个别属性，分别作用于眼、鼻、手、舌等感觉器官，并在人脑中产生相应的感觉，这些感觉的有机组合，就构成了对苹果的完整印象，这就是对苹果的知觉。

感觉和知觉的共同点在于：两者都是直接作用于感官的当前事物在人脑中的反映，产生的主观印象都是具体的感性形象。感觉和知觉的区别在于：感觉反映的是事物的个别属性（如形状、色泽、气味、温度等）；知觉则是对事物各种属性、各个部分及其相互关系的综合和整体反映。感觉和知觉的联系在于：感觉是知觉的成分，是知觉的基础；知觉是在感觉之上产生的，它依赖于人脑中存储的一系列感觉信息组合，没有感觉，就不会有知觉。当客观事物直接作用于人的感官时，人脑首先对这些事物的个别属性或个别部分产生反映，这是感觉；但是人脑的活动并不只是停留在对事物个别属性的反映层次上，由于现实中某些感觉信息的作用会引起整个感觉信息组合的兴奋，通过自觉形成的意识活动，会立即过渡到对客观事物的整体的反映，这就是知觉。

知觉的基础是社会实践，检验知觉真实性的标准也只能是社会实践。随着人类社会实践向无限广度和深度发展，知觉的对象更加丰富多彩，人们对知觉这些对象的探讨也会更加深入、更加科学。

知觉是客观事物在人脑中的主观映像，因而受人的各种主观意识特点的影响和制约。如一个人的知识水平、兴趣爱好、情绪体验等都直接影响着知觉过程。所以，不同的人对同一对象的知觉，其完整性和准确性往往是不相同或不完全相同的，甚至同一个人在不同时间对于同一对象的知觉也往往是不相同或不完全相同的。

二、社会知觉

（一）社会知觉的概念

社会知觉这一概念是由美国心理学家杰罗姆·布鲁纳（Jerome S. Bruner）于 1947 年首次提出来的。从知觉对象看，知觉可以划分为对物的知觉和对人的知觉。它们都遵循知觉的一般规律，但是，它们又表现出各自的特殊性。物是相对静止的，人在感知事物时是能动的，而知觉的对象是被动的；对人的感知就不同了，当人知觉他人而不是物时，不仅会关注被感知者的音容笑貌、身体姿态、言谈举止等外在表现，还要依据这些外部特征知觉对象整体的另一部分——内部心理状态，即被感知者的态度、动机、观点、个性特点等，这是对人的知觉与对物的知觉的根本区别。

社会知觉是对人的知觉，是对人和社会群体的知觉，是对社会对象的知觉。它是知觉主体一种特殊的社会意识，会影响主体的心理活动，调节主体的社会行为。组织行为学特别注重对社会知觉的研究，因为它与人的行为密切相关。

（二）社会知觉的分类

知觉人的过程可以从不同的角度和侧面展开，所以社会知觉有不同的类型，即对人的知觉、人际知觉、自我知觉、角色知觉等。

1. 对人的知觉

对人的知觉是指通过对他人的外部特征的感知，进而了解其动机、感情、意图的认识活动。人的外部特征主要包括容貌、穿戴、仪表、风度、言谈、举止等，这些都是知觉的对象。在人际交往中，尤其是初次接触时，这些特征总会给人以鲜明的印象，甚至直接影响交往的深度与质量。当然，其中也有知觉者自身主观因素的作用。比如，有的人知觉他人时，首先是看重相貌，以貌取人；有的人首先看人品，按人品归类；有的人看重穿戴，按穿戴划分人。总之，对人的知觉既受知觉对象外部特征的影响，也受知觉者自身主观因素的影响。

2. 人际知觉

人际知觉是指人与人之间关系的知觉，主要以人的交际行为为知觉对象，对人交往中的动作、表情、态度、言语、礼节等进行感知。这种知觉中存在明显的感情因素，会使彼此产生友好的、一般的或者对立的情感。

3. 自我知觉

自我知觉是指一个人通过对自己行为的观察而对自己心理状态的自我感知，是自己对自己的看法。一个思维健全的正常人在社会实践中，不仅要知觉周围的人和事，也要知觉自我，即自悟。这两个过程交错进行，自我知觉与知觉他人相互影响、相互作用。

4. 角色知觉

角色知觉是指对人们所表现的社会角色行为的知觉。每个人都在社会中充当着某些角色，如某个人是父母的儿子，又是儿子的父亲；是领导的下属，又是下属的领导；是学生的老师，又是老师的学生等。这就要求每个人在社会实践与日常人际交往中，把握各种角色知觉，掌握各种角色的行为标准，形成角色意识，使自身行为合乎规范。

三、影响知觉准确性的因素

在现实中，人的知觉可能不准确，不符合实际情况，甚至使人产生错觉。知觉的偏差会影响人的认识，误导人的行为，给工作造成损失。因此，在组织管理活动中，必须研究影响知觉准确性的因素，减少偏差和失误。这些因素主要有：知觉者的主观因素、知觉对象的特征、知觉的情境因素等。

（一）知觉者的主观因素

知觉者的主观因素不同，会导致个体差异，即不同的人对同一事物的知觉不同。这些主观因素主要如下。

1. 兴趣和爱好

人在兴趣和爱好方面的个体差异会影响知觉的选择性。通常人们最容易知觉到最感兴趣的事物，并把握更多的细节，"见微知著"；排除自己不感兴趣的事物，"视而不见"。例如，一个书法爱好者和一个绘画爱好者一起去字画店，前者会在书法集的柜台前流连忘返，而后者往往首先看有没有新画册，对他人关注的新书，他们可能根本没有注意到。此外，兴趣和爱好相近的人，也往往有相近的知觉，容易沟通，从而形成非正式群体。

2. 需要和动机

人的需要和动机也在很大程度上决定人的知觉选择。一般说来，能够满足人的某种需要、合乎其动机的事物，容易成为知觉的对象和注意的中心；反之，则不易被人知觉到。例如，一个干渴难耐的人，会将注意力集中于面前的水和饮料，对食物却视而不见。

3. 知识和经验

个体具有的知识和经验对于知觉选择的影响也很大。例如，对同一台戏曲节目，外行人和内行人的知觉就有区别，所谓"外行看热闹（故事情节），内行看门道（唱腔、动作）"讲的就是这个道理。

4. 个性特征

个性也是影响知觉选择性的因素。例如，不同气质类型的人在知觉的深度和广度上存在明显的差异。一般来讲，多血质的人知觉速度快、范围广，但不细致；黏液质的人知觉速度慢、范围窄，但比较深入、细致。

此外，个人的价值观、对未来的预期、身体状况、自身条件等因素也会影响知觉的选择。由主观因素造成的个体知觉差异，使人的知觉世界各有特色。虽然知觉反映了客体的本质属性，但在具体的反映形式和结果上，却体现着个人风格。

（二）知觉对象的特征

1. 对知觉事物的组织与整合

人们在知觉事物时，会根据对象的特征进行组织、整合。这种整合遵循以下规则。

（1）接近律。在时间、空间上接近的对象，容易被知觉为同类。例如，如果一个车间的两个工人同时辞职，人们很容易觉得他们是商量好的，其实可能仅仅是个巧合。再如，人们在知觉8条线段时，往往把它们视为4组，而不是由8条线段组成的整体，如图3-2（a）所示。

（2）相似律。相似的对象易被知觉为一组。图3-2（b）中有16个小方块，但人们往往不把它们知觉为一个整体，而是将其区分为空心方块和实心方块这两组图形。

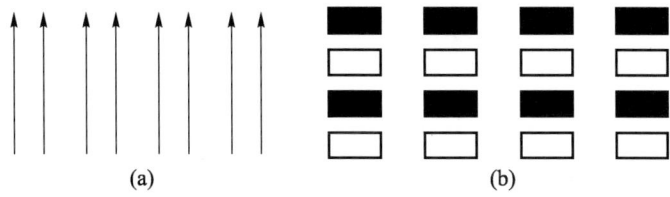

图 3-2　接近律与相似律示意图

（3）闭锁律。人们能够把对分散但有一定联系的知觉对象的反映结合起来，组成一个整体，这是知觉整体对象的形式和能力之一。事实上，一组分散的知觉对象若形成一个包围空间，同样容易被人们知觉为一个单元。例如，在火车车厢里面对面坐的若干个乘客，比背靠背坐的乘客更容易被知觉为一个单元。

（4）连接律。在空间、时间上有连续性的对象，容易被知觉为一个整体。例如，弹奏钢琴的声音因其连续性而被感知为乐曲。

这些规则的意义在于使知觉更为简便有效，通过对知觉对象的组织，更迅速地把握它们的本质。因此，这些规则又统称为知觉组织的"简明性规则"。知觉的简明性组织倾向，往往使人对在时空或运动上有关联特征而实质毫不相关的对象之间作出因果判断，产生错觉。比如，一位员工在上班路上偶然碰到厂长，就一同来到厂里，马上有人认为他们的关系不一般。

2. 对知觉结果的影响

知觉对象的颜色、形状、大小、声音、强度、高低、运动状态、新奇性和重复次数都会影响知觉的结果。

由颜色引起的知觉差异，已被广泛应用于日常生活中，如不同的人喜欢不同颜色的服装，室内装饰可以利用"四季色"产生不同的装饰效果，交通规则中的红绿灯等。由形状引起的知觉差异很多，如等长垂直线段看起来比水平线段要长。最著名的是缪勒-莱尔（Muller-Lyer）错觉：在两条等长线段两端附加箭头，一条线段两端箭头向外，而另一条线段两端箭头向内，后者显得更长一些，如图3-3所示。

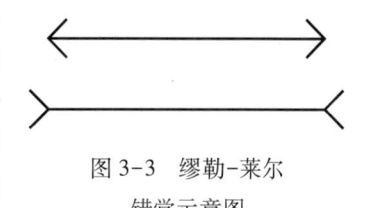

图 3-3　缪勒-莱尔
错觉示意图

在其他因素不变的情况下，形状大、强度高、新奇、熟悉的事物更容易被知觉。例如，在人群中，身材高大的人、衣着奇特的人、熟人一般会先被知觉；鞭炮声比掌声更容易被知觉。

一般情况下，动态的、重复次数多的事物更容易被感知。例如，晚间颜色变化、闪烁的霓虹灯广告牌就比静止的广告牌给人印象更深刻。而商品广告的多次重复也能起到更好的效果。

（三）知觉的情境因素

知觉的情境因素通过影响人的感受性而改变知觉的效果。所谓感受性，是指人的感觉灵敏度，是人对外界刺激物的感觉能力。人的感受性在环境作用下发生的变化，表现为下列现象。

1. 适应

由于刺激对感觉器官的持续作用而引起感受性变化的现象，叫作适应。它可以表现为感受性的提高，也可以表现为感受性的降低。例如，晚上从有灯光的屋子中走出来，开始会觉得周围一片漆黑，之后会慢慢辨别出周围物体的轮廓，这是视觉的适应现象；冬天用冷水洗衣服，开始感觉到手冷，过一阵子就不冷了，这是皮肤对温度的适应现象。

2. 对比

同一感觉器官因接受不同的刺激而使感受性发生变化的现象被称为对比。例如，吃了糖以后接着吃广柑，会觉得广柑很酸，这种情况为先后对比。此外，对比也可以是对象与背景的对比。同一事物在不同背景下，可以使人产生不同的知觉。比如，同一个人穿横条纹的衣服会显得胖一些，穿竖条纹的衣服会显得瘦一些。

3. 敏感化

在某些因素影响下，感受性暂时提高的现象被称为敏感化。它与适应不同，适应会使感受性提高或降低，而敏感化只会使感受性提高，且提高的原因与适应不同。例如，感觉的相互作用、人的心理活动变化、兴奋性药物刺激等都能提高敏感性，加深人对某一事物、活动的知觉。

4. 感受性降低

感受性降低与适应引起的感受性变化不同，它是由其他因素引起的。知觉的相互作用、人的生理因素和心理因素、不良嗜好的作用以及某些药物的刺激等都会引起感受性降低。如考试两个小时感觉只有一会儿，而等车10分钟却会感觉时间很长。

综上所述，人的知觉是知觉主体、知觉对象以及外界环境因素相互作用、相互影响的结果，是一个主观反映客观的过程，一般包括观察感觉、理解选择、组织、解释和反应等环节。任何知觉者自身必然具有这样或那样的局限性，知觉对象的特征也千奇百怪、参差不齐，知觉环境不断转换，因此，这些情境因素作用于人的知觉过程，可能会使人的知觉产生偏差，进而形成错觉。在学习、生活和工作中必须对此引起注意，提高认识，努力克服。

（四）社会知觉的若干效应

在社会知觉领域，由于知觉的主体、客体都是人，影响知觉准确性的因素还会更多地涉及人的态度、价值观念、道德品质、个性等。主体与客体的关系、相对地位、思想方法、社会经验和知觉对象行为的真实程度等，也会影响社会知觉的准确性。这就使社会知觉的问题更为复杂，使人产生错觉的可能性大大增加。社会知觉出现偏差或错觉时，会产生多种反应效果。下面仅简述若干典型的效应及其应用。

1. 第一印象效应（首因效应）

第一印象效应是指人在对他人的知觉中留下的第一印象。它能够以同样的性质影响人们后续产生的知觉。如果在对一个人的知觉过程中，对方给我们留下了比较美好的第一印象，这种印象就将影响此后我们对他（她）的知觉。即使我们感知到对方的表现已经发生变化，我们的知觉也会因第一印象的影响而缓慢、滞后地改变。

这种效应告诉我们，一方面，在看待别人时，一定要避免受第一印象的不良影响。看人不能先入为主，要用发展的眼光，以第一印象为先导，连续观察感知，反复深入甄别，防止对人产生错误判断和错误结论。另一方面，凡是领导者、公关人员等，一定要注意给自己的工作对象留下良好的第一印象，这是今后更好地展开工作的良好基础。

2. 晕轮效应

所谓晕轮效应，是指在知觉过程中，将对知觉对象某一行为特征的突出印象，扩大为对其整体的认知活动。晕轮效应是对他人认知的一种偏差倾向，实质上是"以点代面"的思想方法，只见一点，不见其余。美国社会心理学家所罗门·阿希（Solomon E. Asch）通过实验证明了晕轮效应的存在，并提出这种效应往往在对道德品质的知觉中表现得很明显。

晕轮效应对人们的启示在于：首先，对人、对事要防止以点代面、以偏概全，避免晕轮效应的遮掩性和弥散性，如"情人眼里出西施""厌恶和尚恨其袈裟"等效应；其次，要注意防止把自己的主张强加于人，避免以己度人的"投射倾向"；最后，要启发别人理解自己的意向，潜移默化地在知觉别人时感应别人。这些对组织中的领导者尤其重要。

3. 近因效应

近因效应是指在知觉过程中，最后给人留下的印象最为深刻，对于反馈对象的印象起着强烈的影响作用。它和首因效应正好相反。一般来说，在知觉熟人时，近因效应起较大的作用；在知觉陌生人时，首因效应起较大的作用。将首因效应与近因效应结合起来，会得到有益的启示：首先，要预防两种效应的消极影响，既不能"先入为主"，也不能不究以往、只看现在，而应该以联系发展的态度感知事物，把对人、对事的每一次感知，都当作我们认知事物过程中的一个阶段，避免形而上学的片面性；其次，要在一定条件下，发挥两种效应的积极作用，讲话、办事、接触人、做具体工作，要善始善终，不能虎头蛇尾。

4. 定型效应（定势效应）

定型效应是人们把头脑中形成的对某类知觉对象的形象固定下来，并对以后有关该对象的知觉产生强烈影响的效应。人们在社会生活实践中，不断地感知某类对象，因而对该类对象逐渐形成了固定的印象。提起教师，就与文质彬彬联系在一起；提起工人，总是以身体强壮、性情豪爽为其代名词。以至于对不同的年龄、民族、职业、社会角色都形成固定的印象。这就是我们意识中的定型效应。

在组织管理工作中，应注意利用定型效应的积极方面，克服定型效应的消极方面。例如，对于工作流程、教学程序、日常事务等，都要培养起人们的定型效应，使这些工作有序进行；而对于认识上的偏见、交往中的误解、制度上的弊端所造成的定型效应，要实事求是地予以纠正。

5. 对比效应

对比效应是指将多个认知对象与参照点进行比较，从而产生认知和评价的偏差。例如，同一种颜色在较暗的背景下看起来明亮些，在较亮的背景上看起来暗些。两种不同的事物同时或相继呈现，比它们各自单独呈现所得到的效果要好。

对比效应经常发生在面试过程中，特别是当面试者很多时，面试官通常无法记住每个面试者的信息，此时，他会将先后面试的候选人进行比较。例如，第一个人表现得非常好，而第二个人表现得一般，那么面试官很可能觉得后者表现很差；如果第一个人表现得非常糟糕，而第二个人表现一般，那么面试官可能认为后者表现不错，这种现象即可理解为对比效应。对比效应往往使结果产生严重偏差。

社会知觉中存在多种心理效应，我们不能一一研究。但择其要者，略数三四，已经使我们看出端倪：一方面，在组织行为学研究中，各种管理者可以且应该利用好上述效应，以便提高管理水平，跟上当代"以人为本"的管理潮流；另一方面，受多种因素的影响，知觉偏差是难以避免的。管理者的任务是找出知觉偏差的原因，尽量纠正偏差，以获得较为准确、全面的认识，保证组织活动顺利进行。

四、归因理论

（一）归因理论的内涵

归因理论是说明和分析人的行为活动因果关系的理论。人们用它来解释、控制和预测相关的环境，以及随这种环境而出现的行为，因而归因理论也称"认知理论"，即通过改变人们的自我感觉、自我认识来改变和调整自身行为的理论。从最后的目标来看，归因理论也是一种行为改造理论。归因理论是在美国心理学家弗里茨·海德（Fritz Heider）的社会认知理论和人际关系理论的基础上，经过美国斯坦福大学教授李·罗斯（Lee Ross）和澳大利亚心理学家安德鲁斯（Andrens）等人的推动而发展起来的。

归因理论的研究问题如下。

第一，引发心理活动的因素，包括对内部原因与外部原因、直接原因和间接原因的分析。

第二，社会推理问题，即根据人的行为及其结果，对行为者的心理特征、素质、个性等作出合理的推断。

第三，行为的期望与预测，即根据过去的典型行为及其结果，推断在某种条件下可能产生的行为。

（二）归因分析的模式

归因分析是对自己或他人行为的原因进行分析与推测，是一种较普遍的人际认知现象，主要有凯利模式和韦纳模式两种表示形式。

1. 凯利模式

该模式主要用于分析一个人行为的内因或外因。一个人的行为原因可能有多种，但都可被归为内部原因或外部原因。对行为的内因和外因进行分析，具有重要的管理意义。如果行为是内因作用的结果，那么这种行为便是出自个体自身的意愿和动机，因而具有较强的稳定性，比较易于推测；反之，如果该行为是外因所致，说明该行为出于环境所迫，故稳定性较弱，在不同环境下，可能出现不同的表现，极不易于推测。一个人的行为若出自内因，那么他应对其行为后果承担主要责任；而一个人的行为若出自外因，那么他不应对行为后果承担主要责任。

判断一个人的行为是内因还是外因所致，主要取决于三大因素：① 一贯性，即在相同的场合下是否一贯如此；② 普遍性，即其他人在这种场合下是否也如此；③ 差异性，即在类似但不相同的场合下行为是否不同。如果一个人的行为的一贯性、普遍性和差异性都很高，其行为可能是外因所致。如果一贯性较高，而普遍性和差异性较低，则可能是内因所致，具体如表 3-1 所示。

表 3-1　凯 利 模 式

条件	一贯性	普遍性	差异性	归因
1	高	高	高	外因
2	高	低	低	内因
3	低	低	高	特殊情形

以一个人早晨上班为例。如果他早晨上班经常迟到（一贯性高），且其他人早晨也常迟到（普遍性高），而下午都很少迟到（差异性高），他迟到的原因可能是外因，如早晨的交通堵塞。

2. 韦纳模式

美国心理学家伯纳德·韦纳（Bernard Weiner）1974 年的研究结果表明，在现实生活中，一般人对行为的成功或失败进行分析时常做四种归因：努力、能力、任务难度、机遇。这四种因素又可按内外因、稳定性、可控性三个维度进一步分类。从内外因来分，努力和能力属于个体内在因素，任务难度和机遇属于外在因素；从稳定性来分，能力和任务难度属于稳定因素，努力与机遇属于不稳定因素；从可控性来分，努力是可以控制的因素，任务难度和机遇则超出个人控制的范围。韦纳的归因模式概括如表 3-2 所示。

表 3-2　成功与失败的归因

归因	努力	能力	任务难度	机遇
内外因	内在因素	内在因素	外在因素	外在因素
稳定性	不稳定因素	稳定因素	稳定因素	不稳定因素
可控性	可控因素	—	非可控因素	非可控因素

需要说明的是：能力指的是人们能够顺利完成某种活动的条件，具有先天素质的成分。先天素质是获得从事某种活动所必需的知识和技能的可能性，这种可能性能否变成现实又取决于后天的许多复杂条件；它很难笼统划分为可控或非可控因素，因而在表3-2中表现为空白。

对行为的因果关系的分析推测，直接影响和决定以后的行为，成就的获得又依赖于对过去工作成功或失败的不同归因。因此，人们把成功和失败归因于何种因素，对其后续工作积极性有很大影响。

（1）如果行为者把工作学习中的失败和挫折归因于智力差、能力低等稳定的内因，则不会增强今后的努力与持续性行为，因为他认为努力起不了作用。

（2）如果把失败归因于自己努力不够这个相对不稳定的内因，则可能增强今后的努力与持续性行为。

（3）如果把失败归因于不稳定的外因，如偶然生病或其他事故等，一般不会影响人的积极性，甚至可能增强今后的努力与持续性行为。

（4）如果把失败归因于工作（学习）任务重、难度大等稳定性的外因，则可能降低行为者的自信心、成就动机、努力程度和持续性。

在现实生活中，我们可以利用归因理论，指导学生对自己的考试成绩进行归因。如果学生把成绩好归因于运气和个人努力，对此具有自豪感，下次会认真准备并努力备考；如果把成绩差归因于努力不够，则会接受教训，努力赶上；如果认为是考试内容太难和自己运气不佳，则会失去努力的动力，失去良好的考试动机，不愿做努力。

总之，我们要学会积极自我归因，及时进行自我调适和调整，实事求是地分析自己的能力与所设定目标的匹配度，为自己打造成功的人生。

五、态度的内涵及形成

（一）态度的概念

态度是指个体对外界的一种较为持久而又一致的内在心理和行为倾向。人们在认识客观事物时或在工作交往中，总是对人或事产生不同的反应，作出各种各样的评价，如赞成或反对、亲近或疏远、喜欢或厌恶、接纳或排斥等。这种对客观对象表现出来的积极、肯定或消极、否定的心理倾向，是一种内在的心理准备状态，它一旦变得比较持久稳定，就会成为态度。

知识链接3-3
态度的心理
结构

态度具有指向性，态度必须有态度主体（态度持有者）和态度客体（态度对象），例如某人对所从事工作的态度、领导对群众的态度、员工对经理的态度等。态度具有相对稳定的连续性。理智者对于重要事物的态度，一旦形成就不会轻易改变，甚至会成为其人格的一部分。例如，廉洁奉公者不为金钱所动的态度等。当然，在一定条件下态度也是可以发生变化的。

（二）态度的形成

态度的形成会受到主观因素和客观因素的双重影响。主观因素包括个体特质、经验、需求等；客观因素包括组织氛围、群体、社会文化等。凯尔曼（Herbert C. Kelman）将态度的形成过程分为服从、同化、内化三个阶段。

（1）服从，是指个体为满足自己的需要或逃避惩罚所表现出的表面顺从。由于服从并非发自内心，所采取的行为也是暂时性的。

（2）同化，是指个体自愿接受外界的观点、信念、态度与行为，并与他人保持一致的态度。在该阶段，个体会主动接受和认同他人的态度并付诸行动。

（3）内化，是指个体从内心深处接受并相信他人的观点，并将其彻底转化为自己的态度。

态度对人的行为具有指导性和动力性的影响，它可以支配和确定人的行为。但行为本身又不是态度，它是态度的外显，是人受态度的影响而表现出来的对态度对象的具体化。通常情况下，了解一个人的态度，不能只靠直接观察，还要借助他的外显行为去推测，这样才能了解其复杂的心理活动倾向。

知识链接 3-4
态度的测量方法

六、态度改变相关理论和方法

（一）态度改变的相关理论

1. 认知失调理论

社会心理学家利昂·费斯廷格（Leon Festinger）提出了"认知失调理论"（cognitive dissonance theory），借以说明态度与行为之间的关系。所谓失调，是指"不一致"，而认知失调是指个体认识到自己的态度之间，或者态度与行为之间存在矛盾。费斯廷格指出：任何形式的不一致，都会导致心理上的不适感，这促使当事人去尝试消除存在的失调，从而消除不适感。换言之，个体被假设会主动设法使认知失调的程度降到最低。费斯廷格认为，人们想消除认知失调的意愿是否强烈取决于三个因素。一是造成失调的因素的重要性。如果失调的现状无足轻重，人们往往会不在乎，但若造成失调的因素非常重要，道德压力会迫使他必须解决这一失调。二是当事人认为自己影响和应对失调的能力。如果人们认为失调的原因在于外部环境或上级命令，正好可以把行为做外部归因，从而减轻自己对失调所负的责任。三是因失调而可能得到的报偿。如果陷入失调，但由此获得的报偿或收益很大，那么可以产生一种平衡，认知失调造成的压力也就不会过于强烈。实际上，高报偿本身就是一种合理化理由、一种强有力的平衡剂，足以矫正认知失调的不一致性。"重赏之下必有勇夫"讲的便是这个道理。

2. 平衡理论

心理学家弗里茨·海德（F. Heider）于 1958 年提出了态度改变的平衡理论（balance theory），即不平衡的状态会引发紧张的情绪状态，并产生恢复平衡的力量。海德认为平衡的状态是指个体与所感知到的情绪无压力地共存。一旦人们在认识上有了不平衡感，就会产生焦虑和紧张，从而促使个体的认知结构向平衡与协调的方向转化。

3. 一致性理论

查尔斯·埃杰顿·奥斯古德和坦南包姆（Charles E. Osgood & Percy H. Tannenbaum）在 1955 年提出了一致性理论（consistency theory），该理论认为个体对周围各种人和事物具有相同或相异的态度。这些态度之间可以是互不相干而独立的（比如，我敬佩我的老师和我喜欢研究穿搭），但如果态度对象中的一方发出有关另一方的信息（如老师对于是否应该注重穿搭一事持有赞成或反对的态度），前者成为信息源，后者成为信息对象，两者之间就有了相互关联。如果个体对两件事都持有肯定的态度（正向关系），信息源与信息对象之间也存在肯定关系，两者完全一致，个体就会感受愉快，无须改变态度。如果二者之间存在否定关系（如老师持反对态度，即负向关系），个体就会感到冲突、不安或不快。为达到心理上的一致，个体会从内部产生动力改变对两件事情的态度，或者把对后者的肯定（我喜欢研究穿搭）转化为否定（我不再过度关注穿搭），或者把对前者的肯定（我敬佩老师）转化为否定（我不再敬佩老师），或者不做方向上的改变而仅仅降低程度。

（二）态度改变的方法

1. 宣传法

该方法是借助三种心理效应改变员工原有态度以形成新态度的方法。一是权威效应，即利用宣传者威望使宣传对象完全接受宣传信息的影响力与效果。二是名片效应，是指宣传者首先表明与被宣传者在诸多问题上保持一致，进而论述自己的观点，使宣传对象更易受到与自己态度相近的宣传观点的影响。三是"自己人效应"，指除观点一致之外，宣传者与宣传对象之间的相似之处（民族、职业、经历、学历、专业背景等）都会缩短两者之间的心理距离，从而增强宣传效果。

2. 培训法

现代企业培训的任务不仅仅是提高员工技能与知识水平，还包括转变员工态度。该类培训通常以心理学理论为基础，以纠正员工态度为导向，强调员工参与度，在轻松的氛围中使员工改变原来错误的态度。

3. 组织规范法

该方法是利用群体规范、制度、行政手段、经济手段的强制力与约束力迫使员工改变其态度的方法，通常在管理层与员工立场冲突严重且其他方法难以奏效的情况下使用。

4. 其他方法

（1）员工参与法是指员工通过参与某些活动来转变态度的方法，基于员工参与的自愿程度，主要可以分为强迫参与法与诱导参与法。

（2）角色扮演法是指员工通过亲身经历某种情境并担任某一角色来改变态度的一种方法。

（3）管理者预言法则是通过管理者对员工的积极预言改变其错误态度的方法。

七、态度对行为的影响

态度属于行为的指导和动力系统，对人的行为产生直接、重要的影响。

1. 态度影响认知与判断

认知影响态度的形成，态度一旦形成也会对认知产生反作用，有正面作用，也有负面作用。以正确的价值观为基础的科学态度会对人的社会认知、判断产生积极的影响；而如果态度的形成使人产生心理反应的惰性（如对人、事物形成了僵化、刻板的态度），就会干扰、妨碍认知与判断的准确性，容易产生偏见、成见，导致判断失误。例如，对犯错误的人产生厌恶的态度，即便对方改好了也会对他表示怀疑；少数人常常效仿多数人的观点，不管观点是否正确；有的人盲目模仿他人的言行，不管其是否适用。

2. 态度影响行为效果

一个人热爱自己的工作，以稳定的、积极的态度对待工作，就会在态度持续的时间内努力提高工作绩效。例如，一个人以积极的态度对待学习，就容易产生强烈的求知欲望，使其感知敏锐、观察细致、思维活跃，提高学习效果；反之，如果对学习抱厌恶的态度，就会效率很低。

3. 态度影响忍耐力

忍耐力指人对挫折的耐受、适应能力，和人对所从事活动的态度有密切关系。例如，追求真理、热爱科学的人，对试验的失败有较强的忍耐力。对团体有认同感、抱有忠诚态度的员工，对团体遭遇的挫折表现出较强的忍耐力，能够休戚与共、风雨同舟；反之，会对团体出现的挫折抱怨、发牢骚，甚至辞职。

4. 态度影响相容性

在社会交往活动中，一个人对自己、他人、集体的态度，往往会影响他与群体的融合程度；同样，团体成员之间的相互态度，也影响团体的相容性和凝聚力。一般来说，如果人与人之间持有真诚、友好、热情、谦和、宽容、互助的态度，那么社会成员之间就会和睦相处，形成很高的相容性，组织内也会形成很强的凝聚力；反之，虚伪、冷漠、敌视、傲慢、苛求、尖刻的态度则会导致人际关系紧张，凝聚力下降。

第三节　需要、动机与行为

人的一切活动都是为了满足自己的需要，需要是人的行为的出发点。因此，需要、动机与行为的关系是激励理论的基础。组织目标的实现最终取决于组织成员的个人努力，如何调动个体的积极性是组织管理中最重要的问题，是激励理论的核心。为此必须研究人的行为动机，探寻个人的心理和行为规律。

案例

机 会

A在合资公司工作，觉得自己满腔抱负却没有得到上级的赏识，经常想：如果有一天能见到老总，有机会展示一下自己的才干就好了！

A的同事B，也有相同的想法，他更进一步，去打听老总上下班的时间，算好他大概何时进电梯，他也会在这个时候乘坐电梯，希望能遇到老总，有机会可以打个招呼。

他们的同事C更进一步，他详细了解老总的奋斗历程，弄清老总的毕业院校、人际风格、兴趣爱好，并精心设计了几句简单却有分量的开场白，在算好的时间乘坐电梯，跟老总打过几次招呼后，终于有一天跟老总畅谈了一次，不久就争取到了更好的职位。

智者善抓机会，成功者创造机会，机会只给准备好的人。

一、需要与行为的关系

行为是人有意识的活动。行为科学认为，行为既是人的有机体对外界刺激作出的反应，又是人通过一连串动作实现其预定目标的过程。

行为产生的原因是心理学家争论的焦点。有人认为行为是个体的生物本能，有人强调行为是由社会环境决定的。美国心理学家勒温博采各派理论之长，认为人的行为是环境与个体相互作用的结果。他于1951年提出了著名的人类行为公式：

$$B=f(P \cdot E)$$

式中：B 表示行为；

P 表示个人；

E 表示环境；

f 表示函数关系。

勒温的理论得到多数人的认同。根据这种理论，可以得出人的行为是由动机决定的，而动机是由需要支配的。

需要是指客观的刺激作用于人的大脑所引起的个体缺乏某种东西的状态。这里所说的客观的刺激不只是指身体外部的，也包括身体内部的。例如，人饿了想进食，这是由于饥饿时体内血糖成分降低，使血液成分失去平衡而产生的刺激，这种刺激通过神经系统反映到人脑的下丘部分并最终传到大脑皮层，产生了饥饿的感觉和进食的需要。客观的刺激可以是物质的，也可以是精神的，例如雷锋精神。精神的刺激既可以反映个体的要求，也可以反映社会时代的要求。例如，振兴民族产业的要求反映到人的大脑皮层，产生责任感和自觉劳动的需要。

动机的原意是引起动作。心理学上把引起个人行为，维持该行为并将此行为导向某种需要的欲望、愿望、信念等心理因素叫动机。动机是在需要的基础上产生的，但需要并不必然产生动机。需要转变为动机的条件有两个：一是需要达到一定强度，产生满足需要的愿望；二是需要对象（目标）的确定。需要强度在某种水平以上，才可能成为动机并引发行为。当人产生的需要处于萌芽状态时，会以模糊的形式反映在人的意识之中，产生不安感，这时人的需要以意向的形式存在；当需要增强到一定程度而又未能满足时，心理上就产生一种紧张状态，如果可以明确地意识到通过什么手段可以缓解这种紧张，意向就转化为愿望。但愿望只反映了内心需要，是人活动的内在推动力（驱动力），由于没有明确的对象（目标），这种驱动力没有方向，还不是动机。在遇到能满足需要、缓解心理紧张的具体对象（特定目标），并且展现出达到目标的可能性时，这种驱动力就有了方向，以愿望形式出现的需要就变为动机，推动人去进行某项活动，向着目标前进，如图3-4所示。也就是说，在有一定强度的需要的同时，还要有诱因条件，才能产生推动实际活动的动机。动机是内在愿望和外部具体对象（诱因条件）建立心理联系时产生的。

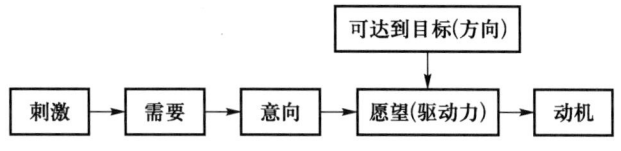

图 3-4　需要与动机的转换关系示意图

　　如前所述，有某种需要不一定就会产生动机，同样，有某种动机不一定就会引发某种行为。在实际生活中，一个人的需要总是多种多样的，这些需要会形成一定的需要结构。不同的人有不同的需要结构，同一个人在不同的时期也会有不同的需要结构。例如，老年人的需要结构有别于青年人的需要结构，成年人的需要结构也不同于儿童的需要结构。不同的需要结构，必然会导致不同的动机结构。

　　一个人往往同时存在各种各样的动机，这些动机不仅有强弱之分，而且会有矛盾和斗争，最终以一定的相互关系构成动机体系（或动机系统）。在动机体系中，各个动机的强弱不同，在同一个人身上所占地位和所起的作用也不同。有的动机比较强烈而稳定，有的动机比较微弱而不稳定，那种最强烈而又稳定的动机，叫优势动机，其他动机叫辅助动机（见图3-5）。图中，B是优势动机，A、C、D、E是辅助动机。一般来说，只有优势动机可以引发行为。例如，一位乘火车的长途旅行者，下车后饥、渴、累三者均有，但不可能同时满足，只能根据这三种动机的强弱选择其一，或先吃，或先喝，或先休息。

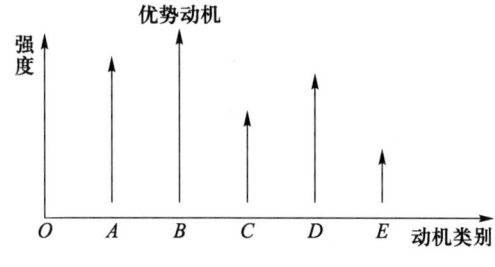

图 3-5　动机体系示意图

一个人的行为是受优势动机支配的，辅助动机对行为存在影响但不起支配作用。事实上，一项行为的产生，往往并非由一种动机引起，而是有几种动机同时在起作用，但对人的行为起支配作用的是优势动机。

行为科学认为，人的行为可分为三类。

（1）目标导向行为，指为了达到目标所表现的行为。有了动机就要选择和寻找目标，目标导向行为代表寻求、到达目标的过程。

（2）目标行为，指直接满足需要的行为，即完成目标、达到满足的过程。

（3）间接行为，指与当前目标暂无关系，为满足将来需要做准备的行为。

一般情况下，由优势动机引发的行为由目标导向行为与目标行为两部分构成。也就是说，从确定目标到实现（完成）目标的过程，可分为目标导向行为阶段和目标行为阶段。以演讲为例，从收集资料、进行构思到准备完毕，属于第一阶段；从上台演讲到演讲完毕，则为第二阶段。

根据心理学的研究，在目标导向行为阶段和目标行为阶段，动机（需要）强度的变化是不同的：对目标导向行为来说，动机强度会随着这种行为的进行而增强，越接近目标，动机强度越强，直到达成目标或者遭到挫折，这种变化才会停止。目标行为则不一样，当目标行为开始后，需要强度就有降低的趋势。例如，一个饥饿的人为了充饥而迫不及待地觅食，在这一过程中，他对食物的需要强度不断增加，而当他得到食物开始吃东西时，随着进食增多，对食物的需要强度便逐渐降低，直到吃饱而停止进食，进食动机暂时消失。

当优势动机引发的行为达到目标时，紧张的心理状态就会消除，需要得到满足。一个需要得到满足了，又会有新的需要产生。这样周而复始地发展下去，从而推动人从事各种各样的活动，达到一个又一个的目标。这就是需要、动机和行为的关系，也是需要、目标、动机和行为的一般规律。

二、动机与行为的关系

动机是行为的先导。动机是一种促使行为活动发生的内在动力或心理倾向。动机具有原发性、内隐性、实践活动性的特征，由此又具有三种机能。一是始发机能。动机是个体行为发生的直接原因。二是导向、选择机能。动机能指导人们作出相应的选择，使行为朝着特定的方向、预期的目标进行。三是强化机能。动机会因良好的结果而得到加强，使行为增强、重复，反之，则减弱、消失。

行为结果对动机有反作用，一般说来，动机是行为产生的直接动力，行为是动机的外在表现。优势动机引发人的行为。但动机和行为之间不存在完全确定的对应关系。由勒温的人类行为公式可知：由于任何一个行为都是个人因素与环境因素相互作用的结果，对同一个人来说，相同的动机在不同的环境下会引发不同的行为；在个人因素中，外在表现和内在动机有时一致，有时不一致，关系复杂。内在动机又有积极、消极之分，各种成分混杂。因此，人的行为是这些因素的综合效应。这使动机和行为有了复杂的关系，具体表现如下。

（1）同一动机可以引起多种不同的行为。例如，人们想通过装修打造一套较为舒适的住房，这种动机可能在不同的人身上引起不同的行为：第一，努力工作，多得奖金，攒钱装修；第二，平时省吃俭用，省钱装修；第三，搞歪门邪道，捞不义之财装修。

（2）同一行为可以有不同的动机。如一个人努力工作的行为，可由种种不同的动机引起。第一，争取做优秀职工，为社会多做贡献；第二，为了受表扬，得个好名声；第三，获得上级的好感，进而被提拔重用；第四，为了多得奖金，改善生活。

（3）合理的动机可能引起不合理的甚至错误的行为。有的人看到同事在工作中出了差错很痛心，一心想帮助他改正，但因急于求成，采取了粗暴的做法，结果未能使他认识错误，反而使他产生了抵触情绪。

（4）错误的动机有时会被表面积极的行为掩盖。在已被查处的经济犯罪分子中，有的在群众中很有威信，甚至曾被评为先进工作者。但其"积极"的行为，正是为了掩盖其犯罪的动机。

而对于当前大学生而言，其不同的行为也是出于不同的心理动机，如表3-3所示。

表3-3　大学生不同行为的动机

行为	心理动机
学习	学习与就业压力大；争取荣誉或奖学金；报答父母；对成功的认识偏差；学习目标不明确；外在刺激不明显；学校竞争评价机制不完善
作弊	侥幸心理；消极的学习态度；同情与不公平心理；攀比心理
考证	专业发展要求；增添就业砝码；发展兴趣爱好；拓展知识结构，增加充实感；证明个人实力，提高自信心
社交网络	信息获取；人际沟通；情感获取；娱乐消遣
社团活动	发展兴趣爱好；提高综合素质；从众心理；功利性；归属感；志愿服务精神

无论动机与行为的关系有多复杂，都可明显地揭示出需要、动机和行为之间的关系以及发展规律，即需要→心理紧张→动机→目标导向行为→目标行为→需要满足→新的需要产生。遵循这一规律，管理者能从宏观上掌握被管理者的心理，从而制定较为科学的针对性管理措施，高效地实现组织目标。例如，学校管理部门或老师通过组织集体活动，加强沟通交流，了解不同性格学生的内在需求，制定有针对性的应对方案，不断提升学生的思想道德素质和综合能力，促使学生健康、全面地发展。

第四节　价值观与行为

在日常生活中，常常可以听到这样的说法："这个单位的前途和我个人没有多大关系"

"企业没搞好，总经理每年拿高薪，真是不合理"。这些茶余饭后的闲谈、议论看似漫不经心，实际上反映了组织成员的价值观念，对人的行为有潜移默化的作用，对组织管理有重要意义。

一、价值观的内涵

价值观是指一个人对周围的客观事物（包括人、事、物）的意义、重要性的总体评价和看法，是一个人基本的信念和判断。一个人认为最有意义的、最重要的客观事物，就是最有价值的东西；反之，就是最没有价值的东西。比如，人们对金钱、友谊、权力、自尊心、工作成就和对国家的贡献等的总体看法和评价就不尽相同。有人看重金钱报酬，有人注重工作成就，有人认为地位和权力最重要，有人把对国家的贡献看得最有价值，等等。这种对于各个事物的看法和评价在心目中按主次轻重排列得到的次序，就是价值观体系。价值观和价值观体系是决定人们行为的核心因素。

人的价值观从何而来？从社会功能来看，在人类文明史中，有些价值观历经千百年磨炼，被证明是合理且有用的，在文化中沉淀下来，代代相传。诸如和平、自由、民主、权益、尊严、荣誉、诚实、正直、道义、公正、平等、合作、快乐等，都是文化中被肯定的价值观。它们相对稳定不变，即使变动，也极其缓慢。从个体来看，一个人出生后就生活在现实社会中，接受文明的洗礼，在社会规范的作用、塑造下建构起自己的行为风格。在这一过程中，人们所处的社会的生产方式及其生活地位，对价值观的形成有决定性影响。人的早期经验也起着举足轻重的作用。家庭、教育、同伴、社会舆论、大众传播媒体及其他社会文化因素在价值观的形成中扮演了重要的角色，例如，父母、教师、朋友和英雄模范人物的观点和行为，对价值观的形成有不可忽视的作用，尤其是在幼年和少年时期，作用更为明显。最终，人们学会判定是非、善恶、美丑、优劣，以及是否诚实、合作、正直、进取。

知识链接 3-5
有关价值观的调查与测量

人的价值观一旦形成，就如同社会文明价值观一样，也是相对稳定的。这源于人追求规律、简明的本性，以便对行为进行概括，不致陷入变化无常的盲从，因为人们懂得什么行为更符合社会的要求、更有效。当然，价值观并非绝对一成不变。当人们处在某种环境中，其行为必须符合新的情境要求时，旧的价值观可能就不再适用，不得不予以修正。价值观可以影响个人行为、群体行为和整个组织行为，进而影响组织的效率和效能。

二、价值观的文化差异

企业面临日渐增长的劳动力多元化与经济全球化挑战，这意味着在经营中管理者会遇到由于文化差异造成的价值观冲突。表3-4总结了不同价值观的特征并按照重要程度列举了对应的国家。

表 3-4　五个跨文化价值观

价值观	样本国家	代表性信仰在"高"强度文化中的行为
个人主义	高：美国、智利、加拿大、南非 中：日本、丹麦 低：中国、委内瑞拉	定义自我是通过个体的独特性；优先考虑个人目标；决策时较少考虑对他人的影响；视关系为有助于自己的和不固定的
集体主义	高：以色列、中国 中：印度、丹麦 低：美国、德国、日本	定义自我是通过个体在群体中的身份；优先考虑集体目标与和谐共处；群体规范约束个体行为；群体内成员被视为稳定的，与群体外成员有显著差异
权力距离	高：印度、马来西亚 中：美国、日本 低：丹麦、以色列	较少不同意或者反驳老板观点；认为管理者是首要决策者；对老板有依赖倾向（与相互依赖相对立）
不确定性规避	高：比利时、希腊 中：美国、挪威 低：丹麦、新加坡	偏好可预测情形；喜好正常行为；看重严格的法律、制度、群体规范，冲突较少；看重就业稳定
成就-培养导向型	高：奥地利、日本 中：美国、巴西 低：瑞典、荷兰	注重结果（与关系相对立）；决策偏好公平与平等；较少换位思考与情绪表露（与换位思考和关系相对立）

资料来源：① Oyserman D, Coon H M, Kemmelmeier M. Rethinking Individualism and Collectivism: Evaluation of Theoretical Assumptions and Meta-Analyses [J]. Psychological Bulletin, 2002, 128 (1): 3-72; ② Hofstede G. Culture's Consequences [M]. 2nd ed. CA: SAGE Publications, 2001.

（一）个人主义与集体主义

个人主义反映对个体的独立性与独特性的重视程度，集体主义则反映对所属集体的责任与和谐程度的重视程度。个人主义者认为个体自由、对自我生活的掌控更重要，而集体主义者更加注重自我在群体中的身份，并重视群体目标的达成与群体内的和谐关系。

（二）权力距离

权力距离即人们对社会权力分配不平等的接受程度。低权力距离者期望能够相对平等地分享权力，与上司之间的关系更倾向于相互依赖，希望能够更多地参与到与自身相关的决策过程中。高权力距离者则表现出能够接受不平等权力，并对上司的命令表现出服从，对于分歧则偏向于通过常规非直接途径解决。

（三）不确定性规避

不确定性规避是指人们对不确定性的忍受程度以及面对不确定性时感受到的威胁程度。高不确定性规避者更加喜欢结构化的工作环境，希望组织有明确的行为规范与文件来指导决策，沟通方式也更倾向于直接沟通而不是间接沟通或是模棱两可的沟通。

（四）成就—培养导向型

这一特征反映了个体对人与人之间的关系是竞争还是合作的观点。培养导向型的个体强调和谐的人际关系，而高成就导向的人则更加重视自信、竞争力和成功，对金钱与物质的渴望更强烈。

在全球化竞争的背景下，管理者需要了解不同文化之间的价值观差异，并理解和接受价值观的多元化。以下建议能够帮助管理者更好地理解全球化环境特征下的多元化价值观。

（1）学习、承认并尊重他人的价值观。

（2）避免未经了解就认为他人的商业习惯是不符合道德规范的。

（3）找到合理且符合他人道德观的实施方法，而不是强求对方按照自己的价值观体系行事。

（4）当股东行为违反法律或基本组织价值观时，要及时制止。

（5）公平、公正地处理各类关系。

三、价值观与行为的关系

（一）价值观对人的行为影响

从组织行为学的观点来考察，价值观影响当前及将来员工的行为，所以对价值观的了解极其重要。今日的价值观及其变化有助于塑造组织的未来。价值观对人的行为的影响主要表现在以下方面。

（1）影响对他人及群体的看法，从而影响人与人的关系。

（2）影响个人所选择的决策和解决问题的方法。

（3）影响个人对所面临的形势和问题的看法。

（4）影响对有关行为道德标准的确定。

（5）影响个人接受和抵制组织目标和组织压力的程度。

（6）影响对个人及组织成功和成就的看法。

（7）影响对个人目标和组织目标的选择。

（8）影响对组织中人力资源管理和控制的手段的使用。

在相同的客观条件下，对于同一个事物，组织成员的价值观是不完全相同的，这就会导致员工行为不一致。如对同一个规章制度，如果两个人的价值观相反，那么他们会采取相反的行为，认为这个规章制度合理的人就会认真贯彻执行，认为这个规章制度错误的人就会拒不执行。这两种截然相反的行为，会对组织目标的实现发挥完全不同的作用。因此，为了保证组织的效率和效能，组织领导人在选择组织目标时，就必须考虑到各种有关人员和群体的价值观。只有在平衡各方面价值观的基础上，才能选择合理的组织目标。比如，对企业来说，消费者要求物美价廉，生产者要求减少工作压力增加盈利，员工要求增加工资和福利，股东要求增加盈利，政府部门要求企业能创造出更多的财政收入和就业机会。因此，我们在选择企业目标时，要兼顾各方利益，而不能只顾一头。在组织管理中，要致力于组织文化建设，根据组织的使命任务，树立明确的组织价值观，努力使组织的所有员工接受并赞赏，提高组织的凝聚力。进行人事甄选时，要重视对价值观的考察，尽量避免任用那些个人价值观与组织价值观相悖的人，以免未来产生冲突。

（二）工作场所中的价值观

工作场所中的价值观通常被称为工作价值观。工作价值观影响了个体对正确与否的判断，进而影响个体在工作中的行为。与个体相关的工作价值观包括成就、对他人的关心、诚实与公平。成就是个体对事业提升的关注度，表现为努力工作、技能提升等行为；对他人的关心体现在富有同情心、对同事的关怀帮助等行为中；诚实则是在工作中提供及时、正确的信息，不因为个人私利而对他人产生误导；公平是指不偏不倚地考虑不同意见并做出恰当的行为。个体拥有不同的价值观体系，当员工在工作中能够形成相似的价值观时，能够有效提升组织绩效。因此，组织在招聘新员工时，应当更加关注个体价值观与组织价值观的一致性。

第五节　个性与行为

个性的研究在组织行为学中占有重要的地位。每个人的个性既是在社会中形成的，又会影响社会的发展。世界上没有两个个性完全相同的人。因此，要使组织中的每个员工人尽其才、才尽其用，就必须了解其个性，预测其个性的发展趋势，引导其个性向好的方向发展。

🗐 案例

性格决定命运

一位美国记者采访晚年的投资银行一代宗师约翰·皮尔庞特·摩根（John Pierpont Morgan Sr.），问："决定你成功的条件是什么？"老摩根毫不掩饰地说："性格。"记者又问："资本和资金哪个更重要？"老摩根一语中的答道："资本比资金重要，但最重要的还是性格。"

1998年5月，华盛顿大学350名学生有幸聆听了世界巨富巴菲特和比尔·盖茨的演讲，当学生们问道"你们怎么变得比上帝还富有"这一有趣的问题时，巴菲特说："这个问题非常简单，原因不在智商。有些聪明人甚至会做一些阻碍自己充分发挥能力的事情。原因在于习惯、性格和脾气。"盖茨表示赞同。无论是在工作还是在生活中，都是性格决定命运，性格好比是水泥柱子中的钢筋铁骨，而知识和学问则是浇筑的混凝土。

性格决定着一个人的人际关系、婚姻选择、生活状态、职业取向以及创业成败等，进而在很大程度上决定着一个人的命运。

每个人都有性格好和坏的一面，只是有的人的性格更适合事业上的成功，有的人的性格更有助于家庭的团结，有的人的性格更有利于结交五湖四海的朋友。

性格决定了你作出的选择。如果在你面前有两个选择，谦虚的人会谨慎地选择，冲动的人会带感情地选择，聪明的人会长远地选择，狡诈的人会老谋深算地选择，等等。所以，性格决定选择，选择决定环境，环境又影响选择，然后，环境又与命运紧密联系在了一起。性格是一种无形的力量，更是一种资产。一个人的性格决定了他对各种事物的不同态度，最后得出不同的结果，从而产生不同的人生境遇。

一、个性的内涵

（一）个性的定义

人们常用一种突出的心理特征来形容一个人的个性，如善良、温和、坚强、懦弱等。心理学中有关个性的定义使用最广泛的是：个性是在先天生理素质的基础上，在一定的社会历史条件下的社会实践活动中经常表现出来的，比较稳定的，区别于他人的个体倾向和心理特征的总和。这就说明，个性是由需要、动机、态度、兴趣、理想、信念、世界观等组成的个性倾向和由能力、气质、性格组成的心理特征有机结合而成的。

（二）个性的心理特征

个性心理特征是在人的个性差异中比较常见的、稳定的、具有决定意义的部分，它表明一个人的典型心理活动和行为，包括：人能够完成某种活动所必备的心理特征，即能力；人的心理活动的动态特征，即气质；人对现实的稳定的态度和习惯的行为方式，即性格。个性心理特征具有如下特点。

1. 整体性

人的个性是一个统一的整体，也就是说，人的各种心理现象和心理过程都是有机地相互联系、相互制约的，并从一个人身上整体地表现出来。个性的各个侧面只有同个性的整体性联系起来，才有确定的意义。例如，"狂妄"这一特征，在不同的个体身上可能有不同的内涵。甲可能是由于多才多艺，性情孤傲，不自觉地流露出不以为意的神态，这是自信的表现；乙可能由于自知落于人后，又无力赶上，故以目空一切的神态虚张声势，这是自卑的表现；丙可能是自恃过高，自感不可一世，这是缺乏自知之明的表现。

2. 稳定性和可变性

每一个体的个性都不是一朝一夕形成的，而总是在先天生理素质的基础上，受家庭、社会潜移默化的影响和学校教育的熏陶以及实践活动的锤炼塑造形成的。

个性是指一个人经常表现出来的、比较一贯的、持久出现的心理特征，而不是指偶然出现的某种心理特征。比如，一个一向老成持重、办事谨慎小心的人，偶尔也会有一时冲动、鲁莽的行为，我们不能因此说他是一个粗鲁轻率的人。个性的稳定是相对的，并非绝对不变。一个人的个性在形成以后是比较稳定的，但随着社会环境的变化、个人的发展以及人际关系的改变，特别是遭遇突发事件后，个性会有所变化。尤其是青年人，其个性具有很大的可塑性。

3. 一般性和独特性

每个人不管其心理如何不同，都会有人类共有的心理特点，都带有本民族思想感情、文化传统、生活习惯等因素打下的烙印，这些必然在个性心理特征方面形成共同的典型特征。但是，世界上不会有两个个性心理完全一样的人，即每个人都有区别于他人的能力、气质和特征，人与人之间普遍存在个性差异，即个性心理的独特性。

4. 倾向性

个性的倾向性，是指人对现实事物所持有的一定的看法和态度。它既体现出个体的需要、动机、信念、理想、兴趣和价值观等，又体现出每个人对事物都有自己的选择和特定的行为模式。例如，一个立志为祖国强盛做出贡献的大学生就会以此作为自己的理想、需要，这种理想和需要就会成为其努力学习科学技术的精神动力，使其表现出克服各种困难的坚强意志，并有以苦为乐的情绪体验。

人的个体心理特征的形成和发展，既受先天生理素质（主要是指遗传因素）的影响，也受社会环境、教育、社会实践的影响。其中，先天生理素质是个性心理特征形成和发展的前提，社会环境是个性心理特征形成和发展的决定因素，教育对个性心理特征的形成和发展起主导作用，社会实践是个性心理特征形成和发展的主要途径。

（三）个性的发展

个性是在人的生活经历中发展的，但究竟哪一阶段对个性的影响最重要，学者的看法并不一致。弗洛伊德认为个性的大部分取决于少年以前的生活经历。埃里克森（Erik H. Erikson）则认为，一个人的个性在他的整个生活经历过程中是不断发展、变化的。他将一般人的个性发展年龄分为八个阶段，每一阶段个性发展成功与失败的特点如表 3-5 所示。

表 3-5　埃里克森关于个性发展的分期

阶　　段	年　　龄	特　　点	
		成功	失败
早婴儿期	0~1 岁	基本的信任心	不信任
晚婴儿期	2~3 岁	自主	羞耻或困惑
早儿童期	4~5 岁	创造心	犯罪感
中儿童期	6~11 岁	勤奋	自卑
青春期	12~20 岁	自我认识	对自己的认识模糊
早成年期	21~30 岁	合群	孤僻
中成年期	31~60 岁	继续成长	失望
晚成年期	60 岁以上	完善	停滞

早期的个性研究者大都相信，人的个性形成并定型于儿童或青春期，而在以后的岁月中就基本不会再有重大改变了。但现代学者越来越相信个性发展是一个终身过程。哈佛大学教授阿吉里斯（Chris Argyris）研究发现，人的个性终身都在发展、变化，即一个人终身处于成长过程中，由不成熟趋于成熟，在这一发展过程中，个性会发生七种变化，如表 3-6 所示。

表 3-6　个性的发展过程

不成熟	⟶	成熟
被动	⟶	主动
依赖	⟶	独立
简单行为	⟶	复杂行为
兴趣浅薄	⟶	兴趣强烈而深刻
目光短浅	⟶	目光远大
从属地位	⟶	平等或优越地位
缺乏自我意识，无自知之明	⟶	具有自我意识，能自我控制

知识链接 3-6
个性特征分析
与测量

知识链接 3-7
管理者个性

二、气质与行为

气质是心理活动的动态特征，它与日常所说的"脾气""禀性"相近。"江山易改，禀性难移"说的是，气质较多地受个体生物组织的制约，是天赋的心理特征，与人的其他心理特征相比有更强的稳定性。一个人的气质，在他参与的不同活动中会有相似的一贯表现，一般与活动的内容、动机和目的无关。在生活中，个人的气质特点在任何时间、场合都会表现出来。气质是一个人的自然特征、精神风貌的集中表现。

（一）气质的含义

气质是人典型的、稳定的心理特点，是人天生为主的、表现在心理活动的动力方面的个性心理特征。这一定义有以下几层意思。

（1）气质是先天的个性心理特征。它的某些特点与生俱来，使得气质比能力与性格更受制于生理组织因素。那些刚来到世间的婴儿，有的爱哭泣，有的好动，有的安静。这些最初的特征，在这些婴儿以后的成长阶段，如儿童阶段的游戏、作业和交际活动中都会有所表现。

（2）气质也是人的心理活动的动力特征。心理活动的动力特征是指心理活动过程的速度、稳定性、强度和指向性等。心理活动过程的速度，具体指的是知觉的速度、思维的敏捷性以及情感发生和情绪体验的快慢等。心理活动过程的稳定性，指注意力集中时间的长短。心理活动过程的强度是指情绪和情感的强烈程度、意志力的强烈程度等。心理活动过程的指向性，指的是心理活动是指向外部世界还是指向自己的内心世界，平时我们常说的此人"外向"，彼人"内向"，指的就是气质特点。

气质，作为决定人的心理活动方面的自然属性，没有好坏之分，每一种类型的气质特点各有其长短。关键在于，在社会实践活动中，要注意气质与工作、事业、生活的心理适配性，扬长避短，使气质能够熠熠生辉。

（二）气质的类型与特征

人的气质千差万别，但如果对人群进行观察就不难发现，气质也有一些相似的类型。

系统的"气质说"最早是由古希腊医生希波克拉底（Hippocrates）和罗马医生盖仑（Galen）提出的。当时他们用人体的体液去解释气质。这种分类虽缺乏科学根据，但是从实际生活中概括出来的，具有朴素的唯物主义思想，所以被人们普遍接受。后来，苏联生物病理学家巴甫洛夫（Pavlov）的"高级神经活动学说"为这种分类提供了科学的基础。

希波克拉底和盖仑认为人体内有4种体液：血液、黏液、黄胆汁和黑胆汁。这4种体液的含量决定了人的气质，使人依次形成了胆汁质、多血质、黏液质和抑郁质4种气质类型。下面通过分析4种气质类型的特点来说明各气质类型的个体适合的工作类型，为不同气质的人群找到合适的工作提供一定的参考。

1. 胆汁质

胆汁质的基本特征是直率、热情、精力旺盛、情绪兴奋，心境变化剧烈，易冲动，带有爆发的性质，属于兴奋而热烈的类型。表现为有理想和抱负，有独立见解，反应迅速，行为果断，表里如一。在言语、面部表情和体态上都给人以热情直爽、善于交际的印象，不愿受人指挥而喜欢指挥别人。一旦认准目标，就希望尽快实现。遇到困难也不折不挠，有魄力，敢负责。但往往比较粗心且自制力较差，容易感情用事，有时表现出刚愎自用和鲁莽的行为。在择业时，主动性强，具有竞争意识。能以极大的热情去工作，克服工作中的困难，但若对工作失去信心，情绪就会低沉下来，甚至转为沮丧、心灰意冷。此类人通常倾向选择且适宜从事竞争激烈、冒险性和风险性强、要求反应果断而迅速的职业，如探险家、地质勘探者、登山员、体育运动员、新闻记者、警察、主持人、演讲者等。

2. 多血质

多血质的主要特征是热情开朗、无忧无虑、活泼好动、喜闻乐道、善于交际，对外界事物感受迅速、强烈但不深入，不能持久，属于敏捷而好动的类型。常常表现为在工作和学习上肯动脑筋，有机敏的工作能力和较高的办事效率；对新环境适应能力较强，反应快而灵活；在群体中精神愉快，与他人相处自然，通常能机智地脱离窘境；可以出色地胜任管理工作，对所有职业都有较强的适应性；充满自信，活动能力强，喜欢体验和锻炼。对外界事物有广泛的兴趣，但注意力易分散，情绪不够稳定，容易浮躁，时有轻诺寡言、见异思迁的表现。择业时，积极主动，热情大方，善于推销自己，很受用人单位欢迎。此类气质的人通常适合从事注重交际的职业及管理、服务类工作，如外交人员、管理人员、导游、业务员、演员、新闻记者、公关人员、商人等，但对于单调、机械、琐碎的工作，以及缺乏竞争和刺激、需要循规蹈矩的工作一般不感兴趣，也不能持久投入。

3. 黏液质

黏液质的主要特征是安静、稳定、沉着、举止沉稳、深沉含蓄，心理平衡性好，自制力强，属于缄默而安静的类型。凡事力求稳妥、深思熟虑，一般不做无把握的事，具有很强的自制能力。外柔内刚，沉静多思，很少流露出内心的真情实感。与人交往时，态度持重适度，不大容易发脾气，对人真挚、平和、不卑不亢。行动缓慢而沉着，有板有眼，严

75

格恪守既定的生活秩序和工作制度，具有坚韧不拔、埋头苦干的品质，能够长时间地集中注意力、有条不紊地工作。其不足之处是过于拘谨，不善于随机应变，有墨守成规的表现，固定性有余，灵敏性不足。择业时，沉着冷静；确定目标后，具有执着追求、坚持不懈的韧性。一般适合从事稳定、细致、严谨、有条理且需要持久性的工作，如会计师、出纳员、统计员、法官、外科医生、图书管理员、监管人员等内向型的职业，不适宜做要求反应迅速、具有冒险性及频繁与人打交道的工作。

4. 抑郁质

抑郁质的典型特征是内向、情绪体验深刻、敏感、细致、观察力敏锐、灵敏度高、善于觉察细节；处事谨慎，为人深沉，性格孤僻、多疑；做事谨慎小心，反应慢，缺乏自信，属于呆板而羞涩的类型。在精神上易神经紧张，常为微不足道的小事情绪波动，多愁善感；情绪体验的方式较少，极少流露出自己的真情实感，但内心体验却相当深刻；兴趣爱好少，与人交往拘束，喜欢独处，但若身处友爱的集体，则是一个容易相处的人；各种心理活动的外在表现缓慢而柔弱，遇事三思而后行，不单凭一时的热情去处理，求稳不求快，因而显得迟缓、刻板。择业时，思虑周密，有步骤，有计划；对于力所能及的工作，都能认真地完成；无论身处什么样的岗位，只要肩负了责任，就以所从事的工作为荣，努力解决因不太适应而面临的困难，努力去做好，毫不懈怠。其不足之处是耐受性差，学习、工作容易疲劳；在困难面前表现也较为怯懦、自卑、优柔寡断，易产生惊慌失措的情绪。这类人一般较适合从事理论研究及要求认真、沉稳、精细、敏锐的工作，如科学研究者、艺术工作者、刺绣工作者、雕刻工作者、软件开发人员、心理咨询师等，但不适宜做要求灵活的工作。

以上是从典型气质的角度讨论各种气质与职业选择的关联，实际生活中典型的气质类型比较少见，绝大多数人都是以某种气质类型为主并兼具其他类型某些特征的混合型。气质本身并没有善恶、好坏之分，在评定人的气质时不能认为一种气质类型是好的，另一种气质类型是坏的。每一种气质都有积极和消极两个方面，每一个求职者都应从自己的实际气质特征出发，认真考察职业要求与自身气质特征的对应关系，找到适合自己气质类型的工作。

随着心理科学的发展和社会实践的进步，又不断地出现了其他一些分类方法。例如，气质的血型分类，即人的血型有 A 型、B 型、AB 型和 O 型。与血型相对应，也有各种气质类型（对此，至今尚没有统一的认识）。一般认为，A 型表现为温和、老实、稳定、多疑、顺从、依赖性强。B 型表现为感觉灵敏、镇静、不害羞、喜欢社交、好管闲事。AB 型是 A 型和 B 型的混合型。O 型表现为意志坚强、好胜、霸道、有胆识、控制欲强、不愿吃亏。当然，还有其他的分类方法，在此不一一赘述。

此外，日本学者曾对集体中员工的分工合作问题进行研究，认为科学的血型组合非常重要。比如，A 型血的人与 O 型血的人共同工作，不但彼此之间交流顺畅，而且能营造良好的气氛，提高工作效率，减少心理压力，有利于身心健康。而 A 型血的人与同血型的人合作就不一定十分恰当，容易挫伤对方，且不易弥合。同时，他们还主张，血型知识能帮助年轻人选择合适的职业。如果你是 B 型血，你的思维敏捷、创造力强，可选择音乐、医生、科研人员等职业，而不适合那些操作规程严格、讲究一丝不苟的工作。

目前，气质血型说的研究领域主要集中在血型地域分布、血型与人际关系、血型与爱情等方面，而其最大的缺陷就在于无法厘清血型能够决定人的气质和性格的原因。现代生物学对血型的物质结构进行研究，指出，它是人体内部的由糖和蛋白质结合而成的高分子化合物。父母的血型直接决定孩子的血型。但是人的性格不是遗传的，更多是环境刺激的结果，并因为内外环境的共同刺激，使某方面强化或弱化。父母的习惯决定不了孩子的性格，它只能作为环境因素对子女施加一定的影响。例如，对于一个呱呱坠地的婴儿，我们可以明确无误地知道他的血型，其性格和其他心理特征却完全是未知数。另外，血型作为人体中负责生命运动的物质，其分子结构是固定不变的。通常而言，一个人一辈子只能有一种血型，整个机体也只适应这一种血型，而人的性格却是二重的甚至多重的。

（三）气质在组织管理活动中的作用

气质类型本身只有心理特征和表现方式的区别，并无优劣之分，各种气质的人都可以成为优秀人才。因为每种气质中都是积极与消极的发展因素并存。例如，多血质型的人既容易形成灵活、活泼开朗、善交际等品质，也可能出现肤浅、不踏实、不真挚等问题；抑郁质型的人既可能具有深刻敏锐、洞察力强、精明的优点，但也可能显得阴沉、多愁善感。因此，气质不能决定个人活动的价值和成就高低。

气质具有较强的稳定性，但也具有可塑性，高级神经活动作为气质的生理基础，其类型在外界条件的影响下是可以改变的，因此气质也随环境、受教育程度的变化而改变。因此，在实践中每个人都应该学会自觉掌握、培养自己的气质，发展气质的积极方面，克制并改变消极方面，努力培养自身良好的心理品质。同样，组织在对员工开展教育、培训时，要因材施教，增强针对性，既要扬长，又要避短，帮助员工完善自己的气质。

气质对人的行为和活动效率都有很大影响，因此对组织的管理工作有重要意义。

首先，可以根据人的气质特征来调动人的积极性，合理用人。管理工作纷繁复杂，每项工作都有自己的特点，每个人也有自己的气质特征。所以，要尽量使人的气质特征与工作的特点相互协调配合，才能各尽其能、各得其所。在现代工业企业中，普遍存在着人机关系，操纵精密机器、控制现代化设备、监控大型仪表等工作，都要求人们能迅速地对各种信息变化作出反应，并能相应地采取正确的措施。如果不选择多血质气质的工人而是选择黏液质或抑郁质的工人从事上述工作，就会影响工作质量和工作效率。一般情况下，应该安排多血质的人做一些社交工作（如推销员等）；可以委任胆汁质的人承担突击性和开拓性的工作；黏液质的人可以从事具有核算和监管职能（如会计、统计等）的管理工作；抑郁质的人可以从事一些研究工作。一些特殊职业对人的某一方面气质特征有特殊要求，如飞行员、驾驶员、宇航员等工作责任重大，要求从业者具备极灵敏的反应能力，敢于冒险，机智果断，能经受高度的身心紧张等，这种情况下，气质特征决定着一个人是否适合这一职业，应该将通过心理测试作为选拔依据。

其次，可以根据人的气质特征来合理调整组织结构，增加团体的战斗力。人的气质有积极的一面，也有消极的一面。合理调整不同气质的人，组成一个领导团队、一个生产小组、一个集体，形成气质互补的组合，就可以相互克服气质的消极影响，发挥气质的积极作用，从而达到增强凝聚力、战斗力的目的。例如，一个领导团队要作出一个重大决策，需要具备果断、冷静、细心、创新、激情等不同气质类型的心理品质，但是很少有人同时具备上述品质，这就要求形成气质互补的团体组合。

最后，可以根据人的气质特征来做好思想工作。不同气质的人，对挫折、压力、批评、惩罚的忍受程度不同，对思想感情的接受程度不同。所以，做思想教育工作和转化培养工作的重点就要有所不同，多血质的人豁达大度、反应灵敏、接受能力强，对他们的培养教育可采用批评和劝导相结合的方式；胆汁质的人积极主动、生气勃勃、容忍力强，培养教育他们时，既要开展有说服力的严厉批评，提高他们的自制力，又不能激怒他们，激化矛盾；黏液质的人沉着、坚毅、冷静、情绪反应较慢，对于他们要耐心说服开导，多用事实说话；抑郁质的人情感深刻、脆弱、孤僻、冷淡，对待这样的人不可在公开场合批评、训斥，而应该在关怀中激励，在照顾中促进，在情感中引导，使他们自觉接受别人的批评、主张或建议。

气质在组织管理中的作用，尤其在管理人、培养人、使用人方面的作用，绝不仅限于上述三个方面，许多内容有待组织行为学深入研究。

三、能力与行为

在现实生活中，每个人的能力是不一样的。有人过目不忘，有超人的记忆力；有人下笔千言，一挥而就，有很高的写作能力；有人想象力丰富，异想天开，有别出心裁的创意；有人能歌善舞，有出类拔萃的艺术才能；有人善于规划设计；有人善于具体操作。在组织活动中，如何最大限度地发挥每个员工的能力，是领导者必须考虑的问题。

（一）能力及其类型

能力是指直接影响活动效率，使活动顺利完成的个性心理特征。能力总是和人的学习、工作、劳动等具体活动相联系。例如，节奏感、乐感是从事音乐活动必备的能力，准确估计空间比例是绘画活动不可缺少的能力，等等。缺乏这些能力特征，就会影响有关活动的效率，甚至无法顺利完成这些活动。只有直接影响人的活动效率与活动完成情况的个性心理特征才是能力。像急躁、活泼、沉静等特征，尽管和活动顺利进行有一定的间接关系，但并不是能力。

能力与知识、技能是不同的。知识是人类社会实践经验的总结和概括，是在理论或实践活动中经过练习而获得并巩固的某种基本操作或活动方式。知识、技能是社会发展中累积的公共财富，个人通过学习可以掌握其中的部分内容；能力则是个体心理特征之一，是掌握知识、技能的一种主观条件。能力和知识、技能的性质不同，但存在相互影响、相互促进的关系：一方面，一个人的能力是在掌握知识、技能的过程中提高的；另一方面，知识、技能的掌握又以一定的能力为前提，能力在一定程度上制约着知识、技能掌握的深度、广度、难度和速度。

一般来说，掌握知识、技能较快，而培养某种能力较慢。"能力结构理论"是对能力构成因素的研究，是心理学研究的重要问题，包括许多探索性的观点。通常，能力可以分为一般能力和特殊能力，或再造能力和创造能力。

1. 一般能力和特殊能力

一般能力，也称为基本能力，是指每个人从事各种基本活动都必须具备的能力，如注意力、观察力、记忆力、想象力和思维力等。特殊能力是指一个人从事某种专业活动所必须具备的能力，一般是多种能力的结合。如管理能力是调查分析、决策实施、组织协调等能力的综合运用。一般能力和特殊能力在活动过程中相互联系又相互制约。特殊能力建立在一般能力基础之上，是一般能力在具体活动中的特殊表现。而一般能力包含在特殊能力之中，为特殊能力的发展创造了有利条件。所以，任何一项活动的完成都是一般能力和特殊能力共同作用的结果，而一般能力和特殊能力能够在活动中得以共同提高和发展。

2. 再造能力和创造能力

再造能力是指顺利地掌握前人积累的知识和技能，并按已有惯例进行某种活动的能力；创造能力是指为推动未来社会的进步和发展，创造出前所未有的事物的能力，如新概念、新理论、新方式、新物品等。这两种能力也是相互联系的。创造能力是在再造能力基础上发展起来的，再造能力体现在创造能力之中。创造活动中含有再造能力的成分，再造活动中含有创造能力的因素。

（二）影响能力发展的因素

1. 素质

素质是指个体与生俱来的生理特征，是能力发展的自然基础。现代科学证明，先天遗传与母体身体状况可以造成婴儿后天神经系统、脑的 DNA 含量以及感官和运动器官特性的差异。不具备基本的素质前提，就失去了能力形成、发展的物质基础。聋哑人难以成为演说家，双目失明的人难以成为画家等，这就是素质的制约性。

2. 环境和教育

环境和教育是人的能力发展的关键性条件。社会环境作为外在条件，能激励和推动、压抑和扼杀人的能力发展。如人类历史上的古希腊、文艺复兴时期的意大利、18 世纪的法国等良好的社会环境，使人的才能得到充分发挥，形成群星璀璨、人才辈出的局面；而欧洲中世纪封建专制统治的黑暗时期、中华人民共和国成立前的专制统治时期，则导致万马齐喑，众星无光。教育在儿童能力发展中起主导作用，它不仅使儿童学习到知识和技能，而且通过知识技能的传授与掌握，促进了儿童心理能力的发展，这种心理能力会成为他们长大成人后在广阔的社会实践中施展才能的基础。职业教育、成人教育以至一般意义上的社会教育，对人的能力再培养、再塑造都起着非常重要的作用。

3. 社会实践

社会实践在人的能力发展中具有决定性意义。能力是人在认识和改造客观世界的实践活动中形成和发展起来的。不同职业的社会实践活动，制约着人们能力的发展方向，不同的实践内容对人们的能力提出不同的要求，丰富的社会实践使人们的多种能力得以提高和展现。社会实践又为检验人的各种能力提供了标准。

当然，除了以上三个方面之外，个人的营养状况、勤奋程度、兴趣与爱好，对能力的发展也有重要的影响。

（三）能力差异

不同人的能力是有差别的。在社会生活中，人的能力差异是多方面的，主要有以下几种。

1. 能力发展水平的差异

不同人的能力发展程度存在明显的差异。这可以从具有一致标准的一般能力方面来衡量，有人智力超常，有人智力低弱，多数人处于中间状态。心理学家经过大量研究，得到一个共同的结论：人口的智力分布基本上呈正态分布。

2. 能力类型的差异

能力类型的差异即能力质的差异，主要表现如下。

（1）能力的知觉差异。人们在知觉方面有分析型、综合型和分析综合型的区别。分析型的人对事物细节感知清晰，而对整体感知较差；综合型的人则正好相反；分析综合型的人兼而有之。

（2）能力的记忆差异。人们在表象和记忆力方面有听觉型、视觉型、动觉型和混合型。视觉型的人的特点是视觉表象清晰；听觉型的人的特点是听觉表象占优势；动觉型的人对动作感受深刻；混合型的人各种记忆综合使用效果好。

（3）能力的思维差异。人们在思维方面有抽象思维、形象思维、逻辑思维等区别。

3. 能力发展早晚的差异

能力发展早晚的差异是指个体能力发展的年龄阶段差异。有的人在儿童或少年阶段，在某种能力方面就达到相当高的水平。如唐朝王勃 6 岁善文辞，10 岁能赋，少年时写就千古名作《滕王阁序》；莫扎特 3 岁发现三度音程，5 岁作曲，6 岁登台演奏，12 岁创作大型歌剧等。相反，有些人的突出能力到了中年以后甚至晚年阶段才表现出来，达到很高的水平，即所谓大器晚成。如我国著名画家齐白石 40 岁才表现出绘画才能；达尔文青年时被认为智力低下，50 岁写出《物种起源》，成为进化论的奠基人；摩尔根 60 岁提出基因遗传理论。这些状况表明了个体能力发展的早晚差异。但最佳年龄多在 25~40 岁之间，例如，现在 IT 界精英大多在 35 岁左右。

（四）能力与组织管理

研究个体的能力结构和能力差异，有助于管理者发现人才，量才用人，合理分工，达到人尽其才、才尽其用的理想境界，提高组织活动的绩效。为此，组织活动中要注意处理好以下问题。

（1）合理选才，量才录用。一个好的管理者并不谋求把能力最优者聚齐在自己的周围，而是正确确定本企业所需要的能力标准，谋求适应该组织能力标准的人才。只有这样才能既不浪费人才，又能提高工作效率。

（2）人的能力要与职务相匹配。不同性质的组织工作，不同层次的管理者，需要有不同的能力。作为管理者，一般必须具备决策能力、人际关系能力、技术业务能力。但处在不同层次的管理者，对上述三种能力要各有侧重。

（3）人的能力要互补。人与人之间的能力是有差异的，这种差异不仅是客观的，而且是普遍的。一个团体中，特别是领导班子中，要有不同能力特点的人互相搭配，优势互补。

（4）有效地加强员工能力培训是组织管理的重要内容。现代社会，知识更新速度加快，员工培训已成为组织管理工作的重要内容。由于人的两种能力——一般能力和特殊能力，对各类组织工作都有直接和间接的促进作用，而员工能力结构又各不相同，因此，必须依据人的能力差异，因材施教组织培训，以有效提高员工的能力。一般来说，要通过提高人的科学文化知识水平，来提高其观察能力、思维能力、计算能力、想象能力、创造能力等一般能力，要通过不断的专业知识教育和专业技能教育，提高人的业务能力、技术能力、事务性工作能力等特殊能力。以此来保证组织员工的素质不断提高，基础工作不断加强，使人力资源成为组织持续发展的源泉。

（5）用人艺术的关键是发挥人的能力。每个个体的心理特征中，都有积极因素和消极因素，关键是领导者如何对待它。如果只盯着一个人的消极面就不能识别人的长处，就发挥不出他的能力来，所以，用人关键就是发挥所用之人的能力，即用人所长，避其所短。

（6）建立有效的人才竞争选拔制度。要努力打破陈腐的用人观念，引入竞争机制，建立依照工作绩效择优选拔制度，打破干部只能上不能下、论资排辈等传统观念束缚，以才量人。

第六节　个性行为特质的多元化

一、多元化的内涵

组织多元化是指组织中人员存在的差异性，具体体现在人口统计学特征、价值观、能力以及个性等方面。多元化分为表层多元化（年龄、性别、种族等）和深层多元化（个性、价值观等）。在现实生活中，人们更容易关注到表层多元化，然而，深层多元化才是决定人际互动效果的重要特征，需要通过深入的交流才能被理解。

组织的多元化主要源于如下因素：一是政治法律体系日趋完善，性别、年龄等方面的歧视逐步被消除，各类员工都得到了平等的机会，使得劳动力结构呈现出多层次、多样化的特征；二是全球化浪潮兴起，跨文化管理成为业界与学术界共同关注的焦点，不同种族、民族，持有不同价值观与文化，来自不同地域的员工在一起工作，使企业认识到多元化管理面临的难题。不过，员工的多元化特质也为组织带来了更多的创新，增强了组织凝聚力，提升了组织绩效。有效的多元化组织应当具备如下特征：一是在企业日常经营活动、产品及服务中能够体现多种文化和不同社会团体的贡献和利益；二是组织中不存在任何形式的歧视与压迫；三是不同文化、地域、种族和民族的员工能够充分参与到组织决策中；四是积极承担更多的社会责任，包括致力于消除各种形式的社会压迫。

二、多元化的管理

组织中的多元化管理，旨在让每个个体对他人的差异、需求等有更强的意识，更加敏感。组织的多元化管理是要消除不公正，成员彼此尊重，创造良好的组织氛围。管理者通过多元化的管理方式以更好地应对组织挑战，将多元化带来的管理冲突转化为组织绩效的推动力。具体方式如下。

（1）招聘与选拔。在企业招聘与组织内部晋升过程中，管理者需要秉持公平公正的态度评价不同类型的员工的才能，作出合理的决策。在实际操作过程中，可以通过具体的工作测验来消除文化偏见带来的不公正。

（2）培训。一方面为多元化的员工群体提供培训机会，促进不同个体的更好的职业发展，以及满足多样化的需求；另一方面邀请管理者与员工共同参与培训，共同面对和解决多元化带来的工作冲突。

（3）共情。共情是个体站在他人的立场上思考问题的一种能力，能够帮助员工更好地理解与其不一致的观点，思考多元化员工的处境，从而消除组织中不利于多元化的冲突。

关键概念

社会知觉（social perception）

刻板印象（stereotype）

晕轮效应（halo effect）

归因理论（attribution theory）

认知失调理论（cognitive dissonance theory）

态度（attitude）

动机（motivation）

价值观（values）

个性（personality）

多元化管理（diversity management）

复习思考题

1. 什么是心理学？其研究对象是什么？心理学的哪些领域对组织行为学有贡献？
2. 心理的实质是什么？简要说明心理过程的内容。
3. 解释需要、动机、行为之间的关系。

4. 影响在校学生价值观的因素主要有哪些？如何科学引导其建立正确的价值观？

5. 什么是知觉？知觉有哪些类型？知觉如何影响人的行为？举例说明影响知觉准确性的因素。

6. 影响社会知觉的因素是什么？

7. 有时人们会用"没有个性"这样的话描述个体。这种说法错在哪里？这种说法的真正含义是什么？

8. 归因分析模式主要有哪些？结合实际说明在校学生应该如何有效地利用归因分析，不断提升综合能力。

9. 管理者应当如何做出更准确的归因？

10. 什么是态度？态度是如何形成的？哪种来源的影响力更强？

11. 影响个性形成和发展的因素包括哪些？结合实际说明如何根据不同个体的差异化个性特征合理有效地安排工作？

12. 简述气质的分类及特点，并结合自身实际谈谈你属于哪种气质以及最适合的职业。

13. 结合未来工作愿景及职业需求，谈谈如何提高你的实际竞争力。

14. 根据你所了解的岗位需求，说明业务代表、银行从业人员、科研人员以及医生等不同职业所要求的能力有何差异，并结合未来职业规划，谈谈你将如何培养职业需要的能力。

管理游戏

"一分钟"管理

参与人数：集体参与

时间：10 分钟

场地：教室

道具：纸、笔

游戏规则与程序：

1. 给每个人 1 分钟的时间，阅读下面的题目。

2. 1 分钟结束后，让他们进行 1 分钟的思考。

3. 1 分钟思考时间结束后，采用倒计时的方式，进行 1 分钟撰写，时间到即停笔。

4. 询问是否有参与者愿意分享所撰写的内容（如果没有，可以随机选择一些人），在其宣读期间进行分析。

1 分钟目标、1 分钟赞美、1 分钟惩罚、1 分钟反省……

例如：

"1 分钟目标"，将自己的主要目标和职责明确记录在一张纸上。在 250 个字内表达清楚每一个目标及其检验标准，确保自己在 1 分钟内能读完。

相关讨论：

1. 你在这个"1分钟"管理里感悟到的是什么？
2. 听完了别人的内容，如果再给你1次机会，你会选择在1分钟内做什么？为什么？

案例分析

续写"光荣" 再创辉煌
——云南地矿总公司"新三光荣"企业文化创新实践①

地质老"三光荣"精神曾经指引云南地矿人创造了一个个建业奇迹，为云南地质事业发展做出了卓越贡献。而20世纪90年代伊始，伴随全国范围内的地质企业改革，人们的择业观和职业诉求发生了巨大变化，老"三光荣"的感召力逐渐下降，云南地矿总公司（简称"云南地矿"）创新不足、盈利低迷、人才流失等问题日益突出。通过重塑新"三光荣"精神，云南地矿与时俱进地抓住了企业文化建设的核心所在，进一步明确了企业在经营战略、管理制度、业务结构等方面存在的问题，为企业今后的发展奠定了坚实的基础。

一、忆：昔日辉煌

云南地矿是于1994年由云南地矿局划出精干队伍和优良资产组建的资源性企业集团。公司主营业务为矿产资源勘采、矿权经营、环境评价、易货贸易和转口贸易。

1983年，全国地质系统模范政治工作者表彰大会正式提出"以献身地质事业为荣、以找矿立功为荣、以艰苦奋斗为荣"的"三光荣"精神。1991年年初，江泽民又把"三光荣"高度概括为"光荣在于奉献"，并为地质工作者题词："献身地质事业无上光荣"。云南地矿人秉承这一沉甸甸的地矿精神硕果，一代代坚守"地质之魂"，正视地质工作的艰险工作环境和简陋生活条件，奉行"吃苦在前，享受在后"的艰苦创业信念，锻造了一支支特别能战斗的功勋英雄队伍。

云南地矿的基本使命是对金属及非金属矿、地下水、地热等矿产资源进行勘探和开发，这已经成为支持国家经济和社会建设的保障。云南地矿对地质灾害防治工程开展的勘查、设计、施工和地质灾害危险性评价等工作，强化了云南及周边地区对地震、泥石流和滑坡等地质灾害的预防和综合治理。云南地矿直接服务于工程建设项目的前期地质勘查工作和工程测量工作，为推动云南及周边区域的经济和社会发展提供了更优的地质技术支撑和服务。云南地矿在为国家、为社会做出贡献的同时，也不断通过搭建和完善人才引进和发展平台，吸收、培养和输送了一大批合格的地矿人才，为云南省和我国的地矿事业发展

① 本案例由昆明理工大学管理与经济学院段万春教授撰写，版权归段万春教授所有。未经允许，本案例的全部内容不得以任何方式或手段擅自复制或传播。因企业保密要求，案例中对有关名称、数据等进行了必要的掩饰性处理。本案例仅用于课堂讨论，无意暗示或说明某种管理行为的有效性。

奠定了坚实的基础。

二、感：时代变迁

随着社会主义市场经济的蓬勃发展和国有企业改革的有序推进，"效益为先导，科技、人才为支撑，管理制度为保障"的现代企业管理理念正在云南地矿落地生根。但是，伴随着地矿行业生存发展环境翻天覆地的变化，在"全国一盘棋，靠市场求生存"的大环境下，云南地矿的发展也遇到了难题，管理效率不高、管理方式不统一、下属单位效益差异大、人才流失和储备不足等问题日益突出。如何转变企业发展方式、优化企业管理制度及方法、建立和完善人才管理机制，已然成为云南地矿改革攻坚的三大难题。

虽然云南地矿初步形成了较为完整的市场化运作机制，管理经营的效率和效益得到持续改进，但整体上来看，公司仍然存在较为突出的人才引进和培育难题，并且已经成为影响企业发展转型的核心问题。由于地质勘查、设计业务本身市场领域较小、盈利能力有限，在与其他高福利行业的直观对比之下，创造云南地矿昔日辉煌的老"三光荣"精神感召力明显不足，投身地矿事业的后继人才日渐短缺。

随着现代文明程度的不断提高，在手机和计算机普及、出门有汽车、上班有空调、物质条件和工作环境优越的今天，"80后""90后"这些由父母及长辈一手呵护长大的独生子女很少考虑地矿工作，在地矿单位中更能时常听到"工作苦""待遇低""前景暗"等抱怨。在他们看来，从事地质找矿事业，就意味着选择了寂寞与孤独，选择了聚少离多，放弃了优越的物质生活条件。

一边是国家不断发展与强大、资源日渐紧缺、对地质人才的渴望与需求越来越多，另一边是年轻一代对地质找矿工作这一艰苦行业的热情锐减，两者之间的反差在云南地矿系统反映地尤其明显。这个由地质行业提出的曾被社会推崇和赞誉的老"三光荣"精神及择业理念正逐渐被淡化和遗忘。

三、思：发展感召

"艰苦奋斗，献身地质"是值得地矿人自豪的传统，但不可否认，目前我国地质从业者的待遇水平和社会地位还不高，在对物质财富的追求突飞猛涨的当今社会，如何让"三光荣"重新回归到地质队伍中来，是云南地矿人不能回避、必须解决的问题。

云南地矿自改制组建之初就开始思索这一问题，并从大量的基层职工招聘、培训、激励、沟通等员工管理的实践之中，逐渐领悟到了新时期解决企业激励效果不佳、人才后续培养受阻等问题的基本思路。特别是在2011年，借助整体开展的企业文化建设活动，云南地矿充分调动了所辖各公司职工、管理人员再造企业辉煌的积极性和信心，通过整合高校智力资源，在全公司陆续组织开展了形式多样的"认识企业发展机遇、抓准企业发展难题、续写'三光荣'传统"的研讨活动。经过为期两年的集思广益，在整理、分析和归纳各公司职工、管理层、关联单位和高校对云南地矿企业文化建设相关问题的意见和建议之后，云南地矿摸清了企业在管理制度方面存在的主要问题，重新确立了企业的发展愿景、发展使命及核心价值观，并就影响"三光荣"传统贯彻的主要原因进行了讨论。

从云南地矿经营管理的实践来看，提高从业者待遇仅是激发广大地质工作者特别是青年人工作热情、矢志献身这一艰苦工作的方法之一。要解决当前年轻一代新员工的职业道德和择业观问题，还需要从企业经营战略、经营理念和具体的管理制度设计方面，让"三光荣"与时俱进，适应社会主义市场经济的要求，打造适合员工自由全面发展的职业平台。

所以，云南地矿人总结近年来在高校招聘、员工管理和业务组织等方面存在的问题，认为当前焕发"三光荣"光彩的当务之急，是必须重新审视"三光荣"的精神内涵并赋予它应有的时代价值，将它放在和开拓市场、管理创新同等重要的位置，并将其作为构筑企业核心竞争力的重要举措，使它的内涵在项目组织、人员沟通和绩效考核等具体的管理制度中实际落实。

这种变革的理念和思路正切合了我国地矿系统企业转型改革的需要。国家经济的快速发展，使得社会对资源的渴求不断增长，为地质工作提供了难得的发展机遇，也为广大地质工作者提供了大显身手、贡献聪明才智的机会。云南地矿人需要抓住这样的发展机遇，坚持以人为本的科学发展观，建立市场化的业务架构，不断优化盈利模式和提高盈利能力，铺平企业基业长青之路；建立智力投入补偿机制，不断增加知识投入比重和内涵，营造员工创新发展的和谐氛围。可以说，时代呼唤新"三光荣"精神，时代需要新"三光荣"精神。

四、行：变革所趋

本着"创新为基，以人为本，与时俱进"的理念，借助集团上下统一开展的企业文化建设活动，云南地矿重新明确并定义了适合新时期地矿发展的新"三光荣"精神——"以献身地质事业为荣、以建功立业为荣、以创新发展为荣"，认为"献身地质"的奉献精神和"回报社会与国家"的目标不能改变，且"鼓励科技创新，促进企业和员工共同发展"的人本理念值得肯定和塑造，并进一步明确了企业的发展战略及管理制度的完善思路。

在发展战略方面，云南地矿进一步梳理和提炼了"勘查立企、开发强企、科技兴企、以人为本、和谐发展"的企业发展战略。通过肯定地质勘察的基础地位，明确了企业的立足之本；通过挖掘矿业开发的市场价值，明确了增强企业竞争力和盈利能力的根本出路；通过强调科技创新的先导作用，明确了提升地矿产品或服务的附加价值的业务方向；通过认识科技和经营管理队伍的重要性，明确了今后人才引进和培养的主要内容；通过贯彻新"三光荣"的精神内涵，明确了企业与环境、企业与政府、企业与客户、领导与员工等的和谐关系。

新"三光荣"源自于地矿人兢兢业业的创业作风，发展于地矿人以人为本的创新管理理念，并将形成于地矿人胸怀宽广、兼容并包的和谐管理氛围。如今，作为集团企业文化建设的重点，反映新时期企业和员工共同发展需要的新"三光荣"精神正在云南地矿得到广泛讨论和学习，地矿人敢想敢干的巍峨作风和敢爱敢恨的英雄情怀得以在日常工作中较好保留，以市场化、制度化、标准化为核心的现代管理理念也使得员工奉献和个人发展逐步迈向平衡。贯穿新"三光荣"精神的企业文化，正在云南地矿生根、发芽、茁壮成长。

五、望：无往不至

展望未来，云南地矿将秉承新"三光荣"精神，进一步落实资源储备立企战略、资源开发强企战略、人才科技兴企战略、和谐发展战略，进一步优化管理制度设计和人才培养方案，以矿产勘查为先导、以矿产开发为支撑，为打造"国内一流、行业领先"的大型资源性企业集团而继续攻坚克难、无往不至。

【思考题】

1. 结合个体行为的相关理论，分析老"三光荣"精神为何能在云南地矿创业时期发挥巨大的作用，而在新时期激励作用不太明显。

2. 新"三光荣"精神是如何通过识别个体心理动机，引导员工行为，体现企业人本主义管理理念的？

3. 结合案例，说明企业管理者应如何创新企业文化以引导员工行为动机与价值观，促进老牌企业的转型升级。

第四章 激励与沟通中的组织行为匹配

【学习目标】

1. 理解自我效能感的内涵
2. 理解胜任力的内涵与理论
3. 了解工作满意度对个体行为的影响和在管理实践中的应用
4. 掌握组织支持感的影响因素及其在组织管理中的应用
5. 了解工作—家庭冲突的影响因素

导入案例

组织管理中的有效激励与沟通，要因人而异

T公司是一家专注于软件开发的企业，旗下有多支项目团队。项目经理李烨负责其中一个关键项目，团队成员包括程序员、测试员等多个岗位的专业人才。

新晋程序员小赵刚从大学毕业进入公司，在项目初期，他对自己的编程能力缺乏信心。李烨注意到小赵的学习能力强，并通过私下交流得知，小赵在大学期间成功开发过一个与当前项目功能相似的小程序。在李烨的鼓励和支持下，小赵的自信心逐渐增强。随后，李烨为小赵分配了难度适配的模块开发任务，同时提供了详尽的技术文档，并安排一位资深程序员担任其导师。小赵心怀感激，深感自己遇到了一位优秀的职场领导，并承诺会认真对待工作。

老王是团队中的资深程序员，拥有丰富的编程经验。然而，李烨发现，老王在与测试员沟通软件功能和需求时，常常表述不清，导致测试环节反复受阻。鉴于团队协作的重要性，李烨在团队内部组织了沟通技巧和跨部门协作培训课程，并为老王制定了个人提升计划，要求他每次与测试员沟通前列出要点，并在沟通后做好反馈。通过这些举措，老王的沟通协作能力显著提升，项目推进也更加顺利。

测试员小孙以热心肠闻名，不仅本职工作完成出色，还经常主动帮助其他团队成员。当程序员修复漏洞遇阻时，小孙会凭借自己对软件系统的熟悉，提供思路和建议。李烨留意到小孙的积极表现后，在团队会议上公开表扬他，并给予了一次额外的培训机会作为奖励。小孙备受鼓舞，同时也激励了其他成员，团队中逐渐形成了积极互助的良好氛围。例如，有成员开始主动分享自己的技术经验，团队的凝聚力和工作效率均得到提升。

程序员小张因孩子突发疾病需要照料，陷入工作与家庭的两难冲突。李烨了解情况后，允许小张在确保项目进度的基础上灵活安排工作时间，如上午在家照顾孩子，下午和晚上加班完成任务。这种

灵活的工作安排有效缓解了小张的压力。此外，李烨与人力资源部门沟通，为小张争取到家庭医疗咨询服务，让小张感受到公司对员工家庭的关怀，从而更加专注地投入到工作中。

项目推进至中期时，团队遇到了技术难题，需要投入更多的时间和资源。团队成员压力骤增，对项目的信心有所动摇。李烨积极向公司高层汇报情况，为团队争取到硬件设备升级和外部专家指导等更多资源，让团队成员切实感受到组织的有力支持。同时，李烨注重团队成员的工作与生活平衡，合理调整工作安排，避免过度加班，并组织了户外拓展、聚餐等团队建设活动。这些举措增强了团队成员的组织支持感，大家重拾信心，积极投入到攻克技术难题的工作中。

资料来源：本教材编写组自编.

第一节　自我效能感

自我效能感（self-efficacy）是由美国著名心理学家班杜拉（Bandura）于 20 世纪 70 年代基于认知的角度在其著作《思想和行动的社会基础：社会认知论》一书中提出的概念，该学者在其后的研究中也逐步形成了自我效能感理论的框架体系。从 20 世纪 80 年代中期开始，工业和组织心理学家逐渐开始关注自我效能感在组织行为领域中的应用研究，比如自我效能感与工作绩效、工作态度及相关工作行为关系等方面的研究。

一、自我效能感的内涵

自我效能感是个体行为选择的基础，是影响个体行为的关键变量。学者班杜拉认为，自我效能感是指个体基于自我认知，对自身所具备的能够完成某种既定任务或实现既定目标的能力的自我评估，即个体关于自己在一定程度上能够有效采取一系列必要的行动去处理未来某些情境的信念。后续，斯塔科维奇和鲁森斯给出了一个更加宽泛的定义，认为自我效能感是个体对自己能力的一种确切的信念或自信心，这种能力是个体在某个背景下为了完成某一项特定的任务，能够调动起必需的动机、认知等一系列行动的可能。

自我效能感是指个体在执行某一行为操作之前对自己能够在什么水平上完成该行为活动所具有的信念、判断或主体自我感受，是一个人对自己能够有效完成某一特定任务的信心和期望，并非一个人的真实能力，只是一个人对自己完成某项任务的自我评定。具有自我效能感的人相信自己有足够的能力完成给定的工作，能够排除外部因素来达成期望。

自我效能感的形成与自我效能感信息的认知加工有关，这些认知加工主要是由环境和主体对人与环境的互动过程和结果提供的。根据以往学者研究成果及相关理论分析总结，以班杜拉为代表的学者认为个体的自我效能感主要有四个来源。

（1）先前的经验及实际成就。这是形成自我效能感的重要前提。自我效能感的改变依赖于个体对先前行为经验的加工。个体在挑战性任务中所获得的成功，对于自我效能感的形成与改变的影响尤其大，而轻易获得的成功会导致个体在以后的活动中急于求成，且遇到困难时会很快失去自信。

（2）行为榜样（他人的成绩）。学习和社会生活中有许多知识经验不是通过亲身实践，而是通过对他人行为的观察和模仿获得的。榜样的成绩给观察者提供比较和判断自己能力的标准，为观察者传递通过努力可以获得成功的信念。榜样与观察者越相似，要完成的任务关联性越强，对观察者的自我效能感形成过程起到的影响也越大。

（3）他人的劝说。虽然他人的劝说并不能提高个体的能力水平，但是可以影响自我效能感的评价，使个体产生一定的信念，既不妄自菲薄，压抑和限制能力的发挥，也不产生不切实际的过高期望。当被人尊敬且有能力的人说服个体，使其认为自己具有完成某一项特定任务的能力时，个体的自我效能感就可以获得积极的强化；相反，不友善的语言或负面的反馈，容易使个体的自我效能感受到损害和削弱。

（4）生理和心理状态（自我状态评估）。个体对于自身的生理和情感能力的评估会影响其对自我效能的判断。如果个体处于一种负面的情绪，比如焦虑、害怕或紧张，会较大限度地降低个体的自我效能感；如果个体的心理或生理处于良好的状态，也不一定会对自我效能感产生很大的积极、正向的影响。

表4-1总结阐释了自我效能感的来源、对行为的影响和结果。

表 4-1　自我效能感来源、对行为的影响和结果

来　源	自我效能感	行　为	结　果
1. 先前的经验及实际成就 2. 行为榜样（他人的成绩） 3. 他人的劝说 4. 生理和心理状态（自我状态评估）	提高自我效能感，相信自己能按时完成工作	1. 果断选择时机 2. 积极克服外部障碍 3. 设定目标，建立标准 4. 认真实践，坚持不懈 5. 从挫折中学习 6. 想象成功	成功
	降低自我效能感，不相信自己能按时完成工作，也不确定完成的质量	1. 被动 2. 避免困难任务 3. 关注个人缺陷 4. 不肯努力 5. 因受挫而后退、气馁 6. 担忧，感到压力 7. 为失败找理由	失败

二、自我效能感的影响与作用机制

自我效能感决定个人的目标设置、个人为实现目标的努力程度、个人面对困难的持久力，以及未达成目标时个人的恢复能力。面对困难或失败时，那些怀疑自己能力的人会情绪松懈或很快放弃努力，而自我效能感强的人则会投入更大的努力去坚持不懈地实现目标。自我效能感可以调节情感，在受到威胁或是面对困难的情况下，一个人能承受多大的

压力，关键取决于其对自己应对能力的信念。自我效能感对焦虑感有很大的影响。那些相信自己能够应付可能出现的威胁的人，很少把精力用来想象各种消极因素出现的可能性；而那些觉得自己在高度焦虑时难以应对困难的人，则会低估自己的自控能力。自我怀疑使个体在情绪上感到痛苦和恐慌，过于压抑和限制自己，结果削弱了自己完成任务的能力。

对自我效能感的判断会影响我们对任务、情境的努力程度以及坚持努力的时间。也就是说，一个学生学习一门功课的时间长短和努力程度取决于他对自我效能感的认识，而不是他的实际能力。许多强有力的证据都证明自我效能感较高的人，在完成众多类型的任务方面都可产出较高的工作绩效。高自我效能还能戒除上瘾行为、提高疼痛耐受力、战胜疾病等。

从直接作用来看：首先，人们总是倾向于权衡、评价并整合自己所感觉到的关于自己能力的信息，而这一过程的最初阶段与个体本身的能力或资源没有直接关系，真正相关的是个体如何知觉或认为他们能在这个情境中运用这些能力或资源来完成特定的任务；其次，这种评价或知觉会导致对个人效能的预期，这一预期又会决定个体在何种情境下执行这个特定任务，将会投入多大的努力来完成这个任务；最后，这个预期也会决定个体在出现问题或逆境的情况下，会在多大程度上坚持下去。

对于一名职员，发展自我效能感最有力的手段就是成功完成一项具有挑战性的任务。管理者可以通过设置有效的目标、建立适当的行为榜样等方式，帮助员工提高自我效能感。

三、自我效能感的维度及测量

一般而言，自我效能感包含三个维度：程度、强度和一般性。程度维度是指个体认为实现某种任务目标的困难程度，个体会因任务的难易程度而有不同的选择。强度维度，是指个体对实现目标所持信念的程度，这个维度的自我效能感与个体面对挫折时的坚持性有关。自我效能感较强的人通常会认为外部因素是导致失败的主要原因，始终相信自己具备完成目标的能力，拥有较强的韧性以克服困难，从而实现目标；自我效能感较弱的人容易受到过往经历的影响，从而对自己的能力失去信心。一般性维度，即期望能推广至其他情境的程度，是指具有自我效能感的个体在面对不同的任务和不擅长的领域时是否依然对自己的能力充满自信，一部分个体无论是否在擅长或熟悉的领域都具备很强的自我效能感，而另一部分个体只在自己擅长或熟悉的领域具备很强的自我效能感。

对于自我效能感的测量问题，相关研究学者持有两种不同的观点。一种观点是以施瓦泽（Schwarzer）等学者为代表，开发一般性的自我效能感量表，该量表适用于一般性员工行为，具备良好的信效度和拟合度。另一种观点是自我效能感应代入特定的工作场景中，因而需要因工作场景的不同开发不同的量表，如凌文辁提出的管理者管理自我效能感量表、班杜拉提出的特定领域自我效能感量表。后来也有一些学者不断地提出不同领域的测量量表，如情绪自我效能感量表、学习自我效能感量表等。

一般性的自我效能感量表是一个单维度的量表，只有一个因素，即一般自我效能感。特定领域自我效能感量表通常有多个维度，如情绪自我效能感量表主要是从调节沮丧/痛苦情绪的自我效能感（DES）、表达积极情绪的自我效能感（POS）和调节生气/愤怒情绪的自我效能感（ANG）三个维度测量；学习自我效能量表，通常从努力感、能力感、环境感、控制感等维度结合具体领域进行测量。以凌文辁为代表的学者认为，管理者管理自我效能感的测量分为 6 个测量维度，即计划管理、问题解决管理、人际协调管理、员工管理、信息处理管理和监控管理。

本书采用的是基于这 6 个维度编制的管理者管理自我效能量表，这 6 个方面也是企业管理者需要完成的核心工作，具体量表内容如表 4-2 所示。

表 4-2　管理者管理自我效能感量表

测 量 维 度	题　　项
计划管理	1. 我相信自己能够比较准确地规划出本部门的工作指标，并制定出达标方案和考核办法
	2. 我认为自己不能清楚地规划本部门的远景和发展方向
	3. 我认为自己不能制定那种可以发挥本部门长处的工作目标
	4. 我相信自己总是清楚将来可能出现的发展机遇以及应当如何抓住机遇
	5. 我相信自己能够比较有效地把合适的人员安置到适当的工作岗位上
	6. 我自信总能合理有效地分配和安排自己的时间
	7. 我相信自己能适时发现下属的难处与消极情绪并给予帮助
	8. 我认为自己不能比较合理地配置本部门所拥有的人、财、物等资源，也不能最大限度地整合可利用资源
问题解决管理	9. 我自信能够比较准确地评估决策的正确性
	10. 我认为自己不能做到从实际出发，去研究和解决问题
	11. 我自信能够灵活、合理地处理突发事件
	12. 我自信能够设法最大限度地提高组织的整体工作绩效
	13. 出现危机事件时，我认为自己不能及时采取行动并加以解决
	14. 我相信自己能很好地完成单位交给我的工作
	15. 在需要自己做出决策时，我自信能正确果断地进行决策
人际协调管理	16. 我自信能够与供应商或客户建立起良好的交往关系
	17. 我认为我不能与组织内的其他领导成员建立起坦诚和相互信任的关系
	18. 在工作中有分歧时，我自信能和其他人进行有效的沟通
	19. 我认为我不能很好地协调与下属的关系
信息处理管理	20. 我自信能主动收集各种有用的信息并传达给我的下属
	21. 我认为我不能为我的决策者（或自己是决策者）提供有用的信息
	22. 我相信自己能很好地理解并执行上司传达的指令
	23. 我自信能够将各种信息整合成规律性的内容，并及时提供给上层决策者

测量维度	题　项
员工管理	24. 我认为自己不能够帮助员工不断地清除心理垃圾，使其保持积极的心态
	25. 我自信能够设法使我的员工建立起彼此团结、合作和相互促进的工作关系
	26. 我自信能客观准确地考核员工或下属的工作绩效
	27. 我相信自己能适时发现下属的难处与消极情绪并给予帮助
	28. 我自信能够及时为员工提供建设性的反馈信息
	29. 我认为自己不能及时发现每个下属的长处，并给予其实践机会
	30. 我自信能够不断为下属指明努力方向，使其健康成长
	31. 我认为自己不能建立和维护本组织健康、良好的团队气氛
监控管理	32. 我自信能对工作的进展进行控制，使其按照预定的计划开展
	33. 我自信能确保本组织或部门的工作活动得到及时准确的记录
	34. 我认为我不能有效地监控本部门的工作效率及质量方面的相关指标
	35. 我认为自己能及时地掌握新的项目或与任务相关的信息
	36. 我自信可以有效地监控本单位或本部门的工作

拓展链接 4-1
其他自我效能
感量表推荐

第二节　胜　任　力

一、胜任力的概念

胜任力（competency）是由哈佛大学教授戴维·麦克利兰（David McClelland）在 20 世纪 70 年代首次提出来的。麦克利兰在 1973 年发表的《测量胜任力而非智力》一文中阐述了胜任力这一概念："尽管智力影响绩效，但一些个人特征，如个体的动机与自我形象，能够把绩效达标与绩效不达标的人区分开来，并且这些特征能在一系列的生活角色（包括职务角色）中表现出来。"显然，麦克利兰这篇文章并没有给出胜任力的全面定义。另一位研究者莱尔·斯宾塞（Lyle M Spencer）于 1993 年在《工作胜任力》中给胜任力下了定义：胜任力就是个体所具备的某种或某些潜在特质，这些特质与高绩效员工的工作表现具有高度的因果关系。在这个基础上，麦克利兰认为，这些个人特质在人格中扮演深层次、持久性的角色，它们能够准确地预测出一个人在复杂的工作情境及重要职位上的行为表现。1994年，莱尔·斯宾塞在《胜任素质评估方法》中再次丰富了胜任力的内涵，他认为胜任力可以是动机、特质、自我概念、态度或价值观、具体知识或行为技能等可以被准确测量或计算的某些个体特质，这些特质能够明确地区别出优秀绩效执行者和一般绩效执行者。国内学者赵曙明总结了国内外许多学者对胜任力的定义后认为，胜任力的界定主要有三个特点，包括"与特定的工作相关""创造高绩效""包含了人的个性特征"。

综上，胜任力是指能将某一工作中有卓越成就者与普通者区分开来的深层次个人特征，它可以是动机、特质、自我形象、态度或价值观、某领域知识、认知或行为技能等任何可以被可靠测量或计算的，并且能显著区分优秀与一般绩效的个体特征。

二、胜任力分类

麦克利兰曾经列出了20项在管理职位和专业职位上有普遍观测效度的胜任力测量项目，共分6个类群（见表4-3），包括成就类群、服务类群、影响力类群、管理类群、认真思考/问题解决类群、个人效能类群。

表4-3 麦克利兰的普遍观测效度的胜任力分类

胜任力类群	具 体 项 目
成就类群	成就导向、品质和秩序意识、主动性
服务类群	人际理解能力、客户服务导向
影响力类群	组织意识、关系营造的能力、影响能力
管理类群	指导能力、团队合作意识、开发他人的能力、团队领导能力
认真思考/问题解决类群	专业技术、信息搜索能力、分析性思考能力、概括性思考能力
个人效能类群	自我控制/压力对抗能力、自信的品质、组织责任感、适应性/灵活性

三、胜任力模型及其在组织管理中的应用

胜任力模型指的是要完成一项具体的工作所要拥有的、与胜任力相关的一系列要素的总和。可以理解为对组织或企业中的某一个职位，依据其职责要求提出的，为完成本职责而需要的能力特征的集合，也可以被认为是将高绩效工作者和一般绩效工作者区分开来的胜任力特征的组合。国外学者戴维·杜波依斯（David D. Dubois）认为，胜任力模型是对某一职务类别、工作团队、科室、部门或组织的绩效达标者或成就卓越者所需的胜任力特征的结构化描述。

根据以往学者的研究，胜任力模型分为冰山模型和具体模型。以下将从这两个方面介绍胜任力模型及其应用。

（一）冰山模型

通常学者把胜任力特征分为五个层次：知识（个体所拥有的特定领域的信息、发现信息的能力、能否用知识指导自己的行为）、技能（完成特定生理或心理任务的能力）、自我概念（个体的态度、价值观或自我形象）、特质（个体的生理特征和对情境或信息的一致性反应）、动机/需要（个体行为的内在驱动力或社会动机）。这五个方面的胜任力特征组成一个整体的胜任力结构，通常用水中漂浮的冰山来描述，被称为胜任力冰山模型，是由麦克利兰提出的。麦克利兰认为，水面上冰山部分是基准性特征，是对胜任者基础素质的要求，但它不能把表现优异者与表现平平者准确地区别开来；水面下冰山部分可以统称为鉴别性特征，是区分优异者和一般者的关键因素，但不同层次的个人特质之间存在相互作用的关系，如图4-1所示。

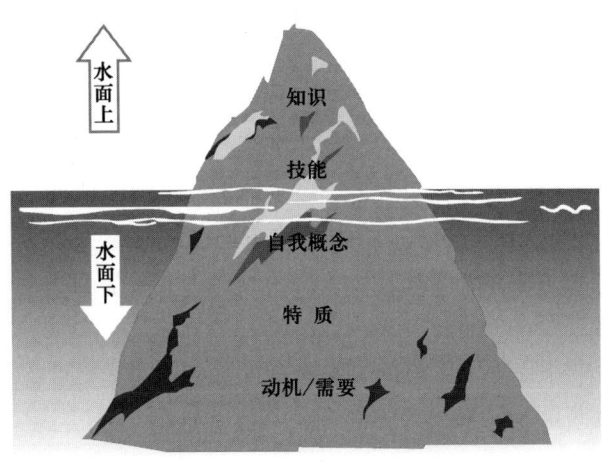

图4-1　胜任力冰山模型

其中，知识和技能是可以看得见的，相对较为表层的、外显的个人特征，漂浮在水面上；自我概念、特质、动机/需要则是个性中较为隐蔽、深层和中心的部分，隐藏在水面下，而内隐特征是决定人行为表现的关键因素。运用冰山模型进行胜任力识别，帮助解决人力资源问题，可以遵循如下步骤。

第一，确定哪一类型的素质是该工作岗位所需要的胜任素质。这要求该项胜任素质能够显著区分工作业绩，同时必须以客观数据为依据。

第二，在确定胜任素质后，组织要建立能够衡量个人胜任素质水平的测评系统。这个系统要建立在客观数据的基础上，能够经过客观检验，同时也能够区分工作业绩。

第三，设计出胜任素质测评结果在各个工作中的具体应用方法。

（二）具体模型

具体模型是指针对具体的职务类别、工作团队、部门或组织的胜任力组合。因为胜任力是一组行为集合，因此与其相关的恰当的行为就不可能是千篇一律的，具体组织的胜任力表现方式也与组织独特的文化联系在一起。因此不同的组织应该有不同的胜任力模型，反映不同的组织文化、价值观或战略背景。

在组织管理中，要提高员工的胜任力，可以从五个方面出发，包括评估、解释、计划、培训和再评估。首先，通过调查问卷、图表等方式，同时借助计算机进行统计，让员工对自己的胜任力和素质进行分析，了解员工目前的需求，得出报告。报告出来后，每个员工对结果进行分析，了解高胜任力员工的特征，随后与各自的职业培训师进行交流，明确自身的优势和劣势，进行相应的培训。得到专业的培训之后，每个员工也可以根据自身情况制定计划，改善自我。在经过一段时间的培训之后，通过衡量员工的业绩，进一步评估员工的胜任力。胜任力模型和对员工胜任力的提升方式，都应该根据岗位与组织而进行相应的调整。

四、胜任力的测量维度和量表

有学者认为胜任力包括职业、行为和战略综合三个维度。职业维度是指处理具体的、日常任务的技能；行为维度是指处理非具体的、任意任务的技能；战略综合维度是指结合组织情境的管理技能。

一般来说，胜任力需要与特定的情景和任务相匹配。企业要根据不同职务的胜任力模型，针对不同职务挑选对应的胜任力测量维度，以灵活、弹性地评估参与者在这些关键胜任力行为上的表现。如共享领导胜任力的测量通常有三个测量维度，即参与能力、激励能力和影响能力；小型团队领导者管理胜任力测量通常从个人基础能力、任务管理能力、团队管理能力三个维度进行。

本书选取的是企业中层管理者胜任力量表。该量表从团队管理、业务管理和自我管理三项胜任力维度进行测量，具体量表内容如表4-4所示。

表4-4 企业中层管理者胜任力量表

测量维度	题 项
团队管理	1. 能够从宏观层面对资源进行高效的安排和利用，保证资源增值
	2. 理解、支持下属的工作并进行指导，旨在促进能力提高；跟踪监控分配下去的工作，及时反馈情况，并快速做出应对之策
	3. 在组织战略规划的指导下，构建企业系统化的、符合实际管理与运作的制度体系
	4. 尊重人性，把组织、员工和客户的共同发展作为自己的追求
	5. 可以把自己的职权和职责授予下属，提高员工对组织的归属感、承诺和参与感，自己可以专注于大局工作
	6. 在工作过程中，能够与上下级、平级愉快沟通，获得对方的理解和支持
	7. 用引导性的口号和行动激发员工的热情，确保预定工作和目标的完成
	8. 与他人交流沟通时，换位思考，理解对方的心理感受，客观分析问题，适时传达给当事人
	9. 协调团队内部矛盾和关系，优化资源配置，使组织高效运转

测量维度	题　项
业务管理	10. 对于改善某种公共关系有明确的目标和对策，以此为指导开展实践活动
	11. 应用创新的、规范的行为促使计划成功实施
	12. 能够从本质上对事情进行把握并客观分析
	13. 开展工作及思考决策时从大局和长远利益出发，使得企业可以健康、持续发展
	14. 面对不同的环境、人和事物具备较强的适应性，而且可以灵活地完成工作任务
自我管理	15. 在已有知识和经验基础上，大胆假设，认真求证，富有创新、冒险精神，探索新知识
	16. 有自知力，对自身的言行有客观的分析与认知
	17. 主动性强，不断尝试，在实践中提升和学习，对工作中的困难毫不畏惧，相信自己可以克服困难并顺利完成工作
	18. 在总结他人、自己的成功经验和失败教训的基础上，取长补短，提高自身综合素质，获得对未来发展的有利条件
	19. 有较强的认知能力，相信自己可以完成原计划的工作

拓展链接 4-2
其他胜任力量
表推荐

第三节　工作满意度

有关员工工作满意度的研究最早诞生于早期工业化时期，主要是为了满足对于提高生产效率的追求。1911 年，泰勒试探讨钢铁工人所处工作环境和生产效率之间的关系，开辟了工作满意度研究的先河。他发现薪酬的提高可以提升员工的工作满意度。随着 Hoppock《工作满意度》（1935）一书的出版问世，工作满意度这一研究概念成了学者竞相讨论的话题。

一、工作满意度的定义

工作满意度（job satisfaction）是一种由于对一个人的工作或工作经历的赞赏而产生的快乐等积极的情感状态。工作满意度不仅直观地体现了企业对员工的激励程度，还能很好地预测员工的工作行为。工作满意度强调员工对工作的整体感受，在某种程度上代表了员工在工作中的获得感与幸福感。它是企业员工对现有工作环境的整体感受，即基于心理和生理两方面需求的直观感受的集合。

工作满意度可以定义为基于企业员工对其所处工作状况的评价的一种积极向上的情感表达。因为它是对工作情境的一种情绪反应，经常与员工期望相联系。根据期望差异理论，这种情感反应源于员工对工作的实际结果与预期结果的对比分析。员工的工作满意度直接影响其工作的质量和效果。如员工感到他比同事要辛苦得多，但所得奖励却很少，那么他很可能对工作持负面态度。工作满意度既可被视作一般性的态度，也可特指对以下几个因素的态度：工作本身、薪酬、晋升机会、上级的管理以及同事关系。

二、影响工作满意度的因素

工作满意度是一个丰富的概念，受到工作内容、薪酬、组织制度、环境、价值观、人格特征等因素的综合影响。其中，决定工作满意度的主要因素包括：具有心理挑战性的工作、公平的报酬、良好的工作环境、融洽的同事关系、支持性的上级管理以及员工人格与工作的匹配等。

（一）具有心理挑战性的工作

员工喜欢选择具有心理挑战性的工作。大多数员工希望组织提供各种各样的工作任务，从而在工作中使用自己的技术和能力以展示自身价值，有一定的自由度，同时还希望组织能对其工作的好坏予以反馈。挑战性低的工作往往会使人感到厌烦，而挑战性太强的工作也会使人产生挫败感。只有在挑战性适中的工作中，大多数员工才会体验到愉快和满意。

（二）公平的报酬

员工希望组织的分配和晋升政策能够公平、公正。当员工认为他们所获得的报酬公正地建立在工作要求、个人技能水平以及行业平均工资标准的基础上时，就会表现出较高的满意度。当然，金钱和职务本身并不一定是每个人的终极追求，但是通常被员工看作管理者对于他们对组织贡献大小的看法的一种反映。与绝对报酬数量相比，员工更看重与自己的付出、别人的付出以及行业整体水平相比较后的相对公平。因此，如果员工觉得分配制度和晋升决策是以公平和公正为基础制定的，他们更容易从工作中体验到满意感。

（三）良好的工作环境

良好的工作环境既是为了个人的舒适，也是为了更好地完成工作。研究表明，大多数员工希望工作的物理环境是安全的、舒适的和干扰最少的。如果工作环境较好，则人们不会有工作满意度上的问题；相反，员工则很容易显露出不满。但是，除非工作环境实在太差，否则大多数人不会过于受这一因素的困扰。

此外，提升员工的工作福利，包括完善办公、饮食、交通、卫生、健身、医疗等方面的基础设施，改善员工的工作环境，便利员工的日常生活，会对工作满意度产生积极的影响。

（四）融洽的同事关系

对大部分人来说，工作不仅仅意味着对物质需求和权力欲望的满足，或者说，人们从事工作不仅仅为了挣钱养家和获得权力、地位上的成就。社会交往是组织成员在工作中追求的另一种满足。

许多人宁愿接受较少的报酬，而在一个温馨、和善的组织中工作，也不愿意为了赚更多的钱而忍受冷漠、势利、敌对的同事关系。企业应当构建幸福的组织文化和温馨的组织氛围，加强员工之间的沟通交流，营造和谐的人际氛围。可以说，友好的和支持性的同事关系会提高员工对工作的满意度。

（五）支持性的上级管理

上司的行为也是决定满意度的一个主要因素。研究发现，影响工作满意度的上级管理主要有两个维度。一是员工中心性，可以通过员工的直接主管对其个人关注程度来衡量。当主管是善解人意的、友好的，愿意倾听员工的意见，对员工表现出个人兴趣，关爱员工，适时鼓舞员工士气时，员工的满意度会提高。经验性证据表明，员工辞职离开一家公司的主要原因之一是他们的上级不够关心他们。

二是参与和影响，即管理者允许其下属参与一些会影响本职工作的决策过程。一般来说，参与会提高员工的工作满意度。上级适度下放权力，让员工直接参与，赋予员工一定的自主决定权，通过授权增加员工的参与感，提升员工的归属感与责任感，能够促使员工更加积极主动地投入工作，提高工作满意度。

（六）员工人格与工作的匹配

心理学家约翰·霍兰德提出了人格—工作匹配理论。他认为员工的人格与职业的高度匹配将给个体带来更多的满意感。当人们的人格特征与所选择的职业相匹配时，他们会发现自己有合适的才能和能力来适应工作的要求，并且在工作中更有可能获得成功；由于这些成功，他们更有可能从工作中获得较高的满意度。

三、工作满意度与工作行为

工作满意度作为员工对于自身工作或工作经历的个体评价的一种心理状态，直接影响员工的积极性、主动性和责任心，并决定员工在组织中的某些行为。因此，工作满意度会对工作行为的方方面面产生具体而深入的影响，从而产生不同的工作效果。

（一）工作满意度与工作绩效

个体的工作绩效通常可以通过工作效率、工作质量、完成目标的情况、人际因素和意志动机等方面来衡量。许多人认为满意的员工会比不那么满意的员工有更高的绩效。如果真是这样，那么管理者就要把重心放到让员工保持心情愉快的方面。但几十年来严格的实验研究并没有在工作满意度与绩效之间发现简单、直接的联系。有充足的证据说明满意的工作者不一定有良好的业绩，而业绩优秀的员工的满意度也未必更高。更多的时候，绩效与报酬挂钩，绩效好的员工通常报酬更高，因此，相对于那些绩效差、报酬低的员工，他们能获得更高的满意度。由此看来，工作绩效会通过报酬的衡量影响工作满意度。但现实情况是，很多绩效好的员工并不能得到好的报酬，因此工作绩效和工作满意度之间的关联就不是那么明显了。

（二）工作满意度与客户满意度

在一些服务性行业，绩效也常常用客户的满意度来衡量。员工的工作满意度对客户服务有积极的影响，能够提高客户满意度和客户忠诚度，主要因为：第一，较高的工作满意度使员工保持良好的心情，他在服务客户时也就表现出友好、耐心等积极的态度，使客户满意度提升；第二，工作满意度高的员工具有较低的离职率，也就有充足的时间来积累在客户服务方面的技能，提供更加专业、优质的服务。

（三）工作满意度与缺勤率

斯蒂芬·罗宾斯等学者认为，满意度和缺勤存在稳定的负相关，但这种关系呈现中等强度。虽然不满意的员工更可能缺勤，但也有其他因素影响两者之间的关系。组织的请假制度也会影响员工的缺勤率。比如，一些公司可能会为员工提供病假，并鼓励所有员工休假，其中包括高度满意的员工。员工的动机也会影响缺勤率。比如，某些员工虽然对工作很满意，但还是希望享受每周三天的假期，前提是不会因此受到惩罚。当不满的员工能够从多种工作中进行选择的时候，他们的缺勤率就会较高，但是如果没有太多的工作可以选择，他们的缺勤率就会和满意的员工一样低。

（四）工作满意度与离职率

高满意度会带来低离职率吗？研究者发现，满意度和离职率存在中等强度的负相关关系，工作满意度和离职率之间的关系强于满意度与缺勤率之间的关系。一方面，以霍兰德为代表的学者认为，员工对工作的满意度和离职意向，取决于个体的人格特点与职业环境的匹配程度。如果员工的个人特性及动机与组织价值观和职业环境相匹配，那么其工作绩效和满意程度可能更高，进而带来更低的离职率。另一方面，如果有相当高的工作不满意度，则可能产生高的离职率。满意度和离职率之间的关系也受到其他工作机会多寡的影响。如果员工面临一份未经努力就出现的工作机会，工作满意度对离职率的预测能力就降低了，因为员工更可能由于新工作的诱惑而被"拉"走，而并非由于当前工作没有吸引力而被"推"走。一些员工不知道自己可以在其他什么地方工作，因而即使感到不满意也没有离职。当员工有较高的人力资本（即高学历、高能力）时，工作不满意更可能导致离职率升高，因为他们拥有或者能够感知到很多可供选择的就业机会。

（五）工作满意度与越轨行为

工作不满意、和同事之间的敌对关系能够用来预测组织不希望发生的各种行为，如员工偷懒、拉帮结派、偷窃存货、社交过度等。研究者认为这些行为都能预测一种更广泛的综合特征，即"工作中的越轨行为（或反生产力行为）"。

员工的不良情绪极易引发其工作场所越轨行为。如果员工不喜欢工作环境，他们会以某种方式做出反应，比如某个员工可能会以辞职的方式做出反应，另一个员工可能会在工作时间上网娱乐或者把办公用品带回家私用。简单地说，不喜欢自己现在工作的员工会采用各种各样的方式得到平衡。这些方式因人而异，可能很特别，因此，仅仅靠简单的制度约束，是不能解决问题根源的。为了有效地控制工作不满意的负面结果，管理者应当追根溯源地解决引起员工不满的问题，而不是单单试图控制员工的不同反应。

（六）工作满意度与组织公民行为

组织公民行为是指员工自发的、不被正式奖励系统直接或明确识别的、能有效提升组织运作效率的个体行为。当员工与组织有较强的情感联系且前者认同组织价值观时，员工组织公民行为会随之产生。

某种程度上讲，工作满意度可以是一个员工表现出组织公民行为的决定性因素。满意的员工往往更经常讨论组织的好处，帮助别人，甚至在工作中表现出卓越业绩。他们努力工作的程度可能甚至超过职位的要求，这是因为他们想要对自己的积极体验做出回报。从这个角度，工作满意度与组织公民行为有一定程度的相关性，也就是说，对工作比较满意的人更有可能表现出组织公民行为特点。

（七）工作满意度与企业社会声誉

企业社会声誉是一种无形资产，包含财务绩效、产品质量、员工待遇、社区参与及环境绩效等变量。

员工的工作满意度也会对公司的社会声誉有深入的影响，这也是企业应该重视工作满意度的另一个重要原因，而社会声誉又是企业社会道德的体现，是企业社会形象的一个重要表现。例如，每年举行的中国年度"最佳雇主"评选活动，旨在发掘最佳雇主，分析其成功经验，树立和传播榜样，可以在一定程度上反映企业员工的满意度，对于企业在公众心目中良好形象的树立有着至关重要的作用。

四、工作满意度的维度和测量

确定工作满意度维度的划分方式是准确测量工作满意度的第一步。有学者认为工作满意度可以做单维和多维的划分。所谓单维，是将工作满意度看作一个整体变量，没有维度上的划分，以此来衡量满意度整体水平。多维是指将工作满意度分为多个维度，通过对这些维度的测量得到综合的满意度水平。学术界比较常见且认可的多维度划分方式是将工作满意度划分为内源性工作满意度和外源性工作满意度。内源性工作满意度是员工对成就感、工作本身、责任、个人成长与发展等方面的满意程度，外源性工作满意度是员工对公司政策和行政措施、督导方式、人际关系、工作条件、报酬、地位、安全感等方面的满意程度。

工作满意度测量方法因工作满意维度的划分不同而不同。目前，学术界广泛使用的测量方法是单一整体评估法和工作要素总和评分法。单一整体评估法是测量员工对工作的一个整体感受，比如"总的来说，你对目前的工作满意程度如何？"工作要素总和评分法是将工作满意度分为多个工作要素进行综合调查，从而综合衡量满意度水平。研究中使用的工作满意度的测量方法大多属于工作要素总和评分法，例如本书采用的明尼苏达满意度量表。较为常用的量表还有 Smith、Kendall 和 Hulin 一起研发的工作满意度量表，这个量表分为工作、薪酬、上升、领导和同事五个测量维度。另外，我国学者卢嘉和时勘也编制了工作满意度测量量表，主要包括企业形象、工作回报和工作协作等维度。

　　本书选用的是明尼苏达工作满意度量表。该量表分别对从业者对工作条件的满意程度、对领导者的满意程度、个人责任感以及外在奖励这四个维度分析员工的满意度，共20个测量项目，是经典的工作满意度分析方法。具体量表内容如表4-5所示。

表4-5　明尼苏达工作满意度量表

测 量 维 度	题 项
对工作条件的满意程度	1. 独立工作的机会
	2. 我的工作的稳定性
	3. 公司政策实施的方式
	4. 自主决定如何完成工作的机会
	5. 工作条件
	6. 同事之间的相处方式
对领导者的满意程度	7. 我的老板对待下属的方式
	8. 我的上司做决策的能力
个人责任感	9. 能够一直保持忙碌的状态
	10. 时不时地能有做一些不同事情的机会
	11. 在团体中成为重要角色的机会
	12. 能够做一些不违背我良心的事情
	13. 有能够为其他人做些事情的机会
	14. 有告诉他人该做些什么的机会
外在奖励	15. 有能够充分发挥我能力的机会
	16. 我的收入与我的工作量相匹配
	17. 有职位晋升的机会
	18. 有自己作出判断的自由
	19. 工作表现出色时，所获得的奖励
	20. 我能够从工作中获得的成就感

拓展链接4-3
其他工作满意
度量表推荐

第四节　组织支持感

20 世纪 80 年代中期，美国社会心理学家艾森伯格（Eisenberg）根据社会交换理论及互惠原则，提出了组织支持理论和组织支持感理论。

一、组织支持感的内涵

在组织支持理论基础上，我们认为组织支持感是员工感受到的组织重视自己贡献及关心自己福利的程度。组织的支持能够满足员工的社会情感需求，如果员工感受到组织愿意并且能够对他们的工作努力做出回报，员工就会为组织的利益付出努力。如果员工得到重要的资源（如工资增加、发展性的培训机会等），他们就会产生义务感，并且按照互惠原则，通过增加角色内和角色外绩效来帮助组织达到其目标。

组织支持资源是指一种由组织提供给员工的包括物质与精神形式的奖励，涉及物质的、心理的、社会的或者组织的多个方面。组织支持资源不仅可以促进员工工作目标的实现，激励员工成长与发展，还能够满足员工的社会情感需求。

组织支持感，指员工对组织如何看待他们的贡献并关心他们利益的一种知觉和看法。简言之，是员工所感受到的来自组织方面的支持。这一概念有两个核心的要点：一方面是员工对组织是否重视其贡献的感受；另一方面是员工对组织是否关注其幸福感的感受。一旦员工感知到组织愿意为其提供多方面的支持，员工就会为组织的利益付出更多的努力，表现出更高的组织承诺、更强的工作执行力，以及提出更多具有创新性的方案。

二、影响员工组织支持感的因素

组织支持体现在企业对员工幸福的关心，并愿意使用自身资源支持员工的信念。组织给予个人的支持广义上可分为上级提供的情感性支持、上级提供的工具性支持、同事提供的情感性支持和同事提供的工具性支持等。组织支持的影响因素可归纳为组织或代理人的特征、组织制定的或表现出的政策、组织或代理人与员工的关系以及与个体相关的特征等。

影响员工的组织支持感的因素主要有：组织公平、主管支持感和组织奖赏与支持性的工作条件。如果员工感知到组织给予其这三种形式的良好对待，将会对组织支持感的增强起到重要的作用。

（一）组织公平

组织公平是指个体对组织对待他们的公平程度的感知，包括结果公平、程序公平和互动公平三种基本类型。结果公平是指员工对所得结果（如报酬）公平性的感知；程序公平是指员工对用来确定结果分配的程序或办法的公平性的感知；互动公平是指个人所感知到的人与人之间交往的质量，包括人际公平和信息公平。人际公平指的是在执行程序或决定结果时，上级对待下属是否有礼貌，是否考虑到对方的尊严，是否尊重对方的人格等；信息公平是指是否给当事人传达了应有的信息，即给当事人提供一些解释，如为什么要用某种形式的程序或为什么要用特定的方式分配奖金。研究结果表明，结果公平主要影响员工对管理决策结果的感知和态度；程序公平主要影响员工对企业的态度和情感；互动公平主要影响员工与管理人员之间的关系。组织公平是影响组织支持感产生的最主要因素。

（二）主管支持感

主管支持感是指员工感受到的主管重视自己的贡献和关心自己福利的程度。莱维森认为，员工倾向于把组织代理人的行为看作组织的行为。而主管作为组织的代理人，有责任指导员工、评价员工绩效、对员工施加组织给予的权力，员工会把主管好或不好的倾向归结为组织的意图。此外，主管是员工与高层管理人员的中间人，员工认为，主管对自己的评价会传递给更高层，进而影响更高层对自己的看法。因此，员工会进一步把主管对自己的支持看作组织对员工支持的一部分。因此，主管支持是影响组织支持的一个重要因素。

（三）组织奖赏与支持性的工作条件

组织奖赏与支持性的工作条件，如组织为员工提供发展工作技能、自主开展工作的机会，提供更多参与决策和个人发展的机会，并使员工的工作得到上级管理者的理解和承认，这些都能够提高员工的组织支持感。对员工的晋升和奖赏体现了组织对员工贡献的认可，这将促进员工更加努力地工作并且增强其组织支持感。

三、组织支持感在组织管理中的影响及应用

研究发现，组织支持感会影响工作绩效、离职倾向和员工创新行为。第一，工作绩效方面，已有学者证实了组织支持感能够正向影响工作绩效，组织的支持会提高员工的服务质量，从而获得客户更高的评价。第二，离职倾向方面，国内外学者一致认为组织支持感负向影响员工离职倾向，组织支持感能够通过增加员工对组织的情感承诺来减少员工一些消极行为，如缺勤、消极怠工以及离职倾向等。第三，员工创新行为方面，员工感知到的组织支持感能够通过增强员工的积极性和创新动力，正向影响员工的创新行为。

提高员工的组织支持感是提高员工工作满意度、组织承诺与工作绩效，降低缺勤率、流失率、消极怠工等行为的重要措施之一。从心理学的角度分析，组织支持感是员工对组织支持资源的心理感受。首先，基于社会交换的互惠原则，组织支持资源促使员工产生关注组织利益和帮助组织实现目标的义务感。其次，组织支持资源会让员工感受到关心、支持和尊重，满足员工的社会情感需求，进而促使员工认同组织的身份和角色地位，并产生对组织的情感承诺。最后，组织支持资源会增强员工对组织发现和奖赏自己良好绩效的信心。这些过程会给员工和组织带来积极的结果。对员工而言，可以增加工作满意度和激发工作热情；对组织而言，可以增加员工的情感承诺，提高绩效和降低离职率。因此，在组织管理中，可以采取有效措施来提高员工的组织支持感。

根据组织支持感的形成机制，要提高员工的组织支持感，组织必须提供支持性人力资源管理实践。首先，最基本的一点是，组织必须规范贯彻执行国家劳动法律法规，与员工签订规范的劳动合同、提供公平的报酬、落实各种劳动安全措施。其次，要使员工感受到

组织的善意，还必须建立公平公正的制度，给予员工施展自己才能的机会和空间，使员工的贡献得到应有的认可和回报。再次，要关心员工能力的培训和开发，促进员工能力的增强，真正把员工视为企业的伙伴而不仅是实现企业目标的工具。最后，不断改善员工的工作环境以及在工作场所中营造和谐的人际环境，建立顺畅的沟通渠道。在条件允许的情况下，开展员工援助计划（employee assistance plan，EAP），在压力管理、职业心理健康、职业生涯发展、理财问题、饮食习惯、减肥等方面，帮助员工解决个人问题。解决这些问题的核心目的在于使员工从繁杂的个人问题中得到解脱，管理和减轻员工的压力，维持其心理健康。

四、组织支持感的维度及测量

随着组织支持理论研究的不断深入，研究者开始着眼于如何测量组织支持感以及它的结构和维度。但是由于不同的研究者的探索方向和关注重点不同，对组织支持感的维度划分及其测量量表的编制也有不同的看法。

艾森伯格作为组织支持感这一概念的提出者，开发了组织支持感的单维度原始量表，包含 36 个题项。该量表得到了学者的广泛使用，但由于题项较多，学者在使用时会对量表中的条目进行相应的删减，目前使用较为广泛的是通过因子分析，将因子载荷较高的条目保留下来所构成的量表。

随着研究的深入，许多学者开始怀疑组织支持感的单维度结构是否合理。MeclMillin（1997）认为组织除了需要满足诸如关心、尊重等情感需求，还应该提供一些工作环境设备或资源等硬件方面的支持，在这一背景下，他提出了组织支持感二维度测量结构：工具性支持和情感性支持。而在后续的研究中，凌文辁以时代背景和复杂的中国国情为前提，认为中国员工的组织支持感应分为关心利益感知、工作支持感知以及员工价值认同感知，由此提出了组织支持感三维度测量结构，分别是企业对员工利益的关心、企业对他们工作方面的帮助和企业对他们价值的认同，并且开发出适合中国员工的组织支持感量表。

本书选用的是凌文辁等编制的组织支持感量表。该量表分为三个维度，共 24 个项目，适用于企业人力资源管理实践，具体量表内容如表 4-6 所示。

表 4-6　组织支持感量表

测量维度	题　项
工作支持	1. 注意到工作出色的员工
	2. 工作中不会有机会就利用员工
	3. 同意合理地改变工作条件要求
	4. 看重员工工作目标价值观
	5. 工作中遇到问题给予帮助
	6. 让员工承担最适合自己的工作

测量维度	题　　项
工作支持	7. 提供晋升的机会
	8. 使员工对工作充满兴趣
	9. 帮助员工发挥工作潜能
	10. 重视员工工作中的意见
员工价值认同	11. 认为留住员工对单位的作用不小
	12. 挽留离职员工
	13. 认为解雇员工是不小的损失
	14. 不轻易解雇员工
	15. 对员工只采取换岗措施而不解雇
	16. 为员工成就而骄傲
	17. 员工下岗后可再招回
关心利益	18. 奖励额外劳动
	19. 偶尔因私人原因缺勤应给予理解
	20. 提供特殊帮助
	21. 关心员工的生活状态
	22. 利润多时会为员工加薪
	23. 考虑员工应得多少薪水的问题
	24. 做决策时要考虑员工利益

拓展链接 4-4
其他组织支持
感量表推荐

第五节　工作—家庭冲突

　　工作和家庭是现今成年人生活中的两个重要组成部分，个体同时承担着工作角色和家庭角色，两种角色相互影响，密不可分。个体的时间、精力和体力等资源都是有限的，个体如果参与工作领域的角色活动，必然会导致其用于家庭角色活动的资源减少。因此，工作—家庭关系是一种时间、精力投入的竞争性关系、冲突关系。

一、工作—家庭冲突的内涵

工作—家庭冲突（work-family conflict）是指工作与家庭事务之间产生不协调的情况。Kahn（1964）提出工作与家庭冲突是由于员工没有将工作和家庭职责都履行到位，从而产生的角色冲突。之后 Kahn 等在 1978 年提出了角色冲突理论，指出人们扮演的每种角色都有相对应的行为期望，而这些期望会在一定程度上给扮演多个角色的个体带来生理及精神上的压力，并指出角色之间的不协调是基于时间、压力和行为而产生的冲突。Greenhaus（1985）指出，工作—家庭冲突是因为个体扮演工作（家庭）角色，导致难以扮演另一个角色，产生冲突的根源在于扮演两种角色存在压力上的不可协调性，认为工作—家庭冲突为一种特殊形式的角色冲突。

综上，工作—家庭冲突指的是，当来自工作和家庭两方面的压力在某些方面出现难以调和的矛盾时，产生的一种角色交互冲突。工作—家庭冲突一般有三种形式：时间冲突、压力冲突和行为冲突。目前关于工作和家庭角色之间关系的研究主要有两种视角：一种是消极视角，认为个体会因有限的时间、高水平的压力和竞争性的行为期望而引发角色之间的相互冲突，即工作—家庭冲突；另一种是积极视角，认为适度的工作—家庭冲突能够促进个体对工作资源的充分利用，有助于个体高效地完成工作任务，因此个体可以从工作和家庭角色的投入中获得有意义的资源（如自尊、经济收入等），继而提升个体在相对角色领域的表现，即工作—家庭增益。

二、影响工作—家庭冲突的因素

研究发现，工作压力源（如工作时长、负荷过重等）、非工作压力源（如子女数目、婚姻关系等）和工作、家庭间的相互作用都可能导致工作—家庭冲突。同时，管理者支持对于潜在的工作—家庭冲突有积极影响，例如直线上司的支持越高，员工的工作—家庭冲突感越低。

工作—家庭冲突由许多因素共同导致，包括内部和外部因素，具体如下。

（1）个人特征。个人特征包括心理特征、生理特征、学历、资历。因为每个人对于家庭和工作的价值观是不同的；性别、年龄、婚姻状况等会影响工作—家庭冲突感；同时，一个人的学历、受教育程度和工作经验也会影响他的工作—家庭冲突感。

（2）家庭特征。第一，家庭的结构，如子女个数（年龄）等决定了员工作为家庭成员的不同责任和义务。第二，家庭的支持会很大程度上影响员工的工作、家庭平衡。家庭支持能有效减少工作—家庭冲突。第三，家庭氛围的好坏会影响一个人的心理和压力感。第四，家庭经济状况是一个很重要的条件，决定着家庭面临的压力和生活状况。

（3）职业特征。第一，职业类型影响可能产生的工作—家庭冲突。第二，工作自主性，指员工对自己工作的控制能力，与员工的工作—家庭冲突成反比。第三，工作弹性也是影响工作—家庭冲突的重要因素，工作弹性大无疑有利于员工平衡家庭生活，缓解压力。第四，雇用类型，如自我雇用型和组织雇用型就在工作灵活性上有所区别，从而影响员工的工作—家庭冲突。

（4）组织特征。组织规模、生命周期、支持度、氛围和文化等，都会直接影响员工的工作状态，从而影响员工的工作—家庭关系。

三、工作—家庭冲突的结果与组织响应

（一）工作—家庭冲突的结果

一方面，当员工经历工作—家庭冲突时，常常会给员工和组织带来消极的影响。例如，由于工作—家庭冲突带来的家庭成员不满意可能导致员工忘记工作、迟到，或者工作表现欠佳。工作—家庭冲突也会带来员工对工作的不满，或者对员工的心理和生理健康产生消极的影响，长期未解决的工作—家庭冲突可能导致员工考虑离职，寻求更加平衡的工作机会。

另一方面，工作—家庭冲突会带来角色满意或者对精神健康产生积极的影响。当工作回报满足家庭需求时，家庭领域也会回馈工作领域，如家人积极支持个体的工作等，从而使家庭与工作相互促进，减少了工作—家庭的冲突，工作与家庭之间的高促进与低冲突的组合会带来最佳的精神健康状态。

（二）组织响应

由于工作和家庭问题会影响员工的健康和组织绩效，为避免工作—家庭冲突的消极影响，以下两种方法是有益的。

1. 建立一个积极的工作环境，上司为员工提供社会支持

来自上司和同事的支持能够帮助员工处理好工作—家庭冲突压力。在员工出现家庭问题时，上司允许员工灵活安排工作时间或者给员工一些安慰，可以帮助员工减轻压力。例如，相关研究显示，如果员工对上司的工作—家庭支持感到满意，并能灵活安排自己的工作时间，那么他们对组织会产生较高的承诺，很少有离开公司的意愿。

2. 提供降低或避免压力的福利和措施

管理者可以因人而异、因事而异，合理分配组织的任务和资源，适度降低工作要求，避免员工产生不必要的工作压力。如组织可以提供远程办公、弹性时间、工作共享、儿童和老人看护服务、产假/陪产假、探亲假，以及心理健康咨询、法律咨询和财务规划服务等措施，帮助员工应对潜在的工作—家庭冲突。

四、工作—家庭冲突的维度及测量

随着对工作—家庭冲突相关理论的进一步研究，有学者提出工作—家庭冲突具有二元性，即可划分为工作—家庭冲突（WIF）和家庭—工作冲突（FIW）两种方向；也有学者将工作—家庭冲突分为来自压力的冲突、来自时间的冲突和来自行为的冲突三种形式。Gutek 等（1991）综合现有文献将工作—家庭冲突的两个方向和三种形式加以融合，并提出工作—家庭冲突可以分为六个维度：基于压力的工作对家庭的干涉、基于压力的家庭对工作的干涉、基于时间的工作对家庭的干涉、基于时间的家庭对工作的干涉、基于行为的工作对家庭的干涉、基于行为的家庭对工作的干涉。

目前工作—家庭冲突测试量表主要分为两类：一是根据工作—家庭冲突分类（时间、压力、行为）维度形成的测试量表。Sthphen 编制的工作—家庭冲突量表包含时间、压力和行为冲突三种形式；Carlson 编制的工作—家庭冲突量表基于时间、压力及行为三个维度。二是基于工作—家庭冲突、家庭—工作冲突两个维度形成的量表，以 Netemeyer（1996）的工作—家庭冲突量表为代表。

本书采用的是 Netemryer 等编制的工作—家庭冲突量表。该量表共 10 个题项，被广泛用于了解员工的工作—家庭冲突状况。具体量表内容如表 4-7 所示。

表 4-7　工作—家庭冲突量表

测 量 维 度	题　　项
WIF（工作—家庭冲突）	1. 我的工作要求影响了我的家庭生活
	2. 我的工作时间使得我很难满足我应承担的家庭责任
	3. 因为压在我身上的工作，我没能干完我自己想做的事
	4. 我的工作压力使得我很难更改我的家庭活动计划
	5. 因为工作责任所在，我必须对我的家庭活动计划做出改动
FIW（家庭—工作冲突）	6. 我的家人（或伴侣）提出的要求影响了我的工作活动
	7. 由于家里的原因，我不得不推迟工作
	8. 我没能干完工作，是因为我的家人（或伴侣）提出了一些要求而占据了我原本的工作时间
	9. 我的家庭生活影响了我的工作责任，比如按时上班、完成日常任务和超时工作
	10. 家庭压力影响我在工作任务中能力的发挥

关键概念

拓展链接 4-5
其他工作—家庭
冲突量表推荐

自我效能感（self-efficacy）

胜任力（competency）

工作满意度（job satisfaction）

组织支持理论（organizational support theory）

组织支持感（perceived organizational support）

工作—家庭冲突（work-family conflict）

复习思考题

1. 组织应该怎样利用员工的自我效能感？其形成来源又有哪些？
2. 自我效能感的提升方法有哪些？提升自我效能感有哪些重要意义？

3. 设定某一具体岗位，依据胜任力模型，分析其具体表现特征。

4. 假设你是公司经理，在组织管理中你该如何提高员工的胜任力？

5. 新生代员工已成为职场主力军，你认为提升他们的工作满意度的途径有哪些？哪些情况会对其工作满意度造成负面影响？

6. 你如何看待个体行为和工作满意度的关系？

7. 结合你知晓的具体事例，简述我国企业是如何提升员工的组织支持感的？

8. 试分述个人和组织应该如何促进工作—家庭平衡。

9. 有人说：工作是工作，家庭是家庭，在生活中，二者需区分清楚，我们才能获得更高的幸福体验感。你是否接受这种说法？

管理游戏

打击团队之魔鬼

参与人数：集体参与

时间：30 分钟

场地：自由活动教室

道具：魔鬼信函、魔鬼面具

游戏规则与程序：

1. 选择××位成员扮演魔鬼（根据学员人数确定），并戴上魔鬼面具，在面具中藏一封或几封培训师准备好的关于团队的魔鬼信函。

2. 将全体成员分成××组，魔鬼在各组成员中出没（来回走动），尽量抓住该组一名成员。

3. 各小组成员摘下魔鬼面具，取出魔鬼信函。

4. 各小组成员分别将魔鬼信函所示情境分析解剖。

5. 各小组成员说明魔鬼信函的内容，并共同将团队中的非理性想法转换成团队中的理性想法。

6. 各小组将魔鬼信函的解析与转换，与全体学员分享，使成员了解什么是团队中的非理性想法及其影响。

本游戏可以帮助找出不利于团队发展的诸多因素，打击团队中有妨碍团队协作的心理和行为表现的"魔鬼"，从而使学员不误入陷阱。应用：① 及时发现影响团队进步的负面情绪；② 激励参与者。

相关讨论：

1. 这个游戏给你什么样的感受？

2. 团队成员常有的非理性想法有哪些？

附件：魔鬼信函、魔鬼信函解析与转换表

例1：魔鬼信函1

我希望我的人际关系很好，我很想得到别人的喜爱，我应该得到每个人的喜爱和赞美。但昨天总经理说我的桌子太乱，我觉得一切都白费了，我根本就不受重视，他一定不喜欢我。

解析与转换：

解析：A. 昨天，总经理说我桌子太乱。

　　　B. 我应该得到每个人的喜爱和赞美。

　　　C. 我不受重视，我觉得好失望（自卑）。

　　　　 一切努力都白费了（没有信心）。

　　　　 他一定不喜欢我，我没有价值（否定自己）。

转换：我喜欢得到每个人的喜爱和赞美。

　　　我有时能得到别人的喜爱和赞美，当……（以事实为基础）。

　　　因此，有时我无法得到别人的喜爱和赞美（防止情绪困扰）。

例2：魔鬼信函2

我是一个主管。我必须很能干、很完美，并且在各个方面都有很好的成就。可是，上一次开会的时候，我太累了，总结时，我讲错了一句话，他们在底下嘲笑我。哎！身为主管竟然犯下这样的错误，真是太丢脸、太失身份了。讲话都讲不好的人，一定不会得到尊重，我真没用。

解析与转换：

解析：A. 上次总结时，我说错了一句话。

　　　B. 我必须很能干、很完美，永远不犯错误。

　　　C. 太丢脸了，太失身份了，我觉得很懊恼。

转换：我希望我能表现得很好，做一个称职的主管（合理的公式）。

　　　若是时间充裕、准备周详、精神饱满、信心十足，我可能表现得令自己满意。

　　　一次行为不能代表我整个人（以事实为基础）。

　　　不一定每个人都在嘲笑我（防止情绪困扰）。

魔鬼信函解析与转换表：

情境事件是什么？（activating events）

对此事件的想法是什么？（belief system）

有哪些非理性的想法？（irrational belief）

所引起的情绪结果是什么？（emotional consequence）

理性的想法是什么？（rational belief）

耐磨科技的混合所有制改革①

在钢铁行业发展乏力，大批量企业减产、合并乃至破产的背景下，2009 年云南昆钢耐磨材料科技股份有限公司（简称"耐磨科技"）的出现，打开了突破市场僵局的一扇窗口。作为一家典型的混合所有制企业，耐磨科技的股份结构中国有企业、民营企业、科研院校三大股东分别持股 50%、40%、10%，自成立之初即实现了远超行业常态的经营效益，短短五年便成功登陆"新三板"，创造了耐磨材料领域创新发展的佳话，也树立了资源型国有企业实施混合所有制改革探索的旗帜。

一、不破不立

目前，虽然国有企业在改革发展上成效逐步显现，总体上已经同市场经济相融合，运行质量和效益明显提升，涌现出一批具有核心竞争力的骨干企业，但该过程中投资主体在观念、能力与资源优势方面的不协调也带来了许多混改企业的"婚姻破裂"。混改并非资金、资本、业务的简单加总，现阶段的总体经验表明，更需要通过"联姻"来优化混改企业的权力配置关系，保障决策科学、有效，开创合作共赢的前景。

耐磨材料是钢铁行业的重要加工原料，号称"工业粮食"，是研磨工艺中的核心介质，属于易损件，在冶金矿山、水泥、火力发电等工业领域的整个能源和经济成本消耗中占有较高比重。国内的耐磨材料市场需求巨大。根据中国耐磨行业协会统计，中国耐磨球及耗材需求量在 150 万~250 万吨之间，全国大概有 1 万家从事耐磨材料生产和经营的企业，但年产 1 万吨以上规模的企业不足 20 家，大批采取低质低价恶性竞争策略的耐磨材料企业正在破产倒闭。暗流涌动的行业加速整合趋势正在揭开新一轮行业变革的面纱，国内耐磨材料企业已经落后于国外的技术和服务导向发展步伐。2007 年以来，国外的耐磨材料行业发展已经将重点放在技术、服务与设计领域，Arrium Limited 公司、Compania Electro Metalurgica S. A. 公司等已经在逐步摸索推广新的商业模式，而国内除了少数几家企业以外，绝大多数耐磨材料企业还依赖于传统的资源加工方式。

在兼并重组加剧、行业秩序规范逐步建立、产学研联合需求日益高涨的大背景下，几乎在 2008 年年初的同一段时间里，云南昆钢重型装备制造集团有限公司（简称"昆钢重装"）、云南俞强投资有限公司（简称"俞强投资"）与昆明理工大学"殊途同归"地陷入了自身发展的关键期，一场不破不立的抉择即将到来！

二、大势所趋

昆钢重装是昆明钢铁控股有限公司（简称"昆钢"）下属国有全资二级集团公司。昆

---

① 本案例由昆明理工大学管理与经济学院段万春教授撰写，版权归段万春教授所有。未经允许，本案例的全部内容不得以任何方式或手段擅自复制或传播。因企业保密要求，案例中对有关名称、数据等进行了必要的掩饰性处理。本案例仅用于课堂讨论，无意暗示或说明某种管理行为的有效性。

钢作为云南省特大型国有企业,是云南省乃至西南地区最大的矿山、钢铁、水泥企业集团之一,拥有云南省最大的耐磨材料内部需求(5万~8万吨),但国内耐磨材料企业主要集中在华东、华北地区,苦于没有自己的耐磨材料生产企业,常年需要对外采购耐磨材料并支付高额的运输费用。虽然内部市场庞大,有心设立子公司专营耐磨材料生产企业,但前期昆钢下属多数企业的经营状况一直处于亏损状态,由于经营不善,对管理效率、市场开发、创新层面重视不够,企业连年亏损的局面扭转乏力。

俞强投资的前身为云南省最大的耐磨材料生产加工民营企业昆明云钦耐磨材料总厂(简称"云钦"),在创始人冯焕钦董事长的管理下,历经二十多年的积累与探索,经过多次技改和扩建,逐步建立了完善的管理机制,成为省内耐磨产品生产的主力军。然而,虽然市场铸就了企业的敏锐洞察力、灵活应变机制、高效执行力优势,但自身发展依然受到规模小、融资难、人才支撑不足等众多因素的限制,因技术、管理、资本等高门槛出现的"玻璃门""弹簧门"和"旋转门"常使得合作难以实现。

昆明理工大学是云南省规模最大、办学层次和类别齐全的重点大学,是国家国防科技工业局与云南省人民政府共建高校,在中国有色金属行业和区域经济社会发展中发挥着重要作用。昆明理工大学积极实施科研成果转化,驱动云南产业经济发展,向社会转移、扩散 5 000 余项技术,技术转移规模占全省 60 多所高校的三分之二,技术辐射省内外 1 000 余家中小企业,为社会创造经济效益 5 000 多亿元。与此同时,学校在基础研发能力、科技成果转化与推动产业革新发展等方面同业内领先高校还存在一定的差距,如何更加开放地紧跟产业变革发展潮流,释放人才集聚优势,推动产、学、研深度互动,仍是难题。

艰难的形势、不同的困境、共同的选择,本着"做稳内部市场,做大省内市场,做开省外市场,做出海外市场,打入行业前三"的经营目标,2009 年 3 月 23 日,昆明理工大学牵桥搭线,基于同昆钢与云钦的前期合作关系,昆钢(重装集团)、俞强投资、昆明理工大学(科技产业经营管理有限公司)共同成立了耐磨科技,重点从事矿山、建材等领域钢铁耐磨材料的研发、生产和销售,从此开启了国内耐磨材料领域的新一轮变革。

三、谋事在人

为了实现上述合作目标,三家单位从优化股权分配、发挥管理层构成优势、强化第二股东治理导向三个方面开展了大胆的尝试。

1. 股权分配

不同性质的股东对权力配置及治理机制有不同的偏好,股权结构的合理分配以及改变国有资本"一股独大"的现状是有效推进混合所有制改革的关键。前期昆钢体系内的混改企业的股权设置通常是,国有企业拥有 70%~80% 的股份,占绝对控制地位,很多民营企业逐渐被国有企业控制、支配,从而丧失了其独特的"混合"优势。对此,三方在达成合作关系前一致认同,大股东(国有股)相对控股,中小股东合计持股比例与大股东相当,避免大股东一股独大的情况发生。基于上述考虑,耐磨科技形成了 5:4:1 的股权结构,其中第一大股东昆钢重装集团属于国有股东,第二大股东俞强投资属于民营股东,第三大股东昆明理工大学为高校股东(技术入股)。

2. 管理层构成

引入民企参与混改的意义主要在于影响国有股东的经营行为，从而形成一整套真正由市场发挥作用的公司治理结构，以更好地整合关联资源、加速市场化改革、推动研发效能集聚。首先，生产副总是大股东选派的有 30 余年丰富铸造经验的优秀老员工，财务总监也是由大股东选派的，以充分释放国资方在政策信息获取、资金归集、应收账款转化、融资信贷、研发投入等方面的优势，同时董事长的选派也服务于其大股东的地位，由昆钢重装推荐，董事会选举产生。其次，总经理由二股东俞强投资推荐、董事长提名、董事会聘任，并由其选派销售经理，以充分释放其在敏锐洞察力、灵活管理机制、高执行力等方面的优势。最后，昆明理工大学选派总工程师，以充分释放其在人才培养、评价使用、流动配置等方面的优势。

3. 第二股东治理导向

"1+1>2"的共赢理想状态并不会伴随股权分配与管理层设置而水到渠成，大量混改企业的惨淡"婚变"收场也都与各种"性格不适"相关，这使得日常经营中第二大股东主导的治理机制与治理方式对混合所有制企业的发展具有重要影响。在耐磨科技，虽然董事长是大股东昆钢重装外派的，但合作各方都形成了一个默契：为充分释放管理层活力，公司成立至今董事长一直为兼职，掌管战略层面的事情，或者由董事会、股东会协调这一层面的事，而公司日常的具体生产经营工作由冯海滨总经理来主持，以发挥自己对第一大股东的监督作用并改善公司治理绩效，同时积极协调各方面的关系，承担合作僵局的润滑剂、合作不确定性的净化剂、合作信心的稳定剂的角色。比如，在垂直分型无箱射压自动造型生产线（简称"迪砂线"）关键项目的立项过程中，冯总基于对市场和行业发展趋势的超前预判加大了这方面的投入，而昆钢重装更多考虑短期稳定经营与政绩因素。面对各方面对这一"超前"投资的质疑，冯总作为第二股东有效发挥了斡旋作用。基于以往同国资方、高校的合作信任、创业情怀与个人魅力，冯总用更有力的论证、更巧妙的沟通和更有大局意识的奉献精神，有效应对了其中的利益纠葛。

四、其利断金

2009—2011 年，自耐磨科技创设以来，公司直面国内经济增长放缓、货币政策收紧以及行业整合加速的不利环境，积极优化了产能配置、稳步扩大了企业规模、渐进推动了战略转型，实现低成本、跨越式发展。2010 年，二期项目迪砂自动造型生产线投产。2011年，V 法自动造型生产线投产。耐磨科技因此被认定为国家高新技术企业，入选中国铸造行业千家重点骨干企业。2012 年，开始在大红山铁矿推行"功能承包"服务模式，获评云南省重点新产品。2013 年，成为云南省创新型试点企业，入选云南省成长型中小企业，荣获云南省科技发明一等奖。2014 年，所生产的"昆钢牌"铸造磨球产品获评云南省名牌产品。

2014 年 11 月 5 日，耐磨科技在北京举行了挂牌仪式，成为云南省省属企业首家在"新三板"挂牌的公司，全国耐磨材料行业中第一家"新三板"挂牌企业，股票简称"耐磨科技"（股票代码：831212）。耐磨科技也成为继云铜科技、昆工恒达之后，昆明理工大学的第三家在"新三板"成功挂牌的参股企业。2014 年 12 月 29 日，公司成功中标攀钢集团白马矿功能性承包项目，标志着公司一直力推的"功能承包"服务模式（提供高品质耐磨服务而不仅是耐磨材料），取得了云南省省外市场的阶段性突破。

耐磨科技目前已成为中国西南地区规模最大的耐磨材料专业生产企业，具备年产 8 万吨耐磨材料的生产能力。凭借较高的性价比和完善的技术服务优势，该企业在西南地区市场逐步占据了主导地位，并且持续投身全国市场竞争，力求扩大国内市场份额。如表 4-8 所示，虽然公司所处行业与国民经济发展的周期性关系紧密，近年来受经济增长预期降低的影响，主要经营指标的增长有所放缓，但相比于企业成立之初，耐磨科技的总收入、主营业务收入、总资产均实现了数倍增长，净利润、纳税总额和研发经费更是实现了几何倍数的增长，总体呈现出良好的发展态势。

表 4-8　企业创设、上市之初与近两年的经营业绩数据　　　　　　　单位：万元

	2009 年	2016 年	2022 年	2023 年
总收入	902.69	17 673.87	18 293.92	14 115.69
主营业务收入	899.69	17 673.87	18 160.91	14 078.88
净利润	6.83	1 351.61	1 064.36	607.59
纳税总额	1.22	1 165.82	342.20	70.63
研发经费支出	0.00	809.28	1 086.31	1 050.11
总资产	6 302.44	21 791.05	21 290.02	20 064.42
总负债	295.61	10 483.95	9 009.45	8 598.45

五、继往开来

耐磨科技脱胎于"草莽之中"的混改契机，其磨合过程与跨越发展经验表明，民营企业也可以通过积极转变发展方式、整合战略资源，实现管理优势创新。冯总在耐磨科技迎难而上、快速发展过程中的重要作用也表明，混改过程中要充分发挥民营企业家的治理作用：第二股东会主动、创造性地实施控制权市场化行为，对大股东进行良性的股权制衡与有效的战略纠偏，实现多元所有者到位，真正把市场机制"引进门"。

2017 年 5 月 31 日，耐磨科技与昆明理工大学签订《共建"耐磨材料与选矿节能增效技术研究中心"合作框架协议书》，为公司牢筑更全面的高校技术支撑，推动公司由产品生产商向整体服务商转型。2020 年 1 月 3 日，经过十年的磨合和探索，耐磨科技在治理结构上做出重大创新，冯总由二股东推荐出任董事长（专职），由大股东推荐出任总经理，内部管理机制进一步理顺。2021 年，公司获批建立云南省耐磨材料工程研究中心（新材料领域），同年成功入选工业和信息化部第三批专精特新"小巨人"企业。2024 年，公司再度传来喜讯，成功入选云南省第四批制造业单项冠军企业。这些成果标志着耐磨科技逐步迈入高质量发展新阶段。创业十余载，耐磨科技在成立之初立下的"做稳内部市场，做大省内市场，做开省外市场"经营目标已经实现。如今，公司站在全新的发展起点上，不

仅要继续引领西南地区耐磨材料行业的发展，更要加快打造"立足云南、覆盖西南、遍布全国、辐射东南亚"的宏大市场格局，为推动我国耐磨铸造行业的发展，贡献力量。

【思考题】

1. 要想组织有力、组织成员有较高的满意度，领导人至关重要。以冯总为例，你认为一个优秀的领导人应具备哪些胜任力素质？

2. 从管理层结构来讲，在混改过程中，耐磨科技应如何提高组织支持感？

3. 在健全自身企业制度的过程中，谈谈组织应该如何实现与员工的激励和沟通相匹配？

第五章　激励理论与应用

【学习目标】

1. 了解激励的内涵、作用、方法和过程
2. 掌握内容型激励理论和过程型激励理论
3. 理解激励理论对管理者的意义及其实际运用
4. 熟悉如何通过激励理论的运用最大限度地发挥员工的积极性、创造性

导入案例

员工的生日，鲜花 VS 蛋糕？

某单位的员工在生日那天会得到单位综合办公室代表单位赠送的鲜花和贺卡。曾有员工激动地表示：连自己的另一半都没有送过花呢。于是在相当长的一段时间里，各个科室或者是楼下值班室时常会摆放一些鲜花。这些鲜花有些是因为科室员工过生日收到鲜花后请大家一起欣赏而摆放，有些是因周末休假或员工出差花店不能及时送出而放在单位，曾经还发生过因鲜花一时无法送出最终枯萎导致过生日员工不满的情况。同时，因为各个季节的鲜花品种和价格不同，在同样的价格下不同月份过生日的员工收到的鲜花数量和品种有差异，某些细心的员工就开玩笑地说：领导的花大而多，员工的花就差些。说者无心，听者有意。综合办公室为此专门澄清：给花店的名单只有名字和联系方式，没有职务，花店不清楚过生日员工的具体情况。送了这么久鲜花，考虑到出现的这些情况，单位计划今年开始给过生日员工送蛋糕。由于蛋糕是食品，有人担心食品安全问题，怕吃出问题不好办，因此有人建议可以请一些知名的糕点连锁店来承担此项任务；有人担心因周末休假或出差蛋糕不能及时送达会坏掉，还不如送鲜花，于是有人建议干脆发蛋糕券自己去店里领。还有人说与其这样，不如直接发钱，买蛋糕、鲜花或者是买其他东西随自己。

于是，一个很好的基于马斯洛需要层次理论中的"尊重的需要"就这样面临被货币化的危险。要如何运用激励才足够妥当并获得高满意度呢？

资料来源：本教材编写组自编.

"激励"（motivation）一词来自于拉丁语"movere"，其原意是指"移动"。现在，人们已经将其引申至有关员工的激励方面，并且将其定义为鼓舞、导向人的行为，使人们表现出朝向某一特定目标行为的倾向。激励可以激发人的潜能，使其充分发挥积极性和创造

性。因而，一个组织要能够卓有成效，就必须重视能够使人加入某一组织并在其中努力工作、成绩突出的激励问题。只有这样，才能使外界推动力转化为自身动力，使组织目标转化为个人目标，使个体由消极的"要我做"转化为积极的"我要做"。

当前，激励问题已经为越来越多的组织和管理人员所重视，并且也是管理人员和心理学家所关注的中心问题。本章主要介绍有关激励的一些基本理论及其实践，并据此为管理实践提出一些建议。

第一节　激励理论概述

激励是管理中最重要的职能，也是人群管理的核心。人的一切行为都是受到激励而产生的。一个组织的发展历史，就其实质而言就是一部激励人的历史。《孙子兵法》曰："道者，令民与上同意，故可与之死，可与之生，而不畏危也。"即强调要让员工的动机和需要与组织或企业的目标一致，从而最大限度地激励员工，最终达到"可与之死，可与之生"的激励最高境界。

一、激励的定义及内涵

激励就是激发员工的工作动机，调动其工作的积极性和创造性，以促使个体有效地完成组织目标的过程。具体来讲，所谓激励，就是组织通过设计适当的外部奖酬形式和工作环境，配合一定的行为规范和惩罚性措施，借助信息沟通来激发、引导、维持和规范组织成员的行为，以有效地实现组织及其成员个人目标的系统性活动。这一定义包含以下几方面的内容。

（1）激励的出发点是满足组织成员的各种需要，即通过系统地设计适当的外部奖酬形式和工作环境，来满足企业员工的外在性需要和内在性需要。

（2）科学的激励工作需要奖励和惩罚并举，既要对员工表现出来的、符合企业期望的行为进行奖励，又要对不符合企业期望的行为进行惩罚。

（3）激励覆盖企业员工工作的全流程，包括对员工个人需要的了解、个性的把握、行为过程的控制和行为结果的评价等环节。因此，激励工作需要耐心。正如赫茨伯格所说，如何激励员工：锲而不舍。

（4）信息沟通贯穿于激励工作的始末，从激励制度的宣传到对企业员工个人情况的了解，再到对员工行为过程的控制和行为结果的评价等，都依赖于一定的信息沟通。在企业组织中，信息沟通是否顺畅，信息传达是否及时、准确、全面，直接影响着激励制度的运用效果和激励工作的成本。

（5）激励的最终目的是在实现组织预期目标的同时，助力组织成员实现其个人目标，即达到组织目标和员工个人目标在客观层面上的统一。激励是指对人的内在动力予以激发、导向、保持和延续的作用过程。它包括三个因素：某一刺激所引起的行为动力的激发；行为导向某一目的物；行为得以保持和延续。

二、激励的作用和实现激励的要素

（一）激励的作用

美国通用磨坊食品公司总裁弗朗克斯曾说，你可以买到一个人的时间，可以雇用他到指定的岗位工作，甚至可以买到按时或按日计算的技术操作，但热情、主动以及全身心的投入是买不来的，而你又不得不设法争取这些。这句话形象地道出了激励的重要性，即激励的基本任务就是调动员工的积极性和创造性。对一个组织来说，科学的激励措施至少具有以下几方面作用。

1. 为企业和组织吸引和留住更多优秀的人才

古人云："军无财，士不来；军无赏，士不往。"三国时期，诸葛亮第一次北伐，由于战略要地街亭失守，不得不仓促退兵，各路兵将除赵云所部外皆有损伤。因为赵云"独自断后，斩将立功，敌人惊怕"。赵云所部不曾伤一兵一骑，辎重等物，也无遗弃。诸葛亮不由赞叹道"真将军也"，于是，"取金五十斤以赠赵云，又取绢一万匹赏云部卒"。企业与军队类似，要注重论功行赏。特别是那些竞争力强、实力雄厚的企业，会通过各种优惠政策、丰厚的福利待遇、快捷的晋升途径来吸引企业需要的人才。

彼得·德鲁克（Peter F. Drucker）认为，每一个组织都需要达成三个方面的绩效：直接的成果、价值的实现和未来的人力发展。缺少任何一方面的绩效，组织都无法生存和发展。其中，组织对"未来的人力发展"的贡献主要来自激励工作。

2. 挖掘员工的潜在能力，促使在职员工充分地施展其才能和智慧

美国哈佛大学的威廉·詹姆斯（William James）教授在对员工激励的研究中发现，按时计酬的分配制度仅能让员工发挥20%~30%的能力，如果受到充分的激励，员工可以发挥出80%~90%的能力，这两种情况之间60%的能力发挥差距就是有效激励的结果。如果考虑激励制度对员工创造性和革新精神，以及对员工主动提高自身素质的意愿的促进作用，激励对工作绩效的影响就更为显著了。

3. 营造良性的竞争环境

科学的激励制度包含一种竞争精神，能够营造出良性的竞争环境，进而形成良性的竞争机制。在这种充满竞争的环境中，组织成员会感受到来自环境的压力，并将其转变为努力工作的动力。正如麦格雷戈所说，个人与个人之间的竞争是激励的主要来源之一。

（二）实现激励的要素

现代组织管理效率在很大程度上取决于员工受激励的水平，而激励水平的高低又取决于激励制度的好坏。一个好的激励制度必须包括以下四要素：① 明确的激励目的；② 正确的实施路径；③ 有效的操作方法；④ 与激励措施相配套的、保障激励计划顺利实施的其他必备条件。激励的四要素如图 5-1 所示。

组织不能草率制定激励目的，而是要根据激励措施实施后能够产生的效果，确定综合性激励目的，从而避免激励方案引发不良后果，防止出现与预期相悖的激励效果。

实施路径主要有两个方向，即正向激励和反向激励。如果实施路径过于偏重正向激

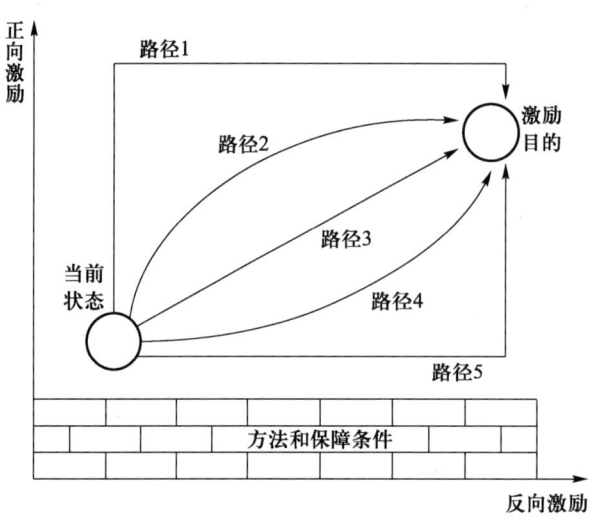

图 5-1　激励的四要素

励，在员工犯错后无相应的惩罚，则员工将不畏犯错；如果过于偏重反向激励，则员工将不思进取，极力推卸责任，进而无作为。因此，应将正向激励和反向激励结合使用。从图 5-1 中可以看出，路径 1 和路径 5 是不可取的，而路径 2、路径 3 和路径 4 相对更为可取。

在操作方法方面，主要考虑将操作方法的有效性和简便性相结合，兼顾员工的心理感受。

在其他必备条件方面，在企业中实施激励，企业的基础条件很重要，包括企业文化、现有的薪酬结构和水平、工作强度等。

三、激励机制与过程

（一）激励机制的含义及内容

激励机制是一套反映激励主体与激励客体相互作用方式的理性化的制度。激励机制的内涵就是构成这套制度的要素。根据激励的定义，激励机制包含以下几个方面的内容。

1. 诱导因素

诱导因素就是用于调动员工积极性的各种奖酬资源。对诱导因素的提取，必须建立在对员工个人需要进行调查、分析和预测的基础上，然后根据组织所拥有的奖酬资源的实际情况设计各种奖酬形式，包括各种外在性奖酬和内在性奖酬（通过工作设计来达到）。

2. 行为导向制度

行为导向制度是组织对其成员的努力方向、行为方式和应遵循的价值观的规定。在组织中，由诱导因素引发的个体行为可能会朝向各个方向，即不一定都指向组织目标。同时，个人的价值观也不一定与组织的价值观相一致，这就要求组织在员工中培养统驭性的主导价值观。行为导向一般强调全局观念、长远观念和集体观念，这些观念都是为实现组织的各种目标服务的。

3. 行为幅度制度

行为幅度制度是指对由诱导因素所激发的行为在强度方面的控制规则。根据维克托·弗鲁姆的期望理论公式（$M=E×V$），对个人行为幅度的控制是通过改变奖酬与绩效之间的关联性以及奖酬本身的价值来实现的。根据斯金纳（B. F. Skinner）的强化理论，按固定的比率和变化的比率来确定奖酬与绩效之间的关联性，会对员工行为造成不同的影响。前者会带来迅速的、非常高且稳定的绩效，但行为消退趋势呈现中等速度；后者将带来非常高的绩效，行为消退呈现非常缓慢的趋势。通过行为幅度制度，可以将个人的努力水平调整在一定范围之内，防止一定奖酬对员工激励效率的快速下降。

4. 行为时空制度

行为时空制度是指奖酬制度在时间和空间方面的规定，包括与特定的外在性奖酬和特定的绩效相关联的时间限制，员工与一定的工作相结合的时间限制，以及有效行为的空间范围。这样的规定可以防止员工的短期行为和地理无限性，从而使组织期望的行为具有一定的持续性，并在一定的时期和空间范围内呈现。

5. 行为归化制度

行为归化是指对成员进行组织同化以及对其违反行为规范或达不到要求的情况实施处罚和教育。组织同化是指把新成员融入组织的一个系统性过程。它包括对新成员在人生观、价值观、工作态度、合规行为方式、工作关系、特定的工作技能等方面的教育，使其成为符合组织风格和习惯的成员，从而获得合格的成员身份。

以上五个方面的制度和规定都是激励机制的构成要素，激励机制是这五个方面构成要素的总和。其中诱导因素起到触发行为的作用，后四者起导向、规范和制约行为的作用。一个健全的激励机制应是完整的，包括以上五个方面的制度。只有这样，才能进入良性的运行状态。

（二）激励机制中的三个支点

组织目标体系、诱导因素集合和个人因素集合构成激励机制设计模型的三个支点。

1. 组织目标体系

巴纳德将共同目标看作组织存在的要素之一。赫伯特·西蒙（Herbert A. Simon）则将组织目标区分为两个：一是维持组织生存的目标，二是保证组织发展壮大的目标。查尔斯·佩罗（Charles Perrow）详细地分析了组织的多层次目标，包括社会目标、产量目标、系统目标、产品特性目标及其他派生目标，如参与政治活动、赞助教育事业等。组织目标机制旨在利用相应的制度，使员工不断关注组织目标，充分理解和接受组织目标，从而达到组织目标和个人价值的双重实现。

2. 诱导因素集合

个人加入组织是因为组织能提供个人所需要的各种奖酬，而这些奖酬就成为产生某种行为的刺激因素，组织将这些刺激因素作为引发员工符合期望的行为的诱导因素。组织通过诱导因素集合机制，充分刺激员工的协作意愿和鼓励员工共享信息，使每个员工都能感受到组织管理与自己息息相关。

3. 个人因素集合

个人因素包括个人需要、价值观等决定个人加入组织的动机的因素，以及个人的能力、素质、潜力等决定个人对组织贡献大小的因素。只有真正了解和把握了个人的需要，才能有效地激发、控制和预测人的行为。

（三）激励机制中的三条通路

组织目标体系、诱导因素集合、个人因素集合这三个支点通过三条通路连接在一起，构成了一个完整的激励机制设计模型。其中分配制度将诱导因素集合（多元奖酬）与组织目标体系（发展愿景与任务属性）连接起来，行为规范将个人因素集合与组织目标体系连接起来，信息交流将个人因素集合与诱导因素集合连接起来，如图 5-2 所示。

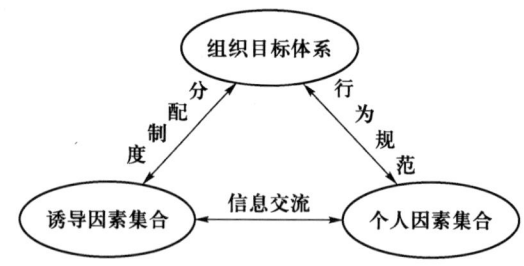

图 5-2　激励机制中的三个支点及三条通路

1. 分配制度

分配制度是诱导因素集合与组织目标体系之间的通路，分配对象为多元奖酬资源。分配制度是指当组织创造了相应的价值后，首次分配需优先满足组织的发展愿景与任务属性，剩余部分可结合个人完成目标的程度（绩效水平）进行后续分配。分配制度强调各奖酬资源的分配应首先服务于组织目标体系，而非仅仅满足个体需求，因此它与个人因素集合并无直接关联。

2. 行为规范

行为规范建立在对个人素质和能力水平正确认识的基础上。通过行为规范机制，一方面，员工可以完成一定的组织目标，进而满足个人需求，实现个体的发展；另一方面，组织可以监督和控制员工的工作，实现组织的发展。因此，行为规范成为个人因素与组织目标之间的一条通路。

3. 信息交流

信息交流一方面能使组织及时、有效、准确地把握员工个人的各种需要和工作动机，从而确定相应的奖酬形式；另一方面，能营造宽松的交流环境，促进组织与员工间的信息交流与共享，让员工了解组织有哪些奖酬资源以及如何获得自己需要的奖酬资源。因此，信息交流是连接个人因素与诱导因素的一条通路。

（四）激励的过程

激励的过程始于需求的产生，进而诱导动机，再引起相应行为，最终达到组织目标，如图 5-3 所示。

122

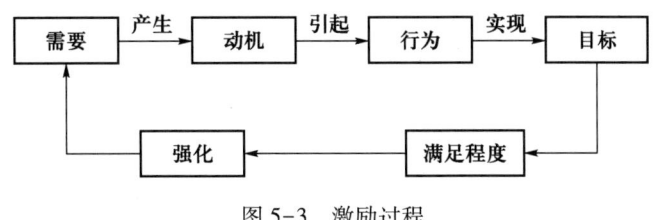

图 5-3 激励过程

（1）激励是一种促使人产生行为动机的过程。

（2）激励始于未满足的需求。

（3）人的需求是多样的、变化的，因此，激励的方式也应不同。

（4）外部激励只是行为产生的条件和环境因素，激励要通过内因才起作用。

（5）在组织中，人的行为受到两种力量的作用：遏制力和驱动力。激励就是减少遏制力，增强驱动力，改善员工行为，实现组织目标。

四、激励理论分类

在组织行为学中，提高激励水平的一条重要研究途径是对激发动机的探索。相应的研究成果主要可以归纳为三大类：内容型激励理论（着重对引发动机的因素，即激励的内容进行研究）、过程型激励理论（着重对人从产生动机到采取行动的心理过程进行研究）、调整型激励理论（也称行为矫正型，着重对达到激励的目的，即调整和转化人的行为进行研究）。以上三类激励理论，对应于激励的一般过程，如表 5-1 所示。

表 5-1　三类激励理论与激励过程

内　容　型	过　程　型	调　整　型
需要层次理论 双因素理论 成就需要理论 ERG 理论	期望理论 公平理论	强化理论 挫折理论
影响因素	目标选择	行为转化
未满足的需要→目标驱使的行为→满足需要		

第二节　内容型激励理论

内容型激励理论是从"需要"是激发行为动机的原因这个角度来研究激励问题的，是研究人们需要的内容和结构的理论。这方面比较成熟的理论主要有马斯洛的需要层次理论、赫茨伯格的双因素理论和麦克利兰的成就需要理论。

一、需要层次理论

亚伯拉罕·马斯洛（Abraham Maslow）的需要层次理论（hierarchy of needs theory）研

究人的需要、动机及组织激励，是最广为人知且应用最为广泛的理论。

（一）五大需要层次

马斯洛认为，人有一系列复杂的需要，并且会受到满足这些需要的欲望激励；这些需要按其优先次序排成阶梯式层次结构，人们以一定的顺序依次来满足这些需要，从最低层次需要到最高层次需要。这些需要可以归纳为五大基本需要，即生理需要、安全需要、社交需要、尊重需要和自我实现需要。五大需要层次的具体内容如表5-2所示。

表5-2　五大需要层次

需　　要	描　　述	满足需要的实例	一般激励因素	组　织　措　施
自我实现需要	实现一个人的所有潜能的需要	使人有机会发挥能力和提升技巧	成长、成就、提升	有挑战性的工作，创造性，在组织中晋升，工作成就
尊重需要	对自尊、被他人尊重和获得认同和欣赏的需要	提升和成就的认同	认可、地位、自尊、自重	职称，奖励，同事和上级的认可，职务本身，责任
社交需要	对社会交往、友谊和爱的需要	促进良好的人际关系和组织野餐、假期餐会之类的社会活动	志同道合、爱情、友谊	管理的质量，和谐的工作群体，同事友谊
安全需要	对安全、稳定环境的需要	提供稳定的工作、足够的医疗福利和安全的工作环境	安全、保障、胜任、稳定	安全的工作条件，外加的福利，普遍加薪，职业保障
生理需要	对人生存所必需的食物、水、住所等的需要	提供能保障个体购买食物、衣物和拥有住所的一定水平的报酬	空气、食物、住所	暖气和空调，基本工资，自主式福利，工作条件

低层次的需要在未被满足时会激励人的行为；一旦这个层次的需要被满足，人会努力追求更高层次的需要

马斯洛认为，激励的过程是动态的、逐步的，而这种激励又来源于阶梯层次的需要对人们行为的控制。当某一特定的需要未被满足时，这种需要就会在人的意识中占据重要地位进而发挥激励作用；一旦它得到相对满足，就不再是激励因素，而会有高一层次的需要取而代之。因而，人们通常遵循"失望—满足"的循环模式，从五层次需要的底部顺势而上。同时，马斯洛也指出，得到满足的需要不会因为高一层次需要的出现而消失，它依然存在，只是对行为的影响力在逐渐减弱。实际上，大多数人的需要结构很复杂，无论何时都有许多需要共同影响行为。因而，在同一时期内对于同一个体来说，可能同时存在多种需要，但只有一种需要占据支配地位。

（二）需要层次理论的实际应用

马斯洛的需要层次理论得到了广泛的接受和认可，尤其被广泛应用于实际管理工作中。当将需要作为一种激励力量加以运用时，管理者无疑应该营造一种能够让员工满足自己需要的工作氛围和工作设计，这样才能让他们充分认识到自己的潜能，调动其积极性、主动性和创造性；否则，往往会导致员工的挫败感，甚至出现离职现象。此外，在组织进

行制度变革时，管理者应考虑变革举措是否会对员工的需要产生影响，以及需要改变后可能产生什么情况等。举例来说，如果一家企业将下调其销售员的佣金比率或实行单纯工资制，这一变革往往会导致一些业绩突出的销售员业绩下降或离职，但却带给业绩平平的销售员更多安全感。这一现象表明，在设计计酬方式时，如果过多地考虑安全因素而忽视了员工的发展需要，往往会导致企业中充满以安全为导向而非以业绩为导向的销售员。但是，存在这两种需要的员工在企业中经常是同时并存的，如何作出权衡也是企业面临的一个难题。因此，员工需要层次的变化向管理层提出了挑战。

一般说来，企业应针对员工的需要进行工作设计，为有不同需要的员工提供不同的工作环境：满足员工的生理需要是最基本的要求，但是也要注意生理需要一经满足就会不断发展、变化；对于注重安全感的员工来说，企业应该给他们提供一种安全、有保障的工作环境，而避免给他们安排富于挑战和冒险的工作；当社交需要成为员工的主导需要时，企业应积极营造一种和谐的人际关系氛围，并且注意给员工创造社交机会；当荣誉感成为员工的主要激励力量时，企业应该通过一定的表彰和鼓励措施，提高员工的积极性；对于追求自我实现的员工而言，管理者应给他们充分发挥的空间和余地，以激发其创新思维和能力。

道格拉斯（Douglas T. Hall）和哈利勒（Khalil Nougaim）曾开展了一项为期 5 年的相关研究，结果发现，没有足够的实验证据证明马斯洛所提出的需要层次关系的存在；即使需要层次存在，但其相互之间的联系并不明显。Mahmoud Wahba 和 Larry Bridwell 在 1976 年发表于《组织行为和人类表达》的文章《马斯洛反思：对需求层次理论的研究概述》中指出，马斯洛理论的需要排名，或者某些特定需要存在的证据不足。虽然需要层次理论将需要按优先次序排列成阶梯式层次，但是各个层次之间是相对独立的，并非不可跨越。比如一个人为了追求理想，往往废寝忘食地工作，甚至割舍爱情和亲情。但这种层次关系并不是对所有的人都适用，尤其是社交需要和尊重需要往往会因个体不同而有不同的排列顺序。在实际的应用中，需要会根据不同的情况出现跨层次性以及需要的更迭问题。但是无论如何，人们总是优先满足生理需要。

二、双因素理论

双因素理论又称为激励-保健理论（motivation-hygiene factors），是由美国心理学家弗雷德里克·赫茨伯格（Frederick Herzberg）提出的。与马斯洛的需求层次理论相似，该理论也试图说明员工对与工作绩效有关的因素的重视程度。20 世纪 50 年代后期，赫茨伯格及其同事对一批会计师和工程师的工作满意感与生产率的关系开展研究，通过对这些专业人士的采访，收集了影响这些人工作满意感的各种因素的资料，进而提出了双因素理论，该理论认为在工作情境中存在两种性质不同的激励因素。

（一）激励因素和保健因素

在调查过程中，赫茨伯格重点探究员工希望从工作中获得何种回报，因而着重要求被调查者详细阐述在工作中感到满意时的情形。调查结果出人意料，导致工作满意感的因素与导致工作不满意感的因素是大相径庭的。赫茨伯格因而对传统的满意与不满意观点提出质疑，认为单纯消除工作中的不满意因素并不必然会带来工作满意的结果。满意和不满意并非存在于同一连续体的两端，而是截然分开的二元统一体，这意味着一个人可以同时感到满意和不满意，满意的对立面应该是没有满意，而不满意的对立面则是没有不满意，如图 5-4 所示。

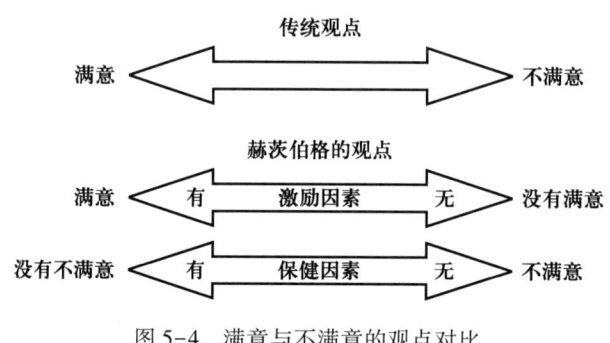

图 5-4　满意与不满意的观点对比

赫茨伯格认为，使员工感到满意的因素与感到不满意的因素是截然不同的，一些工作因素能够导致满意感，而另一些因素则只能防止员工产生不满意感。前一类因素被赫茨伯格称为激励因素，能够在工作中激励员工、给员工带来满意感，一般包括工作本身的挑战性、员工在工作中获得的成就感、工作成绩能够得到大家的认可、工作所赋予的责任以及职业生涯中的晋升机会等。这类因素涉及员工对工作的积极情感，同时也和工作本身的内容有关。当工作具备了这类因素，它能够充分发挥激励作用，使员工富有工作热情，产生较高的绩效，员工也因此而产生满意感。如果处理不好这类因素，员工可能会产生没有满意的感觉，但很少产生强烈的不满情绪。后一类因素被赫茨伯格称为保健因素，是能够在工作中安抚员工情绪、消除员工不满意感的因素，一般包括公司的政策与管理制度、技术监督方式、薪金、工作环境、人际关系以及员工在组织中的地位等。这些因素涉及员工对工作的消极情感，同时也与工作氛围和工作环境有关。当这类因素得到改善时，只能消除员工的不满意感，安抚员工情绪，减少消极对抗的行为，却不会使员工感到非常满意。这类因素一旦处理不好，就会使员工产生不满意的感觉，带来沮丧、缺勤、离职、消极怠工等结果。相比较而言，就工作本身来看，保健因素一般表现为外在的条件，而激励因素一般表现为工作的内在属性，或者说是与工作紧密联系的因素。

知识链接 5-1
对双因素理论
的争论

只有区分了激励因素和保健因素，管理者才能在工作中有效地激励员工，利用工作本身所具备的诸如成就、认可、责任、晋升或者实行工作丰富化等内部奖励机制来影响员工，使他们出色地完成工作任务；运用好工作条件和薪金等保健因素来消除员工对工作的不满意情绪。

（二）双因素理论的实际应用

双因素理论区分了在工作中起激励作用的因素和对员工积极性起保护作用的因素，也有人提出"哪些因素是对积极性起挫伤作用的"这一问题，但后续对此研究的学者不多。我国学者俞文钊等基于中国管理现状明确指出，在中国的企业管理措施中存在某些去激励因素（de-motivator）。去激励因素是相对于激励因素而言的，它的存在不只是引起人们的不满意感，更为严重的是，它会挫伤员工的积极性，使员工的积极性降低，进而影响其工作效率。激励因素、保健因素和去激励因素三者的区别如表5-3所示。

表5-3　激励、保健和去激励因素的区别

激 励 因 素	保 健 因 素	去 激 励 因 素
使人产生满意感	使人不产生不满意感	使人产生不满意感
使人的积极性提高	保护人的积极性	使人的积极性降低
使工作效率提高	维持原状，不会使工作效率提高	使工作效率降低

尽管双因素理论在学术界存在诸多争论，不同学者对其提出了许多不同的意见和看法，但是该理论仍然流传得较为广泛，大多数管理者都熟悉这一理论，这说明它确实有独特之处。

组织在实际应用双因素理论时，应注意以下几个方面。

（1）管理者在激励员工时应该注意区分保健因素和激励因素。保健因素的满足可以使员工消除不满意的感觉，而激励因素的满足可以使员工产生满意感。若不能区分保健因素和激励因素，采取某项激励措施后并不一定就会给员工带来满意感，无法达到预期的效果。

（2）激励要及时。当员工做出成绩时，管理者应及时进行激励。

（3）不同的组织、不同的环境，乃至不同的员工，其最为敏感的激励因素都不相同，因此要根据实际情况，选用不同的激励方式。

（4）在工作设计中，注意使工作丰富化和扩大化。

（5）注重工作中的内在激励，特别是注重物质激励的精神含量。

双因素理论对于分析高层管理人员的需求，以及生产力水平较高的国家和地区的员工需要，具有十分重要的参考价值。但在一些发展中国家，生产力水平还不够发达，社会产品还不够富足，这就使得对激励因素和保健因素的划分，与西方发达国家有所不同。在西方发达国家被认为是保健因素的，在发展中国家很可能是很重要的激励因素。即使是同一具体因素，在不同时期也可能被归入不同的类别。因此，对发展中国家现阶段的员工需要的分析，必须从实际出发。

三、成就需要理论

哈佛大学管理学家大卫·麦克利兰（D. C. McClelland）强调人的基本需要有三种，即成就需要、权力需要和归属需要。他曾经广泛研究成就需要，尤其是企业家群体的成就需要，从而创立了一套成就需要理论。

（一）三种基本的激励需要

与马斯洛不同，麦克利兰主要研究在满足生存需要后，人所产生的其余需要。

1. 成就需要

成就需要（need for achievement）是指人按照最优秀者应该达到的标准开展工作或在竞争中取胜的愿望或驱动力。

麦克利兰认为，几乎每个人都认为自己有取得成就的愿望，但只有一小部分人会受到成就需要的强烈驱动。对于这部分人来说，成就本身远比成功后所获的报酬重要得多。因而，他们总是力求把事情做得更好，具有较强的事业心和进取心；但是，他们同时也比较务实，愿意承担一定的风险，但这并不是赌博行为。

2. 权力需要

权力需要（need for power）是一种想要控制或影响他人的愿望或驱动力。

麦克利兰认为，具有较高权力需要的人，往往都乐于承担责任，并能对其他人施加影响，因此也就乐意追求一种能够被他人重视和具有竞争性的工作环境。由于他们格外关心怎样才能获得权威和对他人产生影响和控制，相比较而言，对有效的业绩表现也就不那么过分重视了。

3. 归属需要

归属需要（need for affiliation）也称为社交需要、合群需要，是一种希望被他人喜欢和接纳的愿望或驱动力。

相对而言，麦克利兰对归属需要的关注最少。他认为，具有高归属需要的人，总是积极寻求一种和谐融洽的社会关系，希望得到别人的接纳和喜爱，也愿意为他人提供帮助和关爱，渴望彼此间的高度理解和充分沟通。因此，他们追求的是一种合作性而非竞争性的工作环境。

以上三种需要的排列顺序不是固定的，不同的人往往有不同的排列顺序。倾向于成就需要的人，对胜任工作和取得成功有着强烈的渴望；具有较高权力需要的人，往往有一定的才干，希望担任管理职务，能够影响和控制其他人；倾向于归属需要的人，则重视从组织、团体和他人那里得到友爱和情谊。对于组织而言，拥有成就需要的人越多，越有利于组织的进一步发展。

（二）成就需要理论的实际应用

在大量研究的基础上，麦克利兰对成就需要与工作绩效的关系进行了十分有说服力的推断。他认为，高成就需要的人对于企业和国家都有重要的作用。

知识链接 5-2
高成就者的特点

在组织中，成就需要是一种重要的动机，许多管理者和企业领导人都凭借这种动机来取得成功。如果向一个有着强烈成就需要的员工交付一项有一定难度的工作，任务本身的挑战性就会成为激发其成就动机的导火线，这种动机最终会导致成就导向的行为。组织中拥有这种高成就欲的员工越多，组织发展速度就越快，收益也越多。对于那些有高成就需要的员工来说，增加工作的多样性、自主性和工作中的责任，无疑会使他们表现最佳；而对于低成就欲的员工而言，增加个人在工作中的责任会使他们产生挫败感，表现欠佳，甚至可能选择离职，他们大多愿意从事常规性和事务性的工作。

同样，对于一个国家来说，经济的发展和繁荣程度在一定程度上与该国国民对成就的需要程度有关，高成就需要的国民越多，国家就越兴旺发达。对于欠发达国家的经济发展，关键在于设法激发其国民的成就需要。

无论是一个组织还是一个国家，高成就需要者数量的多少是关系组织或国家发展的重要问题。因此，对于有成就需要的人来说，重点是增强其成就需要，具体措施如下：

（1）鼓励创新，以成就激励他们脚踏实地；

（2）树立成功的榜样，以刺激他们取得成功的愿望和行为；

（3）及时给予他们信息反馈，使他们能够及时了解自己的成功之处，以激发其取得更大成就的需要；

（4）肯定他们的成就，使他们乐于承担重任，鼓励他们创造更多成果。

麦克利兰认为，由于只有大约10%的人有着高度的成就需要，因而可以通过后天的培养和训练让人们学会以成就作为动机：

（1）向受训者传授高成就需要者的思维模式、沟通方式和行动习惯；

（2）鼓励受训者为自己设立一个有一定难度，但是经过努力可以实现的目标；

（3）帮助受训者提升理性思维，并且树立正确的自我认知；

（4）促进受训者之间的情感和经验交流，形成团结互助的氛围。

四、ERG 理论

（一）ERG 理论的基本内容

1969 年，奥尔德弗基于大量实证研究，在马斯洛需要层次理论的基础上提出了一种新的人本主义激励理论，即"生存、关系、成长论"，也称为 ERG 理论。他认为人存在三种核心需求，分别是生存的需要、相互关系的需要和成长发展的需要。这三种需要的内容如下。

（1）生存的需要，即对个人基本物质条件的需要。这类需求关系到个体的存在或生存，涵盖了人类个体全部生理和物质上的欲望，如衣、食、住、工资、福利、津贴等，这是人类最低层次的欲望，大体上相当于马斯洛需求层次理论的生理需要和安全需要。

（2）相互关系的需要，即维持人与人之间关系的需要。这种需求通过在生活与工作中与其他人的接触和交往得到满足。它主要强调人与人之间的关系，如信任、尊重、归属感等，大体相当于马斯洛需要层次理论中的社交需要和一部分尊重需要。

（3）成长发展的需要，即个人要求发展的内在愿望，是最高层的需要。它体现的是个人渴望得到提高和发展，进而取得自尊、自信、自主及充分发挥自己能力的需要，代表着个人自我发展和自我完善的内在欲望，大体上相当于马斯洛需求层次理论的尊重需要和自我实现的需要。

（二）ERG 理论的基本观点及其运用

1. 基本观点

马斯洛认为他提出的五种需要都是人类先天特有的生物遗传，是一种"似本能"的东西。奥尔德弗对此有所修正，他认为生存需要是先天具有的，而相互关系需要和成长发展需要则是后天学习形成的。这三种需要也不是严格按照由低到高的顺序依次发展，是可以越级发展的。

当较低层次需要得到满足后，人们就渴望向高层次发展，这一点与马斯洛的理论基本相同，奥尔德弗称之为"满足—上升"趋势。同时，奥尔德弗还认为多种需要可同时作为激励因素。如果较高层次的需要不能被满足，人们就会转而追求较低层次的需要。如有人在事业上没有追求或受到挫折，就会更加注重追求物质享受，奥尔德弗称之为"挫折—倒退"的发展方向。

2. ERG 理论的运用

现代企业管理过程中的很多方面都体现着 ERG 理论的思想。例如，企业人力资源开发、约束与激励问题、代理人问题、企业内契约关系问题等，都蕴含着 ERG 理论对人的需要层次划分的思想。随着对该理论研究的深入，人们越来越认识到其对管理的指导意义，企事业单位、医疗机构等正不断地结合自身情况运用 ERG 理论。

需要本身就是激发动机的原始驱动力。一个人如果没有需要，也就没有动力与活力。反之，一个人只要有需要，就意味着存在激励因素。管理者如果能充分了解广大员工的需要，便不愁找不到激励员工的方法。由于每一层次包含了众多的需要内容，具有相当丰富的激励作用，因而可供管理者设置目标、激发动机、引导行为。而且低层次需要被满足后，高层次需要又能继续激励，因而人的行为始终具有内容丰富多彩、形式千变万化的激励方式。因此，管理者要想对员工进行有效的激励，提高企业运作的有效性和高效性，就要将为满足员工需要所设置的目标与企业的目标密切结合起来，不仅要掌握充满活力的需要理论，还要善于运用激励员工的管理策略。ERG 理论认为某种需要对特定个人的重要程度或产生的驱动力是不同的。不同文化修养的人对各需要层次重要程度的认识也可能不尽相同。因此，管理措施应该随着人的需要结构的变化而做出相应的改变，并根据每个人不同的需要制定相应的管理策略。

ERG 理论是在美国的社会和文化背景下提出的，与我国的国情不尽相同，因而对各个层次的理解也存在不同程度的差异。在实际运用中要明确各个层次在我国具体代表的内涵，这样在激励中才不会出现激励扭曲的情况，才会真正实现按需激励，达到良好的激励效果。

第三节　过程型激励理论

过程型激励理论着重对行为目标的选择，即对动机的形成过程进行研究，主要包括弗鲁姆的期望理论和亚当斯的公平理论。

一、期望理论

期望理论（expectancy theory）是美国心理学家维克托·弗鲁姆（V. H. Vroom）于 1964 年在他的经典著作《工作与激励》一书中，最早提出并且予以系统阐述的。该理论认为，人是有思想、有理性的，人们的需要、目标、期望决定了激励的程度，即只有当人们有需要，并且有达成目标的可能性时，积极性才会比较高，激励水平也比较高。

（一）期望理论的主要内容

期望理论认为，人们对于从工作中得到什么，有自己的想法和考量，并且由此来决定选择加入怎样的公司和在工作中付出多大的努力。因此，人们并非生来就受激励或不受激励，激励取决于人们所处的环境以及如何满足人们的需要。也就是说，期望理论试图回答这样两个问题：其一，什么产生激励；其二，什么产生绩效。

1. 期望理论公式

弗鲁姆认为，激励水平是由期望值和效价决定的。用公式可以表示为：

$$激励(M) = 期望值(E) \times 效价(V)$$

由此可知，期望理论有三个关键变量。

（1）M（motivation），即激励水平的高低，指调动员工积极性并且激发其潜能的强度。

（2）E（expectancy），即期望值，指人们对自己的行为能够达到目标并且产生某种结果的概率的主观判断。比如，员工对自己努力工作会导致加薪的可能性大小的判断，就是期望值。期望值大部分都介于 0 和 1。当期望值为 0 时，表示个体即使付出特定努力也不可能产生特定的绩效（加薪）；期望值为 1 时，表示个体完全能够确定他所付出的努力必然产生特定的绩效（加薪）。

（3）V（valence），即效价，指个体对预期的结果或回报在主观上感觉到的价值大小。效价可以是积极的，也可以是消极的，关键取决于困难出现的后果以及人们对此的感觉。如果对于通过努力工作而获得加薪的评价是正面的，如被同事认可、有晋升机会等，人们往往就会采取积极的态度来实现高效率；如果对此的评价是负面的，如受到同事冷遇、不被群体接纳等，人们会评估每一种选择可能导致的后果，再采取相应的行为。如果不在乎受到冷遇和排斥（效价低），则加薪的效价相对较高而导致员工的积极行为；如果在意群体规范（效价高），则加薪的效价相对较低，员工会更倾向遵守群体规范。

由上可知，期望值和效价决定了激励的强度。如果效价和期望值都等于 0，则激励水平也等于 0；如果效价高而期望值低，或效价低而期望值高，或两者均低，则取得高绩效的动力也低；只有高效价和高期望值相结合，才能达到较高的激励水平。

2. 期望理论的三种关系

期望理论公式指出了三个关键的变量，这实际上也提出了在进行激励时要处理好的三种关系，即调动人们工作积极性的三个重要关系。在此基础上，才有激励的一般行为模型，如图 5-5 所示。

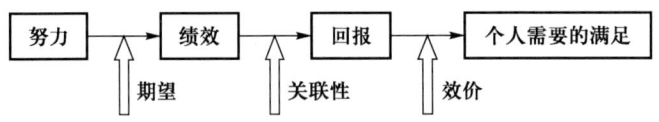

图 5-5　期望理论下激励的一般行为模型

（1）努力与绩效的关系，即 $E \rightarrow P$ 期望（努力→绩效期望）。理论上，激励能够影响个人所付出的努力，但是仅仅有努力是不够的，只有付出的努力会产生一定的绩效，人们才会竭尽所能地工作；否则激励措施难以达到预期的效果。在通常情况下，人们觉得他们能够达到某一绩效水平的可能性越小，他们向那个方向努力的可能性就越小。

（2）绩效与回报的关系，即 $P \rightarrow O$ 期望（绩效→回报期望）。个体总是希望在既定的条件下，个人的良好表现能够获得某种期望的回报或奖励。比如，如果员工认为通过努力工作而产生的高产出将使自己获得加薪或晋升，并且认为这种可能性较大，那么他朝着高产出（绩效）竭尽所能的可能性也较大；相反，如果他认为提高绩效将导致报酬减少的可能性较大，他朝着这一绩效奋斗的可能性也就较小。

（3）回报与满足个人需要的关系。人们总是希望通过努力获得的绩效能够得到一定的回报或奖励，并且这种回报能够满足自己某方面的需要。如果员工不认同组织所提供的回报，他们就不会受到激励；只有组织所提供的回报满足了个人的需要，才能够产生较大的激发力量。例如，一些员工不想晋升到责任更多、压力更大的职位上，而另一些员工则非常乐意接受这样的安排。因此，对于不同的员工，采用相同的方法来予以奖励，所能激发出来的工作动力往往有所不同。这种回报与个人需要满足之间的关系就是效价。

综上所述，只有考虑到以上三种关系，激励措施才会对员工产生一定的作用。但是，对于员工来说，受到激励与产生工作绩效是两个不同的概念。受到激励代表员工对绩效的渴望或努力的程度，而绩效是个体在完成一项任务或目标时所能达到的程度。激励是影响绩效的重要因素，但是绩效并不只受到激励的影响。

（二）期望理论的实际应用

期望理论说明了这样一个事实：员工的努力和绩效受到他们是否相信自身的努力能够带来一定的绩效并且这种绩效能够使他们得到所希望回报的信念的影响。因而，期望理论为管理者提供了一个充分提升激励和绩效的理论框架。具体来说，它为组织中激励措施的实施提供了以下几点借鉴。

1. 阐明努力→绩效期望

人们总是通过一定的努力来实现一定的目标，如果个体主观上认为通过努力而实现一定绩效的概率较高，就会受到很大的激励，进而迸发出工作热情和积极性。这种期望受到主客观条件的限制，因此，组织可以通过实施培训计划、让员工参与相关的工作决策、提供管理支持与指导等方法来增强员工的信心和期望值，使他们相信高绩效可以通过努力达到。同时，对于期望值过高而自身能力有限的员工，管理者应该及时帮助他们分析主客观条件，对其进行心理疏导或降低其期望。

2. 阐明绩效→回报期望

在达到一定绩效后，人们总是希望得到与之相对应的报酬和奖励，即要有一定的回报。这种回报既包括加薪、晋升等物质奖励，也包括表彰、自我成就感、同事认可等精神奖励。组织应该根据实际绩效制定相应的回报体系或奖励制度。这样，员工可以明确地知道高绩效能够为自己带来什么，并为此付出相应的工作热情和积极性。

3. 使回报符合员工的需要

如果所得到的报酬或奖励能够满足员工需要，就说明它发挥了良好的激励作用，否则说明它没有充分发挥激励作用。一般说来，不同的员工从工作中所希望得到的回报不同，有的员工希望得到额外收入，有的希望有休假机会，有的想得到培训机会等。管理者应该通过为员工提供多种回报来提高激励水平。

4. 为员工提供一种不断改变的工作环境

根据期望理论，管理者必须认识到员工不会长期接受一成不变的环境，需要对工作环境进行不断调整以适应员工这种改变环境的要求。

5. 为员工提供表现的机会

如果员工从事一项不可能完成的工作，或者自认为成功的可能性很小的工作，他们往往会认为缺乏自我表现的机会，也很难产生激发力量。因此，管理者对每个员工应该有大概的了解，让员工处于一个有可能产生较好表现的工作中，使其能够有所表现。

总之，期望理论为管理者提出了产生激励、提高绩效的相关意见。这些意见旨在改善员工处境而非用于操纵员工，是将员工的需要和目标与组织的需要和目标相结合的举措。

二、公平理论

公平理论（equity theory）是美国的亚当斯（J. S. Adams）于1956年提出的，是一种关于社会比较的激励理论，重点研究个体与他人做比较时，对自己得到的待遇所感受到的公平程度。在亚当斯之前，赫茨伯格也曾发现，人们工作不满意感大多源于不公平的感觉。但是，赫茨伯格对这一发现的关注较少，而亚当斯则把这种对合理、公正、公平的渴望作为研究的重点。

公平理论有两个假设条件。

（1）个体会评估他的社会关系。所谓社会关系，就是个体在付出或投资时希望获得某种回报的"交易过程"。在这种交易过程中，个体进行投入并期望获得一定的收益，例如希望通过一段时间努力工作（投入）获得额外的收入（收益）。个体对于自己所付出的时间和精力都是有所期望的。

（2）个体并不是凭空评估公平，而是把自己的境况与他人进行比较，以此来判断自己的境况是否公平。

（一）横向公平与纵向公平

公平理论的社会比较过程基于投入和收益两个变量的关系。投入是指个体在交易中所付出的东西，如工作精力、受教育程度、社会地位、长时间的努力工作、个人的能力和特性、工作成果等；收益是个体从交易中所得到的东西，如薪金、晋升机会、获得的地位、工作条件、责任、良好的评价等。人们依据直觉判断自己投入和收益的比率并且与参照物的投入和收益比率进行比较，以此来判断自己是否受到公平对待。所以，当个体达到一定绩效并且取得回报后，他不仅关心自己所得回报的绝对量，也关心回报的相对量，这就是亚当斯公平理论的基本观点。通过这种比较，个体得以确定自己是否受到公平对待，进而影响今后的工作。需要注意的是，个体所选择的比较对象，可能是同一组织的人，也可能是其他组织的人。

1. 横向公平

当个体的投入和收益之比与他人的投入和收益之比相等时，他就会觉得达到了公平状态。这种状态可以用下面的公式来表示：

$$O_p \mid I_p = O_o \mid I_o$$

式中：O_p 表示对自己所获得收益的感觉；I_p 表示对自己投入的感觉；O_o 表示对他人所获得收益的感觉；I_o 表示对他人投入的感觉；$O_p \mid I_p$ 表示自己的产出与投入之比；$O_o \mid I_o$ 表示他人的产出与投入之比。

2. 纵向公平

当个体目前的投入和收益之比与自己过去的投入和收益相等时，他就会觉得处于公平状态。这种状态可以用以下公式来表示：

$$O_{pp} \mid I_{pp} = O_{p1} \mid I_{p1}$$

式中：O_{pp} 表示对自己目前所获得收益的感觉；I_{pp} 表示对自己目前投入的感觉；O_{p1} 表示对自己过去所获得收益的感觉；I_{p1} 表示对自己过去投入的感觉；$O_{pp} \mid I_{pp}$ 表示自己目前的产出与投入之比；$O_{p1} \mid I_{p1}$ 表示自己过去的产出与投入之比。

（二）不公平的行为表现

亚当斯认为，通过社会比较过程，个体能够判定自己是否处于公平状态。当他认为自己受到公平对待时，他会受到激励而继续维持现有行为；当他认为自己受到不公平的待遇时，内心将会紧张，并有不愉快的感觉，这会促使他受到激励而采取各种行为努力去减少不公平，直至这种不公平状态改变成可以容忍或公平的状态。这一过程如图5-6所示。

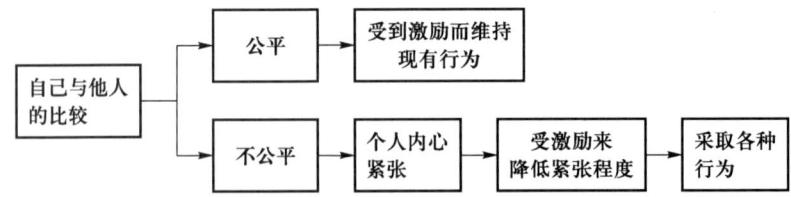

图5-6 公平和不公平的激励过程

当个人感觉不公平并且努力降低紧张程度和减少不公平感觉时，他往往会选择以下几种行为方式。

1. 改变自身投入或收益

人们会提高或降低投入，直至达到可能公平的水平。例如，被少付工资的人会减少工作的努力程度、降低产品数量、缩短工作时间或增加缺勤机会等。而被多付工资的人则可能增加工作的努力程度、提高工作的数量和质量、投入无报酬的额外工作等。

人们还有可能改变收益，以达到公平状态。由于多付工资往往会被个人合理化，人们一般不会主动要求减少工资。相对而言，要求增加收益更常见，组织中的员工可能会联合起来要求在不提高投入或努力程度的情况下，改善工作条件、减少工作时间或提高薪金。

2. 离开工作环境

当人们觉得受到不公平待遇时，也会采取离开组织或调离该部门的行为，目的是找到有利于心理平衡的新环境。

3. 员工可能尝试改变参照对象的投入或者收益

例如在工作中，小张可能会向老板打小报告或者通过其他方式，抱怨小李工作不认真以及表现欠佳等情况，期望老板采取一定的措施改变其投入（要求小李加班等）或者改变其收益（降低其薪水或者迫使其离职等）。

4. 曲解自己或者他人的投入和收益

与在实际上改变投入和收益不同，人们也会从主观上来曲解投入和收益，从而减轻不公平的感觉。例如，感觉受到不公平对待的人会试图降低对自己投入的感觉或曲解工作难度，觉得"这项工作我其实投入不多、做得不够努力"或"做好这项工作对我而言易如反掌"；也可能故意提高自己对工资收益的感觉和工作的重要程度，认为"这是一项很有成就感的工作"或"这的确是一项非常重要的工作"。这样，通过在精神上曲解投入和收益的比率，让自己获得满足，达到心理上的平衡。

面对不公平的境况，人们也会有意曲解他人的投入和收益比率。人们可能会认为，和自己作对比的那群人确实比自己工作更努力，投入更多，才会获得更高的收益。

5. 改变参照对象

人们会通过选择一个新的参照对象，从根源上减少不公平感。例如，没有获得较高收益的员工，会认为自己过去没有选择好所比较的参照对象，对方与目前的自己没有太多的可比性，从而调整需要，重新选择更为相关的比较对象。

通过采用上述几种行为，可以暂时消除人们的不公平感，使其恢复到公平的状态。

（三）公平理论的实际应用

公平理论向我们揭示了这样一个事实：对于组织中的大多数员工来说，激励不仅受到自己绝对报酬多少的影响，还受对相对报酬关注程度的影响，而且报酬过高所带来的不公平对员工的行为影响不大，人们倾向于将报酬过高合理化。公平理论为更好地理解组织中的工作行为提供了良好的理论框架，也是管理者应该了解的一种激励过程。

对于组织中的管理者来说，在实际应用公平理论时应注意以下几个方面。

（1）按照公平理论，在分配中应该坚持以下三条分配原则：① 效率优先，兼顾公平的原则。② 以按劳分配为主，将按劳分配与按生产要素分配相结合的原则。企业中的劳动力、劳动资料、劳动对象、资金、技术、经济信息、经营才能这七种生产要素都应该参与分配。③ 先富、后富、共同富裕的原则。

（2）尽可能打破行业垄断，实行自由经营，平等竞争。

（3）调整人们的主观认识。

第四节　行为矫正型激励理论

行为矫正型激励理论着重研究人的行为能否通过激励而得到矫正与改造，认为受激励的行为会倾向于反复出现。这种类型的理论在实际中应用简便，又行之有效。

一、强化理论

强化理论（reinforcement theory）是由斯金纳（B. F. Skinner）提出的，主要是利用正性或负性强化，来激励员工或营造激励的环境，重点研究行为的结果对动机影响的理论。桑代克（E. L. Thorndike）的效果律（law of effect）提出，由特定刺激引发的行为反应，若得到奖赏，则该行为再次出现的可能性较大；若没有得到奖赏，甚至受到惩罚，则该行为重复出现的可能性极小，也叫操作条件反应原理（principles of operational conditioning）。行为矫正（behavioral modification）就是将操作条件反应原理应用在管理员工的工作行为上。

（一）正强化与负强化

能使行为（反应）得到加强以至重复出现的刺激叫作正强化，如表扬、奖励、认可、赞赏、晋升、树立标兵、评比等，它是一种积极的强化。而能使人的行为（反应）得到削弱以至消失的刺激叫作负强化，如批评、处分、罚款等，它是一种消极的强化。

惩罚常被误解为负强化。惩罚是管理者用来改造员工行为常用的方法。惩罚也是一种条件反射，但惩罚和负强化在很多重要方面存在差别。负强化是通过批评、处分、降级等方法，来削弱某种特定反应出现的可能性。有时，不给予奖励或少给奖励也是一种负强化。此外，负强化还包括在出现预期行为时，消除某种令人反感的结果。相反，惩罚需要接受令人讨厌的后果，或者随着不理想行为的出现而消除某种令人愉快的结果。

在组织管理上，专家一般主张采用以表扬为主的正强化，尽量少用惩罚类型的负强化。因为在一般情况下，使用负强化的刺激会使人产生挫败感，在心理上有压抑感，但是针对特定现象和个体，采用负强化也会收到应有的效果。因此，为使强化效果更佳，实际中往往需要正强化和负强化相互配合，起到相辅相成的作用。

在使用强化激励方法时，还应注意一些实施细节及方式。日本一家公司曾对员工强化激励方法与效果作过分析，如表5-4所示。

表5-4　员工强化激励方法及其效果分析

激励方法	行为变化的比重（%）		
	变好	没有变	变差
公开表扬	87	12	1

激励方法	行为变化的比重（%）		
	变好	没有变	变差
个别指责	66	23	11
公开指责	35	27	38
个别体罚	28	28	44
公开体罚	12	23	65

由表 5-4 可见，对员工进行表扬奖励时，采取公开方式效果较好，行为"变好"的占 87%，"变差"的只占 1%。对员工进行指责批评时，采取个别的方式效果较好，行为"变好"的占 66%，"变差"的只占 11%。采取公开的方式对员工进行体罚时，效果明显不佳。

（二）强化理论的实际应用

强化理论是行为主义心理学派的主要理论，该学派秉持环境决定论观点，认为人的行为是环境作用的结果。其重要研究成果在于怎样实施强化来影响和塑造人的行为，而其最大的不足便是不关心认知活动和人格特征等人的内在精神因素。尽管存在这样的缺陷，但因其简单实用，尤其在控制人的行为方面有价值，因而得到了广泛应用。

在强化理论的实际应用中，应注意以下几点。

1. 强化物采用要因人而异

强化物即用于强化的刺激物，由于人的性别、年龄、资历、身份、地位、社会、背景、所处环境等不同，其需要也就不一样，因此，为了调动其积极性，所采取的强化方法应该因人而异。

在强化中，所有奖励（包括奖金、奖品等）都是强化物，但并不是所有的强化物都是奖励。除了奖金与奖品之外，强化物还包括权力、责任、名誉、爱慕、赞扬、认可、信任等。因此，为了强化人的行为，要区别不同对象的不同需要，采用不同的强化物。

2. 信息反馈要及时

人的行为结果，无论大小好坏，都应该尽快向当事者本人反馈，让其通过某种形式或途径及时了解自己的行为结果。一般来说，无论行为结果是好是坏，对人的行为动机都有一定的强化作用。好的结果能鼓舞人心，激励人们继续努力，使这类行为重复出现；坏的结果能促使人们分析原因，及时自我纠正。为了使强化达到最好的效果，应该在行为发生之后立即予以强化。强化与行为的间隔时间越长，强化的效果就越差，强化的作用随间隔时间的增长而减弱，因为这使人感觉到强化与特定行为联系不密切。

3. 正负强化相结合

正强化引领员工向前，负强化推动员工向前，两者都能起到激励的作用。该奖励的不奖励，对有功者不公平；该惩罚的不惩罚，则对守法者不公平。所以，"奖勤罚懒"是管理的一项基本原则。

4. 正负强化都要实事求是

正强化时，不要对当事人任意拔高、言过其实甚至绝对化；负强化时，不要对当事人全盘否定。无论正强化还是负强化，都应该实事求是、客观公正、恰如其分。

二、挫折理论

（一）挫折理论基本内容

挫折理论可追溯到 20 世纪极负盛名的奥地利心理学家弗洛伊德（S. Freud）创立的精神分析学说，该理论着重研究人因挫折感而导致的心理自卫。弗洛伊德认为，人的一切行为都以心理性欲为动力，如果心理性欲受到压制或阻碍，即为挫折。这就会使一个人的人格结构中的"本我""自我"和"超我"之间失去平衡，进而产生焦虑，焦虑反过来又促使各种防卫机制发挥作用，该机制在一定程度上能缓和人遭受挫折后内心的心理矛盾冲突，但过分使用防卫机制反而会损害其功能。

1. 挫折和挫折感

常言道："人生不如意事十之八九。"这意味着，人在追求目标的过程中，由于主客观原因，致使行为受阻，未能达到目标，即遭受挫折是常有的情况。挫折理论重点关注的不是挫折本身而是挫折感，即行为主体对挫折的心理感受。

挫折一方面使人失望、痛苦，使某些人消极、颓废乃至一蹶不振；另一方面又可以给人以教益，使人们更加明智，还能使人发奋努力，在逆境中奋起。挫折的这两种特性是对立统一的，能在一定条件下相互转化。其转化机制即心理自卫。由于挫折和挫折感会引发心理紧张，为消除或缓解心理紧张而产生的防卫性心理反应，称为心理自卫。心理学家本尼斯（W. G. Bennis）认为，对管理者来说，在心理概念中或许没有比心理自卫更重要的了。

2. 心理自卫及其机制

因为遭受挫折的人各有特点，所以其受挫折后因心理自卫而产生的行为表现也各有差异。一般分为两类：一类是建设性的心理自卫，采取积极进取的态度；另一类是破坏性的心理自卫，采取消极甚至是对抗的态度。

（1）建设性心理自卫，包括：① 增强努力。当个体在追求某一目标受挫时，不放弃原有目标，而是加倍努力，尝试其他方法和途径，最终达成目标。② 重新解释。即重新解读目标。当个体无法达成既定目标时，可延长完成期限，修订或重新更换目标。③ 补偿。即当个体追求实现某一目标受挫时，改为追求其他目标，以补偿和取代原来未能实现的目标。④ 升华。即当遭受挫折时，把敌对、悲愤等消极因素转化为积极进取的动力，进而取得更有意义的成就。这是建设性程度最高的一种方式。

（2）破坏性心理自卫，包括：① 推诿。指人们受到挫折后会想出各种理由原谅自己或者为自己的过失辩解。② 逃避。指人受挫折后不敢面对挫折，而是逃避到较安全的地方。③ 忧虑。指一个人连续遭到挫折，会失去自尊和信心，变得不知所措，最终形成一种由紧张、不安、焦急、恐惧等情绪交织而成的复杂心理状态。④ 攻击。也称为侵犯、侵略，是一种无理智的、消极的、带有破坏性的公开对抗的行为。这是破坏性程度最高的表现。⑤ 冷漠。当一个人受到挫折后压力过大、无法攻击或攻击无效，或因攻击而招致更大的痛苦时，便会压抑愤怒的情绪，采取冷漠行为。

（二）挫折理论在管理实践中的运用

员工会对挫折产生两种反应：一种是建设性反应（升华、妥协等）；另一种是消极性反应（攻击、压抑等）。企业管理者应对挫折的方法，首先要发展建设性的反应，减少破坏性的消极反应。管理者要善于从挫折的征兆中找到真实原因，采取种种诱导措施，以增加建设性的行为，消除破坏性的行为。

1. 改善工作环境

这里所说工作环境并不单指物质环境，也包括精神与社会环境，比如人际关系的环境。改善工作环境的措施，并不只是管理阶层的个别责任，而是全体员工的共同责任，因此付诸实施相当不易。所以管理人员要运用合适的管理方式，改变或消除易于引发员工挫折的工作环境因素，如改善工作中的人际关系、合理安排工作岗位等，以减少导致挫折的客观因素。

2. 提供心理保健和咨询服务，消除或减弱挫折心理压力

管理者应该根据企业实际情况，采取特定的方式或者安排特定的场所使员工有适当表达和处理情绪的途径，避免员工压抑挫折情绪，造成更严重的结果。要及时帮助员工以积极的行为应对挫折，如合理调整无法实现的行动目标，改变受挫折员工对挫折情境的认识，降低其挫折感。

第五节　激励方法及其应用

激励既要重视物质激励，又要重视精神激励；既要考虑激励对象的多样化，又要考虑激励方法的多元化。激励方法大多是不同激励类型的组合应用，这些组合激励主要基于胜任力、资历、团队、职位、绩效等方面制定。

一、常用的激励方法

随着温饱问题的解决和人们受教育程度的提高，人们不再仅仅满足于物质奖励，多层次的精神需要日益成为主导需要。因此，目前组织所采用的激励方法也愈加多样化。以下是组织常用的一些激励方法，如表5-5所示。

表5-5　常用的激励方法

激励方法	方法
政策、评判激励	考核、淘汰、分配，有计划地分期开展竞赛
目标、绩效信息激励	设置适当的目标，激发人的动机

激 励 方 法	方　　法
荣誉、榜样、成长激励	授予荣誉，树立榜样，创造表现自我的机会
物质激励	金钱或实物奖励，年薪制，惩罚
情感、理想和信仰激励	信任、尊重员工，激发员工承担责任，树立员工价值观念
危机（压力）激励	告知危机和压力的存在
股权激励	员工持股计划，股票期权激励

需要指出的是，激励的方法多种多样，运用这些方法的时候应该注意使用的层次和对象。合适的激励方法因人、因事、因时而异，不是一成不变的，应根据具体情况进行创新。

二、新型的激励方法

如何运用更科学的激励方法和手段、更灵活的激励制度来调动员工的情感和积极性，是当前企业激励制度创新以及相关理论研究面临的重要课题。当前，我国企业的改革和发展迫切要求我们按照国际惯例，尽快建立一套科学、有效的激励体制。

随着组织内外部环境的改变、组织中员工构成以及组织机构的变化等，原有的激励方法已经无法满足当前组织激励的需要。针对组织中不同的员工群体，必须采取不同的激励措施和方法，才能取得更好的激励效果。当前，不论是在理论界还是在组织实践中，一个新的发展趋势是更加关注对管理层员工的激励，以及对知识型员工创造力和创新能力的激励。

当前，许多组织纷纷开始尝试运用各种新型的激励方法来激励不同层面的员工，主要的激励方法如下。

（一）新型股权激励

股权激励是企业为了激励和留住核心人才而推行的一种长期激励机制，企业在管理实践中常采用员工持股、管理层持股、股票期权、延期支付、虚拟股票等股权激励的混合模式。现阶段，除了传统的员工持股计划、股票期权、限制性股票、业绩股票等激励模式，还有新型的虚拟股权激励模式和股票增值权激励模式等。

1. 虚拟股权激励

虚拟股权激励（virtual equity incentive）模式是针对非上市公司的一种有效的激励形式，拥有虚拟股的员工可以获得一定比例的分红以及虚拟股对应的公司净资产增值部分，但没有所有权、表决权，也不能转让和出售。当员工离开企业时，股票只能由公司控股工会回购。

在组织激励中，虚拟股权激励有其独特的优势。第一，与传统股权激励计划相比，使用虚拟股权激励方式的公司可以有效地回避《中华人民共和国公司法》中对激励股票来源的相关限制性规定，激励对象面临激励股票流通问题的概率大大降低。第二，对于激励对象来说，其持有的仅仅是虚拟股票，不需要认购实际股份，不支付对价，只需要完成约定的目标任务就可以取得虚拟股权的增值部分，根据持有的虚拟股权数量所占比例享受公司税后利润分配。因此激励对象不但可以享受分红权和股价增值收益，还能够回避实际股票流通可能受到的法律限制。第三，虚拟股权作为股权激励的主要方式之一，对公司员工的激励作用既体现在物质层面，又体现在精神层面，有利于调动企业员工的工作积极性，缓解公司面临的薪酬压力，在无须大幅增加薪资福利的情况下，公司管理人员和骨干员工可以自觉地成为为公司成长贡献力量的骨干人才，从而为公司留住人才，推动公司的长远发展。

2. 股票增值权

股票增值权（stock appreciation rights，SAR），是一种公司实施股权激励的长期激励模式，是上市公司对管理层实施激励的重要手段。具体内容是：公司授予管理层（持有人或受益人）一定额度的股票增值权，经过规定的一段时间（等待期）之后，按照约定的指标（如每股净资产、股票价格）或者某个综合公式等，计算出股票增值权的价值，并将收益支付给持有人。

目前，中国经济已进入转型升级的关键时期。新型股权激励制度，一方面可以提高国内企业治理水平，以新型股权激励手段带动整个创新型企业更快地发展，进而影响包括传统行业在内的国资企业改革；另一方面有利于完善国内创新企业投融资环境，打破互联网等创新型企业被迫海外上市融资的困境，更好地利用直接融资等金融手段支持创新型企业发展，为国家产业结构升级奠定现实基础。

（二）正反馈闭环管理系统

正反馈闭环管理系统理论（positive feedback closed-loop management system，PFS），由企业激励理论专家金玉成先生历经十余年，独立提出、研究、发现规律并初步完成，它是自然科学与社会科学相结合过程中产生的新观念、新方法和新理论，其核心内容是通过引入一种新型激励机制，即员工激励经营者机制，构建企业正反馈闭环管理系统。

正反馈闭环管理系统是在现代企业管理系统基础上构建具有激励约束性质的正反馈环节（正反馈机制），将开环系统转变成闭环系统，从而改善管理系统的功能。在建立现代企业制度的过程中，对经营者的激励机制是一个重点，建立什么样的经营者激励机制是公司治理的一个重要问题。已有的较好的制度设计是"年薪制+股权制"。但随着企业文化和竞争对手的变化，出现了经营者对员工的激励机制、所有者对经营者的激励机制、员工对经营者的激励机制。现代大型企业，即便在所有者管理缺位的情况下，仍有办法实现自主经营管理、自负盈亏兴衰、自我激励约束、自我良性发展。未来大型企业在激励机制方面将同时存在这三方面机制。在正反馈闭环管理系统的作用下，企业通过各种方式持续激励员工；员工则更加努力工作，提高效率与效益。最终员工与企业形成紧密的整体，从而增强企业内部的凝聚力、动力和竞争力，并使系统本身产生强大的自激力，促进企业和员工长久、良性发展。

1. 正反馈

在自然科学和社会科学领域里，"反馈"是一个常见概念，如反馈电路、反馈信息等。一般来说，把系统末端的某个或某些量通过特定方法或途径送回始端的过程，就叫反馈。依据反馈对系统产生的作用，可把反馈分为正反馈和负反馈。

2. 反馈环节

从系统环节角度来说，用来实现反馈的具体方法或途径所构成的部分，就叫反馈环节。就某一系统而言，往往存在多种反馈环节的模式。究竟采用哪种模式的反馈环节，需要从实际需要出发。

3. 开环和闭环系统

系统不加入反馈环节，叫开环系统；系统加入反馈环节，就叫闭环系统。

4. 正反馈闭环管理系统

具有正反馈环节（正反馈机制）的管理系统，被称为正反馈闭环管理系统。该系统具有自激循环的性质。

正反馈闭环管理系统理论有两个假设前提。

（1）人具有为公众谋利益并希望得到公众承认、拥护和回报的欲望。

（2）公众为了维护和提高自身利益，会遵循舍小取大的原则从而形成一定的组织和法则。

该理论的基本观念如下。

（1）该理论强调，判断一种行为值不值得做，主要看自己的利益是否有所增加，而不是看别人的利益是否比自己增加得多。

（2）该理论认为企业实施正反馈行为的实质是改善生产关系，是企业民主管理形式的发展。

（3）该理论认为正反馈行为是一种回报率高的系统内部投资行为。

（4）该理论认为在企业实施正反馈行为时，经营者多得的利益，实际上并不是来源于职工利益，只不过借职工的利益先行一步，其真正的来源是市场和损耗。

（5）该理论认为企业实施正反馈行为，能促使企业步入良性循环的发展轨道，进而使国家在政治、经济和社会稳定发展等方面受益。

实践中，人们为了改善系统功能，往往建立一定的反馈环节，形成末端对始端的影响和作用。正反馈闭环管理系统的目的在于改善经营管理，在满足特定反馈条件时，经一定的反馈周期和反馈途径，由系统末端作用于系统始端，强化始端功能，进而强化中间功能及末端功能。整个系统功能提高后，一方面会降低系统利益的损耗，另一方面会从市场上获取利益增量，两方面利益之和大于反馈成本。因此，反馈环节不仅可以补偿系统末端的利益，还可以增加其利益。系统末端利益增大后，反馈利益会相应增大。依次循环，系统功能会逐步提高，系统利益会逐步增大，这就产生了良性循环。

当前，大多数公司的业绩低于预期，原因在于他们的战略与经营出现了脱节情况。如果采用闭环系统，公司首先会确定战略的内容，然后将其转化为特定的目标和举措，接着在战略的指导下制定运营计划。在实施战略和运营计划的过程中，管理人员需要持续监控和了解内部产生的结果，以及掌握有关竞争对手和外部商业环境数据，最后定期评估公司战略，并根据评估结果适时调整战略，从而形成新一轮循环。如果公司能够建立一个这样的闭环系统，就能够避免上述问题的出现。

就企业管理系统而言，企业的经营者可以作为系统的始端，广大员工可以作为系统的末端。广大员工的利益不仅取决于自身的努力，还取决于企业经营者的努力。为了维护和提高自身的利益，广大员工可通过职工持股会或代表大会确定具体的反馈条件、反馈种类、反馈途径、反馈力度和反馈周期，激励和约束经营者，从而形成正反馈闭环管理系统。

（三）工作丰富化和自主性

曾经有教育和人力资源专家经过调研发现，调动学生的学习积极性和员工的工作积极性，提高学生的学习效果，提高员工的工作绩效，不一定非得把学生的学习安排得满满当当，让他们只是机械、刻板地被动学习，整体疲于奔命；也不一定非得过分强调员工的专业化而忽视工作内容的丰富性。给予学生和员工一定的自主空间，让学生的学习生活丰富多彩，让员工的工作内容丰富化，增强他们的自主性，是调动他们积极性的关键所在，正所谓"我的工作（学习）我做主"。

1. 工作丰富化

工作丰富化是赫兹伯格在 1968 年第一次提出，是对泰勒主义思想下简单化、重复化的传统工作设计理念的颠覆。1976 年，工作特征模型的问世给工作丰富化提供了更细致的理论分析和操作指南，其核心观点是：让员工承担更多重要的任务、更大的责任，并赋予员工更大的自主权，给予相应的工作绩效反馈，这样设计必然导致更高的员工满意度，更高的员工绩效。工作丰富化的目的是增加内在激励，从而让员工更加喜欢自己的工作。管理者可以通过多种方式实现工作丰富化。例如，允许员工自行安排工作时间，由员工自主决定应该如何完成工作；通过工作设计为员工提供学习新技能的机会；放心大胆地任用下属，以增强其责任感等。

工作丰富化应该以满足员工长期职业发展、取得成就以及获取良好人际关系和相应支持的需求为主要特征。因此，丰富化的工作设计主要包括以下三方面的特征。

（1）提高员工就业能力的职业发展特征。员工要在职业上获得保障并实现持续成长，需要丰富其专业知识，不断提高职业技能，持续拓展综合能力，这要求其所从事的工作应该具有一定的广度和深度。

（2）促进员工影响力的成就特征。工作的成就特征体现了工作结果对他人和企业的影响。具体体现在两方面。一是与受益人的互动。比如，教师与学生进行长期、深入、全面的沟通和交流，从中获得的成就感远大于单纯的体力劳动，其工作激励程度也更高。二是工作的完整度。工作越完整，即员工所执行的工作在整个工作流程中所占的比例越高，其结果越容易被识别和衡量，对受益人的影响也越大。

（3）利于和谐人际关系构建的关系特征。工作的关系特征源于工作任务的相互依赖和工作结果的相互关联，员工期望从工作中获得支持、友谊，以有效地完成工作，缓解工作压力。

关于工作丰富化的证据表明，它能够减少缺勤和离职成本，提高员工的满意度。但是不是所有的工作丰富化方案都能产生相同的效果。最近的一些证据表明，工作丰富化最适用于弥补绩效反馈和奖励系统的缺陷。

2. 自主性

海克曼（Hackman）和奥尔德姆（Oldham）提出，工作自主性是工作给予个人在安排工作、决定工作方式上的自由、独立性和裁量权的程度，是工作的五个核心特征之一。组织行为学学者洛克（Locke）从理论上阐述了影响工作满意度的因素包含了工作自主权。员工的自主性程度部分反映了工作的特征和要求。对护士、销售人员、新闻记者等专业人士的研究发现，工作自主性通过影响其工作满意度而影响工作绩效。这些人的工作特质决定了他们在工作中面临着多变和复杂情况，需要有一定的自主性来处理。他们能够感受到的工作自主性越大，越会有更多的自由和权限来选择让客户更满意的方式。

其实不仅仅是在专业领域，在全球化和知识经济的浪潮中，大多数工作组织都发生了变化，与之相对应的人力资源管理和开发系统也要发生变化。工作组织呈现出多元化、扁平化、灵活化的趋势，这带动了人力资源管理从过去的控制导向型管理方式向参与式管理方式转变。那尹（Nguyen）、泰勒和布拉德利（Bradley）开展的一项并非针对特定行业员工的工作自主性影响研究发现，随着个人对工作控制度的上升，工作满意度得到提升，其中从"完全没有工作自主性"提升到"有很小的工作自主性"这一阶段，工作满意度的提升最明显。

工作自主性的提升方法有：① 加强职业素质的培训指导教育；② 将每个工作进行工艺化处理，并制订详细的标准；③ 加强对日常工作的监督，明确奖罚机制；④ 每月加强工作质量考核，并将考核结果与员工待遇挂钩；⑤ 重视员工的抱怨，从管理的角度去看待问题，是否存在漏洞并需要改善。

工作内容的丰富化和工作自主性至关重要。一个人要有成就感和价值感，不能被动等待他人的关注和尊重，而是要自己勇于尝试、善于探索，要勤奋、坚持，尽可能地使自己的学习、工作和生活更充实，学习、工作丰富多彩。这是个人幸福感、价值感和成就感的重要来源。同时，管理者和老师也要注重为员工、学生丰富其工作内容、学习内容和科研活动，为其实现自我充实、自我成长提供更好的环境和氛围（不一定局限于物质条件）。

（四）创造力与创新失败容忍

无论是个体、组织还是国家，创造力与创新失败容忍都是关系到发展的重要问题。因此，对于创造力和创新失败容忍的研究和应用尤为重要。

当今有竞争力的组织通常具有这种特征：组织各个层面的员工能够针对工作中的挑战提出新的思想和解决方案。这些新思想可以是一个新产品或技术、一种新的制造过程、对现有产品的改进、服务质量的提升，或一种留住优秀员工的新方法。如果没有这种创造力和创新失败容忍，许多组织将难以在日益动荡的环境中生存下去。由此，激励员工在工作

144

中更具创造力和创新性，成为管理者的一个重要职责。

创造力，是指个体提出新思想和从现有思想中发现新观点的能力。创造力产生的过程，也是员工和群体对出现的问题形成独特思想或新颖解决方案的过程。创造力包括对现存的和新出现的问题形成新的思考或解决方法。相比之下，创新强调的是对创造力或新思想的成功执行。创新失败容忍强调的是要容忍创新带来的后果，因为绝大部分的创新都将以失败告终，如果整个社会没有容忍失败的环境，那么创新是很难持续的。只有一个容忍失败的大环境存在，整个社会才会进步。一直以来，整个社会都在鼓励成功，但创新最需要包容失败。不要让失败的人在社会里觉得非常沮丧，要让他们听到鼓励的声音。要创新，我们就要逐渐改变已有的观念，形成一种新的价值观，不再盲目崇拜单一的成功，能宽容失败，容忍失败。创造力与创新失败容忍通过增强组织人力资源的投资回报，共同帮助促进组织的效能提升。

从个体角度来说，按照内容型激励理论的观点，从个体创造力与创新失败容忍的角度，应针对员工的需要进行工作设计，为有不同需要的员工提供不同的工作环境。对于追求自我实现的员工而言，由于任何工作都蕴含着创新机会，管理者应当给予他们充分发挥的空间和余地，以激励其创新心理和能力。

与此同时，根据麦克利兰成就需要理论的观点，企业不应限制创新，以成就需要激励员工的工作动机，使其脚踏实地地发挥创新能力，为组织做出更多的贡献。

事实上，单一的激励方式往往难以长期达到预期的激励效果。在管理实践过程中，企业要根据实际情况，综合运用多种激励方法，把激励的手段和目的结合起来，改变思维模式，真正建立起适应企业自身特色、时代特点和员工需求的、开放的激励理论体系，这样才能使企业在激烈的市场竞争中立于不败之地。

关键概念

激励（motivation）

需要层次理论（hierarchy of needs theory）

双因素理论（motivation-hygiene factors）

成就需要理论（achievement need theory）

期望理论（expectancy theory）

公平理论（equity theory）

强化理论（reinforcement theory）

挫折理论（setbacks theory）

复习思考题

1. 什么是激励？所有行为都是可以激励的吗？

2. 什么情况下绩效直接受激励的影响？什么情况下绩效受环境和能力的影响？

3. 激励的方法有哪些？如果你是销售部的经理，你会采用哪些激励方法？原因何在？

4. 结合激励机制的构成要素，简述如何实现合理、有效的激励。

5. 比较赫茨伯格的双因素理论和马斯洛的需要层次理论的异同。如果你是一位经理，你会选择哪一种理论？为什么？

6. 马斯洛的需要层次理论在新时代下是否存在不合理之处？请说明原因。

7. 根据期望理论，管理者在进行激励时应该处理好哪几方面的关系？

8. 根据公平理论的相对公平与绝对公平内容，谈谈如何消除主观不公平感。

9. 对比说明横向公平与纵向公平。

10. 对于员工在工作中产生的不公平感觉，管理者应该如何对待并消除其负面效应？

11. 运用所学激励理论说明对员工或者学生的激励中，金钱为什么不是万能的？

12. 除了课本中所讨论的，公平理论对于管理工作还有哪些意义？

13. 你是否认同个体差异影响员工看待工作的态度？请解释你的观点。

14. 结合你的学习或工作经验，对该过程中激励你的因素进行阐述，并分析这些因素为什么能激励你。

15. 有没有无法测评绩效的工作？为什么？

16. 对于部分大学生"主动失业"的现象，结合本章内容，分别从学校、学生、企业角度谈谈应如何推动学生与其就业意愿的对接。

管理游戏

今天你发"糖豆"了吗？

参与人数：全体学生，若不超过 60 人则不分组；超过 60 人，按人数对半分即可

时间：10~15 分钟

场地：教室

道具：纸、笔、一些奖品（食物、学习用品、生活用品等均可）

游戏规则与程序：

1. 给每个人 5 分钟的时间，让大家如实地、尽可能多地为其他成员（人数多时可自由选取 5~10 人）写下赞扬（糖豆）的话语，这些赞扬的内容可以是比较浅显的（你的书包真不错，你的衣服和你很相称等），也可以是比较个人化的（你很有音乐细胞，你为人很正直等）。唯一需要遵循的原则是，在相互交换写下的赞扬时，赞扬者要主动寻找接受者，并且与其进行目光交流和握手。此时，可以由赞扬者说出对方的优点，而接受者回应一声"谢谢"。当然，这些写下来的赞扬也可以是匿名或折起来的。

2. 所有的成员把自己写的赞扬（糖豆）都交给别人后，收到"糖豆"的人才可以打开它们。每个人都坐下，同时打开他们收到的礼物。

3. 对现场的气氛进行评价。

4. 在示意成员查看手中的"糖豆"前，向他们提问："你们中有多少人从某个你从未给过'糖豆'的人那里收到了至少一个'糖豆'？""你对此感觉如何？""为什么我们中有那么多人忽视了真诚赞扬？"

5. 当每个人打开自己收到的"糖豆"时，整个班级的情绪不断高涨，班级内相互支持的良好风气也会形成。有些成员可能会感到有些窘迫，但毫无疑问，这样的经历是令人愉快的。

相关讨论：

1. 为什么我们总是抑制自己如实赞扬我们所关心的甚至是一直留心观察的同学呢？

2. 当你看到别人所写的关于你的一些优点和赞美时，你的感受如何？

3. 在条件允许的情况下，大声念出别人给获得"糖豆"最多的同学的赞扬，并邀请这位同学上台分享自己的感受。

4. 你还要再送一些"糖豆"给其他人吗？如果有这个想法，为什么之前没有做呢？

5. 你认为激励的表现形式和内容有哪些？

案例分析

锐意大成"宗"济百姓
——师宗烟草"品牌原料工厂模式"创新实践①

"孔子之谓集大成。集大成也者，金声而玉振之也。"2011年年初云南烟草开始宣贯的"大成文化"即源于此，也融于云南绚丽多姿的民族文化，凝于"利国惠民，至爱大成"的价值理念，成于云南烟草"普惠烟农，服务客户"的锐意践行。师宗县烟草公司（简称"师宗烟草"），正是用"大成在我心中，服务看我行动"的理念，努力打造师宗适应现代市场经济的"品牌原料工厂"模式，为助力烟草农业现代化、构建烟草品牌化、保障烟农利益最大化提供了有效的途径。

一、师宗烟草"大成"之源

师宗县位于中国最大的产烟区曲靖市，有着悠久的产烟历史，早在清朝乾隆三十年（1765年），烟草就传入师宗开始种植，并成为当地农民经济收入的主要来源之一。

师宗县位于云南省东部、曲靖市南部，境内山谷盆地较多，地势平坦，土壤有效成分含量丰富，具有典型的北亚热带与温带共存的高原季风气候，年平均气温13.8℃，烤烟大田生产期为5月至9月，平均气温20.1℃，全年平均日照1 753 h，日照率40%，太阳辐射全年平均119.44 Kcal/cm²，为烤烟从移栽到成熟采收提供了最适宜的温度、日照等烟叶生长的重要自然生态环境条件。

---

① 段万春. 组织行为学教学案例集［M］. 北京：高等教育出版社，2015.

依托悠久的烟草种植文化和适宜的烟草种植条件，师宗烟草种植取得了长远的发展。1956年、1966年和1979年，师宗县相继被列为省重点烤烟生产县、23个烤烟生产重点县和全国41个烤烟基地县之一，师宗烟草的重要地位可见一斑。伴随着各级财政补贴的不断投入，师宗烟草生产的基础设施不断完善，烟叶生产也已经从最初的烟叶品种引进和种植技术推广，过渡发展到生产流程和生产组织管理优化。

回顾师宗烤烟生产的历程，从QTP模式到聚约式收购模式的探索实践，从2008年抵御冰冻灾害到2010年抗击特大旱灾，从中低产田改造到滇东现代烟草农业建设，从烟叶收购电子结算全面推广到专业化合作社的组建成立，师宗烟叶核心市场竞争力得到不断提升，所产烟叶深受国内卷烟工业企业和国外烟叶原料商的青睐，烤烟产业不断发展并成为师宗县的重要支柱产业，为全县经济建设和社会发展做出了重要贡献。

继往开来，随着烟草行业工商分营、烟草行业严格贯标及烟草农业现代化建设的推进，师宗烟草也面临着发展方式和发展理念转变的重大问题。

二、师宗烟草"大成"之启

烟叶生产属于农业生产活动，具有现阶段中国农业生产的典型特征，即生产主体分散、品质差异波动大、生产周期长、涉及环节多、劳动强度大、对比效益不高、抗灾能力弱。而又由于烟叶属于特殊的农产品，其生产经营还具有生产计划性强、附加值高、商业流通管制严格、生产标准逐渐提高、管理成本高的特点。在2003年烟草行业实行工商分营以来，以烟叶作为主要经济作物的师宗地区，其烟叶生产管理和烟草农业现代化面临诸多挑战。

2008—2009年，师宗县紧紧围绕"一基四化"基本建设要求开展师宗现代烟草农业建设工作，2009年以10.62万亩[①]中低产田改造为切入点，坚持在探索中起步，在实践中完善，按照"效益驱动、大户带动、政策推动、管理促动"的建设思路，积极开展现代烟草农业示范建设。通过示范引路，模式带动，师宗烟草进行了组织管理模式创新，提高了集约化经营水平；破除了田埂限制，积极推动土地流转，提高了规模化种植水平；加大了农机配套力度，积极推行机械作业；健全体制机制，提高了专业化服务水平；积极探索建立"一卡制"管理体系，提高了信息化管理水平；切实抓好基础设施建设，提高了烟叶生产综合能力；积极推行烟叶标准化生产，提高了规范化管理水平；建立培训管理体系，提高了整体素质水平。

然而，以市场需求为导向的烟草工业企业为师宗烟草发展提出了新的要求。卷烟工业企业正在开创的烟草品牌化建设，烟区供应烟叶的品质和数量的稳定以及烟叶品种的持续创新，成为连接烟区建设与卷烟工业企业发展的纽带，进一步对师宗烟草烟叶生产品牌化、烟区管理系统化、烟区建设社会化提出了根本性的改革需要。

三、师宗烟草"大成"之探

作为领导师宗烟草探索改革新路径的总舵手，师宗烟草的吴总经理深刻地认识到，如

---

① 1亩＝666.67平方米。

果一个企业没有自己的追求和目标，不能顺应市场化发展需求，不断转变经营方式，就不能形成长久的竞争力，企业发展到一定阶段，总会出现大的问题。

针对国家烟草专卖局"现代烟草农业建设项目"，师宗县紧抓机遇，组织国土、水利、气象等有关部门，经过充分研究、探讨和深入细致的实地勘测，对师宗县现代烟草农业建设进行全面规划布局。按照"整体规划、系统设计、整合资金、综合配套、以点带面、分步实施"的思路，师宗烟草围绕"彰显特色、突出风格、提质降本、减工增效"的目标要求，出台了"1146"规划纲要，即遵循"生态烟叶"一条主线，全面实施"沃土工程"，通过"资金、项目、资源、力量"四大整合，统筹安排县区内六个基地单元，以整体推进师宗现代烟草农业建设。

通过整体规划、系统设计，师宗烟草在探索形成以企业文化构建和深化为导向的现代烟草农业实践过程中逐渐找回了其"面向烟企、心系烟农、服务社会"的流通型企业职责，为融合"大成文化"、形成"大成烟叶生产模式"打下了基础。

四、师宗烟草"大成"之果

伴随着曲靖市烟草公司宣贯"大成文化"各项活动有序进行，师宗烟草迅速总结了以往烟草农业现代化的建设成果，形成了以"大成在我心中，服务看我行动"为主题的"烟叶结构优化活动、品牌培育行动、执法惠民行动、素质提升行动、精细化管理行动、我要廉洁行动"大成服务六大行动安排。从 2011 年 2 月师宗烟草组建大成文化宣贯领导小组，开始"大成文化"宣传发动期，到 2011 年 10 月师宗烟草"大成文化"进入提升固化期，师宗烟草"大成文化"宣贯硕果累累，其"大成在我心中，服务看我行动"的理念与实践已经在云南省烟草公司的"大成文化"宣贯会议上作为省内典例进行了宣讲汇报。

截止到本案例结束访谈、开始撰写，师宗县前期规划的"八大工程""三种生产组织形式""八种专业化服务""四大体系""四项配套试验研究"基本形成"面向烟企、心系烟农、服务社会"的综合服务体系并按照师宗人对"大成文化"的深入理解有条不紊地进行整体推进。师宗烟草发展模式也已经从最初单纯的烟叶品种引进改良、烟叶种植技术推广、烟区基础设施完善、烟叶生产流程优化，发展到了依托烟草企业文化、按照现代烟草企业发展要求进行基于价值链的流程化管理与目标管理和精细化管理阶段，基本形成了令师宗烟草人引以为荣的"品牌原料工厂"模式，在烟草行业推行烟草农业现代化建设活动中成为一面独特的旗帜。

五、师宗烟草"大成"之梦

"'大成文化'核心理念的准确定位决定了云南烟草企业文化建设的持久生命力，同时'大成文化'的高度、深度、广度、角度又很好地对云南烟草各地多年形成的各种文化进行了最有效的整合与统领。"师宗烟草就是在这样的契机下，在云南烟草宣贯"大成文化"的过程中迅速形成了自己的发展特色，用一体化的行动方案、系统化的信息协调、精细化的流程管理、多元化的价值保障铸就了师宗烟草今天的非凡业绩。

"大成文化绝不仅仅是一个理念，更不应该只作为一次宣贯活动就这样终止了。"在访谈中我们了解到，吴总经理带领下的师宗烟草进一步把"大成文化"融入师宗分公司生产经营、日常管理、员工素质提升之中，力求通过建立工作责任体系、学习教育体系、工作推进体系和规章制度体系，增强员工的认同感、使命感和归属感，努力在师宗烟草内部实现"目标同向、文化同心、制度同构、行为同轨"四个长期目标，以进一步有效推进烟草农业现代化建设、调动烟农生产积极性、保障并提升烟农及工业企业经营利益。

在师宗烟草人看来，"六个大成服务行动"已经成为一个契机，师宗烟草将进一步把"大成在我心中，服务看我行动"引向深入，让"大成文化"在师宗烟草的各个角落、各个岗位落地、生根、开花、结果，让"利国惠民，至爱大成"的大成文化理念在师宗烟草发展的各个环节实现"普惠烟农，服务客户"的基本设想。

【思考题】

1. 根据"效益驱动、大户带动、政策推动、管理促动"的建设思路，谈谈师宗烟草是如何建立有效的激励机制的。

2. 通过"资金、项目、资源、力量"四方面整合，在整体推进现代烟草农业建设过程中，师宗烟草如何协调烟农、商业、工业三方面关系，提高其激励效果？

3. 目标管理强调对计划落实情况的持续控制和协调，但在某种程度上可能会限制员工的工作热情。师宗烟草是如何避免这种情况的？

4. 新时代下，针对烟农种烟收益不高、积极性不高等现象，你认为师宗烟草应如何调整激励策略，才能有效保证烟农利益，保障烟草商业、工业企业的基本利益。

第六章　组织沟通理论及应用

【学习目标】

1. 理解沟通的概念和重要性，掌握其作用
2. 了解沟通的渠道，选择最可行的沟通渠道
3. 了解沟通的障碍及改进方法
4. 掌握特定情境下沟通问题的应对办法

导入案例

阿维安卡 52 航班飞机的悲剧

1990 年 1 月 25 日 19:40，阿维安卡（Avianca）52 航班正飞行在美国南新泽西海岸上空 11 277.6 米的高空。机上的油量可以维持近两个小时的飞行，在正常情况下飞机降落至纽约肯尼迪机场仅需不到半小时的时间，可以说油量十分充足。然而，此后发生了一系列的变故。

20:00，肯尼迪机场航空交通管理员通知 52 航班的飞行员，由于空中交通管制问题他们必须在机场上空盘旋待命。

20:45，52 航班的副驾驶员向肯尼迪机场报告他们的"燃料用完了"。管理员收到了这一消息，但在 21:24 之前，飞机仍没有被批准降落。在此期间，52 航班机组成员没有再向肯尼迪机场传送任何有关情况危急的信息，却紧张地相互通知他们的燃料供给出现了危机。

21:24，52 航班第一次试降失败。由于飞行高度太低以及能见度太差，无法安全着陆。当肯尼迪机场指示 52 航班进行第二次试降时，机组成员再次提到他们的燃料将要用尽，但飞行员却告诉管理员新分配的飞机跑道"可行"。

21:31，飞机的两个引擎失灵，1 分钟后，另外两个也停止了工作。耗尽燃料的飞机于 21:34 坠落于长岛，机上 73 名人员遇难，85 人生还。

调查人员在调查飞机黑匣子，并与当班的机场管理员讨论之后，发现导致这场悲剧的原因是沟通障碍。为什么一个简单的信息既未被清楚地传递，又未被充分地接收呢？

资料来源：根据新浪网相关资料整理.

第一节　沟通的概念与重要性

个体在群体及社会行为中，通常需要大量的信息，其中大部分需要个体通过他人、群体或必要的信息载体来获得或发送。实验统计证明，个体一般情况下将其70%的非睡眠时间用于沟通活动——读、写、说、听等，因而，拥有一个良好的沟通环境并保证彼此信息传输的及时和畅通是群体取得成功的重要因素之一。

一、沟通的概念

沟通也称意见沟通，是联络、通信的意思，是信息的交流。沟通既可以是通过通信工具进行的信息交流，也可以是人机之间的信息交流，还可以是人与人之间的信息交流。其中人与人之间的信息交流是组织行为学主要研究的沟通课题，目的是提高人际沟通和组织沟通的技巧与效能。完整的沟通必须包括信息的传递和反馈。信息的传递是指信息从发送者到达接收者，而反馈是指信息的接收者将结果再传达给发送者，前者是沟通发生的必要条件，后者是沟通完成的必要条件。因此，组织行为学所讲的沟通是指个体与群体两类思维主体之间通过信息传递和交换各自的意见、观点、思想、情感与愿望，相互了解、相互认知，形成相互默契，从而完成群体或组织目标的过程。

在此过程中，沟通包括个体与个体之间、个体与群体之间和群体与群体之间三种基本方式。没有沟通，群体就不可能存在。只有通过不断的信息传递和交换，才可能获得对感知对象的整体认识和更加全面的掌握，才可能对需要完成的目标达成一致的意见和看法，才可能形成相互默契和共同遵循的行为规范等。因此，沟通的本质不是一种技术事件，而是一种社会行为。

二、沟通的重要性

沟通在组织生活中非常重要。在一个复杂的组织体系中，有效沟通是合作和建立高效团队的前提。

在社会或家庭中，缺少沟通交流会引起生气、不满、沮丧和紧张的情绪。在商业领域也同样如此，从而降低一个组织的工作效率，降低的幅度取决于这种情绪的强烈程度或是带有这种情绪工作的人的工作性质。组织内部沟通的最终目的是激发人们的行动以达到成功，否则行动将会按原路直接返回沟通的起点。

在群体或组织中，沟通有四种主要功能：控制、激励、表达情绪和提供信息。

（一）沟通可以控制员工的行为

组织可以通过让员工遵守组织中的权力等级和正式指导方针等沟通规则，实现对员工的控制。比如，员工要首先与直接上级主管交流有关工作方面的问题，如要按照职务说明书工作或要遵守公司的规章、制度等。通过沟通可以实现这种控制功能。另外，非正式沟通也能控制员工的行为。比如，当工作群体中某个人十分勤奋、工作绩效过高，使其他成员相形见绌时，其他成员会通过非正式沟通的方式控制该成员的行为。

（二）沟通可以通过不同的途径激励群体成员

组织可以通过明确告诉成员应该做什么、如何做，以及若没有达到标准应该如何改进的方式来激励员工。另外，组织中具体目标的设置、实现目标过程中的持续反馈以及对理想行为的强化等措施都有激励作用，而这些措施都离不开沟通。

（三）沟通可以满足成员表达情绪的需要

对很多成员来说，群体是主要的社交场所，个体通过群体间的沟通来表达自己的满足感或挫折感。因此，沟通提供了一种宣泄情感的情绪表达机制，并满足了成员的社交需要。与同事沟通能获取一些有价值的信息，从而帮助员工更好地管理他们的工作环境。例如，研究表明，当同事与新同事交流一些过来人的智慧时，包括如何避免办公室政治、正确完成工作流程、寻找有利资源、解决棘手客户等，能令新同事更快地融入组织。在情感上，沟通本身就是令人慰藉的经历。事实上，有更多的社交活动时，人会减少患有情感障碍、心血管疾病和其他生理或心理疾病的可能。本质上，人内心有相互联结的驱动力和需要，去验证自我价值、维护社会身份。沟通是满足这些驱动力和需要的手段。

（四）沟通可以为群体决策提供信息

沟通的最后一个功能与决策角色有关，它为个体和群体提供决策所需的信息，使决策者能够确定并评估各种备选方案。想象在没有任何决策背景信息、可选方案信息、选择输出结果信息、决策实现目标程度信息的情况下做决策会面临多大挑战。所有这些要素的获取都需要与同事、外部环境的利益相关者进行沟通。例如，当机长鼓励下属共享信息时，航班工作人员能够做出更好的决策，从而降低事故发生的可能性。

第二节　沟通渠道与选择

一、沟通渠道

沟通模型中至关重要的一部分是信息传播的渠道或者媒介。这里有两种主要的渠道类型：语言的和非语言的。语言沟通主要是指由具有共同意义的声音和符号、具有系统的沟通思想、感情及话语组合形成的交谈形式三者所组成的一种人际沟通方式。说话与文字的使用都属于语言沟通的范围。而非语言沟通则主要指肢体动作（如目光的接触、面部表情、手势、姿态等）和环境因素（如交谈时的灯光、气温、地点、衣着、外貌等）等在人际沟通中的作用。虽然口语和书面的沟通都属于语言沟通（即都使用了语言），但这两者是非常不一样的，它们在沟通的效力方面也拥有不同的优点和缺点。传统的书面沟通方式传递信息的速度要比口头沟通慢，但微博、电子邮件和其他以移动终端为媒介的沟通渠道已显著地提高了书面沟通的效率。

（一）书面沟通

书面沟通指的是用书面形式进行的信息传递和交流，包括书面通知、书信、便条、研究报告、工作手册、定期刊物等。这些一般都属于间接的传媒沟通。书面沟通的信息容易保存，内容全面且逻辑清晰，具有准确性和权威性，不受时间和地点的限制；缺点在于其花费时间较长，且信息传递存在滞后性。

随着互联网的兴起，社交媒体极大地丰富了书面沟通的渠道。社交媒体是以网络为基础，允许使用者产生互动、分享信息的渠道。著名的社交媒体包括 E-mail、Facebook、LinkedIn、X、Wikipedia、TypePad（blogs），国内新兴的社交媒体有微博、微信、抖音、今日头条等。与传统网站只是创造者向受众"推送"信息不同，社交媒体是发送者和接收者之间对话性的互动。社交媒体能使用户通过社交媒体内容产生公众身份定义。社交媒体是"社交的"，因为它们鼓励通过链接、相互对话的方式形成社区。例如，维基百科等平台鼓励通过合作编辑内容形成公共空间，受众可以通过反馈和链接别人的内容到自己的社交媒体空间参与互动。

（二）口头沟通

口头沟通是运用口头表达方式传递和交流信息，包括小组讨论、面谈、对话、演讲报告、电话、市场访问、非正式谈话、交流等，通常是面对面的直接沟通。其优点在于可以借助身体语言生动形象地传播信息，增加信息本身对人们的感染力；沟通方式比较灵活、简便易行、速度快、有亲切感；双方可以自由交换意见，可以当场进行交流、得到反馈，便于双向交流。缺点在于信息稍纵即逝，信息内容易受人际情感等因素的影响；受空间限制，人数众多的大群体无法直接对话；口头沟通后保留的信息较少。

（三）非语言沟通

非语言沟通指的是用非语言符号系统进行的信息沟通，包括面部表情、音调、说话者彼此间的距离甚至沉默的时间。当噪声或者距离阻碍了语言传播，或者由于需要即时反馈而使书面沟通变得不可行时，非语言沟通就变得相当必要了。但即便是在安静的面对面的会议上，大部分的信息沟通都是非语言的。不像平行的交谈，非语言沟通可以通过信号给沟通双方提供一些微妙的暗示，如在谈话中强调他们的兴趣、爱好或者说明某个关系中他们的相对身份、地位。非语言沟通可分为与人有关的非语言沟通和与环境有关的非语言沟通两个方面。

（1）与人有关的非语言沟通，包括手势、表情、动作、体态变化、眼神、身体距离等。

（2）与环境有关的非语言沟通，包括办公室的设计和布置、房屋的建筑结构等。

非语言沟通在某些方面不同于语言（即书面和口语）沟通，它没有语言沟通那么多规则限制。我们在对口语的理解方面接受了很多正规的训练，而在对理解非语言的信号方面，却没接受多少训练。因此，非语言的暗示往往模棱两可，也很容易被曲解。但同时，有很多面部表情（如微笑）具有固定的意义，而且这种意义具有普遍性，从而为跨文化交流提供了可靠的沟通方式。

语言与非语言沟通的另一个不同点就是，前者一般是有意识的，而后者大多数是自发的和无意识的。我们一般会针对我们所说的或所写的内容组织文字，却很少会在谈话过程中计划好何时眨眼、微笑或者做其他手势。确实，正如我们刚刚提及的，很多面部表情在不同的文化背景下都有同样的意思，那是因为这些表情都是我们对自身情感的一种无意识的自我反应，相对固定。例如，快乐的情绪会让大脑中心运行起来，使人咧开嘴巴，而负面的情绪会使人产生紧绷的面部表情（皱眉头、嘴唇紧闭等）。

二、沟通渠道的选择

选择错误的沟通媒介会减弱沟通的效力。在特定的情形中，要根据沟通者及渠道的特点来选择合适的沟通渠道。

（一）组织规范

组织和团队具有针对特定沟通渠道的使用规范。这些规范从某些方面解释了为什么在一些公司里面对面会议比较常见，然而另一些公司却将以电脑为基础的视频会议（例如网络电话）作为主要沟通媒介。研究表明，国家文化在选择特定沟通渠道时扮演重要角色。例如与上级沟通时，韩国人比美国人较少地使用 E-mail，因为韩国人认为这种方式不太尊重上级。

（二）个人偏好

个人对某一沟通渠道的偏好也会影响渠道的选择。你可能发现一些同事忽视（或很少检查）语音信箱，但能很快地回复短信或即时通信软件。这些偏好产生的原因与个人的性格特点、以往的经历和某些特定渠道的强化训练有关。在选择沟通渠道时，也需考虑接收人的渠道使用偏好。

（三）渠道特点

渠道特点或象征意义不同，在不同的情境下要选择合适的渠道。一些沟通渠道被视为没有人情味，另一些被视为更有人情味；一些渠道比较专业，而另一些却比较随意；一些渠道比较"酷"，而另一些却比较过时。例如，在传达较为紧急的信息时往往选择电话联系，打电话与其他同步的沟通渠道比发短消息等不同步的沟通渠道更能传递强烈的紧迫感。再如，在通知解雇时，经理用 E-mail 或者手机短信这种沟通方式来传递是不合适的，因为它缺乏人情味。

（四）媒介丰富度

媒介丰富度是指媒介在特定的时间里能够传播的信息的容量和种类。媒介丰富度的衡量标准有 4 个。当一个沟通渠道能够① 传递多种信号（如能同时传递语言和非语言信息），② 允许接收者向发送者发出即时反馈，③ 允许发送者就接收者的特点编码信息，④ 能够让沟通双方使用多种不同的符号（如使用多种含义的语句和词组）时，这种沟通渠道便是高度丰富的。

在非常规的情况下（如意料之外的和罕有的紧急情况），需要使用丰富程度高的媒介，因为沟通双方需要分享大量信息和即时反馈。在常规情况下丰富程度低的媒介就可以满足需要。这是因为信息的发送者和接收者通常具有相似的心智模型和相同的预期。

知识链接 6-1
媒介丰富度的
异议

三、劝说

当劝说别人、改变对方态度或信念时，口语沟通往往比其他渠道更有效，更容易使接收者信任并接受。原因有三：

第一，口语沟通一般情况下都伴随非语言的沟通。当人们同时接收到情感和理智上的信息时，会更容易被说服。而口语和非语言沟通的组合就提供了这样的二重冲击。一个长时间的停顿、扬起的音调和（面对面互动）模仿的手势等都能增强信息中的情感要素，从而更能为某些重要问题发出信号。

第二，口语沟通能够为信息发送者提供高质量的即时反馈，让发送者知道信息接收者是否已经明白并同意这些信息。这些反馈能使发送者更快地调整信息的内容和语气，这个调整速度要比书面沟通更快。

第三，相较于社会临场感低的环境而言，人在社会临场感较高的条件下更容易被说服。在面对面交谈中（高社会临场感），人会更加在意在这种社会情境下别人对自己的看法，因此会十分注意发送者发送的信息，同时也更愿意积极地考虑发送者的观点。

第三节　沟通障碍与改善方法

一、沟通障碍

沟通的有效性是指沟通的准确性、实时性和效率。

当沟通的有效性不能实现时，就造成了沟通障碍，即：信息在其传递过程中由于各种因素影响而造成信息失真、曲解或使沟通受阻、停止、延缓甚至无法使发送的信息到达目的地。造成沟通障碍的主要因素有：

（一）信息源方面的因素

（1）信息发送者的发送目的与组织目的的一致性。发送者在心理上与组织保持一致，有利于发挥自身优势为组织和群体完成目标服务。

（2）发送信息的准确性和及时性。准确定义信息的内涵和外延，确保信息源内容完整、深入，并在信息有效期内完成信息发送工作是有效沟通的必要前提。

（3）信息发送者对传递信息的表达方式和能力。发送者在文字的、口头的、形体语言或者面部表情等不同方式和不同程度的表现既影响信息传递的编码质量，又影响接收人的解码和理解能力的发挥。

（4）发送者对信息反馈、跟踪和监督的要求程度。强调信息传输过程及接收人的反应，不仅可以有效控制信息流向，减少通道滞留时间，还能及时掌握信息内容传递质量的变化情况，确保信息及时、准确到达目的地。

（二）通道方面的因素

（1）通道的选择。沟通通道是信息传输过程中的载体，不同形式和不同种类的载体所具有的不同特性对传输过程的及时性、准确性以及情感交流等方面均会产生相应的影响。

（2）通道与信息传接双方的连接特性。个体成员的编码解码能力不仅是有限的，而且存在着一定的差异，因而通道传接双方不同的连接方式会对信息的传输质量产生不同程度的影响，极可能造成信息的失真和曲解。

（三）信息接收者方面的因素

（1）信息接收者对所传递信息的需求程度。不同的需求程度既影响信息接收者与发送者对信息传递的默契，又影响信息传递的质量。对信息的强烈需求促使接收者更加主动地控制信息准确度、传递方式、传递时间等。这一点是影响有效沟通的重要主观因素之一。

（2）对信息解码和理解能力。信息的编码过程由发送者确定，解码过程则由接收者完成。不同的文化特征、对译码的不同理解和翻译习惯及能力，决定译码还原质量及接收者对传递信息的理解程度。这在民族习俗、社会道德观念、社会实践经验、语言（包括语种、表情及肢体语言等）表达等方面都有较明显的体现。这一点是影响有效沟通的重要客观因素之一。

（3）信息接收者的信息反馈。信息反馈包括接收时间、理解程度以及对信息接收的心理反应等，有利于满足发送者对提供信息的需求及对传递时间和质量的控制。

（四）沟通环境中其他方面的因素

（1）沟通双方对传递信息的需求程度是否一致是沟通过程中重要的影响因素。需求一致能够增加信息内容的准确性，有效降低沟通过程中干扰因素的不利影响，提高传递效能。

（2）沟通双方的情感状态。不同的情感状态容易造成思维、判断、选择、理解过程的不同结果，导致主观因素增加和传递质量降低。

（3）沟通环境的物理条件。时间和空间是群体或个体行为的约束条件，特定时间、空间范围对特定群体的沟通具有不同程度的限制性影响，可能制约信息的编码质量、通道选择、解码质量及反馈效果。

二、有效沟通的方法

（一）有效反馈的技能

无论是管理者还是被管理者，对积极反馈的感知都比对消极反馈的感知要迅速和准确，而且积极反馈几乎总是被接受，消极反馈往往遭到抵制。这并不意味着应该避免提供消极反馈，而意味着应当认识到这种潜在的抵触，并学会在易于被接受的情境下使用消极反馈。研究表明，当消极反馈来源可靠或形式客观时，较容易被接受，即有客观数据（如数字、具体事例等）支持的消极反馈更有可能被接受。以下是使反馈更有效的几个技巧。

（1）强调具体行为。反馈应该具体化而不是一般化，应针对具体行为，告诉接收者因何受到批评或赞扬。

（2）对事不对人。反馈，尤其是消极反馈，应该是描述性的而不是判断和评价性的。

无论管理者如何失望，都应使反馈针对具体工作。

（3）反馈指向接收者和你的共同目标。如果你不得不说一些消极的内容，应该保证这种消极反馈确实有助于你们达到所追求的目标。

（4）把握反馈的良机。发送者对接收者某种行为的反馈与该行为的相隔时间越短，反馈就越有意义。

（5）确保接收者充分理解。要注意反馈是否足以清楚和完整，以使接收者能够全面准确地理解意思。必要的话，应该让接收者复述所反馈内容，以了解本意是否被彻底领会。

（6）使消极反馈指向接收者可以控制的行为。消极反馈应该指向接收者可以改进的和可以控制的行为，最好同时指明如何做才能改进现有问题。这不但减弱了批评造成的伤害，而且给知道存在问题但不知如何解决的接收者提供了指导。

（二）有效授权的技能

（1）分工明确。要确定授权内容以及授权对象，提供明确的信息，明确告知给予授权对象什么权力，希望得到什么结果，以及对时间及绩效方面的要求。

（2）具体指明授予的权限范围。每个授权活动都是与限制相伴的。所授权的是在某些条件下处理问题的权力，因此应该明确授权范围。成功地表达这一信息，可以使上级和下属对被授予的权限范围达成共识。

（3）允许下属参与。确定完成某项工作必须拥有多大权力，可以让负责此项任务的下属参与决策。但要注意，参与决策会引发一系列潜在问题，下属在评估自己能力时可能会带有自利偏见，某些下属的人格特点可能倾向于扩张自己的权力，使其超出需要的范围。

（4）通知其他人授权已发生。不仅管理者和被授权的下属要明确知道授权的内容，与授权活动有关联的其他人，包括组织内外的人员，都应当被告知。需要通报的信息包括授权对象、任务与权力大小，以免造成冲突。

（5）建立反馈机制。这样做使下属能够及时汇报工作进展情况以及遇到的主要困难。控制机制可以监督下属的工作进程，增加尽早发现重大问题的可能性，保证按预期的要求完成任务，还可以确保下属不滥用权力，正确执行组织的决策。

（三）有效训导的技能

训导是指为了强化组织规范和规章，由管理者从事的活动。引起训导的员工行为有旷工、迟到、滥用病假、不服从领导、不使用安全设施、欺骗上级、虚报信息等。在处理这些问题时，使用训导手段有时是很必要的。使训导更加有效的技巧包括：

（1）用平静、客观、严肃的方式面对员工，表述你的意见，同时避免愤怒和其他情绪反应，但也不要以开玩笑或聊家常的方式来缓解紧张和压力，因为它们传递了相互矛盾的信息，使员工感到困惑。

（2）选择合适的谈话时机和地点，避免所传达的信息受其他信息以及噪声的影响。

（3）指明具体问题所在。当面对员工时，指出你有具体针对某问题的记录。向他出示违规发生的时间、地点、参与者及其他任何环境因素。

（4）对事不对人。批评应当指向员工的行为而不是人格特征。

（5）允许员工陈述自己的看法。

（6）保持对讨论的控制。让员工从自己的角度陈述所发生的事情，以便抓住事实真相，但不要让他们干扰训导或使你偏离目标。

（7）对今后如何防范类似的错误达成共识。训导应当包括对改正错误的指导。让员工谈谈他们今后有何计划以确保不犯类似错误。

（四）有效倾听的技能

有效倾听是积极感知信息发送者的信号、准确评估信息、适当回应的过程（见图6-1）。有效倾听包括感知、评估、回应三个要素。感知是从发送者处接收信号并注意这些信号的过程；评估包括理解信息的意思、评估信息以及记住信息；回应是指向发送者发出反馈，从而激发和引导讲话者的沟通。

（1）避免打断别人的讲话，或事先树立一个观点。

（2）设身处地地体会讲话者的说话内容，感受说话者的感觉、想法和情况。

（3）通过充分的眼神交流来发送反馈信号。

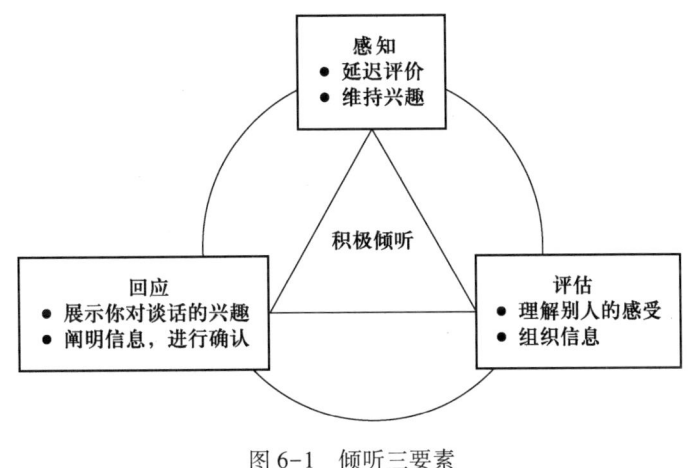

图6-1　倾听三要素

第四节　特定情境下的沟通问题

一、沟通中的性别差异

男性和女性沟通行为存在微妙的差别，这些差别可能导致误解和冲突（见表6-1）。其中一个差异在于，男性比女性更倾向于将对话视为一场有关地位和权力的谈判。他们通过直接给别人提供建议和使用语言技巧来强调他们的权力。还有证据表明，在男性和女性的谈话中，常常是男性掌控谈话节奏，而且比女性更频繁地打断对方，并且不像女性那样常常调整说话风格。

表 6-1 沟通中的性别差异

男性	女性
公事对话——给建议，维护权力	社交对话——建立关系
直接给建议	间接给建议
控制对话风格	可变的对话风格
道歉频率低	道歉频率高
对非语言暗号不敏感	对非语言暗号敏感

在进行"公事交谈"时，男性话语直白，女性话语含蓄。女性尤其常用委婉含蓄的间接表达方式来表示不满，会更多使用间接要求的语言。她们道歉的频率更高，而且征求别人意见的速度也更快。在面对面交谈时，女性对非语言暗号的敏感性要比男性更强，因此男性有时难以把握女性话语的真正含义。

例如，在遇到问题时，女性可能会觉得沮丧，但是男性更倾向于给她们提供建议而非安慰，因为他们习惯于"解决问题"而不是"消除不良情绪"，因此也不明白为什么女性不接受他们的建议。

二、通过小道消息进行沟通

小道消息是建立在社会关系基础之上的非结构化的、非正式的关系网。小道消息能非常迅速地从四面八方向整个组织传送，一些人积极地向其他人传送，接收者和传播者的身份不停地转换，构成典型的簇式传播链。小道消息在具有相似背景、容易传播的地方更加活跃。正式渠道的信息发布需要一定的批准程序和过程，好奇心的驱使、利益的驱动、小团体的需要、个人虚荣心的满足，都会使得人们在第一时间、利用最快速度将未经考证的小道消息向外加速度传播。特别是电子邮件、微信、微博等新媒体的出现，扩大了围绕簇的人群和范围，提高了传播速度，增强了传播效果。

当无法从正式渠道获得信息时，员工可以依靠小道消息来获取。它同时也是传播组织故事和其他组织文化的渠道。和公开传播的信息不一样，小道消息多为焦点信息，传播的往往是发生在人们身边的人和事，与当事人的利益息息相关。同时，这种社交互动能减轻焦虑。在充满不确定因素的期间，小道消息会特别活跃。小道消息与人们建立联系的欲望有关。根据进化心理学家的研究，成为一名流言的接收者是融入某个群体的信号。

小道消息也体现了员工对组织的关注程度。与员工切身利益越接近，小道消息传递得越快，如放假通知、调薪意见、内部晋升等，往往在正式通知宣布之前就有小道消息在组织内部流传。

虽然小道消息有其优势，但仍不是受人喜欢的沟通媒介。小道消息有时会过分地扭曲信息，会加大而不是减轻员工的焦虑。而且，如果管理人员信息沟通的速度比小道消息传播的速度慢，员工会对组织产生更负面的态度。如果小道消息最后得到了验证，就会加深人们对小道消息的信任。而来自正式渠道的信息常常被质疑，从而产生严重失真，使人们丧失甄别信息真伪的能力，影响组织和管理者计划、决策的有效实施，降低组织和管理者的信誉、号召力。因此，组织和管理者应该注意对小道消息的收集和甄别，识别出被管理者普遍关注但感到疑虑的问题和由此产生的焦虑，使决策更具科学性、合理性。有些组织也会听取小道消息，更正那些公然的错误和无稽之谈。但最重要的是，组织的领导者需要把小道消息看成一位竞争对手并直面挑战，在小道消息还没传开前，直接向员工通告相关信息。

三、东方文化的含蓄式沟通

以西方观点来看，清楚而直接的沟通有很大的价值。以东方人的角度来看，沟通的目的是建立一个良好而且持久的关系，这需要微妙的、柔和的语言来达成。学者曾仕强将含蓄式沟通解释为：和谐绝非讨好、看开而非看破、圆通绝非圆滑、尊重而不盲从。

根据交流所传达的意义是来自交流的场合还是来自交流的语言，文化可以分为高语境和低语境两种。爱德华·霍尔（Edward T. Hall）使用下列方法定义高、低语境：高语境的交流或信息是指大多数信息都已经体现出来了，只有极少的信息清楚地以编码的方式进行传达。低语境的交流正好相反，即大多数信息都是通过外在的语言方式进行传达。高语境文化紧密地依靠情境，要么是沟通的实际环境，要么是内化的社会环境。如果情境在沟通中被清楚地提到，那么沟通的信息就可以是简略的、间接的和暗指的。反之，在低语境文化中，信息几乎完全是"说出来"的。

传统上，东方人在日常的沟通里习惯于"不明言"，喜欢"点到为止"，以免伤感情。听者也提倡听言外之意、话外之音。

极端的情况是，在东方文化里，一些人说得含含糊糊的时候，就是他本来的想法；当说得清清楚楚、明明白白、斩钉截铁的时候，未必是真话。在跨文化的组织里面，如果以这种隐晦的方式去沟通，可能会造成一些误会。

四、网络平台环境的沟通

网络沟通是指通过基于信息技术（IT）的多媒体网络来实现的人与人之间思想、感情、观念、态度的交流和信息相互交换的过程。网络沟通大大降低了沟通成本，极大地缩小了信息存储空间，使工作更加便利。但网络沟通也可能会造成沟通信息超负荷、纵向沟通弱化、横向沟通扩张等问题。

（一）网络沟通在组织中的应用

现代管理学理论奠基人彼得·德鲁克所称的"第四次资讯革命"为组织沟通带来了革命性影响，使组织内部信息沟通的方式和途径发生了根本性的改变。

现代信息技术和网络技术为企业提供了丰富的现代网络沟通方式，常用的网络沟通方式包括电子邮件与语音邮件系统、网络电话、网络传真、电子公告板、即时通信、视频会议等，如钉钉等以移动终端为媒介的方式已成为企业实现内部沟通的重要方式和工具。通过综合运用这些方式和工具，企业内部所有人员之间的沟通达到了前所未有的充分和高效。网络的应用不仅改变了信息沟通的方式，还提供了高效管理所需要的技术手段，从根本上改变了传统的管理方式，打破传统沟通界限，使得大型企业特别是大型跨国公司的内部交流与管理变得更富有成效。

可以说，今天的组织沟通已离不开现代信息技术和网络。例如，微软对全球业务的高效管理就与它对信息的充分利用密切相关。微软公司在全球 30 多个国家和地区拥有分公司和办事处，比尔·盖茨和史蒂夫·鲍尔默在任职期间对每个分公司的销售业绩与经营状况了如指掌，并能保证他们制定的全球战略得到有效执行，依靠的就是信息技术和网络沟通方式。

网络化沟通使企业最大限度地实现了信息资源共享。企业内部数据库的应用大大提高了员工的信息处理与调用速度。通过调用数据库的存储信息，很快就能找到所需的资料。网络使企业中的各部门能够共享资源，把单个员工的知识变为团队整体的知识，把部门的信息资源变成组织的信息资源。这种资源共享鼓励员工互相学习、互相沟通，促进了员工由单一型人才向复合型人才的转变。值得指出的是，网络化在促进企业内部沟通的同时，也使人力资源呈现虚拟化的倾向。利用多媒体网络和移动终端设备，企业可以在广大的虚拟空间的范围内配置和使用人力资源，人力资源的虚拟化将对企业的组织结构设计、人力资源管理和内部信息沟通提出全新的要求和挑战。

（二）网络沟通对个体的影响

伴随着移动互联网的发展和智能手机的逐步普及，人们之间的沟通方式也在发生着变化。以移动终端为媒介的沟通方式，尤其是智能手机中的社交沟通类软件正在改变着人们的沟通习惯。人的能力是有限的，人的交际能力同样是有限的，网络沟通的广泛应用，使得人际交往在时间和空间上都得到了突破。

1. 网络沟通使个体沟通方式的选择和组合更为自由、灵活

人们在进行沟通前需要对沟通方式进行选择，因为不同的沟通方式在传递信息方面的处理能力是不同的。一般而言，这种处理能力可以从三个方面来判断，即同一时间处理多种线索的能力、反馈速度和相互接触的程度。由于信息类型不同，如有的是清楚明确的，有的是模棱两可的，因而在管理沟通中人们会采用不同的媒介和沟通方式。在传统技术环境下，个体根据企业信息的类型来选择具有不同的信息处理能力的沟通方式，如公告、文件、备忘录、信件、电话、面对面交谈等。各种沟通方式之间的界限是很明显的，任何一种方式都有缺点，而且在沟通过程中无法根据现场需要进行临时调整。而在网络技术环境下，互联网为人们选择沟通方式提供了更多的自由，沟通者可以根据需要进行图像、文字、声音等信息的单个或组合传递，并且可以在沟通中随时根据形势的变化，选择新的信息传递方式组合，从而使沟通方式的选择具有更强的针对性和灵活性。

2. 网络沟通带来时间碎片化

网络沟通虽然带来了快捷的信息，但也使人获得了过量的信息，因此人们需要花费大量的时间来筛选有用的信息。同时，网络沟通方式的运用，促使员工同时从事多项活动，

如一边打电话，一边通过计算机发送信息，一边查备忘录。但同时关注多件事情可能会分散员工的注意力。

所谓时间碎片化，是指相对完整的工作时间，被不断碎片化的信息或任务分割成诸多片段，使时间的连续性与目标专注性被动做出改变的过程。"掉线恐惧""无手机联络焦虑症"等词描述了人们对手机的高度依赖，这些不自觉的意识和行为将时间碎片化，严重影响了人们的工作效率和生活节奏。

在企业中，包罗万象的信息随时通过微信、微博、邮件等平台进行传递。此外，临时会议、工作电话也是企业中常见的现象。这些原因共同使得工作时间不可避免地碎片化。一方面，与工作相关的信息，满足了员工对工作沟通、新知识和新技能的诉求；另一方面，与工作无关的信息，犹如"精神鸦片"，员工在工作中会不自觉地"吸食"。如何针对时间碎片化进行有效管理，实现更加高效的沟通，逐渐成为企业和员工关注的问题。

3. 网络沟通对现实人际沟通造成冲击

网络沟通是信息发送者与机器而不是与人发生互动关系。研究表明，这些技术的运用会导致个体交流中的机智和亲切感消失。使用电子媒介的管理者的态度更加生硬。有些人面对面地进行讨论时可能非常平静、礼貌。但是，当通过视频会议或电子邮件进行沟通时，他们可能变得非常无礼，更加善于掩饰。在无限的虚拟网络世界，人们可以随意交友、交流，可以随心所欲地展现自我、个性。不能否认，虚拟的网络世界是丰富多彩的，是吸引人的，但如果花费过多的时间在网络世界寻求精神慰藉，缺少现实交流，必然会影响现实的人际沟通。

事实上，网络人际沟通对现实的冲击并不仅体现在时间这个方面。网络交友是"距离产生美"。现实生活中的人际沟通是面对面的，是要直接面对矛盾的，因此，双方的优缺点很容易暴露出来，双方友谊的建立也需要时间的磨砺。过度沉迷于网络交友，会使网民对现实生活中的人际沟通缺乏耐心，造成他们存在现实人际关系障碍和社会角色错位。他们有时在现实生活中以孤僻、冷漠的形象出现，责任意识淡薄，易焦虑、浮躁，不大合群，下网后感到空虚、失落，不愿与朋友交流，只好又转向互联网寻求虚拟世界中健全的人际沟通模式，形成一种恶性循环。

五、跨文化非语言沟通的差异

当国际化和文化多元化程度不断加深时，跨文化沟通的问题也随之增多。声音、语调是跨文化沟通障碍的一种形式。人们说话的声音、语速、感情都会由于文化背景的不同而不同。而这些音调却可能暗含着某些信息，这在不同的文化中所表达的意思可能也是不同的。

言语在跨文化沟通中很容易被误解。这可能是因为接收者的词汇量有限，也可能是因为发送者的口音使部分词语的发音失真。例如，在一次学术研讨会中，来自德国西门子公司的参会者提到，一名法国同事把一件事情夸张地称为"大灾难"，而且把这种夸张的修辞手法看作一件很平常的事情，然而某个在德国的员工却常常会把这个词理解为类似"震动世界"这样的大事件。同样，英国毕马威会计师事务所的同事有时会说另一个人的建议是"有趣的"。他们不得不向德国同事声明"有趣"并不一定是称赞这个建议。

非语言沟通是另一个跨文化沟通可能产生误解的领域。很多无意识的或者不由自主的表情（如微笑）在全世界范围内都有同样的意思，但一些有意做出的动作手势却常常会有不同的解释。例如，很多人会左右摇头来表示"不"，但是对印度人来说，摇头的一个引申意思是"我明白"。菲律宾通过扬起眉毛来表示他们给出肯定的答复，但是阿拉伯人会把这种表情连同发出的"啧啧声"解释成一种负面的答复。大多数美国人都被教育要与演讲者保持眼神交流，从而显示出他们对演讲内容感兴趣和对演讲者表示尊重，然而对一些北美的原住民而言，当长者或者地位更高的人对他们说话时，眼睛要向下看来表示尊敬。

关键概念

沟通（communicate）

沟通障碍（communication barrier）

含蓄式沟通（implicit communication）

反馈（feedback）

语言沟通（verbal communication）

非语言沟通（nonverbal communication）

小道消息（grapevine）

网络沟通（Internet communication）

跨文化沟通（cross-cultural communication）

媒介丰富度（media richness）

复习思考题

1. 什么是沟通？你认为在组织中沟通有什么重要作用？

2. 为什么管理者必须注重组织内沟通？

3. 在选择沟通渠道时，应从哪几个方面来考虑？

4. 假如你是一个虚拟团队的一员，你必须在某一重要问题上劝服其他团队成员，你能做什么来使你的说服能力最大化？

5. 你是否了解沟通中断、时间限制、过去的经验、对主题不了解、职位的差距等常见的沟通障碍？谈谈有什么改进的方法。

6. 在课堂中是否存在一个（教师—学生之外）沟通网络？如果是，请说出网络中成员所扮演的角色。如果不是，为什么未能发展出网络？沟通网络对学生有何益处？

7. 在进行跨文化沟通时，应提前做哪些准备来保障沟通的有效性？

8. 解释一下为什么男性和女性有时会对彼此的沟通行为感到失望。

9. 哪些沟通不适用 E-mail？在 E-mail 沟通中，哪些沟通步骤被省略或未能得到充分处理？

10. 谈谈目前网络平台沟通对组织的发展有什么影响和利弊？如何有效利用网络平台？

11. 管理者应如何辩证看待组织内部的小道消息？面对小道消息时要如何处理？

12. 在与地位比你高的人沟通时，有哪些基本的沟通礼仪和用语？

13. 有人认为："东方文化背景下的含蓄沟通会影响沟通有效性。"你如何看待这种说法？

管理游戏

跨文化沟通知识竞赛

参与人数：集体参与

时间：45 分钟

场地：教室

目的：这个练习是为了帮助你认识不同的文化背景在沟通和礼节上的差异，同时也测试你对这方面的认识。

道具：老师会给每个团队提供一张问答卡。

游戏规则与程序：

1. 将班级分成若干个团队，使团队的数目是双数。最完美的情况就是，每个团队有三个学生（如果能凑成规模一样的团队，两个或者四个学生一组也是可以的）。然后每个团队和另一个团队配对，配好对的团队（A 队和 B 队）会被分配到一个独立的空间。

2. 老师会给每组配对的团队分发一些卡片，这些卡片上写有一些多项选择题。这些问题和答案都是关于不同的文化背景在沟通和礼节上的差异。在这个过程中不允许看书或寻求其他帮助。

3. 这个练习由 A 队的成员从卡片顶端抽取一张卡片开始，这名 A 队队员会向 B 队队员提问卡片上的问题。在 A 队读完卡片上的问题和卡片上所列出的所有备选答案后，B 队有 30 秒的时间回答问题。B 队答对一个问题将获得 1 分。如果 B 队的答案不正确，A 队就会获得 1 分。每一道题的正确答案都会在卡片上被标示出来，但这个答案只有在问题被正确回答了或者时间到了的时候才能公开。无论 B 队的回答是否正确，B 队都要抽取下一张卡片，并把这张卡片的内容读给 A 队的成员听。换句话说，这两个团队轮流根据这些卡片内容进行提问和回答。这个过程不断地重复，直到所有的卡片都读完了或者时间到了。获得最高分的团队会获胜。

重要提示：教材上基本没有这个练习里所涉及的那些问题的答案。因此，你必须依靠平日所学知识、逻辑和运气来赢得比赛。

A 橡胶厂转轨时期以人为中心的"军队+学校+家庭"企业管理模式①

A 橡胶厂管理模式是该厂在 1994 年根据特定的企业外部环境和企业自身实际条件提出并实施的。在当时转换企业经营体制的过程中,"发展才是硬道理"这一时代主题已经深入人心,企业已经转变成市场竞争的主体,不仅自主权增大,也承担了更多的责任与义务。A 橡胶厂意识到即使面对同样的市场环境,不同的企业管理模式也会呈现出截然不同的管理效果。其提出"军队+学校+家庭"模式的原因是考虑到有些企业一味强调要把握宏观改革机遇,却忽视加强企业自身的管理,更忽视了对广大职工积极性、主动性和创造精神的充分调动。

一、A 企业当时的状况

A 橡胶厂自 1958 年由国家投资 50 万元建厂至 1991 年已累计上缴国家利税近 7 000 万元。历经 30 余年的探索实践,A 橡胶厂已经发展成为具备一定的技术力量和市场影响力的企业,拥有成熟的新制农用和轻卡系列车用轮胎的生产工艺,并且凭借多年经营占有一定的市场份额。但是,1992—1994 年,由于企业在由计划经济体制向社会主义市场经济体制转轨过程中的管理模式落后,企业经济效益急剧下滑,三年累计亏损 420 万元。这种经营现状使得职工思想波动很大,职工的价值观让人担忧,"男职工下海钓鱼捉虾,女职工上山拾菌养家"一度成为普遍现象,企业严重缺乏前进动力和群体凝聚力,濒临破产边缘。企业的连续亏损既有外因也有内因。外因是轮胎市场疲软,各种原料价格涨幅过大,翻新胎则受运输企业单车承包影响,胎源锐减,产量逐年下降。而在企业内部管理方面不同程度地存在如下问题:一是管理系统设计不合理,难以实现科学管理;二是管理不严,纪律松弛,员工的工作积极性不高,且执行力较差;三是职工素质不高,学习能力偏低;四是缺乏团队精神和良好的团队气氛,大局意识、协作精神和服务精神相对较弱。

二、A 企业管理模式的提出

1994 年,面对严峻的局面,厂领导集体统一认识,组织职工广泛讨论,针对管理中存在的问题,本着"团结、求实、拼搏、奋进"的企业精神,逐步摸索,提出要使企业能够走出困境,首先要有统一的思想、目标和铁的纪律,实施严格管理,从而提出了要实行军队化管理;其次要培养职工的学习兴趣,增强学习能力,全面提高职工的素质,学校化管理的概念也应运而生;再次就是要建立团结、温馨、和谐的环境,营造大家庭氛围,使全体职工以厂为家,发挥最大效用。通过这样的讨论,企业最终完成职工自我实现的"军队+学校+家庭"企业管理模式。实践证明,厂领导的这一决定是正确的,而正是在这样的管理模式指引下,A 橡胶厂走出困境,成功转轨,取得了稳步的发展。具体见表 6-2。

---

① 段万春. 组织行为学教学案例集 [M]. 北京: 高等教育出版社, 2015.

表 6-2　A 橡胶厂 1994—1997 年业绩表

项　目	单位	1994 年	1995 年	1996 年	1997 年 1—8 月
工业总产值	万元	2 198	3 736.50	6 021.82	4 256.29
主要产品产量					
新制外胎	条	51 052	99 231	150 789	107 938
新制内胎	条	87 640	142 214	325 872	219 171
翻新胎	条	14 194	15 685	20 003	10 493
再生胶	吨	322.59	541.21	729.19	511.10
橡胶制品	万元	100	125.40	200	
主要产品合格率					
新制外胎	%	94.87	97.89	98.04	98.59
新制内胎	%	96.75	97.89	97.37	98.66
翻新胎	%	99.78	99.92	99.63	96.32
利润总额	万元	-269.7	11.8	128	128
销售收入	万元	1 175.64	2 524.85	3 800	2 883
全员劳动生产率	万元/人	3.63	6.05	10.68	
万元产值消耗	吨/万元	2.22	1.70	1.32	1.32
年人均收入	元	4 278	6 500	8 500	6 000

从表中我们可以看出，A 橡胶厂的产品产量逐步提高，在维修、用胎市场占有一席之地。实践证明，A 橡胶厂以员工为核心的"军队+学校+家庭"的管理模式是适应企业自身发展和顺应时代要求的，并使 A 橡胶厂成功地走出困境，完成了计划经济体制向社会主义市场经济体制的转轨，迎来了企业发展的又一高峰。

三、"军队"化管理，精细化决策

军队是一个意志坚定、整齐划一的集体，必须有统一的思想和目标，具有战略观点；军队又是最有执行力的团队，令行禁止，严明的组织纪律和精细化分工是军队的特色。将军队化的管理模式和企业相结合，不谈客观理由、不提管理者的意志，将制度视为决定因素，一旦设定就要执行，谁都不能打破制度的权威。制度并不只是挂在墙上、写在文件上，而是要"军令如山"地执行、落实到底。

（1）统一意志，明确主攻方向。A 橡胶厂从 1994 年开始有针对性地开展了三次思想解放大讨论。从"A 橡胶厂还能生存吗？"到"A 橡胶厂能发展吗？"再到"A 橡胶厂还能不能进一步发展？"一年一次的适时讨论，增强了职工的责任感、危机感和凝聚力，使职工个人利益与企业经济利益挂钩，企业有发展，职工有奔头。

（2）层层推进、步步为营的技改战略战术。在"不搞技改等死，搞了技改找死"的被动局面下，A 橡胶厂采取"既要量力而行，又要尽力而为"和"小步快跑"的技改方针，不贪多、贪大，但求准、求快，充分利用原有的资源。自 1994 年至 1996 年只投入 500 万元技改资金，却有效地提高了产品的合格率，降低了能耗，提高了全员劳动生产率，突破了关键环节的制约。

（3）立足自身，艰苦奋斗。在几年技改工程中，从场地设备的清洁、擦洗到复杂的 PC 控制系统的安装，A 橡胶厂没有聘用专门的安装公司，而是依靠能吃苦耐劳、忘我工作的职工队伍，发扬"小米加步枪"的精神，将企业的技改工程成本降到最低。

（4）把握战机，加快步伐，巩固主业，促进企业发展。A 橡胶厂针对云南丰富的天然橡胶资源，和以公路运输为主的道路运输，及时组织力量攻关，开发了十种规格的"野牛"牌轮胎，及时调整了产品结构，争取了主动。在"一业为主，多头并举"思路的指导下，成功地收购了天然橡胶加工厂以解决原料供应波动大的问题。精干主业，发展第三产业，逐步将企业办社会部分推向市场。利用地缘优势，与有关各方合资、合作并重新配置资源，为建立现代企业制度奠定了一定的基础。

（5）精兵简政，提高效率。根据市场变化快的特征，A 橡胶厂按照厂长负责制的要求，果断调整了以往条块分割、多头指导、协调不力的组织结构，下设四个厂长助理，保证每位助理各管一头、各负其责、信息畅通、指挥统一。同时要管理有关职能部门，保证决策的民主化、科学化，授权合理，达到"管而不死，活而不乱"的效果。这一组织结构适应了专业化管理的要求。在人员配置上，加强销售和生产第一线人才队伍建设，取缔因人设事的岗位，克服了人浮于事的现象。

（6）落实制度，领导身先士卒，严于管理。管理离不开制度，因此 A 橡胶厂不断完善企业的制度。而好的制度得以顺利贯彻执行必须有铁的纪律。干部身先士卒的表率作用就是铁的纪律得以实现的关键。

四、"学校"化管理，强化学习沟通

"企业是一所大学"，加强员工之间、员工和上司之间的沟通，培养职工的学习兴趣，增强学习能力，全面提高职工的素质，也需要营造一个良好的学校化的氛围。这样的模式对提升员工的沟通能力、思维能力等具有重要作用。而沟通能力和思维能力的提升是在不断学习的基础上慢慢积累与沉淀的。因此，A 橡胶厂实行学校化的管理模式，着力培养一批有沟通力、学习力，积极进取的优秀员工，让员工在企业里能够实现职业规划，体现自身价值，更好地为企业服务。

（1）加强有效沟通，增强学习氛围。有效沟通作为人与人重要的交流方式，对企业和个人的发展起着至关重要的作用。对企业内部而言，A 橡胶厂越来越强调建立学校化的管理模式，越来越强调团队合作精神，因此有效的企业内部沟通交流是成功的关键；对企业外部而言，为了实现 A 橡胶厂与合作伙伴之间的强强联合与优势互补，员工需要掌握谈判与合作等沟通技巧；对 A 橡胶厂而言，为了在转轨时期的政策条件允许下，更好地走出困境、逐步发展并服务于社会，也需要处理好企业与政府、公众、媒体等各方面的关系。这些都离不开熟练掌握和应用管理沟通的原理和技巧；对 A 橡胶厂的员工个人而言，建立良好的管理沟通意识和学习氛围，逐渐养成在任何沟通场合下都能够有意识地运用管理沟通

的理论和技巧进行有效沟通的习惯，达到事半功倍的效果，显然也是十分重要的。

（2）加强职工培训，"磨刀不误砍柴工"。A橡胶厂自1994年至1996年举办了针对工程技术人员、财务人员、机电维修人员、销售人员、管理人员等各类培训班，参加的人数达555人次，基本上做到了人均一次。企业鼓励员工利用业余时间通过夜大、函授、自考等方式学习新知识，并创造条件学以致用。同时广泛开展诸如"五小"活动、QC小组活动、劳动竞赛、职工合理化建议等活动。在培训过程中，A橡胶厂员工之间的沟通交流得以加强，有利于以后各项工作的开展。

（3）在工作中体现两个"上帝"的思想。把客户当成"上帝"这一观念已经被很多企业认可，也成为企业管理者的管理目标之一。随着生产力的发展，职工的工作观念发生了很大的改变。工作不再仅仅是谋生的手段，而是逐步成为维护自身价值和尊严的手段。因而不断提高工作、生活质量，促进员工的工作满意度，应是管理者工作的又一目标。

为了把让职工这一企业的另一"上帝"满意的思想深入企业工作的各个方面，A橡胶厂采取的主要措施有：满足职工参与民主管理的要求；增强工作的挑战性，满足职工对工作内容更丰富、有意义的要求；体现公平与效率并举，效率优先的分配原则；充分发挥员工的个人智慧、特长、个性，用人不求全，但求精。

建立一种学校化的企业氛围。在A橡胶厂里，各级主管像老师对待学生一样，耐心教导下属。加强彼此之间的沟通联系，让员工感觉到上级领导不仅是管理者，更是他们的良师益友。这样的关系为A橡胶厂成功度过转轨时期并取得更长远的发展提供了保障。

五、"家庭"化管理，培养主人翁精神

家庭是一个以成员的成长发展为核心，一起生活、相互照顾的组织。任何一个组织都比不上家庭有凝聚力，因为在家庭中，父母子女间的凝聚力除了血缘关系外，更重要的是大家能互相关爱，目标一致。A橡胶厂针对企业自身发展的现状展开了这样的讨论：如果企业也能像家庭一样，各级主管都能为下属的成长考虑，帮助下属一起对职业进行规划，同时与下属在生活上互相关心，在工作上目标一致，员工之间能够相互关爱、相互支持，构建和谐团队，相信这样的团队是最具有凝聚力的。所以，A橡胶厂提倡家庭化的管理模式，力图构建一个和谐团队，希望所有员工的成长在企业里都能得到关注，同时在生活上得到关爱。

（1）确立职工的主人翁地位，唤起主人翁意识。A橡胶厂改变了过去"命令—服从"式的单向管理，实行"目标—参与"式的双向管理，组织职工参与讨论。企业在一些重大问题的决策中，通过职代会、工厂管理委员会、大讨论、座谈会等多种形式，多途径虚心听取职工意见，并将企业的现状、奋斗目标和面临的问题等向职工交底，让职工了解工厂、关心工厂，成为工厂这个大家庭的主人。

（2）建立团结温馨和谐的环境，营造大"家庭"氛围。为营造和谐互敬的家庭式气氛，在资金紧张的情况下，A橡胶厂仍致力于改善职工的生产、生活环境，包括工厂厂房的改造、设备的更新、自动化程度的提高，以及职工住宅的建设，生活区环境的改善，职工俱乐部、幼儿园、娱乐设施的修缮。因此当企业处于困难阶段，大多数职工就兢兢业业，坚守岗位。在企业里，职工之间互帮互助、乐于奉献的事例比比皆是。

优秀的企业需要优秀的管理制度支撑，在优秀的管理制度下塑造优秀的企业成员，优秀的企业成员成就优秀的企业。A 橡胶厂针对特定时期的内外部环境变化，通过提出并实施军事化、学校化、家庭化的管理模式，有效增强了公司的执行力、学习力和凝聚力，更好地实现了企业目标，为企业发展和员工个人发展奠定了坚实的基础。

【思考题】

1. 阅读案例，根据 A 橡胶厂实行的"军队+学校+家庭"企业管理模式，试分析这三种管理模式之间的联系是什么。

2. 试分析 A 橡胶厂为什么从目标、技改、精神、机遇、效率等方面着手实施"行动军队化"，打造"管理精细化"。

3. 沟通是一门艺术，你认为除案例展现的沟通方式外，现代企业有效沟通的方式还有哪些？

4. 结合实际，请谈谈沟通对企业发展的重要意义。

第七章　领导行为与管理

【学习目标】

1. 掌握领导的概念、特征与本质
2. 弄清领导与管理的区别
3. 理解领导者影响力的构成因素
4. 掌握领导的传统理论，包括素质理论、行为理论、权变理论等
5. 了解领导艺术（用人的艺术、时间的艺术、决策的艺术）
6. 了解领导的执行力

导入案例

NBA "禅师" 的领导艺术

　　菲尔·杰克逊曾作为球员赢得过 2 次 NBA 总冠军，当他成为教练后，更是斩获过 11 次桂冠，因此成为 NBA 历史上总冠军戒指最多的人。这位迄今最为成功的 NBA 教头，先后与乔丹、皮蓬、罗德曼、奥尼尔、科比等大名鼎鼎的招牌球星合作。无论在 NBA 还是欧洲足坛，最知名的球星往往也是最有个性、最善于利用权威反抗教练的人，教练如果不能让其信服，很可能招致众叛亲离丢掉饭碗的下场。杰克逊与前述 NBA 历史上最著名的多位球星建立了良好的工作和个人关系，驯服、再造、成就了那些著名球星，缔造了公牛和湖人两代王朝。他更像是足球领域中穆里尼奥与瓜迪奥拉的复合体。可以说，他在 NBA 教头岗位上所获得的 11 枚戒指，都源自自身努力，而非沾了球星的光。

　　"禅师" 是美国媒体和球迷给杰克逊起的外号。他在大学生涯中曾研究过世界各主要宗教，成为教练后一直对东方哲学特别是禅宗抱有浓厚的兴趣。东方哲学和文化思想深深融入了杰克逊的教练管理实践，不管是在公牛队还是湖人队的主帅任上，他都强调球队整体努力的重要性，要求包括大牌球员在内的所有队员做到 "和谐"；他摒除了体育领域内经常被滥用的严罚惯例，对球员的私生活持开明态度；在球队临场比赛当日，率队集体开展冥想训练，凝聚斗志和注意力。这方面的例证数不胜数，杰克逊也因此成为唯一令顽劣成性的球星罗德曼信服的教练，他本人执教生涯的常规赛和季后赛胜率都达到了近乎恐怖的七成。

　　杰克逊推崇的管理、领导方式，就是简单。这正成为他获得远超同行执教业绩的重要保证。所谓简单领导，杰克逊解释指出，首先应避免随波逐流。他不赞同体育界许多教练将大量精力耗费在研究竞争对手动态、尝试新的方法之上，而应用简单的方式拉近教练与球员的关系，清晰地表达要求；其

次，要自我设限，尽可能广泛地把权力分配出去，只保留最后的权威，由此发挥团队其他人的主动性和作用；再次，要避免球员遭遇球场问题时，给予过多的直接指示，而应培养球员自己思考和解决问题的能力；第四，通过恰当的仪式，强化团队的凝聚力，而不是对球员设置太多限制，将后者逼为制度体系的反抗者；第五，在遇到难以解决的问题时，顺其自然，尽量不要勉强解决问题。他在书中也就上述理念的出处和形成，进行了更为深入的解释。

"禅师"执教公牛队期间，成功将球队从乔丹"一个人的球队"，变成了乔丹领导下的高效率团队。这很大程度上得益于杰克逊对乔丹个人作用和角色定位的尊重，与此同时他还努力扭转球队内部文化，强化了球队作为团队存在的彼此意识。后来，公牛队发生重大调整，磨合期战绩糟糕，乔丹为此宣布复出，杰克逊又努力将乔丹与新队友重新组合成一个强大的团队。这期间，他发掘出罗德曼打球时最为纯粹的"原始而疯狂的激情"。

转投湖人队后，杰克逊面临像过去提升乔丹那样，进一步发挥奥尼尔的作用与培养科比的艰巨任务。彼时的科比还没有学会充当球队领袖及完成从为个人打球向为球队打球、带领球队获胜的转型，桀骜不驯。奥尼尔与科比时而结成密切的同盟关系，时而反目成仇，因而让这个强大团队的领导者杰克逊不得不付出更多心力，教会大孩子般的球星们学会信任、分享与协作。杰克逊出色的教练作风和领导风格，使得球队团结一致、高效协作，创造了 NBA 历史上让人赞叹不已的湖人王朝。

资料来源：根据经济参考网相关资料整理.

第一节　领导理论概述

一、领导的含义

不同的学者从不同角度给出了领导的定义。孔茨（H. Koontz）认为，领导是一门促使其下属充满信心、满怀热情来完成他们的任务的艺术；特里（G. R. Terry）认为，领导是影响人们主动为达成群体目标而努力的一种行为；布兰查德（K. Blanchard）则认为，领导是一种过程，使人得以在选择目标及达成目标上接受指挥、引导和影响；而戈特利布·冈特思（Gottlieb Guntern）认为，领导是人际关系的一种特殊过程，其参与者扮演着基本上是等价的但又是互补的角色，他们为了非凡的表现而获得灵感和动机。

综合上述定义，虽然各位学者对领导从不同角度进行了分析，但其核心是一致的。因此我们认为：领导是引导和影响个人或组织在一定的条件下，跟随实现组织目标的行动过程。它包含以下几层意思。

（1）领导是一个动态过程。领导的有效性（L）取决于领导者个人（i）的素质、能力与被领导者（b）和环境（e）三者的相互作用的函数关系，即

172

$$L=f(i,b,e)$$

（2）领导是在"指引"和"影响"的概念上衍生出来的。"影响"代替"指挥""控制"，则表明领导的艺术性。

（3）"跟随"是指被领导者与领导者相互理解，两者合为一体，被领导者发自内心主动为领导着想的行为。

（4）领导与实现某种目标密切相关。因此，领导的目的是实现组织的目标。

二、领导的特征

领导作为动态的影响过程，具有以下几个特征。

（一）领导是人与人之间关系的一种体现

从本质上来说，领导是人与人之间的一种关系。人际关系学说认为，由于人在各个组织中所处的地位不同，会形成各种各样的人际关系。领导者与被领导者之间的关系就是这些人际关系中的一种。领导者的一切行为都是在不断地协调领导与被领导、控制与被控制、指挥与被指挥等各种关系。就其实质而言，领导是通过领导者协调这种人与人之间的关系，激发全体员工的积极性和创造性，使人力资源得到充分发挥，以实现组织目标的过程。

（二）领导是一种特殊的"投入产出"

如上所述，领导是引导和影响他人实现组织目标的过程，这种影响实际上是领导的一种"投入"，而它的"产出"则表现为他人的行为（包括领导者所领导的组织的行为）。因此，领导效率的高低和领导工作成功与否，并不反映在领导者行为本身，而更多是由被领导者的行为效率来评定。尽管影响被领导者行为效率的因素很多，诸如工作动机、热情、兴趣、工作能力、工作条件、福利待遇等，但这些因素都与领导者的行为有关。作为一个领导者，不管他能否意识到，他的行为无时无刻不在影响着被领导者的行为。显而易见，当"投入"发生变化时，"产出"也会相应地发生变化。

（三）领导是领导者、被领导者及环境的函数

在现代社会，任何一个组织都可视为一个开放的社会技术系统，都处在特定的环境之中，而环境的变化常常会对人的心理和行为产生很大的影响。领导的行为不仅在于改变环境，还要适应环境的要求。对于被领导者来说，领导的行为是环境因素的重要组成部分。因此，领导这一动态过程实际上是由领导者、被领导者及他们所处的环境这三个因素共同决定的复合函数，用公式表示为：

$$领导 = f(领导者, 被领导者, 环境)$$

影响该函数的变量，既包括领导者、被领导者、环境这三个因素，也包括各因素之间内在的相互联系和影响。也就是说，领导的有效性既取决于领导者的素质和领导艺术，也取决于被领导者的素质和接受领导的程度，同时还取决于领导与环境条件相互制约和适应的状况。

（四）领导是"互惠效应"

在现实生活中，领导者会通过其职位或人品等对其下属施加影响，人们往往会注意到领导者对下属的这种影响。而事实上，在领导者对下属施加影响的同时，下属对领导者也会产生一定的影响，尽管这种影响有时并不显著，这就是领导的"互惠效应"。例如，总经理如果能够客观、公正地评价其下属，不但被评价的下属会对总经理有良好的反应，其他员工也会对其有良好的反应。相反，如果总经理评价不当，不仅会引起当事人的不满，还会引发其他员工的义愤。因此，领导者的正确行为可能引起下属的积极反应，领导者的错误行为则可能引起下属的消极反应。领导者通过一定的领导行为影响下属，并与下属共享这种影响。领导者能够从建立良好的相互关系中获得尊敬和信任；下属人员则由于对领导者有更多的了解，能够扩大自己的影响。实践证明，在有效的组织里，领导者与下属在组织里的总体影响力越大，整个组织的工作效率就越高。

三、领导的本质

从上述对领导含义及特征等的描述中可以得出，领导的本质是：

（1）领导必须有领导主体和领导客体，即领导者和被领导者。

（2）领导实际上是一种人际影响，在这种影响中，领导者对被领导者的影响要比被领导者对领导者的影响具有更大的权威性，即领导者可通过这种影响改变下属的态度与行为。

（3）领导的目的是实现组织的目标，这种目标一般是根据组织的使命与其所处的内外环境确定的。下属之所以愿意接受领导者的影响，是因为他们认识到这样做有利于组织目标的实现，而组织目标的实现往往与其个人利益密切相关。

四、领导与管理的区别

领导与管理二者存在相同之处，但也有明显区别，主要体现在以下几个方面。

第一，传统的管理重在控制、约束，重在既定秩序的维持，重在制度和组织，重在效率的提高，重在把已经决定的事情办好；现代领导重在激励、鼓舞，重在革新、突破，重在人本身，重在效果的追求，重在决定做正确的事情。

第二，传统的管理依赖权力和规则的运用；而现代领导主要依赖非权力影响力的作用，依赖领导艺术的应用。

第三，传统的管理把管理者视为管理的主体，把下属视为管理的客体，管理者负责制定决策，下属负责执行决策，两者界限不可逾越；现代领导将领导者和被领导者都视为领导活动与决策活动的主体，两者的界限模糊，甚至是"无边界"的。领导者只有主动追随被领导者，才有可能实施现代领导。

第四，传统的管理者关注企业决策和经营策略；而现代领导者更关注企业的生存和发展，以及策略规划背后的目的，即为什么要做这个决定，为什么要制定这个策略。关注目的将使领导者的眼光更加长远而不是局限于眼前。换句话说，传统的管理重点是管理现在；而现代的领导重点是引导未来，引导企业的长远发展。

第五，传统的管理者习惯于当裁判，习惯于个人说了算；现代领导者要学会充当教练、辅导员式教师，还要为被领导者提供良好的环境和条件，提供他们真正需要的服务。领导就是服务，领导者就是服务员。这在传统管理者看来是不可思议的。

第六，传统的管理以事为本，以工作、效率、市场为本；而现代领导却以人为本，以员工、顾客、效果、价值为本。

此外，领导与管理还有一些其他方面的区别，在此不一一列举了。

第二节　领导影响力

在职场中，领导力的本质就是影响力。影响力一方面是伴随着职权而产生的权力性影响力，另一方面是由品格、知识、能力、情感等形成的非权力性影响力。相较于因权力带来的影响力，非权力性影响力更持久，更深入人心，更易得到下属发自内心的尊敬、信赖、敬佩与追随。领导者只有合理运用权力性影响力，增强并有效发挥非权力影响力，才能实现有效领导。领导的影响力如图7-1所示。

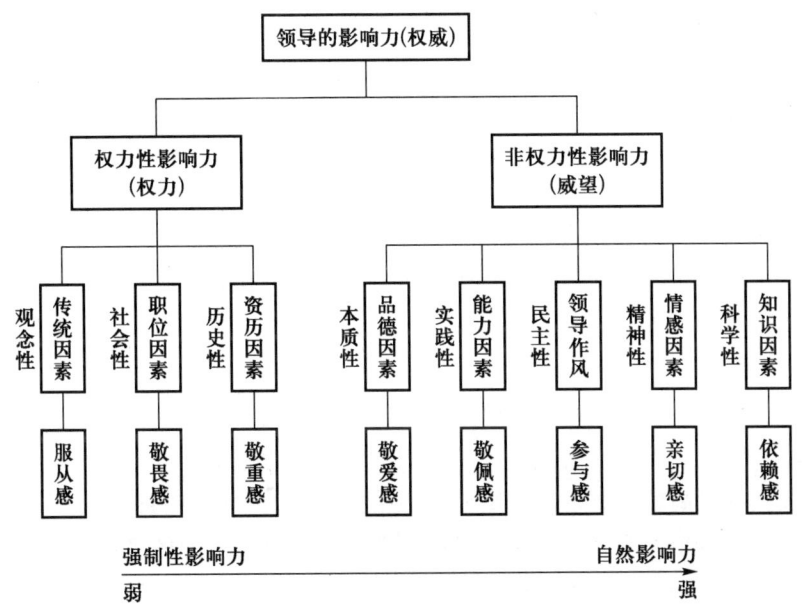

图 7-1　领导的影响力构成要素

一、权力性影响力

权力性影响力（权力），又称强制性影响力，既是一种控制力，又是一种影响力。权力是构成一切正式组织的必要条件。一个组织的领导如不拥有某些合法权力，就不能被称为领导，也不能维持正式组织并发挥其作用。所谓权力性影响力，就是合法权力所产生的效果。合法权力是一切权力的基础，而由影响力所产生的种种权力，都是合法权力的派生物。权力性影响力对人的影响具有强迫性、不可抗拒性。它的来源有如下几个方面。

1. 传统因素

传统因素是指人们对领导者由历史沿传而来的传统观念。历史学家研究指出，传统最初来源于恐惧，继而发展为社会服从，经过不断的制度化，深入社会的各个阶级结构与意识形态，从而成为人类社会一种特殊的影响力量。

2. 职位因素

社会心理学认为，社会权力是形成领导影响力的基础。权力是一种制度化的力量。美国社会学家克特·巴克（K. W. Bake）认为，权力是在个人或集团的双方或多方发生利益冲突或价值冲突时执行的强制性控制。在现实生活中，权力往往表现为一种"位置"或"地位"的力量，即"职权"。担任不同职务的人，拥有不同程度的控制权。现代社会所有的组织结构，几乎都有一个完美的金字塔形式，每个人按地位顺序处于一个特定的位置上。权力和控制从金字塔的顶端逐渐向下延伸，服从和负责则从金字塔最基层由下而上。

3. 资历因素

领导者影响力的大小，与自身的资历密切相关。资历是资格和经历的统称，在一定程度上能够反映出一个人的实践经验和能力。领导者的光荣历史、非凡经历，往往能使被领导者产生一种敬重感。

二、非权力性影响力

非权力性影响力（威望），又称自然影响力。与权力性影响力不同，它不是外界赋予的奖励和惩罚他人的手段，而是来自于个人的自身因素，包括品德因素、能力因素、领导作风、情感因素和知识因素。

（一）品德因素

优秀的品德会给领导者带来巨大的影响力。领导者是组织利益的代言人，是实现组织目标的执行者，其道德品质状况直接反映组织的状况，对组织的利益产生直接的影响。因此领导者必须具有崇高的道德情操和高尚的人格，有为组织服务的精神，自觉抵制享乐主义、拜金主义、极端个人主义的侵蚀，经受住金钱、美色、权力的考验。只有这样，领导者才算合格，实施领导时才具备权威。

（二）能力因素

能力是形成影响力的重要因素，是多种因素的综合体现。首先，领导者应有深厚的政治理论水平、扎实的基础知识、广博的专业知识和技能。其次，必须具备分析判断能力，正确的分析判断是走向成功的关键。最后，在组织能力方面，领导者应善于把多种力量有机地结合起来，并进行恰当的调配，以最经济的方法达成组织目标。

（三）领导作风

领导作风对领导者个人的声誉和威望，对领导活动的成败，对组织风气的好坏，都有极其重要的作用。首先，良好的领导作风可以增强领导者的权威和影响力。领导者作风优良，就能使领导目标和意图得到被领导者的充分理解和认同，使被领导者更加自觉自愿地服从，减少权力与服从中的矛盾与摩擦，增强领导权威，提升领导效能。其次，良好的领导作风有助于协调人际关系，促进信息和情感的传递与交流，形成强大的凝聚力。最后，优良的领导作风还可以弥补领导者知识和能力的某些不足，使领导者更好地发挥自身的长处与优势，推动目标的实现。

（四）情感因素

所谓情商指的是个人对自己情绪的把握和控制，对他人情绪的揣摩和驾驭，以及对人生的乐观程度和面临挫折的承受能力。高情商有许多通俗表述，比如"大将风度""临危不惧""心理素质高""抗挫折能力强"等。研究表明，人的成功80%来自情商，20%来自智商，高情商的人在高压下也能保持冷静的头脑。在当今竞争激烈的环境里，领导者必须具备高情商，应该认识自身，妥善管理情绪，自我激励，认知他人，进行有效的人际管理，形成良好的工作氛围，由此来影响被领导者，同心协力，从而达成组织的目标。

（五）知识因素

领导者合理的知识结构，因部门、层次不同而各有差异。一般来说，领导者应该是所属领域的专家，具备一定的专业背景；既有理论知识积淀，也有丰富的实践经验。越是高层次、重要部门的领导，其知识结构应越完备。领导者的知识结构应该是一个动态平衡的有机体，需要随着经济社会发展对领导的要求而不断调整，重点体现在事业和工作的专业能力上。在信息化时代，核心信息的获取和分析也是领导知识结构中不可或缺的部分。

三、权力与威望的相互作用

权力与威望的影响力来源不同，故对应的影响范围、时限、效果也不相同。同时，权力与威望又是互相联系、相互影响的。职位权力为非职位权力提供条件，虽然这种条件并非必要条件，但却意义重大。职位权力为领导者展示其非职位权力提供了舞台，使领导者的人格魅力、品质、才干更直接、快捷地被组织内的其他成员了解和接受，间接地扩大了领导者的非职位权力影响力。同时，非职位权力影响力又为职位权力影响力提供支持。领导者的职位权力来源有许多不同途径，不同的领导者利用其职位权力产生的影响效果也不尽相同，这些效果对领导者影响力可能有积极作用，也可能具有消极作用，在此过程中，非职位权力扮演了重要角色。所以领导者的职位权力影响力与非职位权力影响力不是截然分开的，而是紧密地联系在一起。

因此，领导者在追求其影响力时不能顾此失彼，而应当全面发展，避免二者发展失衡，不能仅关注职位权力而忽视了非职位权力的发展和运用。一名出色的领导者对于二者应当同等重视，强大的非职位权力影响力同样有助于其职位权力的扩大和发展。同时领导者在努力扩大其非职位权力影响力时也应当注意其中各因素的统筹兼顾。过分展示自身才能可能会使领导者偏离正轨，走向生产导向的领导一端，不利于其扩大非职位权力影响力。提高领导者影响力的主要途径就是合理发挥权力性影响力和非权力性影响力的作用，善于综合应用两种影响力，以取得最佳的领导效果。例如，在使用权力性影响力时，利用合法权力作为预见动机、引导动机、改造行为的后盾，做到秉公处事，不滥用权力，合理授权并给予具体指导，发挥权力性影响力在培养职工纪律性和工作积极性等方面的作用。另一方面，努力提升自身的威望，发挥出非权力性影响的作用。

此外，领导者在提高自身职位权力影响力和非职位权力影响力时，应当明确目的，不能单纯地为提高影响力而努力，否则可能成为一个投机分子，非但不能提高其影响力，还可能产生负面影响。因为领导者影响力，特别是非职位权力影响力，更多是自身素质的自然流露，而不是刻意伪装的。所以，领导者在追求其影响力之前，应树立正当、高尚、远大的目标。

从某种意义上讲，非权力性影响力在领导者影响力构成中占主导地位，起决定性作用。如果领导者的非权力性影响力较大，那么他的权力性影响力也会随之增强。反之，如果他的非权力性影响力较小，就会使他应有的权力性影响力降低。由此可见，提高领导者影响力的关键在于提高非权力性影响力。

在传统的"官本位"社会，组织领导者主要依靠外加的权力进行管理；而在现代以人为本的"人本位"社会，组织领导者则更多地依靠其内在的影响力。一个领导者是否成功不取决于其职位高低，而是其是否拥有一大批追随者和拥护者，并且通过他们为组织创造良好的绩效。现代领导者应树立正确的权力观，转变观念，淡化权力影响力，自觉努力提升自然影响力和领导艺术，只有这样，才能赢得下属的拥护和爱戴。

四、影响力发挥

（一）自上而下影响

作为领导者，如何影响下级，以及这种影响会产生什么样的效果至关重要。自上而下的影响力，切忌以权压人，这样非但不能激发下属的积极性、创造性，还会适得其反。换位思考，没有人喜欢自说自话、趾高气扬的上级，所以与其用高压来强制下属，不如用影响力使其心服口服、心甘情愿、积极主动地去执行任务。而且，领导者往往处在瞩目的位置，一言一行都可能产生重大影响。因此，领导者更应谨言慎行，用更高的标准要求自己。

（二）平行影响

影响力除了自上而下外，还存在于平行部门的横向影响。在平行部门的协作关系中，不存在职位高低的问题，以权力为依托的高压式管理自然无从谈起，也无法奏效。在这种情况下，管理者想要有效推动工作，更需要发挥非权力性影响力。这也是在平行部门沟通、协作过程中，一些德高望重、人缘好的人更容易成为非正式组织领袖的原因。

（三）自下而上影响

有人认为自己是一个螺丝钉，位微言轻，没有影响力。但实际上领导在做决策时，需要参考很多信息，而基层的信息往往具有时效性和参考性。所以每个人都有影响力，不仅会影响周边的同事，也能向上影响上级。总之，要做好自己，影响他人；把握现在，影响未来。

第三节　领导的相关理论

自 20 世纪 40 年代以来，西方组织行为学家和心理学家从不同角度，对领导问题开展了大量研究。这些研究经历了几十年的演进，已经由一般的领导形态学、领导生态学发展为领导动态学研究，推动了领导理论的诞生与发展，成为当今西方领导理论的主流。国外领导理论的演变和发展大致可以划分为三个阶段，即领导的素质（特性）理论阶段、领导的行为理论阶段和领导的权变理论阶段。

一、领导素质理论

自 20 世纪初至 20 世纪 30 年代，领导理论主要侧重于研究领导者的素质、特性、品质和个性等方面的特征。心理学家从个人的心理特征出发，试图通过观察、调查等方法找出领导者同被领导者在心理特性方面的区别。其主要目的是制定有效领导者的标准，以此作为选拔领导者和预测领导有效性的依据。

（一）杜斯的领导者特性理论

20 世纪 30 年代，杜斯（P. Duus）将领导者与被领导者、成功的领导者与失败的领导者的领导品质分别进行了比较，试图寻找、总结两者的个性差异。但是由于其理论前提错误，最终结论是，领导者与被领导者的品质只有量的差别，而无质的不同。尽管该理论在实践中不能自圆其说，但杜斯是最早在理论上探索领导品质的人。

（二）关于领导的素质的主要观点

（1）斯托格迪尔的观点。斯托格迪尔（R. M. Stogdill）认为个人的先天特性、品质，对于区分领导者与非领导者具有一定的意义，并将领导者应具备的素质归为六大类：① 身体特征，包括身高、体重、外貌等；② 智力特征，包括判断力、果断性、口才流利、知识广博等；③ 社会背景特征，包括社会经济地位、学历等；④ 个性特征，如自信、机灵、正直、情绪稳定、独立性、进取性、民主作风等；⑤ 与工作有关的特性，如高成就需要、愿承担责任、工作积极性、创新能力等；⑥ 社交方面的特征，如合作精神、诚实、善交际等。

（2）吉伯的七项天生品质论。美国心理学家吉伯（A. C. Gibb）在 1969 年的研究报告中指出，天才的领导者应具备以下七项天生的品质特征：① 善言辞；② 外表英俊潇洒；③ 智力过人；④ 具有自信心；⑤ 心理健康；⑥ 有支配他人的倾向；⑦ 外向而敏锐。

（3）美国学者盖伊·汉德瑞克（Gay Hendricks）和凯特·鲁德曼（Kate Ludeman）提出 21 世纪企业领导的十大特质：① 绝对诚实。诚信是经营企业成功的首要秘诀，正直的品性绝不仅仅是一种美德，更是个人和企业走向成功的关键。② 公正。严格恪守公正，说到做到，凡事都秉持公正一致的原则。③ 自我学习。人天生需要不断学习，停止学习意味着生命的终结。④ 反教条精神。企业领导往往对教条十分反感，对有组织的宗教保持距离。⑤ 事半功倍。企业领导专注当下，充分利用时间。不为过去后悔，不为未来担忧。⑥ 展现他人和自己最好的一面。企业领导善于发现自己和同事的真我，并将它真实无误地展现出来。他们既能看穿表象，又能洞察内在。⑦ 具有幽默感。企业领导常面带笑容，善于捕捉生活中人类自身的笑料，善于把自己融入玩笑之中。⑧ 既能高瞻远瞩，又能脚踏实地。企业领导能够把握眼前，看清事情的本质，遇事从不畏缩。⑨ 自律。企业领导具备严格的纪律性，但这种纪律性源自内心的激情。他们一般不依靠以恐惧为内在动力的高压政策和虚无缥缈的条条框框，而是借助明确的目标激励自己。⑩ 平衡。企业领导应密切注意在如下几个方面保持自己生活的平衡：亲情（包括婚姻、家庭和知己）、工作、精神和社区生活（包括社会生活和政治生活）、理性与情感、家庭与工作、将来与现在。这有助于凝聚人心，成为团结一心的力量源泉。

（4）日本企业对领导者的要求。日本企业要求领导者应该具有如下 10 项品德和 10 项能力。① 10 项品德：使命感、责任感、信赖感、诚实、忍耐、积极性、进取心、公平、热情、勇气。② 10 项能力：思维决策能力、规划能力、判断能力、创造能力、洞察能力、劝说能力、理解能力、解决问题的能力、培养下级的能力、调动积极性的能力。

知识链接 7-1
领导素质理论的局限

（5）中国上海某企业提出领导素质的四个维度。① 能力维度，包括用人授权、决策、社会能力、计划实施、口头文字表达能力；② 智力维度，包括记忆、创造性、思维观察与注意力；③ 知识维度，包括专业知识、政策水平、学历、基本理论知识；④ 修养维度，包括组织纪律性、民主性、事业心、群众威信等内容。

二、领导行为理论

在领导素质理论引起困惑时，领导行为理论就应运而生。在 20 世纪 40 年代至 60 年代，领导行为理论继领导特性研究之后产生了。本节内容着重介绍其中几种有代表性的理论。

（一）X 理论与 Y 理论

1. X 理论经理与 Y 理论经理

在分析人性假设时，我们已经介绍了麦格雷戈的 X 理论与 Y 理论对人性的假设。与人性假设相对应的是不同的领导方式，麦格雷戈也将领导人分为 X 与 Y 两大类，即 X 理论经理与 Y 理论经理。

2. X 理论与 Y 理论的领导行为

如表 7-1 所示，X 理论与 Y 理论在计划工作、领导工作和控制与评价工作等方面形成了鲜明的对比。简言之，基于 X 理论的领导方式倾向于独裁式，因为领导者将其下属均视为"拨一拨、动一动"的"算盘珠子"；与此相反的是，Y 理论假设人们在达到他们所从事的工作目标过程中能够自我控制，因此其领导方式是民主式的。

表 7-1　X 理论与 Y 理论的领导行为

工 作	X 理论	Y 理论
一些主要的管理活动	人们不喜欢工作； 必须强迫他们去工作； 人们不会自愿承担职责	人们喜欢工作； 人们在自我管理下的工作绩效最好； 人们愿意承担职责
（1）计划工作（包括确定目标）	上级替下级确定目标； 在确定目标和拟订计划时，下级很少参与； 所考虑的抉择方案数量很少； 下级对目标任务和计划的积极性很低	上级和下级共同确定目标； 在确定目标和拟订计划时，吸收大量的下级人员建议； 可以考虑许多抉择方案； 下级对目标任务和计划的实施高度负责
（2）领导工作	领导人员专制、独裁，只依靠他所拥有的职权来领导； 人们遵从命令，但隐藏着抵制和不信任； 信息沟通是单向的，自上而下的，很少有自下而上的反馈信息	领导人员亲自参与工作，并以其才能做好协调配合工作； 人们按要求承担责任，有责任感，并对自己的绩效负责； 信息沟通是双向的，有大量的自下而上的反馈； 凡必要的信息都能自由流转
（3）控制与评价工作	控制来自外界，而且是生硬的； 上级的行事态度，一如法官断案； 在评价工作过程中上下级之间缺少信任，总是关注过去，着眼点是挑错找茬	控制是内在的，以自我控制为基础； 上级行事时，好像是循循善诱的导师； 在评价工作过程中上下级之间高度信任； 从过去的经验中取得收益，但着眼于未来； 采取前馈式的控制方法，目的是解决问题

（二）勒温的领导作风理论

勒温的理论以权力定位为主要依据，按领导运用权力的方式不同，把领导者在领导过程中所表现出来的极端的工作作风划分为三种类型。

1. 专制式领导

权力定位于领导者手中，主要依靠领导者个人能力、经验和判断推理去指导群体活动，一切由领导者决定。这种领导方式的特点是：领导者独断专行，不注重下属的能力和感情。其造成的不良后果是：群体成员易产生挫折感，甚至对领导者存有敌意；工作缺乏主动性，或无动于衷，或多表面行为；成员之间矛盾突出甚至以言语相互攻击，或彼此之间推诿责任。

2. 民主式领导

权力定位于群体之中，尊重被领导者的能力与资历；领导者以自己的人格影响和感召被领导者，使被领导者愿意接受其领导与指挥；这种领导者注意协助和鼓励群体成员，注意满足群体成员的需要；群体成员可以自行决定工作内容，有较强的工作动机和主动性，领导者在场与不在场都一样工作。

3. 放任自由式领导

权力定位于每个群体成员手中，领导者采取无为而治的态度，一切活动方式都由群体成员自己摸索；群体的组织方针和决策都由群体成员自行决定，领导不提意见、不参与决策，对工作效果不加评价，领导者与被领导者之间心理距离大。

以上三种不同的领导类型，造成群体和组织内三种不同的社会心理气氛与工作效率状态。民主式领导的群体，其士气最高，工作效率也最高；专制式领导的群体成员往往有一种被驱使的感觉，士气低落，缺乏主动精神和工作热情，因而工作效率不高；放任自由式领导的群体，由于领导缺乏事业心，并且不参加群众活动，成员士气低落，生产效率低。

但是，勒温的领导作风理论也存在一定的局限。这一理论仅仅注重了领导者本身的风格，没有充分考虑到领导者实际所处的情境因素，因为领导者的行为是否有效不仅仅取决于其自身的领导风格，还受到被领导者和周边的环境因素影响。如生产车间、工厂等采用专制式领导可能更具有效率，而创新型、科研型组织采用宽松型的放任自由式领导也可能出现新观点、新思路。

在实际的工作中，极端的放任自由式和专制式领导方式是少见的，大部分领导者采取的工作作风常常是处于两种极端之间的混合型，如图 7-2 所示。

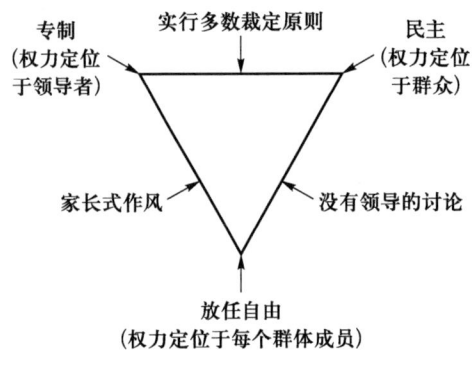

图 7-2　领导作风模式

（三）俄亥俄州立大学的四分图理论

1. 领导方式的两维因素

美国俄亥俄州立大学商业研究所领导行为研究组的成员自 1945 年开始对企业领导行为进行了一系列的研究。他们认为，领导行为就是领导者领导群体去实现目标的行为。为了对领导行为进行调查，并确定影响领导行为的因素，他们给各种企业的职工发放了一种"领导行为描述调查表"，通过职工对调查表中所提问题的回答来了解他们对组织、群体工作的特点，各种情况下有效的领导行为等问题的看法。一开始，他们得到了 1 000 多种刻画领导行为的因素，通过逐步概括，两种领导行为凸显出来，即"创立结构"和"关怀体谅"。

（1）创立结构。创立结构是指那些把重点直接放在完成组织绩效上的领导行为，如把任务规定得很明确，工作程序条理分明，规章制度、计划、岗位责任制定得一清二楚，并使用职权与奖惩手段去监控和促使绩效目标得以完成。这是一种以工作为中心、重任务的领导行为，强调的是管理工作的制度化。

（2）关怀体谅。这是以人际关系为中心的领导行为，强调职工的个人需要。领导信任并尊重下级，积极与下级沟通并鼓励下级参与决策的制定，努力培养一种相互信任的工作气氛。

2. 四分图理论

研究者认为，上述两种因素不是互相排斥的，可以而且应该结合起来。仅有其中一种因素不能实现高效率的领导。这两种因素的结合可以有多种情况。一个领导者必须在满足组织的要求和职工的个人需要之间、创立结构和关怀体谅之间加以调节，找出恰当的方式。因此，他们用两维因素组合出四种典型的领导方式，如图7-3所示。研究者们渐渐形成一种被称为"双高假说"的认识，认为最有效的领导方式就是兼顾关怀人和结构化两个方面。图7-4直观地表示了这一假说。图中的反馈回路表明，创立结构和关怀体谅的领导行为与领导结果之间是互动的、互相影响的。但这种"双高假说"还是过于简单化。

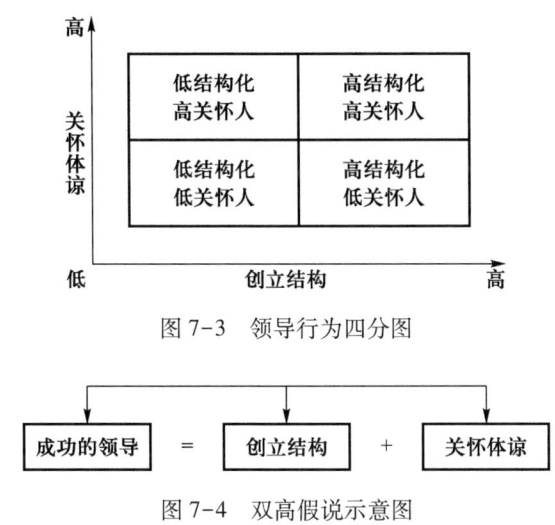

图7-3　领导行为四分图

图7-4　双高假说示意图

（四）密歇根大学的领导行为研究

几乎与俄亥俄州立大学研究同时，密歇根大学社会研究所也进行了大量的领导行为研究。两者的研究虽然是完全独立进行的，但得到颇为类似的发现。密歇根大学社会研究所在利克特（Rensis Likert）的启发和鼓舞下，对许多不同行业进行了调查，通过对许多领导及其下属的访谈，试图找出领导行为风格与效能（群体绩效与下级个人满意度）之间的关系，最终发现了两种非常典型的领导风格。

（1）以工作为中心的领导风格。着重采用严密控制的方式，运用合法职权与强制权，狠抓工作进度并重视对下级绩效的考核。这与俄亥俄州立大学的"创立结构"相近，属于任务导向型行为。

（2）以员工为中心的领导风格。重视的是责任下放和关心员工的福利、需要、进步和个人成长。这与俄亥俄州立大学的"关怀体谅"行为相近，也属于关系导向型领导风格。

两所大学研究的不同点在于：俄亥俄州立大学把"关怀体谅"与"创立结构"视为两个独立的维度，因而一个领导者在这两个方面可分别表现为高或低；密歇根大学则把以工作为中心和以员工为中心两类领导风格视为一个单一维度的两个端点，可从一个极端沿这个连续统一体过渡到另一极端，因而就不可能有"双高"或"双低"式的组合。

（五）管理方格理论

管理方格图是布莱克（Robert R. Blake）和穆顿（Jane S. Mouton）在 1964 年出版的《管理方格》一书中提出的。他们认为，企业中的领导方式，存在着"对人的关心"和"对生产的关心"这两种因素的不同组合，如图 7-5 所示。

布莱克和穆顿提出的管理方格图，主要是为了避免在企业管理中采取极端的领导方式，即或者是科学管理，或者是以人际关系为中心；或者是以生产为中心，或者是以人为中心；或者以 X 理论为依据，或者以 Y 理论为依据。他们指出，可以采取不同的综合的领导方式。如图 7-5 所示，共有 81 种由"对生产的关心"和"对人的关心"这两个基本因素以不同的程度相结合的领导方式。图 7-5 中描述了五种典型的领导风格。

（1）贫乏型（图 7-5 中的 1，1）。这种领导方式既不关心人，也不关心生产，领导者几乎放弃其职责。

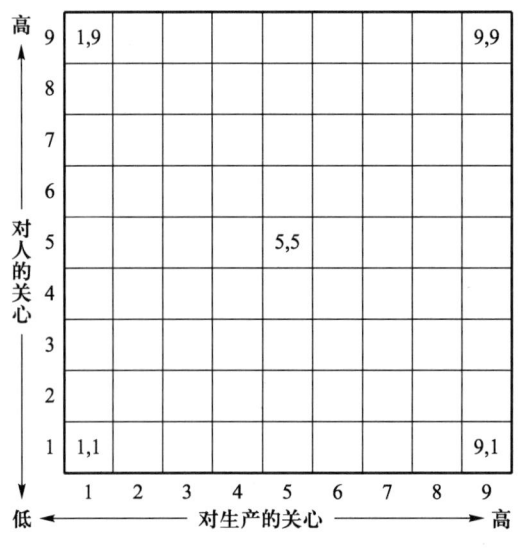

图 7-5　管理方格图

（2）权威与服从型（专制的任务型管理者）（图 7-5 中的 9，1）。这种领导方式重点放在对工作和作业的要求上，不太注意人的因素。领导者的权力很大，负责计划、指挥和控制下属的活动，以便达到组织的生产目标。

（3）组织人型（图 7-5 中的 5，5）。这种领导方式承认领导者在计划、指挥和控制上的职责，但它主要是通过引导、鼓励而不是通过命令来完成。这种领导方式，既不过于偏重人的因素，又不过于偏重生产的因素，碰到真正的问题，总想敷衍了事。因此缺乏革新精神，无法充分发挥职工的创造性，在激烈的竞争中会失败。

（4）乡村俱乐部型（图 7-5 中的 1，9）。这种领导方式强调满足人的需要，认为只要员工的心情舒畅，生产就一定能搞好；而对指挥、监督和规章制度都不够重视。领导者为了保持与同事及下级之间的良好感情而不惜使生产受损。

184

（5）团队型管理（图7-5中的9，9）。这种领导方式强调协作和管理，工作的成就来自于员工的奉献精神，由于组织目标的"共同利益关系"使员工和组织相互依存，创造了信任和尊重的关系，让群体成员广泛参与，为所设定的目标而努力奋斗。

这种领导方式的存在表明"对生产的关心"和"对人的关心"两个基本因素之间并没有必然的冲突。这种方式能使组织的目标和个人的需要最理想、最有效地结合起来。它要求创造出这样一种工作氛围：让职工了解问题，关心工作成果。这样他们就会自我指挥和自我控制，而无须领导者用命令的形式对他们进行指挥和控制。

知识链接 7-2
管理方格训练法

（六）领导形象系统研究

党的二十大报告提出，深入实施人才强国战略。必须坚持科技是第一生产力、人才是第一资源、创新是第一动力。事实证明，世界各国以经济和科技为基础的综合国力竞争日趋激烈，而这种竞争在很大程度上表现为人才数量方面的较量。新时代呼唤新的领导者形象，如何塑造新的领导者形象是新形势下的迫切需求。

1. 领导者形象定义

形象是形状相貌之义，是能够引起人的思想或感情活动的具体形状或姿态，它通过人的感觉发生作用。然而，领导者形象本身是"形神合一"的载体。其中领导者之"形"是领导者在组织环境中表现出来的自身素质、外在形象及其作风等；而"神"则是由领导者在实施领导的过程中形成的一种心理定势和精神力量，如领袖风度、决断力、精神境界、群体对其依赖感等。具体地讲，对领导者形象的理解可以从其三个子系统来把握，即领导者理念识别系统、领导者行为识别系统、领导者视觉识别系统。这三者各有其特定内容，三者之间相互联系、逐级制约、共同作用、有机配合。要全面准确地理解领导者形象系统的内涵，便要对这三个子系统进行深层次的讨论和诠释。

2. 领导者理念识别系统

领导者理念识别系统（LMI）指的是领导者在组织机构中发挥的灵魂作用。它是领导者人生哲学、价值观念、开拓精神、心理素质、道德境界的结合体。它至少具备以下两个方面的内涵。① 确立战略目标。即能为组织的合理运行和健康发展制定中长期的发展规划，有决策决断力等。② 精神追求。即维护国家、民族、集体的利益，有道德感召力和影响力，能教导组织成员健康成长。

3. 领导者行为识别系统

领导者行为识别系统（LBI）是在执行其领导职能时所表现出来的行动。它包含了领导在对组织工作和组织成长的关心过程中表现出来的具体倾向。由于领导风格的差异，在具体行为中，不同领导者的侧重是有差别的。它最直接地表现在：① 组织结构。完善和维护组织结构，使之健全、稳定和发展。② 管理制度。贯彻和监督管理制度实施，提高管理制度的有效性和客观性。③ 领导才识。包括对专业技术和相关技能的掌握，如外语、计算机知识等。④ 领导技巧。重视领导艺术，善于发现组织问题，并采取有效的方式解决存在的矛盾，善于激励成员完成预定目标。⑤ 领导作风。注重自我约束和自我完善，有良好的生活习惯，能身体力行，守信守时，起到领导风范作用。⑥ 人员选用。知人善任、任人唯贤、量才授权、一视同仁。

4. 领导者视觉识别系统

视觉识别系统（LVI）是领导者在理念、行为识别的范围内，给予人们的一种外在表现和精神状态。塑造领导者的视觉形象是保证领导者达到"形神合一"，展示 21 世纪领导者形象的关键环节，它在塑造不同的领导者形象上起着比 LMI 和 LBI 更为直接和直观的作用。它通过领导者的外在特征和表现，并借助各种传播媒介，让公众和其成员更清晰地掌握其中传递的信息，为组织的形象和发展发挥了不可替代的作用。它包括：① 衣着。领导者的衣着是反映领导者精神面貌和修养风格的标尺，应遵循符合时间、场合和身份的原则。② 言谈。领导者的谈吐是表现其精神境界、素质修养和思维观念的外显因素，保证了领导者形象的丰满和完美。

📖 案例

乔布斯的语言魅力和沟通才华

说乔布斯是世界上最具沟通能力、最擅长演讲的顶尖高手之一并不为过。他对语言的驱遣游刃有余，对场面的驾驭、情绪的调动和人心的掳获均得心应手。他的演讲才情奔逸，极富亲和力、感染力和思想张力，让与会者如沐春风。他在斯坦福大学毕业典礼上的那场演讲，酣畅淋漓，堪称经典。实际上，每当有重大产品发布时，乔布斯都会亲自上阵，与世界分享苹果的新创造，让世人感受苹果的惊艳与震撼。他为新产品演讲拟定的标题简洁具体，卖点鲜明。例如，"今天，苹果重新发明了手机"（发布 iPhone 时），"把 1 000 首歌装进你的口袋里"（推出 iPod 时），这样的标题令人印象深刻，过目不忘，不仅能调动听众、读者的好奇心，更能激发消费者的购买欲。在向市场展示苹果的惊世作品 iMac、iPod 和 iPhone 时，他使用了美轮美奂的 PPT 以及高超别致的表达技巧，使苹果产品大放异彩，他本人也赢得粉丝无数。

魅力型领导绝非完美无瑕。事实上，乔布斯的缺点和他的优点一样显著。他精于算计、疑心重、桀骜不驯、傲慢偏执，有时甚至粗暴。乔布斯在创业早期常被批评为顽固倔强、刚愎自用、脾气糟糕、喜怒无常。一提起乔布斯，恐怕苹果公司的一些员工多少有点胆战心惊，甚至不敢和他同乘电梯，唯恐被炒了鱿鱼。然而，由于他的传奇人生和他领导的苹果的骄人成就，他的那些与生俱来的独特个性乃至他人难以容忍的缺点，似乎也成为魅力的一部分。难能可贵的是，这位有缺点的能人和有明显瑕疵的达人，有着超常的自我反省意识，有从错误中检讨、感悟的自觉和从失败中学习、振作的能力。几次重挫使他变得谦逊，孩子们的出生使他变得温和，年龄的增长和职场的博弈使他变得成熟，自我超越使他变得更加圆融。他在几经磨砺后拥有了让人镇静的力量，有一种绚烂之极归于平淡的平和与淡定。其实，当他说"我愿意用我所有的科技，去换取和苏格拉底相处的一个下午"时，世人就已经看到一个别样的乔布斯了。

5. 领导者功能性识别系统

这里的功能性识别是相对独立于 LMI、LBI 和 LVI 的一个系统，它是为塑造领导者形象进行的维护性和修正性系统，以克服系统的盲目性，确保其稳定和健康发展。它包括：① 监督。如员工代表大会、上级主管部门和国家相关机构的监督。② 制约。如责、权、利一体，建立健全选举、任免、奖惩、晋升制度，依法办事，民主集中制等。

三、领导的权变理论

（一）领导方式连续体理论

这是由坦南鲍姆（R. Tannenbaum）与施密特（W. H. Schmidt）于 1958 年首次提出的。他们认为，在民主型和专制型这两个极端的领导方式中间，存在着多种多样的领导方式；并不存在一种"最好"的领导方式，一切取决于领导者、被领导者和环境因素（任务性质、职权关系和群体特征）。他们提出的领导方式连续体如图 7-6 所示。

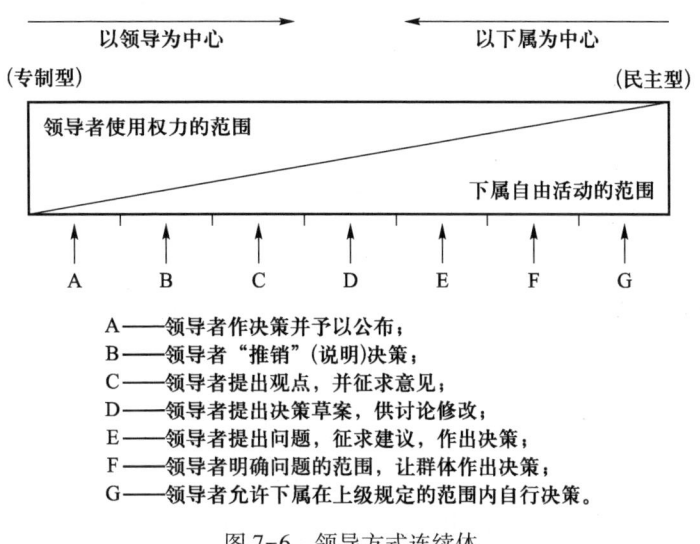

图 7-6　领导方式连续体

从图 7-6 可以看出，从左到右，从专制型到民主型，中间存在多种领导方式，形成一个连续体。在这个连续体上，他们列举了 7 种有代表性的领导方式。

坦南鲍姆与施密特认为，在可能存在的多种领导方式中，不能简单地认为某一种最好或最差，而要考虑到具体的多方面因素，最重要的有以下三个方面。

第一，应考虑的领导者个人的因素，包括他们的价值观、对下级的信任程度、他们自己在领导方式上的倾向以及与下级共同决策带来的不确定性对自己的影响程度。

第二，下属方面的因素，包括下属对独立性的需要程度，他们是否准备承担决策的责任，下属对情况不明的耐力、对解决问题的兴趣和对问题的重要性的认识，下属对组织目标的认识和理解的程度以及下属解决问题的知识和经验等。

第三，要考虑的情境因素，包括组织的风气和传统、群体的效率、问题本身的性质和时间的紧迫性。

（二）费德勒的权变领导理论

1. 费德勒的权变领导理论的基本观点

费德勒从 1951 年起，经过 15 年的调查研究，提出了一个有效的领导的权变模型。他认为，任何领导形态均可能有效，关键是要与环境情境相适应。而个人的领导风格是一种内在倾向，属于个性的一部分，要改变它并非不可能，但至少也要经历长期而艰巨的过程。所以领导者应首先摸清自己及下属的领导风格，并争取使自己和下属处于最适合各自风格的情境中，以达到最佳的领导效能；否则应努力使自己适应具体的情境，即改变自己的一贯风格。

2. 领导风格与情境的匹配

不同的情境适合不同的领导风格。如图 7-7 所示，上部的折线是费德勒在对 454 个不同类型的工作群体进行调查研究的基础上得到的，它表明在情境很有利（情境 1 至 3）或情境很不利（情境 8）时，重任务的领导风格（LPC 分低）较有效；在情境有利性中等（情境 4 至 7）时，则重关系的领导风格（LPC 分高）较有效。

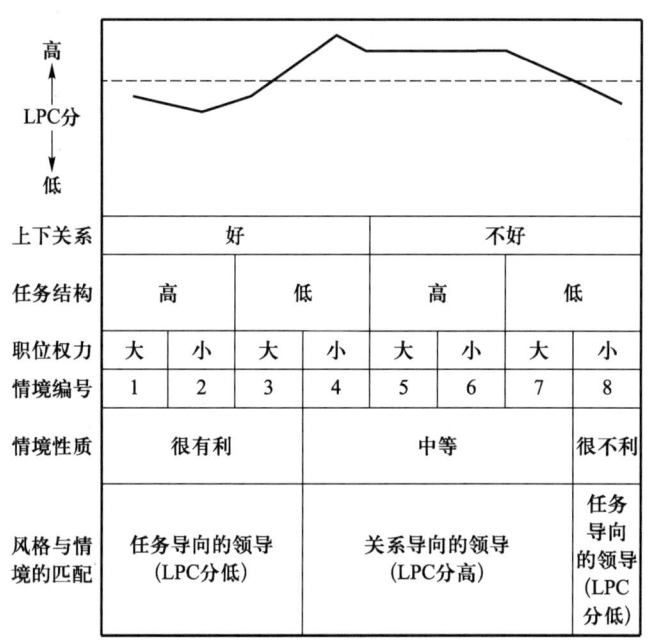

图 7-7　费德勒的权变领导理论

3. 费德勒权变领导理论的应用

根据费德勒的权变领导理论，要提高领导效率，可以从决定领导效率的两个方面着手。

（1）改变领导风格。即改变领导者的个性和领导方式，改变 LPC 分。

（2）改变领导情境。① 改变领导者同下属的关系，如改变下属的组成，使下属在经历、文化水平、技术专长等方面同领导者更适应；② 改变任务结构性的高低，如详细规定工作的内容或只作一般指示；③ 改变领导者的职权，如由更高级领导授予领导者更大的权力等。

费德勒编写了整套自导式训练课程，使领导者通过按部就班的自学，测定自己（或下属）的领导风格和判断所面临的情境性质，学会如何去实现自己或下级的领导风格与情境的匹配。

（三）生命周期领导理论

1. 生命周期领导理论的基本内容

生命周期领导理论最初是由卡曼（A. K. Korman）于 1966 年提出的，后由赫西（P. Hersey）和布兰查德（K. H. Blanchard）予以发展和完善。

生命周期领导理论与其他的权变理论的不同之处在于此理论注意到时间或下级所处的职业生涯发展阶段对适当领导风格的要求，并为此引进了"下属的成熟程度"的概念。

下属的成熟程度是指下属"设置高但现实可行的目标的能力（成就动机），承担责任的意愿和能力，以及个人和群体受教育程度的高低和所具备的经验的丰富程度"。可以看出，成熟程度不一定与个人的生理年龄有直接关系。赫西和布兰查德认为，当下属渐趋成熟时，领导者的领导行为要进行相应的调整，这样才能取得有效的领导。他们还将下属成熟程度分为四等，即不成熟、初步成熟、比较成熟和成熟，其中初步成熟和比较成熟属于中等成熟程度。以俄亥俄州立大学的四分图理论为基础，加上下属的成熟程度这个维度，他们得到了一个三维的生命周期领导理论模型，如图 7-8 所示。这个模型的四个象限分别对应一种领导方式。

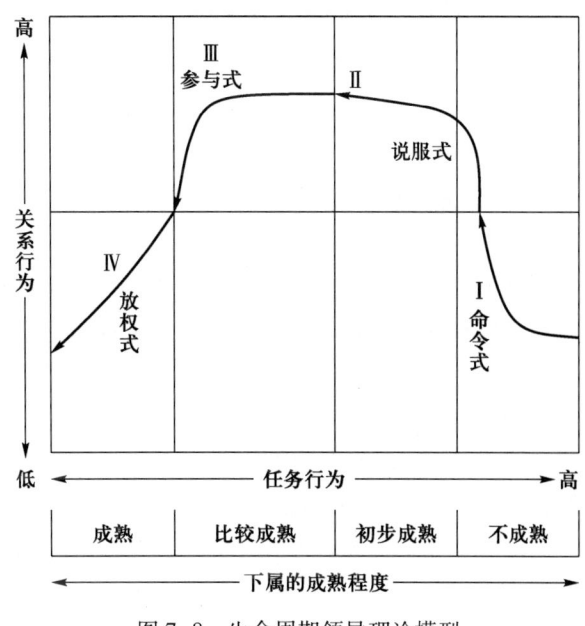

图 7-8　生命周期领导理论模型

（1）在第Ⅰ象限，下属处于职业生涯的早期，年轻且无经验，不能主动承担责任，遇到问题时不知所措。这时他需要指导、援助和培训，领导者可采用"高任务，低关系"的命令式领导方式，即领导者可用单向沟通的方式向下属明确地规定工作任务和操作规程。

（2）在第Ⅱ象限，下属处于职业生涯的早中期，他初识业务、渐窥门径，且跃跃欲试，愿意承担工作责任，急于挖掘自己的潜力，但缺乏工作技巧。这时的领导者可采用"高任务，高关系"的说服式领导方式，即以双向沟通的方式向下属阐明工作和任务的意义，解释有关工作方法的道理和决策方案的理由，提高下属把握工作任务的能力和对工作的胜任感。

（3）在第Ⅲ象限，下属处于职业生涯的中期，他已是人到中年，经验丰富，工作积极主动，在工作中能独当一面、自撑门户了。这时的领导者不必对他进行过多指导，也不应有较多的约束，而要尊重他的意见，给他创造施展才华和发展事业的条件，即应采取"低任务，高关系"的参与式领导方式。

（4）在第Ⅳ象限，下属已到职业生涯的晚期，无论在事业上还是在修养上都已近于炉火纯青，一切都可自律自主，这时领导者可以撒手让他自己干，对他的工作少操心、少过问，但要监督他的重大活动，即采取"低任务，低关系"的放权式领导方式。

2. 生命周期领导理论的应用

生命周期领导理论强调了领导行为的情境性与灵活性，并且特别强调了下属条件的动态性是最关键的情境性因素，因此深受管理工作者的喜爱。

知识链接7-3
领导风格的两种观点

在管理实践中，一方面要根据一个人的个人成长过程采取不同的领导方式，另一方面也可以通过培训等措施，使下属更快地成长起来。显然，根据下属的成熟程度来调整领导方式的方法既可用于同一个人在发展过程中的不同阶段，也可用于同一时期不同的人。

第四节　领 导 艺 术

领导艺术是管理心理学的研究重点，特别是在当今中国，企业的朝气、活力，甚至生死存亡都和领导层是否得力密切相关。只有优秀的领导者才能领导出优秀的企业，但是要成为优秀的领导者，必须掌握一定的领导艺术。一个好的企业领导者，应当具有高超的领导艺术，或者说是拥有好的领导方法，才能引领员工不断取得企业的进步和发展。一个具有高超领导意识和人格魅力的企业领导者，应当是能够吸引被领导者团结在自己周围的人，是能够得到员工信任的人。做好领导工作除了要有较高的思想政治水平，还需要讲究恰当灵活的工作方法，即领导艺术。虽然在工作中每一位领导者从主观上都愿意使自己的工作卓有成效，但由于采取的方法不同，其得到的效果也相差甚远。领导者讲究领导艺术，既坚持原则，又善于捕捉机会，可以使管理系统充满活力，高效运行。

领导艺术是领导者的一种特殊才能，是指在领导的方式方法上所表现出的创造性和有效性，是领导者在一定知识、经验和辩证思维的基础上，富有创造性地运用领导原则和方法的才能。这种才能表现为灵活运用已经掌握的科学知识和领导方法，是领导者的智慧、学识、胆略、经验、作风、品格、方法、能力的综合体现，主要包括用人的艺术、时间的艺术、决策的艺术等。

一、领导的用人艺术

用人艺术是领导艺术的最高层次。领导者只有能够"广开才路"，才能使企业"财路广开"。用人艺术有广义和狭义之分。广义上的用人艺术包括重视人才、发现人才、选择人才和使用人才四个方面。而狭义上的用人艺术，也就是其字面意义——使用人才的艺术。使用人才所遵循的一个基本原则是：不拘一格降人才——适才适用，即将适当的人才放到适当的岗位，包括放到一定的领导岗位，以最大的可能发挥他们的才干。

重视人才、发现人才、选择人才的目的在于使用人才。凡是能成就一番事业的人，都是善于用人的人。古人说："非成业难，得贤难；非得贤难，用之难；非用之难，任之难。"所谓"随才器使"，是指按才能不同加以任用。会用人，可以把才能一般的人变成人才；不会用人，能够把人才变成"庸才"。领导者最主要的才能是善于把每个人安排到适当岗位上。作为企业的领导者，在已拥有一份实业的基础上成为多面手，除了能让员工按自己的意图去做事之外，更重要的是要学会用什么人去做什么事。

处在市场经济大潮中的领导者，要使他们的企业取得竞争优势，就要懂得用人艺术。领导者在用人方面，应该重视以下原则：知人是择人的基础，择人是用人的关键；爱人是用人的保证，爱人的核心即为用人；观人要准，用人要信，育人要诚。

（一）观人的艺术

作为一位企业领导者，可以不知道员工的短处，但不能不知道他们的长处。正所谓"尺有所短，寸有所长"，正确的用人方法应该是用人之优，用人之长。领导者必须将其发掘出来并合理运用，才算是艺术地"择人"和"用人"。作为一个领导者，识人、择人的目的是用人，用人贵在取其长而避其短，因此着眼点应该放在一个人的长处上，注意力应该集中在一个人的优点上。如果先看一个人的长处，就能使其充分发挥才能，实现他的价值，为企业所用；若先看一个人的短处，长处和优点就容易被掩盖和忽视，那么企业将流失一个人才。美国通用电气公司（GE）的前总裁韦尔奇被称为世界上最会用人的"头号经理"，他领导下的通用电气公司人才济济。他说："我最大的成就就是发现人才，发现一大批人才。他们比绝大多数的首席执行官都要优秀。这些一流的人才在 GE 如鱼得水。"

然而，作为一名优秀的领导者，即使再尽心尽力，也不能发现所有的"千里马"，在自己长期观察的同时，还应该制定出一个有效的选拔人才的机制，来不断充实自己的人才库。正如柯林斯和波勒斯在其著作《基业长青》中提到的，领导者应是一位优秀的时钟设

191

计师，而不仅仅是报时者。首先要知人，一个人的适应力和能力，并非一朝一夕就能表现出来，因此应该用长远的眼光来发掘人才，不必在短时间内予以评定。"知人"，然后方能"善任"。要做到"知人"，一是要运用群众路线，可采用群众推荐、专家测评或直接招聘等方式，把隐蔽的人才推到前台来。二是要采用信息收集法，注重信息的收集、整理、筛选，可以使企业领导者更全面地了解人才动向，做到"善任"。在招聘的方式上，一般应提出对应聘人员政治品质、业务水平和综合能力等的要求，有的还规定学历、专长、健康状况等具体要求，采用口试、笔试或其他方式进行测试。人才要知识化和专业化，但不要唯学历、文凭论。学历是重要的，说明一个人受教育的程度，是具有一定学问和知识的象征。重视学历，反映了社会对知识和人才的尊重。但是，人才选拔决不能只看学历和文凭，尤其是不能把学历和文凭绝对化，当作选人、用人的绝对标准。因为学历高低并不一定与能力高低成正比，文凭不等于才能。有些人头脑中装满了理论，但不会或不完全会应用，更不会创造性地应用，只能是纸上谈兵。这样的人虽然有学历和文凭，但缺少真才实学，缺少真本领。领导者应做到不偏重学历而看真才实学，尤其不偏重"资历"，不"论资排辈"地用人，而要提拔年轻的优秀人才，委以重任，真正做到唯才是举。

（二）用人的艺术

作为一个优秀的企业领导者，必须有对人才的合理分配和调度艺术，做到人尽其才，物尽其用。

一个公司像一个小社会，同时包括三种人：大部分的员工是与世无争的人或满足于现状的人；剩下的一大半是明哲保身的人；敢打敢拼的人最少。一个成功的领导者应该合理处理公司里这三种人的关系，因为一个成功的企业中，三者缺一不可。对于与世无争的人或满足于现状的人，领导者应给予他们充分的关心、爱护，他们在公司中人数最多，完成了公司的大部分工作。对于明哲保身的人，要对他们加以充分的信任，并给予不断的关怀。对于敢打敢拼的人，应该通过合适的方法使他们把全部能力用于为组织服务上，为他们创造发展自己、表现自己的机会，使其明显感觉到自己的价值，对于他们的缺点要设法加以弥补。敢打敢拼的人有活力、有想法，可以让公司获得收益，但也可能给公司带来麻烦，所以对这种人应采取引导的方式，让他们尽量在领导者的宏观控制下，发挥自己的创新、冒险精神。一个优秀的企业领导者应该融合三种员工的优点，从而达到一种和谐的状态，共同为公司的发展而努力。用人艺术如图7-9所示。

拓展链接7-1
"用人的艺术"
具体内容

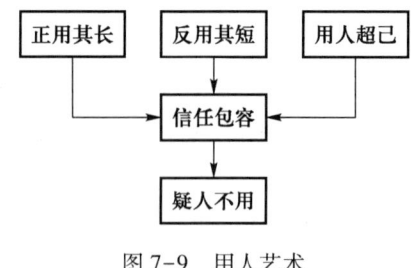

图7-9　用人艺术

192

(三) 育人的艺术

人才是公司最重要的资源，他们处于经济活动的中心位置，操纵和控制着其他资源的开发和利用活动，只有用好这一资源，企业的其他资源才能得到更大的发挥，企业才能有更好的发展。因此，一个公司要在未来社会中求得生存和发展，就需要一流的科技人才和管理人才。一位有远见的领导，不会只使用现有的人才，更重要的是培养有潜在能力的人才，为企业未来的发展打好坚实的人才基础。

1. 育人艺术的作用

(1) 给下属提供表演舞台，为其创造成功的机会。一个优秀的领导者，应该让下属得到更多的发展机会，并鼓励他们抓住机会去发展自己。每一个员工都有提高自己的工作技能的希望，有这样的学习动力的人都会精力充沛，充满生机，只需领导给予一个平台，这种潜能便会很快爆发出来。

首先，为了达到培养人才的目的，也为了公司有更好的发展前途，在公司内领导者必须让下属自己安排计划，不要任何事情都由领导者决定，让下属拥有自己的想法，同时给予下属足够的自由空间，让他们决定怎样最好地实现工作目标，不要过多地干涉。只有在一个目标明确，又有充分自由空间去实现目标的环境下，下属才能最大限度地发挥自己的才智。

其次，作为领导者，要给下属创造不断与其他企业进行交流学习的机会，尽量给他们最大的吸收空间来不断充实自己、锻炼自己。同时让他们在自己的空间中按照自己的构想去做，真正承担适当的责任，从而提高他们的能力。

案例

留个缺口给别人

一位著名企业家在做报告，一位听众问："你在事业上取得了巨大的成功，请问对你来说最重要的原因是什么？"

企业家没有直接回答，他拿起粉笔在黑板上画了一个圈，只是留下一个缺口。他反问道："这是什么？""零。""圈。""未完成的事业。"台下的听众七嘴八舌地答道。他对这些回答未置可否："其实，这只是一个未画完整的句号。你们问我为什么会取得辉煌的业绩，道理很简单，我不会把事情做得很圆满，就像画个句号，一定要留个缺口，让我的下属去填满它。"

留个缺口给他人，并不说明自己的能力不强。实际上，这是一种管理的智慧，是一种更高层次上带有全局性的圆满。

给猴子一棵树，让它不停地攀登；给老虎一座山，让它自由纵横；画一个带有缺口的圆，让下属不断去填满，这就是企业管理育人的最高境界。

（2）不断增强下属的自信心。一名精明的领导者，要想使自己的团队团结一致，高效运转，就要调动员工的积极性，让员工在自我激励、培养自信的气氛中工作。自信心是一个有良好素质的员工不可缺少的创造源泉，也是影响一个人工作能力高低的重要因素，所以培养和提升下属的自信心尤其重要。

在足够大的发展空间中不断地取得成功能够增强自信心。但是一名优秀的企业领导者还应该对下属的个人生活经历、爱好、兴趣、素质等方面有一定的了解。了解他们的特长、性情和能力，并安排一些业余活动的表现机会，能够帮助员工提升自信心，同时也会把这种信心带到工作中，提高个人的工作效率，这对企业的发展有很大的影响。

2. 育人方法

（1）育人主要应从提高以下几方面素质着手：① 政治素质（方针、政策、时事）；② 品德素质；③ 知识素质；④ 能力素质。

（2）"3Q"素质模型。"3Q"素质模型如图 7-10 所示。IQ 指智力商数，是表示智力高低的数量指标，集中体现在思维能力方面；EQ 指情绪商数，是表示情绪管理能力高低的数量指标；TQ 指团队商数，是表示团队运作能力的数量指标。

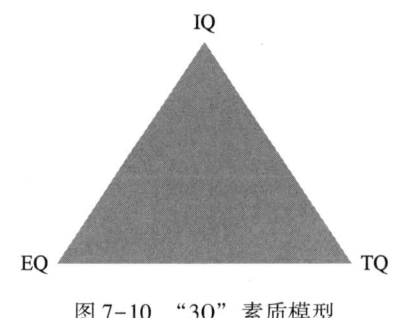

图 7-10 "3Q"素质模型

"3Q"育人模式如图 7-11 所示。

二、领导的时间艺术

常言道："一寸光阴一寸金。"领导者如何使用和节约时间会影响领导者的职能活动，最终必然会影响组织的整体贡献。领导者要做时间的主人，要科学地组织管理工作，合理地分层授权，把大量的工作分给下属去做，以摆脱烦琐事务的纠缠，腾出时间来做真正应该由自己做的事。

为了节约时间，领导者应把有限的时间用在领导工作上，养成写工作日记的习惯（要处理某工作的当时记录），进行分析、研究、总结，以便发现时间使用无效的事件，并及时纠正，找到合理使用时间的方法。

（一）定期分析，不断改进和管理好自己的时间

一个好的现代企业领导者，应该是一个能够艺术地控制时间的人，一个会控制自己去抓大事的人。对于一个现代企业的领导者来讲，他的时间是有限的，但每天要处理的事情很多，所以就应考虑时间管理的问题，哪些需要急办，哪些可以后办，处理工作时也应该讲究效率，节省时间，而不该事无巨细，事必躬亲。领导者应该学会主宰自己的时间，而不能被时间主宰。他们可以记录和诊断自己的时间消耗情况，找出时间浪费在哪里，如分析自己用的时间哪些是无效的，哪些工作是可以由他人代替的，哪些任务浪费了下属的时间，然后分别加以改进，更集中地利用好自己的时间。领导者肩负着比一般人更多、更重的主要责任，所以他们的工作应该是宏观的、全局性的。领导的主要任务就是谋划企业的发展策略，而不是陷于具体事务。没有哪一个企业领导者会不考虑成本问题。在经济学中，我们把放弃了可供选择的东西的代价叫作机会成本。当领导者整天忙于具体事务，而没有时间去考虑大事，使企业的经营受影响时，这个机会成本就太大了。从时间的稀缺性上讲，这也是不现实的，如图 7-12 所示。

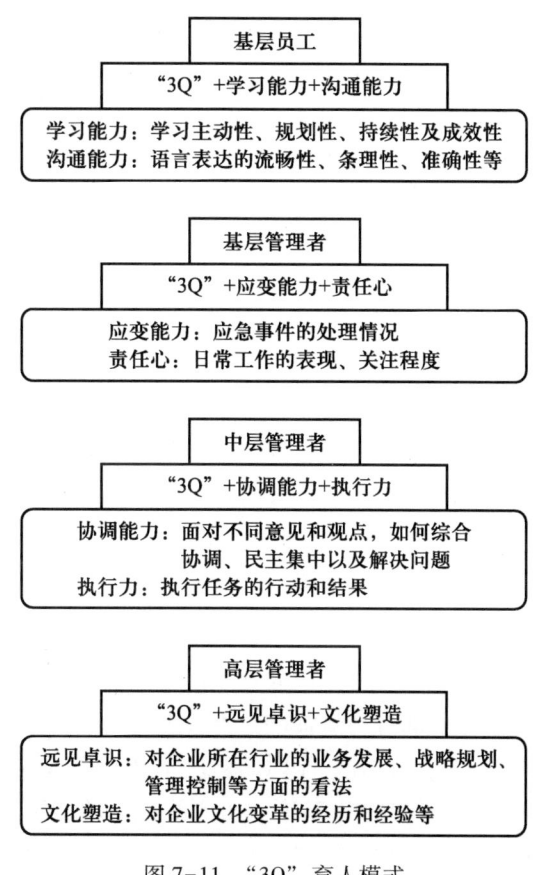

图 7-11　"3Q" 育人模式

（二）将时间"打包"，互不打扰

一般来说，专心才能做好事情，在某一固定的时段，"专一不二"地只做一件事情，或在最低批量时间内只集中精力做一件事，即把时间"打包"。它往往有利于节省时间。将事情排序，分轻重缓急，采取 ABC 的工作方法，如图 7-13 所示。

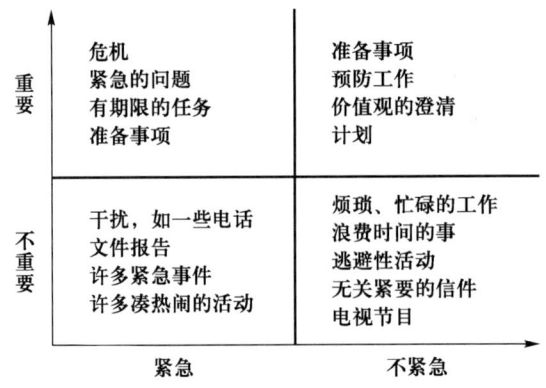

图 7-12　使用时间管理矩阵图

图 7-13　ABC 工作法

（三）把握开会时间，提高开会效率

开会是交流信息的一种有效方式。但开会也要讲究艺术。一要注意会议内容把控。为了节省时间，提高效率，领导需要明确会议性质。在研究工作的会议中，领导者的水平和艺术体现在，当各种主要意见都发表后，要及时把大家正确的意见集中起来，形成集体的意志，使与会者既明确了工作方向，又感到自己的意见受到了重视。要避免无休止地讨论，或在总结时发表与大家的意见无关的内容，使参加者产生不被重视之感。在部署工作的会议上，必须做到每会有决定、每事要落实。要避免"百家争鸣"、各抒己见的情况，因为这样不仅容易造成思想混乱，而且会使会议议而不决，从而降低会议的效率。二要注意控制会议的规模和时间。可参加可不参加的人不参加，可列席可不列席的人不列席，可用小会解决问题的决不召开大会，可开一小时的会决不开两小时。三要注意检查会议的内容。议题不明确的会不开，议题多的会不开，准备不充分的会不开。离题的话不讲，空话、套话不说，重复的发言也应避免。实践说明，凡有作为的领导，都格外珍惜时间，讲究掌握时间管理的艺术，不断提高工作效率。

领导人、处理事、安排时间是每一位领导者都要面临的问题，要掌握科学的领导方法，必须与自己所从事的领导工作结合起来。对于从事具体领导工作的人员而言，要注意结合工作特点，加强理论学习，充分利用自身的良好素质和人格魅力，巧妙运用领导艺术，才能取得比较理想的领导效果。时间管理艺术可以帮助领导者取得理想的管理效果，对于我们来说，管理时间同样具有重要的意义。

196

三、领导的决策艺术

领导者经常要作决策，因而研究和掌握决策艺术至关重要。艺术地作好决策主要应从以下几个方面着手。

第一，要掌握决策五要素。一是要切实了解问题的性质和全部情况，对问题的历史、现状以及决策需要起到的作用有深入、全面的了解。分清是要解决规律性的、普遍性的、本质性的问题，还是要解决特殊性的、个别的、偶然性的问题。二是要切实了解决策的条件，包括上级的要求、国家的政策、涉及的道德规范等。三是要考虑正确的决策方案，对某些问题还要考虑适当的折中和妥协。四是要考虑决策的可行性，化决策为行动，解决执行落实决策时面临的问题。例如，哪些人需要了解这项决策，应该采取什么行动，谁来执行，这些行动应满足什么样的条件才能使执行人实现决策等，都要考虑周全。五是要建立相应的反馈机制。决策是"人"作出的，难免有不周全之处，需要反馈信息判定是否需要修正。

第二，作出正确的决策，要做到"三不决"。一是未经智囊团研究拿出科学建议者不决；二是没有两个以上方案比较者不决；三是未经技术经济论证和可行性分析、效益分析者不决。决策是一种判断，是若干方案中的选择。选择通常不是"是"与"非"的选择，而是取各方案之长，在选择中特别要注意听取不同的意见。

第三，要把握什么时间需要决策，领导者要考虑是不是真的需要领导作出决策。因为有时不作任何决策，可能是最好的决策。在恰当的时机作出决策应把握两条原则：一是如果继续保持现状，情况将要恶化，则必须有所决策；二是新的机会来临，而且这种新的机会至关重要、稍纵即逝时，必须及时作出决策。

第四，在执行决策与承担风险的两难选择中，也必须遵循两条原则：一是如果利益远大于成本和风险，就应该行动；二是行动或不行动，切忌只做一半或折中。当一切条件已经具备，也已经制定了不同方案，衡量了得失，就要义无反顾。决不能因"再研究研究"而失掉良机。

第五节　领导执行力

知识链接 7-4
执行力及其构成要素

一、领导执行力概述

（一）领导执行力的定义

组织执行力涵盖一个系统、组织和团队的执行力。从执行主体的视角看，组织执行力包括员工执行力和领导执行力。领导者是最重要的执行主体，领导执行力是决定组织执行力高低的主导因素。同时，领导执行力也是整个任务执行过程的关键环节，既体现组织执行力，又反映个人执行力。不同的人完成不同的任务所需的具体能力存在客观差异。领导执行力严格来说包含战略筹划力、时间规划力、标准设定力、岗位行动力、运作操控力与结果评估力,是一种合成力,这六种"力"实际上是六种做事的技能。对组织领导者而言,执行力是一套系统化的运作流程,包括领导者对方法和目标的讨论、质疑、坚持不懈的跟进以及责任的具体落实,还包括对企业所处环境的分析,对实施战略相关人员的整合,对这些人员及其所在的部门的协调,以及奖励与产出相结合等方面。

(二)领导执行力的决定因素

领导执行力受多种因素影响,主要有以下三个方面。

1. 领导者的素质

单位或部门领导者的素质是能否履行好执行职能的关键因素。从执行力的角度看,领导者素质应突出强调决策能力、动员能力、解决问题能力、果断处事能力和操控能力等特征。

2. 领导者的执行角色定位

领导者的职能决定领导者既要扮演规划与决策角色,又要扮演执行角色。对组织的运筹、规划与决策是管理者的计划职能,而计划后续的组织、指挥职能围绕计划目标和策略展开,是对计划(战略)的执行。而控制则是对执行过程的监督、了解和协调,是执行的延续。因此,管理活动的连续性以及管理者的基本职能决定了管理者、领导者必须扮演双重角色。

3. 领导者的执行行为

执行行为是领导者的一种作风方式,是领导者执行理念、执行角色的外在表现。执行行为力度和方式的选择决定着领导的有效性和领导力水平的高低。

(三)达成领导执行力的三个基本条件

有效的执行力是组织达成其战略目标的必要保障。为了获得有效的领导执行力,组织必须具备以下三个基本条件。

1. 领导者必做的七件事

(1)了解自己的企业和员工;

(2)坚持以客观事实为基础;

(3)明确目标及其先后顺序;

(4)对目标进行跟踪,及时解决问题;

(5)论功行赏,奖优罚劣;

(6)协助员工成长;

(7)了解自我。

2. 构建执行力文化

所谓构建执行力文化,就是将执行力内化为一种信念,形成全体员工共同遵守、维护的舆论、作风、习惯,形成一种团队精神。

(1)构建执行力文化的重要性。企业之间的竞争本质上是文化的竞争,企业文化将成为未来企业的核心竞争力,而执行作为领导者首要的组织工作,必须成为组织文化的核心部分。只有将执行力融入组织文化，才能引导执行者向共同目标努力。

（2）从改变信念和行为开始。当组织文化阻碍组织发展时，组织需要对原有文化进行变革，首先要改变员工的信念和行为。鼓励、支持做出成绩的人，并对没有实现目标的人进行指导或者处理，以此建立执行力文化。

（3）将薪酬与业绩挂钩。通过动态绩效考核，实现这一目标。

（4）选择正确的价值观、信念和行为规范。

（5）开展有效的对话和沟通。

（6）领导者应以身作则。执行是领导者的重要工作之一。领导者制定战略之后需要参与执行，以便在执行过程中准确、及时地判断战略能否实现，并根据执行情况随时调整战略，保证战略顺利实施。

3. 知人善任

（1）应该挑选怎样的人。① 能够领导别人完成任务的人；② 能有效激励下属的人；③ 果断决策的人；④ 具有创新能力、解决问题能力和团队合作能力的人。

（2）如何找到需要的人。① 从外部招聘；② 从内部培养，发现人才；③ 处理好外部招聘与内部培养的关系。

（3）如何做到知人善任。① 多在人才问题上投入时间，在选拔、评估和培养中发现人才；② 深入分析工作态度；③ 摆脱个人好恶；④ 勇于处理绩效差的人。

（4）人才评估与培养。

二、领导执行力缺失

（一）领导管理的原因

1. 高层领导者执行力的缺失

领导者必须具有较强的执行力，尤其是高层领导者，是策略执行的关键主体。如果仅依赖下属执行，领导者无动于衷，难以达到预期效果。高层领导者执行力的缺失主要表现在以下几个方面：① 过分追求完美的战略，而忽视执行；② 把握不好发展方向，出现"上面瞎指挥，下面跑断腿"的情况；③ 过分依赖明星员工；④ 力量分散，不善于取舍；⑤ 喜欢越权指导；⑥ 无法成为优秀的精神领袖。

2. 中层领导者执行力的缺失

高层如同"脑袋"，主要思考企业的方向和战略，中层像"脊梁"，要协助高层将执行命令传达至基层员工。中层领导者的核心价值就是执行力。然而，当前许多组织的"执行链"存在这样一种现象：高层批评中层执行力差，中层埋怨员工执行力差，员工因不了解上层信息，也常常抱怨中层执行力差，中层领导者成了矛盾焦点。中层领导者在执行层面经常犯的错误主要表现在以下几个方面：① 发现问题、解决问题的能力不足；② 领导力欠缺，依赖职权管理，缺乏个人影响力；③ 企业存在"信息梗塞点"，中层管理者担负着上下沟通和信息传达的任务，但很多企业内部没有建立通畅的信息沟通体系，导致各项工作的进展无法及时沟通和反馈；④ 不能很好地调动基层员工的工作激情；⑤ 工作仅停留在上传下达，不能成为优秀的教练；⑥ 不能很好地制定和实施本部门的规范和制度。

（二）制度失效的原因

制度是对人们追求个人利益行为的规范，有了制度就必须执行，这是一个最基本的原则。然而目前，有些制度不完善、不科学、不合理，存在较大的"盲区"，约束不明确，与相应的制度产生冲突；有些制度缺乏可操作性，执行起来十分困难，要么执行的成本非常大，要么过于笼统，说明不清，标准不明，缺乏参照；有些制度程序过于烦琐，导致成效下降，甚至对执行力的实施起到负面作用。

📖 案例

德国最"愚蠢"的银行

2008 年 9 月 15 日上午 10 时，拥有 158 年历史的美国第四大投资银行——雷曼兄弟公司在次级抵押贷款危机（次贷危机）加剧的形势下，最终丢盔卸甲，向法院申请破产保护。这一消息瞬间通过电视、广播和网络等传遍世界的各个角落。令人匪夷所思的是，10 时 10 分，德国国家发展银行居然按照外汇掉期协议的约定通过计算机自动付款系统向雷曼兄弟公司即将冻结的银行账户转入 3 亿欧元。毫无疑问，这笔钱将是"肉包子打狗——有去无回"。

转账风波曝光后，德国社会各界大为震惊。德国财政部长佩尔·施泰因布吕克发誓一定要查个水落石出，并严厉惩罚相关责任人。一家法律事务所受财政部的委托进驻银行进行全面调查。几天后，他们向国会和财政部递交了一份调查报告，调查报告并不复杂深奥，只是一一记载了被询问人员在这 10 分钟内忙了些什么。具体记录如下：

首席执行官乌尔里奇·施罗德："我知道今天要按照协议预先的约定转账，至于是否撤销这笔巨额交易应该让董事会开会讨论决定。"

董事长卢斯："我们还没有得到风险评估报告，无法及时作出正确的决策。"

董事会秘书史里芬："我打电话给国际业务部催要风险评估报告，可是那里总是占线，我想还是隔一会儿再打吧。"

国际业务部经理克鲁克："星期五晚上准备带全家人去听音乐会，我得提前打电话预订门票。"

国际业务部副经理伊梅尔曼："忙于其他事情，没有时间去关心雷曼兄弟公司的消息。"

负责处理与雷曼兄弟公司业务的高级经理希特霍芬："我让文员上网浏览新闻，一旦有雷曼兄弟公司的消息就立即报告，现在我要去休息室喝杯咖啡。"

文员施特鲁克："10 时 3 分，我在网上看到雷曼兄弟公司向法院申请破产保护的新闻，马上跑到希特霍芬的办公室。当时，他不在办公室，我就写了一张便条放在办公桌上，他回来后会看到的。"

结算部经理德尔布吕克："今天是协议规定的交易日子，我没有接到停止交易的指令，那就按照原计划转账吧。"

结算部自动付款系统操作员曼斯坦因："让我执行转账操作，我什么也没问就做了。"

信贷部经理莫德尔："我在走廊里碰到施特鲁克，他告诉我雷曼兄弟破产的消息。但是我相信希特霍芬和其他职员的专业素养，他们一定不会犯低级错误。因此，也没有必要提醒他们。"

公关部经理贝克："雷曼兄弟公司破产是板上钉钉的事，我本想与乌尔里奇·施罗德谈谈这件事，但上午要会见几个克罗地亚客人，觉得等下午再找他也不迟，反正不差这几个小时。"

德国经济评论家哈恩说："在这家银行，上到董事长下到操作员，没有一个人是愚蠢的。可悲的是，几乎在同一时间，每个人都开了点小差，加在一起，就创造出了德国最愚蠢的银行。"

由此可见，执行力在整个组织的运行中是多么重要。

三、领导执行力的提高

执行力的缺失直接影响整个组织的执行力。那么，组织应如何有效地扮演执行角色，切实提高执行能力，从而提升整个组织的执行力呢？

（一）高层领导者要转变观念，成为组织执行力的"头脑"

（1）努力提高自身的执行力。执行是高层领导的主要职能之一，领导者必须努力成为"执行型"的领导者。

（2）亲力亲为。高层领导者往往从战术的角度来考虑执行力的问题。而事实上，战术是执行力的核心。执行力是战略的基础和内在组成部分。因而，高层领导者必须切实转变观念，从战略的高度来认识执行力，把执行力作为自己的主要工作，抓好执行力的三个主要流程。其一，就战略流程而言，要有"执行"的眼光，根据外部环境和内部条件，制定出切实可行的发展战略，并及时地跟进战略实施过程。其二，对人员流程来说，以是否具备执行力作为选拔人员的重要标准，根据人员的特点安排岗位，通过针对性的培训来培育和提高员工的执行力。其三，在运营流程中，通过具体的运营设计来引导运营，有效监控运营流程的各个环节，及时采取纠偏措施。

（二）中层领导者要提高自身的执行力，成为执行力的"脊梁"

中层领导者是战略执行的中坚力量，当中层领导者的执行力和高层领导者的决策力不匹配时，组织的决策将会难以落地。提高中层领导者的执行力，主要应从以下几个方面着手。

1. 领悟能力

领悟能力即领会领导意图、消化领导思想的能力。高层领导者的决策思想往往具有战略性、全局性，而具体的实施方式和预期效果，需要中层领导者自行体会。因此，中层领导者要不断地培养和提高自身的领悟能力。

2. 计划能力

执行任何任务都要制定计划，把各项任务按照轻、重、缓、急列出计划表，一一分配部属，自己把握关键环节。把眼光放在部门的未来发展，不断理清短期及长期计划。在计划的实施及检讨时，要预先掌握关键性问题，不能因琐碎的工作而影响重要工作。要明确做好 20%的重要工作，可以创造 80%的业绩。

3. 操作能力

操作能力中最重要的是指挥、协调和整合的能力。中层领导者要努力提高指挥能力，保证各项计划的落实和执行；要具备较强的协调能力，处理好组织内部上下级之间、部门与部门之间，以及组织与外部利益相关者之间的关系；要善于协调和整合各项工作所需的资源，发挥资源的整合效应，实现组织目标。

4. 沟通能力

中层领导者处在中间层级，既要上传信息，又要下达命令。在执行过程中，中层领导者的沟通频率是最高的，在一定程度上，中层领导者的执行就是沟通。因此，他们必须具有卓越的沟通能力，才能保障信息的顺畅传达。

第六节　领导理论的新趋势

一、当代的领导理论

（一）魅力型和工具型领导理论

魅力型领导理论（charismatic leadership theory）由美国学者罗伯特·豪斯（Robert House）于 1977 年提出。他认为魅力型领导具有非凡的自身特征导致的魅力，能对下属产生深远的情感上的影响，使得下属表现出对领导的追随，对工作和组织具有更高的满意度，产生更好的绩效。魅力型领导有三个特点：提供愿景、鼓舞和注重行动。

与魅力型领导对应的是工具型领导理论（instrumental leadership theory）。工具型领导存在三个特征。第一是结构化。领导投入时间建立与组织的战略相协同的团队，同时创建一种结构，使其清晰地表达出组织需要什么类型的行为。在这个过程中涉及设立目标、建立标准、定义角色和责任等流程。第二是控制。这涉及创造测量、监督、评估行为和结果以及管理行为的系统和程序。第三是一致的回报，包括对员工行为与变革所要求的行为是否一致所做的奖励和惩罚。

（二）变革型与交易型领导理论

1. 变革型领导理论

变革型领导这个概念最早由道东提出，而将它作为一种重要的领导理论是从政治社会学家伯恩斯（Burns）的经典著作《领导学》开始的。变革型领导行为是一种领导者向员工灌输思想和道德价值观，并激励员工的过程。在这一过程中，领导者除了引导下属完成各项工作外，还常常以其个人魅力，通过对下属的激励、刺激和关怀去改变员工的工作态度、信念和价值观，使他们将组织的利益置于自身利益之上，从而更加投入工作。变革型领导行为的前提是领导者必须明确组织的发展前景和目标，下属必须认为领导具有可信性。

2. 交易型领导理论

交易型领导理论（transactional leadership theory）最早由伯恩斯于 1978 年提出。交易型领导是一种传统的领导方式，将领导者和下属之间的关系定义为交换关系。领导者通过明确角色和任务要求，运用奖励绩效、赏识成就等情境奖励手段和对各种差错进行例外管理等方式，来指导或激励下属朝着既定的目标前进。随着新技术的发展，为适应知识型工作的特征，员工需要发挥潜能，进行更多创造性的工作，交易型领导逐渐向变革型领导转变。

（三）诚信领导理论

诚信领导理论（authentic leadership theory）是由组织行为学家鲁森斯（Luthans）等人在 2003 年以领导学、道德学、积极心理学及积极组织学等领域的相关研究为基础，提出的一种新的领导理论。

诚信领导是指领导者在领导过程中能够表现出诚实守信、言行一致、表里如一、诚恳负责的品质和行为，从而有利于团体实现组织目标。从组织推行诚信领导的过程来看，只有领导者展现出诚信的品质或行为，才能够影响和造就一批诚信的下属。

（四）柔性领导理论

柔性领导理论（flexible leadership theory）是柔性管理情境、知识员工和领导者互动的产物。尤克尔（Gary Yukl）（2005）认为，可以从领导者与下属的二元关系以及个体、群体和组织层面来定义领导。

柔性领导理论是指，领导活动是领导者与被领导者在思想与动机上互动的过程，组织和社会的发展是由领导者与被领导者共同推动的，而不是主要由领导者推动的。因此，现代领导者要善于通过沟通、协调、激励等方法，依靠其非权力性影响力实现下属内心的服从和认同，实现建立在平等、理解、尊重基础上的心灵感召和互动。

（五）其他领导理论

除了上面的理论以外，近年来还有一些相对较新的理论受到重视，包括三维领导理论、隐性领导理论、领导胜任力模型、自我领导理论、领导动机理论等。还有诸如超越型领导理论、愿景领导、电子化领导、领导创意人群、跨文化领导以及领导伦理等也成为管理界广泛讨论与研究的话题。

二、领导理论发展的趋势

随着全球经济、信息化、智能化的发展以及新生代员工的登场，领导理论越来越朝着积极心理学、柔性和多视角的维度发展。

（一）信息化背景下领导理论发展新趋势

当今时代，新一轮科技革命正在进行，以人工智能、量子信息、移动通信、物联网、区块链为代表的新一代信息技术加速突破应用，日益成为创新驱动的先导力量。信息化时代要求企业家和管理者要重塑、提升新的领导能力，中国人民大学彭剑锋教授将这种新领导力归纳为"灰度领导力"，并提出了 5 个发展方向。

1. 愿景领导力

处在当前一个信息便捷、价值选择多元和大数据的时代，人们反而容易出现价值迷茫的情况，这时候恰恰需要目标和价值观的牵引。因此，组织更需要重塑愿景领导力，需要有精神领袖进行思想的传递，用共同的价值理念、理想愿景来凝聚组织的力量。

2. 跨界领导力

企业家要有跨界思维。因为在互联网时代，只要基于客户价值就可以跨越产业边界、企业边界去思考产品和服务的创新。可以预见，跨行业、跨领域的合作与发展是大势所趋，这需要企业家具备极度开阔的视野和思维，不仅能看到跨界的商业机会，更能互联互通、构建企业价值网。这就要求领导者是一个多面手，能跨界进行整合和领导。

3. 竞合领导力

领导者一定要有竞争合作的意识，因为在这样一个瞬息多变的时代，对手可能瞬间变成朋友，朋友也有可能变成对手。当然，竞争合作不是否认竞争，竞争在合作的前面，是因为没有竞争能力就没有合作能力，合作的前提是竞争力，只有具备资源和能力才有合作的可能。开放、妥协、相互依存，是一种生存哲学。既懂得斗争又懂得妥协、相互依存、和平共处，这种智慧和能力叫竞合领导力。这个时代要求企业家也应具备竞合意识，向竞争对手学习、和竞争对手合作，在合作中产生新的价值增长点，在合作中发现新的发展机遇。

4. 跨部门、跨文化领导力

在互联网时代，需要特别强调高管的跨部门领导力。未来的企业一定是基于客户需求的一体化运作组织。在这种条件下，提高企业家和高管的跨部门合作领导力、协同领导力至关重要。另外，如何应对多元化、国际化和逆全球化也是一个重要命题。

5. 真实领导力

真实型领导主要指领导者要有掌控自我、自我要求进而能协调、驾驭外部复杂要素的一种能力。"真实领导"是国际管理学界正在讨论的新概念，它有四个维度：自我意识、信息平衡处理、内在道德观点和关系透明。

（二）智能化背景下领导理论变化新趋势

在智能化时代浪潮的席卷下，人工智能、大数据、自动化等前沿技术迅猛崛起，并迅速渗透至各行各业，推动生产、管理和决策方式发生重大的变革。置身于这一变革浪潮，员工的工作方式、需求和行为模式也发生了显著而深刻的变化，呈现出独特的"五高五低"特征。

"五高"即技术应用能力强、创新意识较好、适应新环境较快、自我驱动强、对个人成长和学习有更高要求；

"五低"即对传统管理模式的依赖较低、对稳定性和长期规划的关注较弱、缺乏传统意义上的职业忠诚、对团队协作的需求较少、面对压力时的应对能力相对较弱。

鉴于不同背景的员工所具有的独特需求与鲜明特点，领导者必须精准洞察智能化时代员工的"五高五低"特征，灵活运用多元化的领导风格与管理手段。在智能化浪潮汹涌澎湃、已成时代主流的当下，领导理论的内涵呈现出引人瞩目的发展趋势，以下几大方向尤其值得我们关注与深入研究。

1. 教练式领导

在智能化背景下，领导者应更注重与员工平等对话，成为他们的导师、教练和朋友，帮助他们在技术发展和职业成长中取得成功。领导者不仅要关注企业目标的达成，还要引导员工与新技术和新工具结合，帮助他们提升技术素养，实现自我发展与企业目标同步。

2. 设定具有挑战性和创新性的目标，减少指令性管理

智能化员工通常具有较强的自我驱动性和创新意识。因此，在设定目标时，领导者应充分考虑员工的自主性和创新空间。领导者可以与员工共同讨论目标的设定，强调团队协作与创新的价值，而不是依赖单一的命令式管理方式。应避免过度细化任务指令，而是提供适当的自由度和灵活度，让员工能够根据自身的技术能力和创意完成任务，推动工作创新。

3. 灵活多样的管理方式

智能化时代，员工个性化和差异化特点愈发明显。领导者应灵活运用多种管理方式，鼓励个性化的工作方式和多样化的创意实践。在智能化环境下，管理方式不再局限于传统的制度和流程，更多的是通过数据支持、人工智能辅助决策等手段，使管理更加高效、智能和适应员工的个性化需求。同时，领导者要注重强化组织目标的导向性，营造一个开放的、能够快速响应变化的工作环境。

4. 建立个人及团队的成长蓝图

除了薪资和福利，智能化背景下的员工尤为重视个人能力和技术成长空间。为了满足员工的成长需求，企业可以为员工设计个性化的学习成长路径，并通过内部导师制度促进技术和管理能力的传授。智能化时代技术的快速迭代要求企业为员工提供持续的学习和培训机会，同时通过导师制度帮助员工适应快速变化的工作环境，提升其软硬技能。

5. 鼓励员工的创业思维和创新实践

智能化时代激发了员工更强的创新和创业欲望，尤其是技术型人才更渴望通过自主创新来实现个人价值。领导者可以为优秀员工提供创新实践的机会，建立"内部创业"平台，通过项目管理、部门管理等方式赋予员工更多的自主权，支持他们将自己的创意和技术应用到实践中。这不仅有助于员工成长，还能激发团队的创新动力，推动企业的持续发展。

6. 充满活力的团队激励机制

智能化时代的员工通常更关注即时反馈和认可，因此，传统的考核和激励机制需要做出调整，避免过度依赖"负面鞭策型"的方式。在激励机制的设计上，领导者应关注如何给予员工更有意义的奖励，并确保奖励方式具有多样性和选择性。比如，提供个性化的奖励选项（如培训、出国考察、技术研发等），让员工根据自己的需求选择合适的激励形式。此外，及时的反馈和肯定也尤为重要，尤其是在技术创新或项目推动过程中，快速而有针对性的正向激励能有效提升员工的工作积极性和创造力。

通过以上方式，领导者能够更好地应对智能化背景下员工的需求变化，帮助员工在快速发展的技术环境中找到自我定位，并在创新和挑战中实现个人与企业的共同发展。

关键概念

领导力（leadership）

领导者（leader）

领导影响力（leadership influence）

权力（power）

威望（prestige）

领导理论（leadership theory）

领导行为理论（behavior theory of leadership）

费德勒权变理论（Fiedler's contingency model）

管理方格理论（management grid theory）

领导艺术（art of leadership）

执行力（executive power/ability）

复习思考题

1. 什么是领导和领导者？其实质是什么？

2. 管理者和领导者之间有什么区别和联系？请举例说明。

3. 通过学习领导素质论的相关内容，对于不同的工作岗位，你认为首先要培养的领导素质有哪些？你是如何认识一个领导的权威的？

4. 没有影响力的人能算是领导者吗？影响力是否自动让人成为领导？

5. 我们如何分析和应用各种领导行为理论？

6. 在组织各种类型的集体活动时，如何应用本章学到的各种领导行为理论？

7. 阐述领导的特性理论的优点和不足。

8. 什么是管理方格理论？将这种观点与俄亥俄州立大学和密歇根大学的观点进行对比。

9. 对费德勒 LPC 理论进行评价。其他情境因素是否重要？你认为费德勒所说的领导行为不改变的假设是否正确？为什么？

10. 你同意费德勒所说的领导激励主要是一种人格特质的观点吗？为什么？

11. 比较和分析 LPC 和目标—路径理论，二者优缺点是什么？

12. 根据你的看法，没有或几乎没有魅力的领导者有可能转变为魅力型领导吗？如果有，如何转变？如果没有，请说明理由。

13. 你所在集体的领导是实干型，几乎没有魅力，他（她）有可能转变为魅力型吗？如果有，如何转变？如果没有，请说明理由。

14. 请分析关心生产和关心人的领导行为对群体绩效的影响。

15. 领导权变理论讨论了哪些情境因素？这些情境因素怎样制约领导行为的选择？

管理游戏

蒙 眼 作 画

参与人数：集体参与（进行分组，一般 5~10 人为一组）

时间：10~15 分钟

场地：教室

道具：眼罩、粉笔、黑板

游戏规则与程序：

1. 要求一个团队共同完成一幅自由创作的画作（除队长外，每个队员都要参与绘画），限时 5 分钟讨论画作内容。

2. 用眼罩将要进行局部画作创作的队员的眼睛蒙上，让其在黑板上完成任务内的画作创作，完成后让该队员摘下眼罩，欣赏自己的杰作。后面的队员依序照此，直到完成画作。

3. 教师和学生进行画作创作过程和结果的分析、对比，结合相关管理理论进行讨论。

相关讨论：

1. 为什么他们蒙上眼睛所完成的画并不像他们期望的那样？

2. 怎样使这些工作更容易一些？

3. 在工作场所中，如何解决这一问题？

"烟"王归来，"橙"名天下①

1. 引言

他，中年临危受命，毅然扛起濒临破产的玉溪卷烟厂，并一手打造出"红塔"烟草帝国；他，老年逢变丧女，惨然入狱，后因病获准保外就医……他就是红塔集团原董事长，我国最受争议的财经人物之一——褚时健。当人们都以为这位历经沧桑的老人将退出"江湖"，归隐故乡时，谁知2010年的一股"橙"风却又带来了他的消息。品尝着个头饱满、汁甜肉厚的"褚橙"，人们惊呼，"烟"王归来了！

2. "橙"之初

"褚橙"是人们对褚时健所种甜橙的一种亲切称呼，其正式名称为"云冠冰糖橙"，隶属新平金泰果品有限公司（简称"金泰果品公司"）。2002年，褚时健获准保外就医，重回这片曾带给他无限辉煌与巨大挫折的土地——玉溪。当所有人都以为这位年过七旬的老人将归隐故乡、安享天伦时，孰料闲不下来的褚时健却毅然承包了新平县水塘镇新寨梁子和戛洒镇硬寨梁子两片面积共2 400多亩的荒地，开始种橙子！

从20世纪60年代初来到新平县，到1979年调任玉溪烟厂厂长一职，褚时健在新平县度过了人生近二十载的光阴。凭借其对这片土地的熟悉及敏锐的商业洞察力，褚时健在品尝了多种冰糖橙之后，认为橙子富含维生素C，有益健康且便于储存，于是下定决心种冰糖橙。

2002年11月，由褚时健的夫人马静芬与马建华、卜云兴、马佳、何廷华五人投资的金泰果品公司在云南省玉溪市新平县诞生。作为该公司的灵魂人物，褚时健人生的另一绚烂篇章也在此拉开序幕！

3. "橙"之根

成功的企业家往往具备较强的适应能力和高超的判断能力。褚时健就是一个很好的例子。2003年，面对完全不同于烟草业的弱质产业——种植业，褚时健认为只有建设好基础设施，才能打破种植业低效益的怪圈。

毋庸置疑，基础设施的建设需要资金。由于种植业受自然不可控因素影响大，且基础设施投资回报期相对较长，因此银行往往不愿意贷款。褚时健凭借其朴实的人格及上乘的口碑，最终在朋友们的帮助下，顺利解决了制约公司发展的资金问题。2003年6月17日，金泰果品公司接受新加坡WHIZTOYS私营有限公司的加盟，将原本的农业企业转变为中

---

① 本案例由昆明理工大学管理与经济学院段万春教授撰写，版权归段万春教授所有。未经允许，本案例的全部内容不得以任何方式或手段擅自复制或传播。因企业保密要求，案例中对有关名称、数据等进行了必要的掩饰性处理。本案例仅用于课堂讨论，无意暗示或说明某种管理行为的有效性。

外合资企业，注册资本也由 1 030 万元增至 1 875 万元。

在资金到位的情况下，褚时健凭借其多年的企业管理实践和烟草种植经验，对园区进行了系统规划，并制定了详细的开发建设实施方案。2003 年，公司先后投资近 1 500 万元用于种植小区的科学规划、交通运输系统的布局、水利灌溉系统的建设和园区管理及施肥设施的配备，并适时种植甜橙 35 万株。至此，公司所搭建的现代化基础设施为"褚橙"的开花结果奠定了稳定的基石。

4. "橙"之花

有了基础设施的"根"，还需要有人去灌溉、松土、施肥，才能让"褚橙"开出夺目的花朵。由于种植业属于劳动密集型产业，传统的依天气时令进行劳作的粗放式生产方式与金泰果品公司精细化的现代管理要求之间存在本质的冲突。凭着多年的烟厂管理经验，褚时健认为可通过利益激励和规范化管理等手段，将当地农民培养成专业的种植工人。

（1）利益激励

在褚时健的管理生涯中，他认为激励机制尤为重要。对于当地农民来说，利益激励直观可见，往往有很好的效果。金泰果品公司的基地来源于水塘镇水塘农场、水塘镇财政所基地、新寨村部分集体土地及 78 户农户承包地，还有戛洒镇平寨村部分集体土地及 148 户农户承包地。褚时健采用一次性付清租金的方式，以每年每亩 40 元到 128 元不等的价格承包土地 30 年。相对于农户以往种甘蔗每年每亩 80 元的收入而言，这已提高了很多。与此同时，褚时健组建了一支以当地农户为主要成员的农业工人团队。在园区务工的工人不仅每月有几百元的固定预支，而且年末还可依甜橙收益获得相应奖励。农户收入少则12 000 元，多则30 000 元到 50 000 元不等，远高于正常农活的 2 000 元收入。

（2）规范化管理

在利益激励充分的情况下，如何实现系统化、规范化的管理，将自由、随意的农民培养成行为规范的工人，成为重要课题。褚时健秉持"用企业管理的思想来管好农民"的理念，构建"专家+作业长+农户"相结合的运作模式。在组织管理方面，金泰果品公司进行了系统的组织结构设计，实行全员岗位责任制管理，明确各岗位的职责、待遇及奖惩措施，并根据果园发展情况，每年对考核办法进行不同程度的调整。在技术管理方面，公司下设生产技术部、销售部、物资供应部和质检组。其中，生产技术部和质检组专门负责果园技术措施的制定、培训指导及落实情况的检查考核。在片区管理方面，公司将2 400 亩果园划分为 5 个作业片区，选拔当地才能突出的农民担任作业长，分别负责各片区的技术指导和农户考核工作。在生产管理方面，公司采取家庭分片承包责任制的方式，每年年初与农户签订果园管理承包合同，严格规定双方的权利和义务。历经八载，金泰果品公司的农户发展成为纪律严明、技术过硬的现代种植工人。需要强调的是，正是通过建立管理制度并严格规范员工行为，金泰果品公司才逐步实现了卓越的系统管理，从而成功浇灌出"橙"之花。

5. "橙" 之果

科学技术是第一生产力，这一理念不仅适用于工业企业，同样也适用于种植业。褚时健以科技为支撑，强化科技管理，针对苗木检疫、施肥比例、灌溉时间、虫害治理等环节进行了全方位的精细化管理，以确保果品的质量。

（1）严格的苗木检疫

对于种植业而言，苗木品种的优劣往往决定了果品的口感及外观，其重要性不言而喻。为确保果品性状的一致性，金泰果品公司在苗木种植之初便对其进行严格的检疫。一旦发现存在病症、品种混杂、未达壮苗标准的苗木，则立即予以清除并补种，从而保证了整个果园的果木品种纯、长势齐、产量稳。

（2）强大的科技推广引进体系

为解决在甜橙种植过程中出现的各种技术问题，金泰果品公司一方面与省内外柑橘科研院所保持密切联系，及时邀请相关专家对生产过程中出现的技术难题进行诊断、指导；另一方面，在公司内部建立了自上而下的农业科技推广网络，先后聘请云南省农业厅、玉溪市柑橘研究所多位专家驻守基地，进行全程指导。

（3）精细的生产管理

与工业生产过程中的原料配比相似，褚时健认为在农业产业化过程中，也必须结合自然条件及作物特性等因素科学安排肥料、灌水、打药的数量和次数，即实施精细化管理，以改变传统种植业的粗放心态。秉承"不做则已，要做就做到最好"的管理理念，褚时健大力推进标准化生产。

由于果子的味道很大程度上取决于肥料的各类养分比例，为确保果子的口感，褚时健一方面与相关专家积极沟通，并反复进行试验以确定配方；另一方面，鼓励公司投资 51 万元建设有机肥厂，并按果树生长需要专门生产。这不仅实现了肥料自给，而且保证了果园土壤改良、果树营养供给和产品质量整体提升。

不同于工业生产环境的可控性，种植业在采取技术措施时，往往需要与自然条件及时有效地结合，才能事半功倍。有鉴于此，褚时健在种植基地建立气象站，方便技术人员随时掌握空气湿度、气温变化及降水量等数据并及时采取相应措施。

为实现果树的标准化生产，褚时健将管理落实到每棵果树上。通过对每棵果树的灌溉用水、土壤肥力、空气质量、分枝数量、各枝条支撑方式及营养状况进行定期监测分析，结合产量目标，科学安排灌溉、施肥、打药等农事活动的数量和次数，从而确保每棵果树的产量及质量按既定目标发展。

从 2002 年承包果园开始，褚时健历经了果品营养不良、储存期过短、自然灾害等各种困难，直至 2008 年，金泰果品公司才正式步入正轨。"褚橙"终于迎来结果期。

6. "橙" 之名

历经七年坎坷，"褚橙"无论在品质上还是在数量上都有了保证。然而深谙品牌经营之道的褚时健并不满足于此，他认为只有将品质品牌化，才能支撑起前期的投资，才会有更长远的回报。为此，自公司成立以来，褚时健就把甜橙作为品牌产品来打造。相关资料显示，在"云冠"商标注册后不久，伴随着果园的建成和部分果树投产，金泰果品公司及时协调相关部门，开展生产环境监测、产品质量检测和相关标准的申请认证工作。2004 年11 月，公司通过了云南省绿色食品认证，取得了"A"级绿色食品证书；2004 年 12 月，获得了农业部优质果品证书；2005 年 9 月，通过了 ISO9001:2000 质量认证；2005 年，成为省级"重点农业龙头企业"；2007 年，成为省级"冰糖橙标准化生产示范基地"。褚时健用自己的行动证明了"不做则已，要做就做到最好"的管理理念，"云冠"已成为云南冰糖橙市场的技术和品质标杆。

褚时健不仅仅在果品的质量、数量、外观上下足了功夫，而且还在加工、包装、销售方面不吝血本。公司在玉溪大营街投资 130.6 万元建成水果分选包装厂，并斥巨资从荷兰引进了集清洗、灭菌、打蜡、烘干、分色、分级、称重、包装为一体的自动化分拣包装设备。每到收获季节，农户把成熟的果子摘下送到基地收购点进行质量评级、重量计算，合格的果子先存放在冷库，然后运送至商品加工线进行包装、装箱、上市。每年 11 月至次年 1 月，金泰果品公司每天都有 40~50 吨冰糖橙陆续销往各地。2008 年，"褚橙"开始大量上市。凭借着良好的品质支撑，"褚橙"迅速风靡全国，每年供不应求，其名气也大大超过了"云冠"的注册商标。

"褚橙"所带来的影响远远不止橙子本身。有媒体以《褚时健的新商业模式——"褚橙"品牌的成长轨迹》为题，总结了"褚橙"品牌成长过程中所采用的成功商业模式，即在外部条件不可控的情况下，构建新组织模式和资源投入渠道，尽量降低外部风险，并在此基础上进行以品质管理为核心的品牌建设，重塑价值链。

至此，从未进行过宣传的"褚橙"声名远扬。

7. 尾声

2008 年，金泰果品公司规模超过 3 500 吨，多年的持续投入终于获得规模性回报，当年利润达 1 800 多万元。

2009 年，金泰果品公司产量超过 4 000 吨，还清了多年积压的 4 000 多万元借款。

2010 年，虽然遭遇大旱，但金泰果品公司的产量仍超过了 4 500 吨，并在市场上掀起了巨大的反响，2 400 亩的"褚橙"产量远远无法满足巨大的市场需求。

2012 年，金泰果品公司开始扩充"褚橙"基地，拥有的种植面积达到 16 500 余亩。

然而，"褚橙"在多年连获好评后，突然遭遇网上大面积的负评。褚时健一向引以为自豪的"褚橙"品质第一次遭到质疑。"果子个头小""果子味道淡"……消费者们的情绪一泻千里地涌了出来。

2015 年 12 月，褚时健通过《北京晚报》道歉：今年的确没做好。于是有了轰动一时的"褚橙"砍树事件。褚时健砍掉了 3.7 万棵树，价值相当于 3 000 多万元，整个"褚橙"基地还进行了大规模的剪枝，剪掉了强枝，只留下弱枝。"褚橙"基地的目标也随之明确：在保证 1.1 万吨产能的情况下，不断提高品质。同时"褚橙"团队着手打造占地10 000 亩的龙陵生产基地。新一代"褚橙"人奔赴前线，采用"褚橙"庄园的标准化管理和因地制宜的管理体系研发新品牌"云冠橙"。

2017 年，云南省属重点的院士工作站——中国工程院院士、现代柑橘技术体系首席科学家、华中农大校长邓秀新的院士工作站正式在龙陵基地落地，以科学的种植技术助力项目推进。基地于 2019 年已实现产量 6 000 吨，精选成品 3 000 吨，成品率达到 50%。"褚橙"以"坚守品质相信时间的力量"再次攀登新高峰。

2019 年 3 月 5 日 13 时 20 分，褚时健去世，享年 91 岁。然而，"褚橙"的故事仍在。"励志褚橙，致敬人生"的信念成为无数人心中的光。

时至 2024 年，哀牢山上 2 400 亩的新绿依然亮眼。一片橙心，解甲归田。

至此，"褚橙"这个十数年用匠心铸造的品牌，历经辉煌，仍然以一颗事农人的心，砥砺前行。

"褚橙"的故事，还在继续。

【思考题】

1. "褚橙"的商业模式是其成功的关键，这对现代企业家创业有什么启示？

2. 领导素质是影响褚时健"种烟行，种橙也行"的主要因素，你认为褚时健身上体现了哪些领导素质？

3. 现代企业领导者应具备的素质有哪些？

4. 激励是一门艺术，你认为现代企业激励的方法有哪些？

第八章 组织设计与变革发展

【学习目标】

1. 理解组织的概念和内涵
2. 了解组织的分类
3. 理解组织的功能
4. 了解组织的生命周期
5. 理解组织结构的设计
6. 了解组织变革与发展过程

导入案例

Valve 公司的组织结构

Valve 是一家电子游戏公司，不少人都很熟悉它的产品，包括数字发行平台 Steam、游戏半条命、Dota2 等。Valve 也是一家非常神奇的公司，它没接受过外部投资，也没打算上市。相比于 Google 要求员工投入 20% 的时间自由工作，Valve 的要求是 100%。它使用了真正的扁平架构，不存在所谓"老板""委托"和"命令"。

Valve 的模式可以让人一瞥人类工作模式的转变方向。也许人们会利用区块链构建 Valve 那样的协作体系，让公司的管理模式从 19 世纪沿用至今的"命令-控制"模式转向人人可参与、创造的网络模式。

政治经济学家 Yanis Varoufakis 在 Valve 内部观察一段时间后，详细解剖了 Valve 管理模式，不仅分析了 Valve 模式的独特性，也从各个角度思考了"公司"这种组织存在的意义。

他认为，Valve 的标志性符号是办公室每个桌子所配备的轮子。员工可以借助轮子在公司内随意移动桌子，加入任何一个自己希望加入的工作组，或组建新的工作组。此类行为不需要任何"上级"的许可。轮子象征着 Valve 试图在公司内部创造的"自发秩序"。这种自发秩序不是由市场的价格信号形成的，而是基于员工自己分散的、个性化的时间分配。

当谷歌（Google）这样的开明公司鼓励他们的员工将 10% 甚至 20% 的工作时间用于自己感兴趣的项目时，Valve 激进地要求员工将 100% 的时间分配给他们所选择的项目。这意味着 Valve 不再通过上行下效的系统进行管理，不再通过规则、命令、等级来维系，而是依靠员工自发构建的秩序运行。

与市场依靠价格信号形成的秩序不同，Valve 依靠员工的时间分配和团队选择来构建一种自发秩序。在 Valve 的内部网络或跨小组会议中，团队成员会互相告知他们正在做什么。每位员工需要选择合作伙伴或自己想要合作的团队，并决定自己在这些项目上花多少时间。在做出决定时，不仅要考虑项目和团队的吸引力，还要考虑其他人的决策。例如，一位新员工加入 Valve 后，可以观察不同项目和团队的情况，如这些项目的受欢迎程度，成员是否和自己具备共同的利益、兴趣或天赋等因素，来决定要不要加入他们。

就像市场上的价格变动一样，Valve 的一切都在不断变化。随着人们移动带轮子的桌子，新的团队会形成，新的项目被创建。这些信息可以被肉眼观察到，也会在公司内部网络和小组会议上得到展现。例如，有一天人们注意到 David 的办公桌不见了，然后发现他搬到了 4 楼与 Tom、Dick 和 Harriet 一起工作。人们会随着自己的观察和工作，意识到不同项目和团队对自己的价值。人的主观价值会不断变化，因为员工的时间分配和团队的构建会时时更新。Valve 希望这个不断演进的过程赋予员工施展自己才能的最佳机会，从而达到协同增效。就好像一只看不见的手引导 Valve 的成员做出决定，既释放每个人的潜力，又服务于公司的集体利益，尽管这不一定与公司的利益最大化相吻合。

资料来源：Valve 公司员工手册（2012 年版）.

第一节　组织概述

一、组织的概念

从语法角度看，"组织"一词既可用作名词，亦可用作动词。作为名词时，组织指的是以有形实体存在的组织机构（如工商企业）；作为动词时，组织指的是作为关系网络或力量协作系统存在的无形的组织活动（如设计组织结构这类行为）。无形的组织活动与有形的组织机构之间呈现出手段与目的的关系，即作为"力量协作系统"存在的无形的组织活动是实现有形的组织机构目标的手段。由此可见，我们可以从静态和动态两个角度理解组织概念。

（一）有形的组织机构

从静态角度考察，组织是以有形实体形式存在的。它是为实现某一共同目标，通过分工与协作，由不同层次的权力和责任制度构成的人群综合系统。其中，共同目标是组织存在的基础和前提，分工与协作关系是由组织目标限定的，权力和责任是达成组织目标的重要保证。通常当我们提及某一个组织名称时，都是在名词的意义上使用组织这一概念。在现实生活中，存在各种类型的实体组织，如政府机构、行业协会、工厂、商店、学校、医院等。它们形态各异，规模不一，承担着不同的社会职能。

（二）无形的组织活动

从动态角度考察，组织是指一系列的活动。它是在特定环境中，为了有效地实现共同目标和任务，确定组织成员、任务及各项活动之间的关系，并对资源进行合理配置的过程。其主要内容包括：组织结构的设计、适当的分权与授权、人力资源管理、组织文化建设等。无论哪一种类型的组织，为了实现既定的组织目标，都要开展一系列活动，以有效地配置组织内部有限的资源。众所周知，管理具有五项基本职能，当我们谈到管理的组织职能时，即在动词的意义上使用组织这一概念。

综上所述，组织不只是由一组静态的工作关系构成，真正的组织运作是动态的。它既是一种结构，又是一种实现管理目的的工具和载体。它既是一个合作的系统，又是一个配置资源的过程。或者说，它涵盖了从静态结构到动态活动的所有内容。作为结构，组织是使动态活动中有效合作的相互关系相对静止而形成的静态模式；作为过程，组织是在一定的时间和空间内向各成员分配工作、统一各种行为的动态活动。综合国内外有关学者的研究成果，我们可以给出一般意义上的组织概念：所谓组织，是指为了实现一定的共同目标而按照一定的规则、程序构成的一种责权结构安排和人事安排，其目的在于通过有效配置内部的有限资源，确保以最高的效率实现目标。

需要指出的是，组织是一个开放系统，与其所处环境持续发生着相互作用。由于经济、社会、技术的变革，组织所处的环境不断改变，这使得组织的概念也处于发展变化之中。其具体表现是：无论是在组织的结构安排上，还是在组织的实际运作中，都更具动态性和灵活性。

二、组织的分类

在现实生活中，可以按不同标准、从不同角度对组织进行分类。

（一）按组织的性质分类

按组织的性质，可以分为以下几种。

1. 经济组织

经济组织是人类社会最基本、最普遍的社会组织，担负着为人们提供衣食住行和文化娱乐等物质生活资料的任务，履行着社会的经济职能。在现代社会中，经济组织已形成庞大、复杂的体系，其中包括生产组织、商业组织、金融组织、交通运输组织和其他服务性组织等。

2. 政治组织

政治组织出现于人类社会划分阶级之后，包括政党组织和国家政权组织。在现代社会中，政党代表着本阶级的利益和意志，为本阶级提出奋斗目标，制定方针政策。国家政权组织是国家管理社会的重要机器。

3. 文化组织

文化组织是以满足人们各种文化需求为目标，以文化活动为基本内容的社会团体。这类组织包括学校、图书馆、影剧院、艺术团体、科学研究单位等。

4. 群众组织

群众组织是社会各阶层、各领域的人民群众，为开展各种有益活动而形成的社会团体，如工会、妇女联合会、科学技术协会等。

5. 宗教组织

宗教组织是以某种宗教信仰为宗旨而形成的组织，代表宗教界的合法利益，组织正常的宗教活动。

（二）按组织的形成方式分类

按组织的形成方式，可以分为以下两类。

1. 正式组织

正式组织是指为了有效地实现组织目标，明确规定组织成员之间职责范围和相互关系的一种结构，其制度和规范对成员具有正式约束力。

2. 非正式组织

非正式组织是指人们在共同的工作或活动中，基于共同的兴趣和爱好，以共同的利益和需要为基础自发形成的群体。

正式组织与非正式组织之间的关系是既相互联系又相互区别的。一方面，正式组织与非正式组织紧密联系，两者常常相促而生、相伴而存。另一方面，正式组织与非正式组织又存在重大差别。正式组织以共同目标为维系纽带，非正式组织则以共同情感为维系纽带。所有的正式组织中都存在非正式组织，因而在正式组织的运行中，必须重视非正式组织的特殊作用，通过正确的引导，发挥非正式组织的积极功能。

（三）按社会功能分类

美国著名社会学家帕森斯（T. Parsons）认为，组织的分类应按社会作用和社会效益进行。即以组织的社会功能为标准，将组织分为以下几类。

1. 以经济生产为导向的组织

这类组织以经济生产为核心，运用一切资源增强组织的经济生产能力。这种组织的任务除生产物质产品外，还提供劳务等。因此，它们的范围非常广泛，包括公司、工厂、银行、饭店等。

2. 以政治为导向的组织

这类组织的社会功能在于实现某种政治目的，因此它的重点是权力的产生和分配，如政府部门的一些组织就属此类。

3. 整合组织

这类组织的社会功能在于协调各种冲突，引导人群向特定目标发展，以维持一定的社会秩序，如法院、政党等组织。

4. 模型维持组织

这类组织的社会功能在于维持固定的社会形式，来确保社会的平衡发展，如学校、社团等。

（四）按人员顺从度分类

如果以人员的顺从程度为标准对组织进行分类，可将组织分为以下几类。

1. 强制型组织

这类组织用高压和威胁等强制手段控制其成员，如监狱、精神病院等。

2. 功利型组织

这类组织主要以金钱或物质作为手段，来控制其所属成员，包括各种工商组织等。

3. 正规组织

这类组织主要以荣誉鼓励的方式管理组织成员，且组织的运作比较规范。属于这种类型的组织有政党、机关、学校等。

（五）按利益受惠分类

如果以组织内部人员受惠程度为标准对组织进行分类，可将组织分为以下几类。

1. 互利组织

这类组织的普通成员都可从中获得某种方便和实惠，如互助团体、会员制俱乐部等。

2. 服务组织

这类组织为社会大众提供服务，能使大众得到益处，如医院、大学、福利机构等。

3. 实惠组织

这是指组织的所有者或经理等主要管理人员能得到实惠的组织，如工厂、银行、各种公司等。

4. 公益组织

这是指为社会全体人员服务的组织，如警察机关、行政机关和军队组织等。

（六）企业组织的分类

现代组织最重要的形式之一是企业组织。根据组织合成"要素"性质不同，可以将企业组织划分为三大类。

1. 作业组织

对生产作业活动加以组织是企业组织的最基本内容。生产作业活动以物质流为对象，通过人与机器的协同使用和配合，达到将原材料输入并转换为一定产品或服务的产出结果。从历史上看，工业组织经历了家庭手工业、工场手工业、机器大工业和现代化工业几个不同的发展阶段，其生产作业组织也在这个过程中发生了不断的演化与变革。此外，在现代组织中，与生产作业活动并存的办公室作业活动也日益扩大与发展，从而构成了作业组织的另一内容。

2. 管理组织

管理组织通常被认为是一种纯粹以"人"为对象的组织。但是，随着现代科技的进步，"智能机器"在管理活动中扮演着越来越重要的角色，所以，管理组织也就演变成一种特殊的人机力量协调系统。管理组织主要包括日常生产经营管理组织、创新管理组织和战略管理组织。它们是组织中脑力劳动与体力劳动、日常性活动与创新性活动以及资本所有权与组织经营权相互分离的产物。从组织形态上看，它们经历了从"单个人"逐步演化为"组织"，并由组织的低级形态不断地向高级形态发展变化的过程，以及从"机械式"刚性组织到"有机式"柔性组织的演变与发展过程。它们从单个管理者（管理活动不分工）到直线型简单组织（管理活动纵向分工），再到功能型组织（管理活动横向分工）乃至分部型组织（按业务经营单位划分），形成相对独立于日常管理组织而存在的战略管理组织。

3. 财产组织

企业组织不仅是人与机器、原材料等生产要素相结合的结果，更是财务资源聚集而成的经济实体。企业从机器大工厂演变为现代公司，是财产组织形式的一大变化，它体现了企业组织制度的飞跃。而财产组织反映组织资本的来源、构成及组织治理结构问题，对管理组织尤其是战略管理组织，具有不容忽视的作用。

企业作业组织、管理组织和财产组织在实际中是相互依存、相互促进的，它们共同形成了组织的一个完整体系。现代企业正因为在作业组织、管理组织和财产组织的交互影响与变化中不断地强化生存发展的能力，才能充分地发挥出整体最好的合成和协同效果。

三、组织的功能

组织的功能，绝不仅仅是简单地把个体力量集合在一起。个体力量的集合可以形成一堆散沙，也可以成为一个"抱团"的群体。群体的力量可以完成单独个体力量的简单总和所不能完成的任务。

优良组织的基本功能，就是避免集合在一起的个体力量相互抵消，而实现个体力量的汇聚和放大效应。

组织主要有以下两个功能。

（一）力量汇聚功能

力量汇聚是组织的基本功能，是把分散的个体汇聚成集体，实现单独个体无法达到的目标。用简单的数学公式表示，就是"$1+1=2$"。力量汇聚功能是组织产生和存在的必要前提。由于生理、物质、社会等方面的限制，人们为了达到个人和共同的目标，必须进行合作，于是作为协作群体的组织便应运而生。

（二）力量放大功能

力量放大是组织的核心功能，比力量汇聚功能更进一步。通过组织内部有效的分工与协作，个体力量的集合还可以实现个体力量简单相加所无法达到的目标。用简单的数学公式表示，就是"$1+1>2$"。这种力量放大功能是在力量汇聚功能的基础上产生的，从某种意义上讲，它比力量汇聚功能更为重要。力量放大功能是组织发展和壮大的根本保障，只有借助力量放大功能，组织才能取得"产出"大于"投入"的经济效果，才能产生"整体大于部分之和"的协同效应，才能尽快完成预定的目标。如果一个组织内部的各环节、各部门之间，分工合理，职责明确，制度严格，它的效率必然大幅提升。否则，组织只能勉强维持生存，难以发展和壮大。

四、组织的生命周期

组织处于不断发展变化之中，如同人类一样，组织的发展会经历不同的阶段，这被称为组织生命周期。不同的研究者对组织经历的阶段有不同的见解，学者普遍认可的是葛雷纳（L. E. Greiner）于 1972 年在《哈佛商业评论》中提出的组织生命周期五阶段理论，分别是产生阶段、指令阶段、分权阶段、协调阶段、协作阶段。

（一）产生阶段

这一阶段组织的主要任务是制定总体发展目标和计划，组建初步的领导团体，吸纳组织发展所需要的资金等。这个阶段组织的工作重点在于开拓新的产品或市场，因此在选择领导团体时更重视技术和创业经验因素，而不太重视管理因素。这个阶段组织的特点是规模较小，人员较少，关系简单，官僚主义现象不明显，便于管理。然而一旦开拓完新产品或市场后，组织对领导者的管理素质要求越来越高，原有的领导团体已经不再能够满足组织发展的需要，由此爆发的领导危机将推动组织进入下一个阶段。

（二）指令阶段

在这一阶段，组织的运营业绩稳步上升，新开发的产品或市场得以进一步发展，同时，组织会雇用更多的员工。这一阶段组织的特点相当于人类的青壮年时期，各项业务蒸蒸日上，组织规模不断扩大，员工干劲十足。为了协调统一这一切，在管理上需要运用铁腕手段，组织的高管和关键员工负责制定组织发展方向，底层的监管者只有建议权而没有自主权，需要处处听命、服从上级。低层管理者对自主权的需求将导致自主权危机，促使组织向下一个阶段发展。

（三）分权阶段

当组织处在分权阶段时，通常会衍生出一些分支机构，权力开始从组织高层分散到组织的中低层管理人员。但是，随着时间的推移，组织核心领导层会发现他们正在失去对组织的整体控制，当核心领导层试图重新控制组织时，就引发了"控制危机"。

（四）协调阶段

这一阶段的特点是形成正式的管理体系来协调和监督组织管理。该阶段是组织的中年时期，也是组织的成熟时期，组织的发展达到了鼎盛状态。为了解决核心领导层的"控制危机"，组织的高层领导加强了对各个分支机构和部门的监督、协调、配合。随着规章制度和工作程序等各项管理体系的正规化，会产生严重的官僚主义，最终使得组织陷入"官僚危机"。

（五）协作阶段

进入协作阶段的组织，结构变得相当臃肿，组织内部的债务、发展规划等问题日渐凸显，并且存在着严重的官僚主义，因此，这一阶段对组织的存亡至关重要。为了应对"官僚危机"，管理者需要采取团队协作、去中心化、简化控制机构等措施，组织在这一阶段可以通过变革或创新来达到新一阶段的稳定，也可能由于不适应外部环境而逐渐消亡。

五、组织的 7S 模型

麦肯锡咨询公司研究中心设计的组织七要素（简称"7S 模型"），其核心内容就是

"系统性思维"，即组织在发展过程中必须全面考虑各方面情况，包括战略（strategy）、结构（structure）、制度（systems）、管理风格（style）、人员（staff）、技能（skills）、共有的价值观（shared values）。其中前3项属硬件要素，后4项属软件要素，它们相互作用、相互关联，而共有的价值观（即组织文化）是核心。

7S模型指出了组织在发展过程中要全面地考虑各方面的情况，也就是说，组织仅具有明确的战略和深思熟虑的行动计划是远远不够的，因为组织还可能在战略执行过程中失误。因此，战略只是其中的一个要素，如图8-1所示。

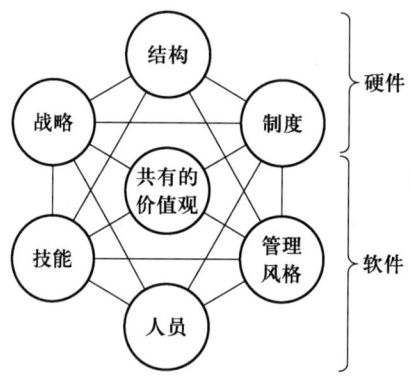

图8-1 组织构成的7S模型

五 星 模 型

在评价组织模式时，经常会用到的另一种模型是五星模型。该模型描述了一个组织模式的五个关键部分：战略、机构、回报、程序和人员。一般而言，组织成功与否，在很大程度上取决于这五个部分及其相互协调组成的星式关系。

（一）硬件要素分析

1. 战略

战略是企业根据内外环境及可取得资源的情况，为求得企业生存且长期稳定地发展，对企业发展目标、达到目标的途径和手段所进行的总体谋划。它是企业经营思想的集中体现，同时又是制定企业规划和计划的基础。企业战略这一管理理论，是20世纪50年代到60年代，由发达国家的企业经营者在社会经济、技术、产品和市场竞争的推动下，在总结自己的经营管理实践经验的基础上创立的。

2. 结构

战略需要健全的组织结构来保证实施，组织结构是企业的组织意义和组织机制赖以生存的基础，是企业组织的构成形式，即企业的目标、协同、人员、职位、相互关系、信息等组织要素的有效排列组合方式，就是将企业的目标任务分解到职位，再把职位综合到部门，由众多的部门组成垂直的权力系统和水平的分工协作系统的一个有机整体。组织结构

220

是为战略实施服务的，它是企业战略贯彻实施的组织保证，不同的战略需要不同的组织结构与之对应，组织结构必须与战略相协调。

3. 制度

企业的发展和战略实施需要完善的制度作为保证，而实际上各项制度又是企业精神和战略思想的具体体现。所以，在战略实施过程中，应制定与战略思想相一致的制度体系，要防止制度的不配套、不协调，更要避免背离战略的制度出现。以具有创新精神的3M 公司的创新制度为例。在 3M 公司，只要员工参加新产品创新的开发工作，他在公司里的职位和薪酬就会随着产品的成果而改变。开始，他可能只是一个生产线的工程师，如果产品投放到市场，他就可以晋升为产品工程师，如果产品的年销售额达到五百万美元，他就可以成为产品线经理。这种制度极大地激发了员工创新的积极性，促进了企业发展。

（二）软件要素分析

1. 管理风格

杰出企业普遍呈现出既中央集权又地方分权的宽严并济的管理风格。它们一方面给予生产部门和产品开发部门极大的自主权力，另一方面又坚定地遵守着几项传承久远的价值观。

2. 共有的价值观

由于战略是企业发展的指导思想，只有企业的所有员工都领会了这种思想并用其指导实际行动，战略才能得到成功实施。因此，战略研究不能只停留在企业高层管理者和战略研究人员这个层次上，而应该让执行战略的所有人员都了解企业的整个战略意图。企业成员共同传承的观念具有导向、约束、凝聚、激励及辐射作用，可以激发全体员工的热情，为企业统一的战略目标而努力。这就需要企业在准备实施战略时，通过各种手段进行宣传，使企业的所有成员都能够理解它、掌握它，并用它来指导自己的行动。日本在经济管理方面的一个重要经验就是注重沟通领导层和执行人员的思想，使得领导层制定的战略能够顺利地、迅速地付诸实施。

3. 人员

战略实施还需要充分的人力准备，有时战略实施的成败取决于有无合适的人员去实施。实践证明，人力准备是战略实施的关键。IBM 的一个重要原则就是尊重个人，并且花很多时间来执行这个原则。因为他们坚信员工不分职位高低，都是产生效能的源泉。所以，企业在做好组织设计的同时，应注意配备符合战略思想需要的员工队伍，将他们培训好，分配给他们适当的工作，并加强宣传教育，使企业各层次人员都树立起与企业的战略相适应的思想观念和工作作风。例如，麦当劳的员工都十分有礼貌地提供微笑服务；IBM的销售工程师技术水平都很高，可以帮助顾客解决技术上的难题；迪士尼的员工生活态度都十分乐观，他们为顾客带来了欢乐。人力配备和培训是一项庞大、复杂和艰巨的组织工作。

4. 技能

在执行公司战略时，需要员工掌握一定的技能，这有赖于严格、系统的培训。松下幸之助认为，每个人都要经过严格的训练，才能成为优秀的人才。譬如在运动场上驰骋的健将们大显身手，但他们惊人的体质和技术不是凭空而来的，而是长期在生理和精神上严格训练的结果。如果不接受训练，一个人即使有非常好的天赋资质，也可能无从发挥。

因此，在企业发展过程中，要全面考虑企业的整体情况。只有协调好涉及软件和硬件两方面的这七个要素，企业才能获得成功。

第二节　组织结构

一、组织结构的基本类型

依据不同的标准，可将组织结构分为不同的类型。

（一）机械式组织与有机式组织

依据组织结构特点的不同，可以将各种形式的组织简单地归纳为两大类，即机械式组织和有机式组织。两种组织形式的特点对比，如图 8-2 所示。

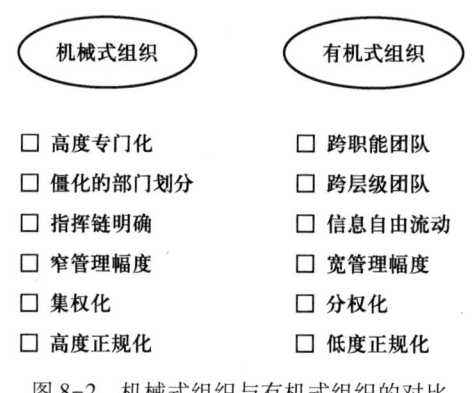

图 8-2　机械式组织与有机式组织的对比

1. 机械式组织

机械式组织也称为官僚行政组织，是综合运用传统组织设计原则的产物，是一种严密的、僵硬的、具有一定刚性的结构形式，追求的主要目标是稳定运行中的效率。机械式组织注重对任务进行高度的劳动分工和职能分工，以客观的不受个人情感影响的方式挑选符合职务规范要求的合格的任职人员，并对分工以后的专业化工作进行严密的层次控制，同时制定出许多程序、规则和标准。

2. 有机式组织

有机式组织也称适应性组织，是一种松散的、灵活的、具有高度适应性的结构形式，

222

追求的主要目标是动态适应中的创新。有机式组织也进行劳动分工，但员工所做的工作并不是高度标准化的，往往需要完成许多非常规的任务，同时，员工受过良好的训练，被授权开展多种工作和处理多样问题，主要依靠职业标准和员工团队来指导自己的行为，并不需要过多的正式规则和直接监督。

在现实生活中，纯粹的机械式组织和有机式组织并不存在。它们分别代表着两个极端，在这两者之间存在着多种中间过渡状态。比较而言，大型公司和政府机构在一定程度上具有机械式结构的特点。

在选择组织类型时，应依据组织的发展目标和内外条件，视具体情形而定。当前，组织面临的环境日益充满不确定性，组织结构的发展趋势是由机械式向有机式转变。但这并不意味着有机式结构一定优于机械式结构，对于有些组织，如军队，可能机械式结构更为适合，只不过为了更好地适应环境变化，在选用机械式结构时，应注意使其保持适度的灵活性和弹性。

（二）高耸型组织与扁平型组织

依据纵向层次设置多寡不同，可以将各种形式的组织形象直观地划分为两种形态，即高耸型组织和扁平型组织，如图 8-3 所示。

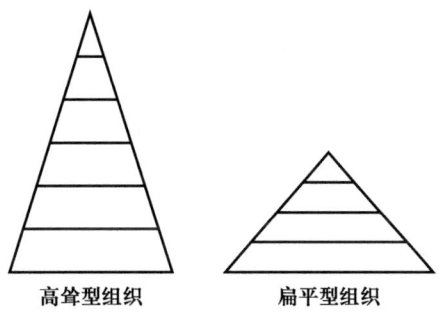

高耸型组织　　　　**扁平型组织**

图 8-3　高耸型组织与扁平型组织

1. 高耸型组织

高耸型组织结构，又称直式结构，是指在组织最高层与作业层之间具有多级管理层次，每级层次的管理幅度均较窄小。这就使得在作业人员数量一定的情况下，需要增加许多基层管理人员和中间层次管理人员。其优点是：组织结构严谨周密，便于主管人员对下属实施严密控制；组织成员分工明确，职责分明；上下级之间等级森严，垂直纵向关系清晰，有利于统一指挥；组织的稳定性程度高。其弊端是：管理层次和管理人员过多，致使层次间和部门间协调困难；管理费用升高，降低了管理工作的经济性；信息的传递要经过各级管理人员逐层过滤，致使信息交流不畅且易失真；决策民主化程度不够，不利于发挥基层人员的工作积极性；管理层次过多，造成决策迟缓，上下级缺乏沟通，管理工作的效率偏低。

知识链接 8-1
数智化时代下
扁平化组织结
构的优势

2. 扁平型组织

扁平型组织结构，又称横式结构，是指组织的管理幅度大，管理层次少，与高耸型组织相反，其结构特征是"扁平"。其优点是：高层领导比较容易了解基层情况；节省管理费用开支；加快信息传递速度，减少信息失真；有利于促进基层管理人员成长；有利于提高决策的民主化程度。其弊端是：由于管理幅度加大，各级管理人员工作负荷加重；管理幅度的加大会使同级间的沟通联络产生新的困难；对管理人员的素质要求较高；下属人员需要自觉、自律，否则容易出现失控。

高耸型结构与扁平型结构各有优缺点，不能说扁平结构一定优于高耸结构，同时高耸结构与扁平结构的划分也是相对的。在适宜的条件下，两者都可能成为有效的结构形态。随着环境不确定性增强，组织结构趋向扁平化发展。

案例

小米不再追求简单的扁平化

小米公司于 2010 年 4 月成立，于 2018 年 7 月在我国香港上市。经过十几年的快速发展，目前已成长为一家在行业内有重要影响的，以智能手机、智能硬件和 IoT 平台为核心的消费电子及智能制造公司。

在创立之初，小米公司有七个创始人，雷军任董事长，林斌任总裁，黎万强、周光平、刘德、洪峰、黄江吉分别负责营销、硬件、供应链业务、MIUI 以及米聊。这一阶段，小米公司采用的是典型的扁平化组织结构，也被称为雷军的"小餐馆理论"，公司高管的行事风格凸显出小米做业务的速度，七位创始人对诸多事情直管到底，组织效率高，团队意识及责任感能较好地传递给每一位员工，从而创造了被业界称赞的"小米加速度"。

然而，扁平化并不是万能的，只有变化的企业组织，没有一成不变的组织结构。2019年，雷军宣布对小米进行组织调整，摒弃了之前的扁平化管理模式，开始向层级化管理迈进。原因在于：企业业务快速扩张、人员规模不断增大，雷军一个人面对所有的事情，极易造成管理失控。小米组织结构的变化快速响应了市场及业务的变化，也为公司的创新发展夯实了基础。事实上，近年来小米进行了多次组织架构调整，据不完全统计，仅 2021年小米就进行过 35 次组织架构调整。组织架构的每一次变化，背后反映的是该公司适应外界环境变化及公司发展战略和动态变化的柔性能力。到 2023 年年初，小米更是设立了两个集团治理专业委员会，即经营管理委员会及人力资源委员会。正如雷军自己所言，这两个专业委员会的成立，标志着公司治理迈入新的专业化时代。从组织结构看，小米最初采用的扁平化结构早已不见踪影，集团治理日益专业化。2024 年，小米新能源汽车 SU7上市，兼具科技感和时尚感，标志着小米正式进军新能源汽车领域。小米在新能源领域的发展，离不开汽车研发、智能制造、营销等高水平团队的全力支持，也需要庞大的供应链企业及科技创新平台的支撑，在这一阶段，随着企业的快速化、规模化发展，扁平化已经彻底退出公司的组织结构舞台。

通过上述分析可知，任何企业组织结构均是为适应市场变化、业务变革而动态调整的，任何一种企业组织结构都有其适用条件，变是永恒的应对策略。

二、组织结构的具体形式

（一）直线制组织结构

直线制组织结构又称军队型结构。它是一种集权式的组织结构形式，组织中的各种职位按垂直系统直线排列，各级行政主管行使统一指挥和管理职能，不设专门职能机构，如图 8-4 所示。

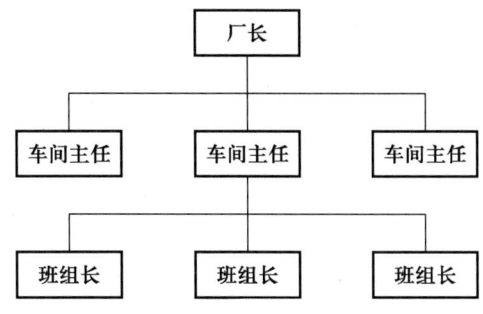

图 8-4　直线制组织结构

直线制组织结构是最早出现的、最简单的一种结构，只有在组织规模较小、员工人数较少、生产和管理工作相对简单的情况下才适用。多数组织在初创时期可能在短期内选择直线制组织结构，随着组织成长壮大，员工人数不断增多，组织在未来通常会采取更为复杂的结构形式。从管理实践看，直线制组织结构在所有者与经营者合一的小企业中应用最广。

直线制组织结构的优点是：设置简单，权责分明，便于统一指挥和集中管理。该结构的缺陷是：缺乏横向协调关系；要求行政主管通晓多种专业管理知识；由于没有职能机构做助手，容易产生忙乱现象。

（二）职能制组织结构

职能制组织结构又称 U 形结构，是指在各级行政主管之下，根据业务活动的相似性来设立管理职能部门的结构形式。各职能部门拥有相应的管理职责和权力，在其职能范围内有权直接指挥下级单位，如图 8-5 所示。

职能制组织结构是一种传统的组织形式，在"科学管理之父"泰勒提出的职能工长制基础上演化而来，其适用对象是只有单一类型产品或少数几类产品并且处于相对稳定市场环境的企业。

职能制组织结构的主要优点是：将专业技能紧密联系的业务活动归类组合到一个单位内部，提高了管理的专业化程度和工作效率；便于组织成员发挥职能专长，提高业务水平；减轻了各级行政主管的工作负担。

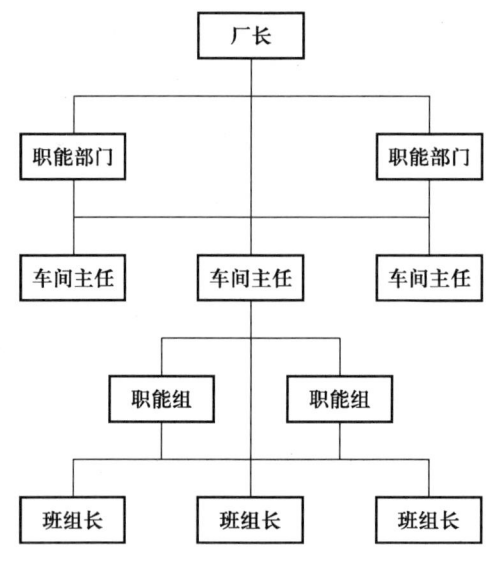

图 8-5 职能制组织结构

职能制组织结构的局限性是：各职能部门长期只从事某项专门业务，缺乏总体观念，不利于培养全面的高级管理人才；各职能部门只注意依据本部门的准则行动，可能导致部门之间的活动缺乏协调性，影响组织目标的实现；各职能部门都拥有指挥权，致使每一个下级机构和人员都有多个上司并接受多头领导，不利于统一领导和统一指挥。

（三）直线职能制组织结构

直线职能制组织结构是把直线制和职能制结合起来形成的组织结构，以直线为基础，在各级行政负责人之下设置相应的职能部门，分别从事专业管理，并担任该级行政主管的助手，在这种组织结构形式中，行政主管统一指挥与职能部门参谋指导相结合，各级行政领导人实行逐级负责，职能部门起业务指导作用，如图 8-6 所示。

直线职能制组织结构普遍适用于组织规模不大、产品品种不太复杂、市场环境较为稳定的各类中小企业。由于综合了直线制组织结构和职能制组织结构这两种结构形式的优点，它在世界范围内被普遍采用。

直线职能制组织结构的主要优势是：既保持了直线制组织结构集中统一指挥的长处，又吸取了职能制组织结构发挥专业管理的长处；既摒弃了直线制组织结构管理粗放的缺陷，又避免了职能制组织结构多头指挥的弊端。

但直线职能制组织结构也存在不足之处：权力集中于最高管理层，下级缺乏必要的自主权；参谋部门与指挥部门之间目标不统一，造成决策迟缓；各职能部门之间横向联系较差，容易产生矛盾；信息传递路线长，反馈速度慢，难以迅速适应环境变化。

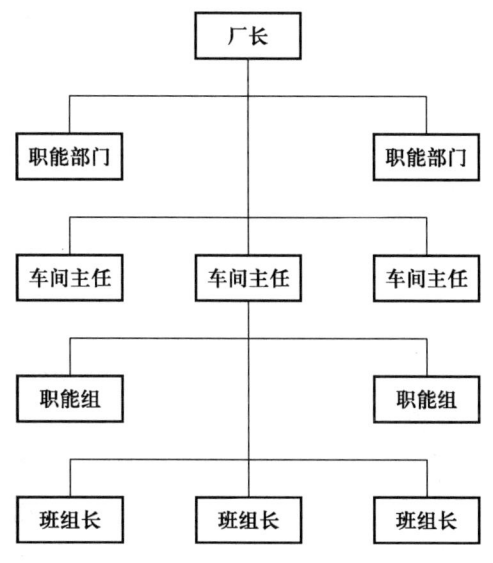

图 8-6　直线职能制组织结构

（四）事业部制组织结构

事业部制组织结构又称 M 形结构，是一种分权式的组织结构形式，其主要特点是"集中决策，分散经营"，即在集权领导下实行分权管理。事业部制组织结构是在公司总部领导下，按产品、地域、顾客等分别设立若干事业部，每个事业部都是独立核算单位，在经营管理上拥有很大的自主权，公司总部致力于重大方针、政策的制定以及公司总体战略的制定和实施，对各事业部的活动进行协调和控制，同时提供财务、法律等支援服务，如图 8-7 所示。

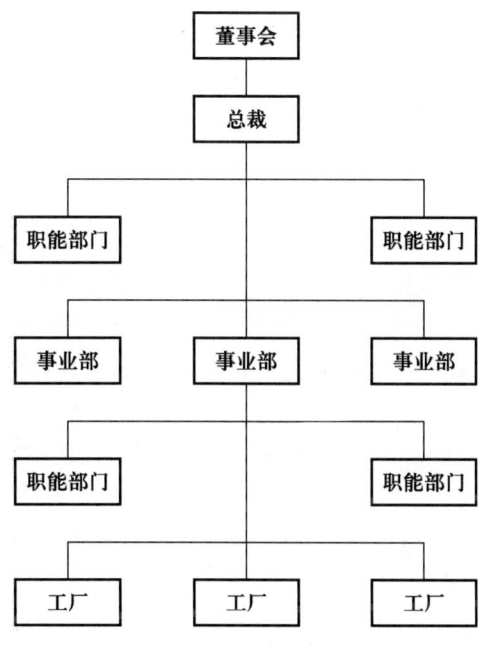

图 8-7　事业部制组织结构

事业部制组织结构的主要优点是：各事业部单独核算、自成体系，在生产经营上具有较大的自主权，增强了管理的灵活性和适应性；最高管理层能够摆脱日常行政事务，集中精力进行长远的战略规划；事业部经理对经营结果负完全责任，能够拓展事业部经理的多方面才能和全局视野，有利于培养能够独当一面的高级管理人才。

事业部制组织结构的主要缺点是：职能部门重复设置，造成管理机构重叠，管理成本上升，管理效率降低；各事业部独立经营，容易滋长本位主义倾向，不利于事业部之间的相互支持。

（五）矩阵制组织结构

"矩阵"是从数学中移植过来的概念，可以形象直观地说明该组织结构的特点。矩阵制组织结构的基本内涵是：类同于数学中的矩阵，组织结构由纵、横两套管理系统组成，一套是按职能划分的纵向领导系统，另一套是为完成某一任务而组成的横向项目系统。在传统的按照职能划分的部门基础上，添加按照任务划分的项目小组的结构，就形成了纵横交错的矩阵结构。项目小组是为完成一定的管理目标或某种临时性任务而设置的，由具有不同专长技能、来自不同部门的人员组成。为了加强对项目小组的管理，每个项目在总经理或厂长的领导下由专人负责。小组成员既受项目小组领导，又与原职能部门保持组织与业务联系，受原职能部门领导，如图8-8所示。

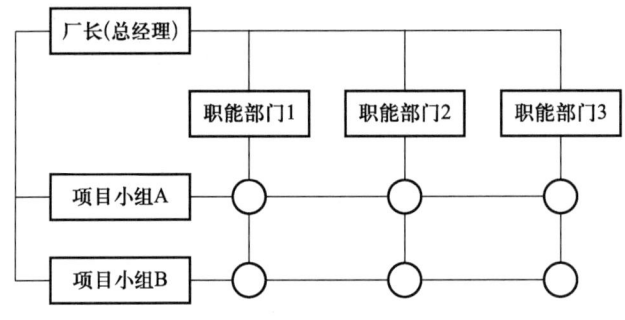

图 8-8　矩阵制组织结构

矩阵制组织结构的主要优点是：将组织的纵向联系和横向联系很好地结合起来，有利于加强各职能部门之间的协作配合与及时沟通；具有较强的灵活性和适应性，能根据特定需要和外部环境的变化迅速应变；把不同部门、不同专长的专业人员组织在一起，有利于相互启发、集思广益，攻克各种复杂的技术难题，进行新技术的开发和新产品的研制。

矩阵制组织也存在一些问题：① 稳定性差。小组成员是由各部门临时抽调的，完成任务后会返回原部门工作，容易使小组成员产生临时观点，影响工作效率。② 权责不清。每个成员都要接受两个或两个以上的上级领导，这种双重指挥链容易造成管理秩序混乱，权责划分不清。

在上述五种组织结构中，相对而言，前四种组织结构形式更为机械，最后一种矩阵制组织结构形式更具有机性。同时，每种结构都各有优势和缺陷，组织应根据环境变化和自身目标予以选择。需要指出的是，组织结构图只是提供了有关组织结构的基本信息，组织不只是由一组静态的工作关系构成，现实的组织更像动态的画面，是运动的、灵活的、新颖的，甚至是虚拟的，并且处在不断发展之中。

第三节　影响组织结构的因素与组织设计

一、影响组织结构的因素

组织结构是指，对于工作任务如何进行分工、分组和协调合作的体系。组织结构是表明组织各部分排列顺序、空间位置、聚散状态、联系方式以及各要素之间相互关系的一种模式，是整个管理系统的框架。

组织结构是组织的全体成员为实现组织目标，在管理工作中进行分工协作，在职务范围、责任、权力方面所形成的结构体系。其本质是为实现组织战略目标而采取的一种分工协作体系。组织结构必须随着组织的重大战略调整而调整。

组织结构是组织中正式确定的使工作任务得以分解、组合和协调的框架体系。适宜的组织结构对达成组织目标、推动组织发展起着至关重要的作用。不同的组织各有特点，即使同一个组织也在不断发展变化，因此，不存在一个适合所有组织、适合组织所有发展阶段的理想结构模式。正如人类由骨骼决定体形一样，组织也是由结构决定其形状。通过对工作任务的不同分解、组合及协调，组织呈现不同的结构形态。组织内外的各种变化因素，都会对其内部的结构设计产生重大影响，影响组织结构的因素主要包括战略因素、规模因素、技术因素、环境因素四种。

（一）战略因素

组织战略是制约组织结构的重要前提。组织目标是由组织战略决定的，而组织结构是实现组织目标的手段，因此组织结构应当服从组织战略。组织在发展过程中需要不断地对其战略的形式和内容做出调整，组织战略的变化必然带来组织结构的更新。组织战略在两个层次上影响组织结构：其一，不同的组织战略要求开展不同的业务和管理活动，由此影响到部门和管理职务的设计；其二，组织战略重点的改变会引起组织业务活动中心的转移和核心职能的改变，从而使各部门、各职务在组织中的相对位置发生变化，相应地要求对各部门及各管理职务之间的关系做出调整。

（二）规模因素

一般而言，组织规模越大，工作就越专业化，条例、制度就越多，组织的复杂性和正规化程度也就越高，或者说组织结构越呈现为机械式。伴随着组织的发展，组织活动的内容日趋复杂，组织活动的规模和范围日趋扩大，组织成员日益增多，组织结构也必须随之调整，才能适应成长后的组织的新情况。在组织的不同成长阶段，要求不同的组织结构模式与之相适应。在组织成长的早期，组织结构通常是简单、灵活而集权的；随着组织规模的扩大和员工人数的增多，组织结构将由松散转为正规、集权。

需要注意的是，组织规模与组织结构之间的这种关系并不是线性的，随着组织进一步扩大，规模对结构的影响强度在逐渐减弱。例如，一个拥有 2 000 名员工的组织已经建立了相当机械式的结构，当它再增加 500 名员工时，不会对其组织结构产生太大影响。而对一个仅有 200 名员工的组织来说，增加 500 名员工则可能使其转变为更为机械式的结构。

（三）技术因素

组织的技术类型与组织结构具有一定的相关性。任何组织都需要利用某种技术，将投入转换为产出。为实现这一目标，组织要使用设备、材料、知识和富有经验的员工，并将这些因素组合到一定类型和形式的活动之中。技术以及技术设备的水平，不仅影响组织活动的效果和效率，而且会对组织的部门划分、职务设置、部门间关系、组织结构总体特征等产生相当程度的影响。

最早对技术与结构关系进行研究的是英国管理学家琼·伍德沃德，她对英国南部的近 100 家小型制造组织进行了调查，并将这些组织按技术复杂程度由低到高的顺序依次分为三种类型：① 单件生产者，指定制产品生产者和小批生产者（如定制服装）；② 大批量生产者，指大批和大量生产的制造商（如冰箱、汽车）；③ 连续生产者，指连续流程的生产者（如炼油厂、化工厂）。

伍德沃德的结论是：技术类型和组织结构之间存在着明显的相关性；组织的绩效与技术和结构之间的匹配度密切相关。依据上述结论，她认为，成功的组织是那些能够根据技术的要求而采取合适的结构安排的组织；制造业的组织结构并不存在一种最佳的方式，单件生产和连续生产组织采用有机式结构最为有效，大量生产组织则与机械式结构相匹配。

继伍德沃德后，在技术与结构的关系上不断有新的研究。总体的研究结论是：组织技术在标准化程度上有所不同，标准化的技术宜采用机械式结构，非标准化的技术宜采用有机式结构。

（四）环境因素

外部环境是组织结构的一个重要外部力量。组织是社会大系统的一个组成部分，外部环境的发展和变化必然会对组织结构产生重要影响。环境的不确定性影响着组织的绩效水平，组织结构的调适是应对环境不确定性的一种措施。环境的不断变化，给组织带来了机会和威胁，与此同时，组织对环境因素及其发展变化的确认、识别、理解和把握，以及对之做出适当反应的能力，是影响组织运作的关键。在构成组织环境的诸多因素中，经济、科技、政治、法律等环境力量对组织运营的影响更为深远，影响到组织的长期决策和战略选择。

从根本上讲，机械式组织更适应简单、稳定的环境，有机式组织则与复杂、动态的环境更匹配。当前，日趋激烈的全球竞争、不断加速的产品创新，以及快速变化的顾客需求，使得环境的不确定性日益增强，这就要求组织结构更具有机性，以增强灵活性和适应性。

二、组织的设计

（一）组织设计的原则

以法约尔、泰勒、韦伯等人的观点为代表，古典组织理论提出了许多经典的组织设计原则，这些原则对现代组织设计依然具有重要的指导作用。当前，随着时代的发展，组织面临的环境复杂多变，受时代背景所限，古典理论不可避免地存在某些局限性。权变理论认为，不存在最佳的组织结构形式，即管理者对组织结构的选择不是固定的，而是根据外部环境的特点等具体条件进行抉择。依据权变理论，参照古典原则，结合组织现实，组织设计的基本原则可归纳为：

1. 劳动分工原则

劳动分工是进行组织设计的一项基本原则，它是指将一项工作划分为若干步骤，每个人专门从事其中的某一个步骤，以提高劳动生产率的过程。传统理论认为，劳动分工使不同员工特有的多样技能得到有效利用，可以达到更高的生产率。现代观点则认为，过度分工会导致问题的发生，在某一点上，劳动分工产生的人员非经济性（如厌倦、压力、低生产率等）会超过专业化的优势。

从总体上看，劳动分工思想至今仍指导着组织的设计工作，并具有较好的效果，制造业中的装配线就是最好的例证。

2. 部门化原则

部门化原则是与劳动分工原则紧密联系的，劳动分工的结果必然导致部门的形成。依据组织目标的不同，划分部门的方法主要有职能部门化、产品部门化、地区部门化、过程部门化、顾客部门化等。对大型组织来说，通常需要综合使用上述部门化方法中的几种。

现代观点认为，传统理论所倡导的部门化方法广泛应用于许多大型组织的同时，出现了两种新趋势：一是激烈的竞争使顾客部门化日益受到重视，许多组织依据具有相同需要的共同顾客来组合工作；二是组织任务的日益复杂使得跨越传统部门界限的跨职能团队被更多地采用，从而在一定程度上改善了原来僵化的部门划分模式。

3. 指挥链原则

指挥链是传统组织设计的基石，是指从组织高层延伸到基层的一条持续的职权线。

传统理论认为，与指挥链相关的概念有三个，即职权、职责、统一指挥。其中：职权是指管理职务所固有的发布命令和期望命令得到执行的权力；职责是指完成任务的义务；统一指挥则是指每个下属应当而且只能向一个上级主管直接负责，以防止"政出多门"。

现代观点认为，随着信息技术的发展和对员工授权的加大，指挥链概念的重要性已经相对降低。利用计算机，组织员工可以不通过正式的指挥链而与组织其他成员直接沟通，员工更多地被授权制定原本只有管理者才有权作出的决策，自我管理的跨职能团队和双重指挥链的矩阵制结构也被越来越多地采用。

4. 管理幅度原则

管理幅度的选择是影响组织设计的一个重要因素，因为管理幅度的宽窄在很大程度上决定了组织的管理层次和管理人员的数目。

传统理论认为，应采取窄小的管理幅度，以便对下属实行严密控制和有效指挥。现代观点则认为，在其他条件相同的情况下，应采取宽大的管理幅度，以提高组织的运行效率。

管理幅度是一个权变因素，管理者所处组织层次不同，管理幅度也将不同，随着组织层次的提高，管理幅度应相应减少。此外，管理者的知识经验、下属的工作能力、任务的复杂程度等因素均会对管理幅度产生影响。实践表明，宽管理幅度的扁平结构已成为组织设计的发展趋势。同时，为了确保组织绩效不因管理幅度的加大而受到负面影响，应加强员工培训。

5. 集权与分权原则

集权与分权的选择影响着组织设计的效率，它反映了组织决策制定权的集中程度和归属情况。

传统观点认为，应把组织决策权尽可能集中于高层管理者。现代观点则认为，应把组织决策权尽可能地授予直接采取行动的那一层次的管理人员。

集权与分权是两个相对的概念，而非绝对的两极，组织既不可能是完全集权的，也不可能是完全分权的。如果高层管理者在进行关键性决策时，没有基层人员的参与，则组织是集权化的；反之，如果基层人员更多地参与了决策制定，则组织的分权化程度较高。

6. 正规化原则

在高度正规化的组织设计中，有明确的职位说明、工作程序和规则条例，员工被要求以完全相同的方式处理同样的投入，从而产生一致的、统一的产出。同时，标准化也取消了员工采取其他行为方式的可能性，甚至排除了员工的思考；反之，如果组织正规化程度较低，员工的工作行为就有较大的自主权。

知识链接 8-2 马克斯·韦伯行政组织管理思想对现代组织结构设计的贡献

传统理论认为，组织设计应遵循高度正规化原则，用标准和规则来约束和协调员工行为。现代观点则认为，在确保组织目标的前提下，应尽可能提高员工对工作的自主程度。在管理实践中，不同组织的正规化程度存在较大差别，即使在同一组织内部，正规化程度也有所不同。例如，在报社中，新闻记者通常拥有较大的工作自主权，他们可以选定报道主题，并以自己喜欢的方式撰写，而编辑、排版人员就没有这种自由，他们在时空两方面所受的约束使其工作更为标准化。

（二）组织设计的任务

组织设计工作包括以下三项具体任务。

1. 职务分析与设计

职务分析与设计就是在对组织目标进行逐级分解的基础上，具体确定组织内各项作业和管理活动开展所需设置的职务的类别与数量，以及每个职务所拥有的职责权限和任职人员所应具备的素质。这是组织设计的基础工作。

2. 部门、层次划分与设计

根据各职务所从事工作的性质、内容及职务间的相互联系，依照一定的原则，将各个职务组合成横向的作业或管理单位，这样就形成了组织的"部门"，同时，将这些部门单位按照一定的方式组合成上一层级的更大的部门，这样就形成了组织的"层次"。这是组织设计的中心工作。

3. 形成结构

所谓形成结构，就是通过职责权限的分配和各种联系手段的设置，使组织中的各构成部门（各职务、各部门、各层次）连接成一个有机的整体，使各方面的行动协调配合起来。这是组织设计的关键工作。

（三）组织设计的程序

组织设计是为组织目标服务的，其实质是实现组织目标的手段，因此，在进行组织设计时，首先应明确组织目标，然后在此基础上进行组织的分化和整合工作，使组织成为一个既有明确分工，又能相互协调的有机整体。

1. 确定组织目标

这是进行组织设计的出发点。组织目标是组织存在的基础，任何组织都以实现一定目标为宗旨。在进行组织设计时，首先应在综合分析组织外部环境和内部条件的基础上，合理确定组织的总体目标及各种具体的派生目标。

2. 确定业务内容

根据组织目标的要求，确定为实现组织目标所必需的各项业务工作，并根据性质不同对其进行分类，如产品开发、质量管理、市场研究、营销服务等。然后，明确各类活动的工作范围和工作量，并对业务流程进行总体设计。

3. 确定组织结构

根据组织规模、技术特点和业务工作量，参考其他同类组织的设计经验，选择确定组织结构的具体形式和组织部门的具体类型，并把性质相同或相近的业务工作分别划归适当的部门负责，形成层次化、部门化的结构。

4. 配备职务人员

根据各部门业务性质和工作要求的不同，挑选和配备称职的工作人员与行政负责人，并明确其职务与职称。

5. 规划职责权限

以责权对等为原则，一方面要根据组织目标的要求，明确规定各部门及其负责人对业务工作应负的责任以及评价工作业绩的标准；另一方面还要根据做好业务工作的实际需要，授予各部门及其负责人相应的权力。

6. 连为一体

这是组织设计的最后步骤。在部门划分的基础上，应明确规定各部门之间的相互关系以及相互沟通与协调的原则、方法，把组织实体整合连接起来，使之成为一个能够协调运作、有效实现组织目标的管理系统。

第四节　组织变革与发展

一、组织变革的概念和目标

（一）组织变革的基本概念

所谓组织变革，是指组织为适应内外环境及条件的变化，对组织的目标、结构及组成要素等适时而有效地进行的各种调整和修正。组织变革是组织发展过程中的一项经常性的活动，任何组织在运行一段时间后，为了适应组织内外条件的变化，都必须进行相应的变革。这是因为，一方面，组织是一个由多种要素组成的有机体，要经历产生、成长、成熟和衰退的过程；另一方面，组织是构成社会大系统的一个子系统，要不断地与周围环境进行物质、人员、信息的交流。因而，组织内部因素及其所处外部环境的发展变化，必然导致组织变革，这种变革涉及组织结构、组织制度、组织成员、组织文化、组织行为等多个层面。可见，组织是一个动态系统，组织的生存与发展就是不断寻求和保持组织目标与组织内部条件、组织外部环境之间动态平衡的过程。

（二）组织变革的目标

企业组织变革是企业为适应竞争和发展而进行的，以改善和提高组织效能为根本目的的管理活动。企业战略、商业经济、客户需求、竞争环境以及上述因素的变化都是组织变革的客观条件。企业组织不断优化的过程正是企业不断适应外部经济环境与追求内部更低的管理成本，从而建立高效率的企业组织，使组织、管理者、员工更具环境适应性的过程。通过组织变革，企业获得在成本、质量、服务和速度等方面的竞争优势，这是组织变革的根本目标。

二、组织战略与组织变革

组织结构要按照战略所要求的方向进行调整和变革。当企业度过了艰难的创业期后，企业规模扩大，经营领域扩展，随之就要对企业整个组织结构进行协调与整合，以促成新战略的实施。

从本质上而言，企业战略的调整和变化是引发组织变革的最根本、最主要的原因。这主要源于组织与企业战略之间的关系。

第一，企业的总体战略对企业的组织结构往往起着决定性的作用。简单举一个例子：一家小企业，随着发展壮大，不断向多元化方向发展，企业的组织结构也会由简单的直线制变化为复杂的事业部制、矩阵制等，企业在部门机构上也会不断地进行调整。

第二，组织也制约着企业战略。组织最重要的功能就是要为贯彻总体战略提供一个实施平台，战略目标最主要的载体就是其组织系统。当组织系统不能与总体战略相匹配的时候，它就会起破坏作用；反之就会起到保障和促进作用。

知识链接 8-3
数智化时代的
组织变革动因

不难看出，组织和企业战略要形成一种匹配和平衡的关系。当两者的关系变化和发展破坏了这种平衡的时候，企业就会陷入混乱，甚至陷入一种崩溃的危机；而两者之间平衡发展，就能够使企业的组织资源比较有效地支持企业的总体战略。企业的总体战略也往往能够在一个富有弹性的、具有包容性的组织结构框架中，不断地寻求对环境制约的突破和自身的发展。

三、组织变革的类型

组织运行过程的主要因素包括结构、技术、人员、文化，与之相应，组织变革的类型主要包括结构变革、技术变革、人员变革和文化变革。

（一）结构变革

结构变革是指职权关系、职务设计、集权程度、协调机制等结构要素的改变。依据情况不同，结构变革可以分为局部调整和重新设计两种方式。

1. 局部调整

为了增强组织的灵活性，在保持原有组织结构类型基本不变的情况下，管理者可以对上述结构要素中的一个或多个加以变革。例如，为了降低组织的复杂性，可将几个部门的职责组合在一起，也可精简某些纵向层次；为了提高组织的正规化程度，可以制定更多的制度规章；为了提高组织的分权化程度，可以采取适当的授权方式。

2. 重新设计

当组织的经营环境面临重大变化时，管理者需要对原有的结构设计进行重大调整，重新设计组织结构。例如，可使组织结构由职能制向事业部制或矩阵制转变。

知识链接 8-4
联合利华的组
织变革

（二）技术变革

技术变革是指工作过程、工作方法、机器设备的改变。

传统的科学管理是基于动作和时间研究来推进技术变革的，现代的技术变革则主要通过引进新的设备、工具和方法，实现自动化、信息化等，从根本上改变产品的生产方式和企业的组织方式。当前，许多组织都拥有现代化的办公设备和复杂的管理信息系统。例如，在工业生产领域，厂商更多地采用自动装配线，以机械取代人力，实现了生产的自动化；在商业零售领域，大型超级市场已将其收款台改造为输入终端，通过与计算机连接，提供实时的库存数据。

（三）人员变革

人员变革是指员工的工作态度、期望水平、认知和行为的改变。

人是组织中最为活跃、最为复杂、最难把握的因素，组织中的人既可能成为变革的推动力量，也可能成为变革的阻碍力量，因此，在组织变革中必须充分考虑人性因素。任何组织都是由人创立的，组织各项工作的开展也是由人来实施和完成的，组织素质的高低、工作的成败，其关键就在于人。从某种意义上讲，组织变革就是人员变革，其根本目的是改善成员之间的关系，使组织中的个人和群体更为有效地在一起工作，最终促进组织目标的实现；其主要任务是促成组织成员之间对权力和利益等资源的重新分配；其具体方法是提高沟通质量、注重员工参与、改善人际关系。

（四）文化变革

文化变革是指组织成员共有价值观的改变。

组织文化是组织在长期的实践活动中所形成的，为组织成员普遍认可和遵循的，具有本组织特色的价值观念和行为规范的总和。它是组织有效运行的内在驱动力，由相对稳定和持久的因素构成，需要相当一段时间才能形成，并且一经形成就成为牢固和不易更改的东西。组织文化确立了人们应该做什么、不应该做什么，它不仅会影响组织一般成员的行为，还会制约管理者的决策选择。观念是行为的先导，从这个意义上说，组织变革首先是组织文化的变革，任何形式的组织变革必然同时伴随着组织文化的变革。在强势的组织文化中，存在特别大的变革阻力。一般来讲，在组织面临大规模危机、领导职位易人等问题时，或在组织规模小、组织建立时间短、组织文化弱等条件下，更有利于促成组织文化变革。

综上所述，组织变革具有系统性和互动性特点，组织系统中的任何一个因素发生改变，都会带来其他因素的变化。在组织发展的不同阶段，由于环境情况不同，变革的内容和侧重点也有所不同。事实上，在组织变革的实践中，上述四种变革并不是截然分开的，往往是以某一种变革为主导，各种内容的变革交织在一起。

四、组织变革的动力与阻力

组织变革成功与否，在很大程度上取决于管理者在变革过程中采取的基本准则与实施方法。领导者进行组织变革时，首先应该对组织内外部环境作出客观的分析，特别是要识别出影响组织变革的动力和阻力。

（一）组织变革的动力

组织变革的动力主要包括经济、竞争、技术、全球化以及政策与法律五个主要因素。

1. 经济因素

经济形势的变化需要组织有针对性地作出改变。在经济的衰退时期或通货膨胀时期，面对外部消费者和组织内部人员低迷的状态，组织必须进行革新，改变发展策略、生产方式以及激励措施来应对经济衰退的困境。

2. 竞争因素

竞争格局的变化，如新竞争对手进入市场或组织间的合并、收购、破产等，都可以显著影响一个组织的战略和运营。面对竞争对手发布一款新产品可能会占领市场份额的情况，组织为争取原有的市场和防止客户流失必须作出改变和调整。如果未能察觉竞争对手的发展态势而不进行变革，组织受到的打击可能是毁灭性的。

3. 技术因素

技术的进步对于组织来说既是机遇又是挑战，组织为掌握适应新技术需要对已有结构进行调整，特别是在大数据和互联网时代，组织更需要通过变革来保持竞争力。无法适应新技术的组织注定是要被淘汰的。

4. 全球化因素

全球化发展势如破竹，迅猛异常，给传统的经营方式、组织形式和管理模式带来巨大的冲击和挑战，组织为寻求和适应全球化机遇，需要对产品、文化以及沟通方式进行变革。

5. 政策与法律因素

国家或地方的新政策或法律可能对组织的运营造成较大程度的影响，要求组织作出相应的调整以适应当下规章制度的要求，不遵守或未能与政策或法律保持一致的组织不但抓不到有利的机会，更有可能受到相应政策的惩罚。

（二）组织变革的阻力

组织在变化调整过程中也会受到很多阻力，具体来说，不确定性、关注个人损失、依赖性、对管理层的信任感等因素是组织变革的主要阻力。

1. 不确定性

组织内部人员担心组织在进行变革时可能会对自己的工作以及生活方面造成影响，但是具体影响到哪些方面以及影响程度有多大都无法确定，这种不确定性会造成组织人员的恐慌，从而对变革产生抵触情绪。

2. 关注个人损失

虽然改革促进了组织整体的发展，然而，组织成员会考虑变革后是否会对自己当前的权力、地位、声望、薪酬以及其他利益产生威胁。一旦组织成员认为变革威胁到了个人利益，他们就会抗拒变革，甚至从最初的变革支持者转成变革反对者。例如，东方航空的"返航门"事件，就是由于当初东方航空在合并云南航空公司时，未能充分考虑和妥善处理合并后原来的云南航空公司飞行员的待遇等利益问题而引发的。

3. 依赖性

依赖，是人类日常生活的一种普遍现象。就其本身而言，依赖并不是一件坏事，然而，依赖发展到一定程度后可能就会成为阻碍组织变革的负面因素。例如，如果组织成员过分依赖领导的指示与反馈，那么在面对组织变革产生的新方式或新策略时，除非领导认可，否则他们一般不会主动去寻求或接受变革。

4. 对管理层的信任感

变革者在进行组织调整时，其本身的威信十分重要。变革者在组织成员中的威信越高，则变革时遇到的阻力越小；反之，如果组织成员对变革者的信任程度很低，他们就会连带着对变革的结果产生怀疑，从而导致厌烦变革的心理。

五、组织变革的过程

组织变革不是一个简单的变化过程，而是一个充满矛盾和冲突的过程。根据心理学家勒温的观点，组织变革的具体实施过程包括解冻、变革、再冻结三个基本阶段，三者的有机联系构成了完整的组织变革过程，如图 8-9 所示。

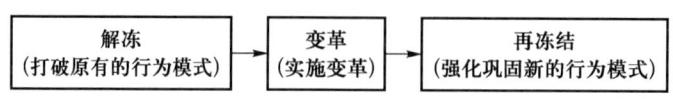

图 8-9　组织变革的过程

（一）解冻

这是组织变革的前奏阶段。该阶段的主要任务是引发变革的动力，创造变革的需要，做好变革的准备工作。任何一项组织变革都会或多或少地面临来自组织自身及成员的一定程度的抵制，通过引导组织成员对组织的内部环境、结构功能进行深入分析，找出不适应性，营造出组织变革的危机气氛，让员工深刻理解组织变革的必要性和可行性，以激发其对组织变革的积极性。与此同时，还要向组织成员描绘组织变革的蓝图和方案，使其明确组织变革的目的和方向，从而自觉地参与和适应组织变革。

（二）变革

这是组织变革的实质性阶段。该阶段的主要任务是按照所拟订变革方案的要求开展具体的组织变革行动，以使组织从现有结构模式向目标模式转变。变革通常分为实验和推广两个步骤，即在组织变革方案全面付诸实施前先进行一定范围的典型实验，在实验取得初步成效后再进入大规模的全面实施阶段。通过典型示范，一方面，可促进组织成员对变革的认同，使其对新的态度和行为模式产生积极的心理反应；另一方面，还可使一部分对变革尚存疑虑的组织成员认识到组织变革的潜在效益，实现其从变革观望者、反对者向变革参与者、支持者的转变，进而实现其从思想到行动的全面转变。

（三）再冻结

这是组织变革的强化和巩固阶段。该阶段的主要任务是在变革工作告一段落后，采取一定措施将组织成员业已形成的新态度和行为模式强化和固定下来。在组织变革行动发生后，个体和组织都有一种退回到原有习惯行为方式的倾向，为此，必须采取相应措施使其不断得到强化和巩固。缺少这一阶段，组织变革行动对组织及其成员将只有短暂影响，使组织变革成果可能退化消失。

需要指出的是，勒温理论的出发点为：组织面临的经营环境是"风平浪静"的，变革是偶然的，是对平衡状态的一种打破，通过变革可建立另一种新的平衡状态。实际上，随着当前环境不确定性的增强，组织变革已经是组织发展过程中的一项经常性活动。这就意味着变化是绝对的，平衡只是相对的；变革是持续的，稳定只是暂时的。从这个意义上讲，勒温理论仅为我们提供了对组织变革过程的静态分析，实际上，解冻、变革、再冻结这三个环节是一个周而复始的循环过程。

六、组织发展

组织发展是在专家的协调帮助下，在应用行为科学理论和技术（包括行为研究）的指导下，由高层管理人员支持的长远工作计划，通过对企业文化尤其是对正式或临时工作小组和小组之间的文化进行共同有效的分析和组织管理，达到解决问题和更新、发展的过程。

许多有计划的变革主要是为了解决当前的具体问题。相反，组织发展是一种长期的、全面的、更为复杂且代价更大的变革途径，目的是使组织提高到一个更高的层次，同时显著地提高工作人员的工作效率和对工作的满意程度。尽管组织发展常常包括结构变革和技术革新，但其重点在于改变企业人员及其工作状况的性质和质量。

当前，组织面临的环境日益动态化和复杂化，传统的官僚制组织结构已经无法适应环境要求，这就使得组织的管理者必须依据灵活性、创新性的原则来重新构建和安排组织结构，使其能够适应不断变化的环境挑战。具体说来，组织结构主要呈现出以下几种发展趋势。

（一）团队结构组织

团队结构是建构扁平化的新型组织形式的基石，有利于提高决策的速度和质量。团队结构是指整个组织由执行各项任务的工作小组或团队组成，不存在从高层到基层的管理职权链，通过对员工进行充分授权，使员工团队可以自由地以其认为最好的方式安排工作，并对工作结果负责。在团队结构中，团队是基本的组织单元，关注知识共享，承担广泛行动。根据组织任务的需要，团队可分为两种类型：永久性团队和临时性团队。为了保持总体的稳定性，同时获得一定的灵活性，一些大型组织将团队结构与原有的职能制或事业部制组织结构相结合。例如，通用汽车公司设立了自我管理团队，惠普公司则采用了跨职能团队。

（二）网络结构组织

网络结构组织是一种依托于信息技术的新型组织，是一种涉及多个个体的互动协作系统。网络结构是指组织只保留一个较小的总部，将许多职能分包给组织外部的不同公司，从而形成一个业务活动相互联系的关系网络。与传统的组织不同，网络结构可以使组织集中精力于自身最擅长的部门，利用先进的信息技术，以商业合同和战略联盟为基础，从不同的外部组织获取制造、分销等服务。例如，耐克公司将核心力量集中在设计和营销，生产制造则交给外部供应商。

网络结构最大的优势是具有全球性的竞争能力，可在世界范围内获得资源，产品的研发、生产、分销可能在不同的国家进行。同时，该结构具有高度的灵活性，组织可根据需要从外部购买所需的各种服务，从而保证成本竞争优势，增强对环境变化的适应能力。该结构的主要劣势源于复杂的商业系统的协调性要求，即如果网络中止运行或传输失败，就会殃及整个系统。

知识链接 8-5
协同创新和网络型组织结构

239

（三）无边界组织

传统意义的组织是有边界组织，即组织中有明确的部门和层次的划分。无边界组织的基本内涵是，在构建组织结构时，不是按照某种预先设定的结构来限定组织的横向、纵向和外部边界，而是力求打破和取消组织边界，以保持组织的灵活性和有效运营。其中，外部边界是指将组织与顾客、供应商及其他利益相关者分离开来的隔墙。通过运用跨层级的团队和参与式决策等结构性手段，取消组织内部的纵向边界，使组织结构趋向扁平化；通过跨职能团队以及围绕工作流程（而不是职能部门）组织相关的工作活动等方式，取消组织内部的横向边界；通过与供应商建立战略联盟以及体现价值链管理思想的顾客联系手段等方式，削弱或取消组织的外部边界。无边界组织实质上是一种组织设计思想和理念，其操作要点是尽量淡化和模糊组织边界，而非绝对的真正消除组织边界。

在数字时代的管理实践中，电子商务企业是无边界组织的最好范例。在电子商务企业中，信息和工作活动能在各个参与者之间自由流动，其结构已不仅仅包含工作安排和员工关系问题，还包含与顾客、供应商及其他利益相关者的关系。

从某种意义上讲，无边界组织可看作团队结构和网络结构的复合体。在内部关系中，团队工作取代了正式的权力关系，使组织各成员相互分离的传统结构性界限不复存在；在外部关系中，随着环境的变化而不断形成或解体的外包合同与经营联盟适应了组织对速度和灵活性的需要。

第五节　组织形态变化与新型组织

一、组织形态发展趋势

（一）组织结构的扁平化

在信息技术和网络技术的推动下，组织信息可以在同一层次上传递和共享，而不必自上而下层层下达或是自下而上逐级汇报。传统的组织员工之间的纵向关系在组织信息网络平台（数据平台）上变成了纵横交错的平等关系，且组织管理人员的信息沟通能力和管理跨度已成倍甚至数十倍地增长，从而大大压缩了企业组织结构的层级，使组织向扁平化方向发展。

扁平化的组织结构是一种静态架构下的动态组织结构，改变了原来层级制组织结构中的组织上下级之间、部门与部门之间以及组织与外部之间的联系方式，具有敏捷、灵活、快速、高效的优点。其最大的特点就是等级型组织与机动的计划小组并存，具有不同知识的人分散在结构复杂的组织形式中，通过凝缩未来时间与空间，加速知识全方位运转，以提高组织绩效。

（二）组织关系的网络化

随着组织对管理软件、组织数据信息系统和网络技术的运用进一步深化和加强，传统的职能管理部门的大部分重复性管理工作由组织管理软件完成，职能部门的任务只是制定和修改控制程序、处理例外事件等，且他们的工作方式不再是传统的等级命令型，而是共同协商、相互帮助型。在组织内部网络平台的帮助下，员工之间的纵向分工不断减少，而横向分工和协作不断加强。组织过去以控制命令为核心的组织关系逐渐变成了一个相对平等和自主、富于创新的网络关系。

组织关系的网络化的最大益处就是减少了组织决策与行动之间的延迟，加快了对市场和竞争动态变化的反应，从而使组织的能力变得柔性化，反应更加灵敏。

（三）组织规模的小型化

自产业革命以来，很多组织通过扩大组织规模、增加组织产量来追求规模经济效益。这种观念在很长一段时间内是有效的。然而，在基于互联网的电子商务面前，小公司可以通过使用较少的成本来建立全球的销售系统，在开放的市场中平等地与其他组织进行竞争。小公司的灵活性和创新性明显强于大组织，所以组织规模的小型化也是组织形态发展的趋势之一。

组织规模的小型化并不是指其产值或市场缩小，而是指人员和组织机构缩小。面对激烈的市场竞争，许多大公司正通过分离或剥离、授权、组织流程再造、业务外包或建立战略联盟等方式来使自己的经营实体小型化，从而达到降低成本、提高应变能力、提升竞争能力的目的。

（四）组织边界的柔性化

在新经济条件下，由于信息技术尤其是电子商务的应用，组织的交易费用大大降低。同时，外包业务的发展也使得组织并不是完全具备所有的资源和能力才进行生产，而是将非核心业务剥离而集中于核心业务。这也使得组织的内部边界和外部边界都变得更加模糊、更加富有柔性和灵活性。

组织边界的柔性化更易于组织资源、信息等的传递和扩散，使信息、资源能够快捷便利地穿越传统组织的边界，促进各项工作在组织中顺利展开和完成，使组织作为一个整体的功能远远超过各个组成部分的功能之和。

二、新型组织

（一）虚拟组织

虚拟组织是指两个以上的独立的实体为迅速向市场提供产品和服务，在一定的时间内结成的动态联盟。虚拟组织的主要特征有：虚拟组织具有较大的适应性，在内部组织结构、规章制度等方面具有灵活性；虚拟组织可以共享各成员的核心能力；信任是最重要的特征和核心内容，也是虚拟组织建立和运行的前提。

（二）学习型组织

学习型组织是指培养整个组织的学习氛围，以充分发挥员工的创造性思维能力，从而建立起来的一种有机的、高柔性的、扁平的、符合人性的、能持续发展的组织。学习型组织的主要特征有：组织成员拥有一个共同愿景；组织由多个创造性个体组成；善于不断学习；"地方为主"的扁平结构；员工自主管理；组织的边界将被重新界定；员工家庭与事业平衡；领导者是设计师、仆人和教师的新角色。

（三）创新型组织

创新型组织是在对组织信息、业务活动和管理职能的有意识的重叠基础上，通过激发员工之间的频繁对话和交流，实现员工之间知识共享和不断创新的组织。创新型组织的主要特征有：人人都是创新的责任人；员工的贡献大小要由他为整个知识创新系统提供的信息的重要程度来决定；在创新知识的过程中，同层级的人承担着不同的责任。

（四）战略联盟

战略联盟是指两个或两个以上的组织为了实现资源共享、风险或成本共担、优势互补等特定战略目标，在保持自身独立性的同时通过股权参与或契约方式建立较为稳固的合作伙伴关系，并在某些领域采取协作行动，从而取得双赢效果的组织。战略联盟的特征主要有：组织的松散性、行为的战略性、合作的平等性、合作关系的长期性、整体利益的互补性、管理的复杂性。

关键概念

组织（organization）

扁平化（flatten）

非正式组织（informal organization）

职能结构（functional structure）

直线结构（line structure）

直线职能制（line and staff structure）

产品事业部制结构（product division structure）

矩阵式组织结构（matrix organizational structure）

网络化组织（networked organization）

柔性化组织结构（soft organizational structure）

虚拟组织（virtual organization）

复习思考题

1. 比较分析营利性组织与非营利性组织、正式组织与非正式组织的异同。
2. 简述组织结构的含义及特点。
3. 分析影响组织结构的内外因素。
4. 分析组织结构的类型、特点及相应的管理效率。
5. 哪些组织受益于控制幅度小？哪些组织受益于控制幅度大？
6. 针对行政效率低下的问题，结合实际组织结构相关知识，从多部门协作角度出发，分析该如何调整行政组织结构以解决这些问题。

7. 分析建筑、制造等传统组织和 IT、电商等互联网组织的组织结构类型，并阐述两者的组织结构在信息时代都有哪些利与弊。

8. 如何认识网络组织和虚拟组织？

9. 简述组织设计的一般理论及其基本原则。

10. 试述组织设计的基本程序。

11. 如何理解组织发展中的动力和变革理论？

12. 试论组织变革的因素分析。

13. 在互联网时代下，影响传统组织变革的动力和阻力都有哪些？

管理游戏

策 划 组 织

参与人数：集体参与，每组 5 人

时间：30 分钟

场地：教室

道具：笔、纸

游戏规则与程序：

1. 按照老师的要求组成小组，每个小组选择下面一种组织展开工作。

（1）一家打印复印店；

（2）一家蛋糕店；

（3）一家旅行社。

2. 策划你们的组织，思考在当前大环境下，这些传统组织可以采用什么样的新型组织形式。

（1）用几句话描述组织的使命或目的；

（2）为了实现这一使命或目的需要做哪些具体的事情。

3. 根据上述具体项目，画出组织结构图。在图中标明各职位需要完成的特定任务，或者需要对哪种结果负责。

相关讨论：

1. 假设 3 年之后组织运营得非常顺利，打算在几千米之外开一家分店，那么这两家分店同时运营会遇到什么样的问题？

2. 假设 5 年之后分店多达 5 家且在两个不同的城市，那么这 5 家分店同时运营会出现什么样的控制和协调问题？

传承不泥古，创新不离宗
——云南白药集团品牌发展战略的探索与实践①

云南白药作为一家经久不衰的百年老字号，是我国著名的民族医药品牌，具有"中华瑰宝，伤科圣药"之称。自问世以来，云南白药历经斗转星移、岁月沧桑，始终坚守国药立业之本，不懈追求国药自立自强。它虽有"国家保密配方"的护身符，却没有故步自封，而是去腐生肌、续写传奇，在"大品牌下多品牌发展""稳中央，突两翼"和"新白药，大健康"等品牌战略的指引下，充分利用云南白药原有的品牌优势，成功嫁接到新产业和新产品中，通过品牌延伸增强了云南白药的核心竞争力，重塑了一个属于21世纪的"新白药王国"。

一、云南白药品牌之源

云南素有"植物王国""药材之乡"的美誉，是我国中医药资源的重要宝库。在20世纪初期，云南民间彝族医师曲焕章在民族民间药方的基础上经多年苦心临床验证，反复改进配方，最终在1902年研制出功效奇特的"百宝丹"。人们根据它白色药末的外观而习惯性地将它称为"白药"。

时至今日，云南白药集团已经从一个名不见经传的手工作坊，逐步发展成为一个总资产高达568亿元，总销售收入逾390亿元，经营涉及化学原料药、化学制剂、中成药、中药材、生物制品、保健食品、日化产品、医疗器械等领域的具有较强实力的大型医药企业集团。

二、云南白药品牌之探

1. "重塑百年品牌形象"战略

在20世纪90年代之前，云南白药凭借其"止血""愈伤""消炎"的特效功能，给人们留下拯救伤者于危急的形象，因此一直是中国市场上快速止血产品领域的绝对领军品牌。然而，伴随着信息时代的来临，各类止血愈伤产品不断推陈出新，在大量同质产品广告的狂轰滥炸下，云南白药在很长一段时间内几乎销声匿迹。尤其是在1992年美国强生公司的创可贴进入中国市场后，迅速占领了国内在该产品领域的大部分市场，云南白药逐渐失去了原有的优势地位。

针对这些情况，云南白药集团自2000年起开始实施品牌重塑战略，着重打造云南白药"百年品牌"的新形象。首先，云南白药改变了"酒香不怕巷子深"的"坐商"派头，积极赞助2000年悉尼奥运会中国体育代表团，通过体育赛事的赞助增强了品牌的影响力；其次，邀请奥运会体操冠军刘璇、李小鹏作为产品的形象代言人，将"伤痛无忧，活力无

---

① 段万春. 组织行为学教学案例集［M］. 北京：高等教育出版社，2015.

限"的品牌理念表达得淋漓尽致，进一步提升了品牌的知名度；再次，在2006年德国足球世界杯期间，云南白药强势推广云南白药气雾剂产品，通过强势推广新产品，形成了品牌的拉动效应；最后，在2005年成功研制出云南白药牙膏，并以较高的品质和价格挺进高端市场，树立了高端的品牌形象。从此，云南白药通过精致的外观与使用的便利、高品质的原料与高科技的应用，实现了百年品牌与现代新产业的完美嫁接。

此外，通过对白药历史资源的梳理，云南白药找到了一条从"伤痛文化"到"关爱文化"的价值升华的脉络，将"云南白药"这个大品牌下所包含的"中药文化、关爱文化、伤痛文化"广泛传播。通过对重大历史事件的情景再现，让消费者再次感受到了云南白药的深厚历史底蕴，也由此凝结出云南白药"如果伤痛在所难免，云南白药在你身边"的品牌承诺。这一系列的品牌修复工程，使云南白药这个百年品牌重新发扬光大。

2. "大品牌下多品牌发展"战略

云南白药是中华医药的瑰宝，是国家一级中药保护品牌（种），对止血愈伤、活血散瘀、消炎去肿、排脓驱毒等具有显著疗效。经历120多年的历史积淀，云南白药凭借独特的疗效不乏消费者。但是，单靠云南白药的老面孔，显然不足以吸引年轻一代的消费者，它必须更加青春时尚、年轻而富有活力。因此，云南白药集团根据产品的特性、市场拓展的要求，在"传承文化、超越自我、济世为民"的企业理念指导下，积极实施云南白药"大品牌（企业品牌）下多品牌（产品品牌）发展"战略，让"云南白药"这个经过百年积淀的老字号品牌，通过云南白药气雾剂、云南白药创可贴、云南白药牙膏等产品的创新，重新焕发出活力。

同时，云南白药集团通过各产品品牌（子品牌）的延伸，极大地丰富了"云南白药"这个大品牌的内涵，对云南白药神奇配方的功效进行了全方位的诠释，成就云南白药集团的跨界创新。例如，在特色天然药物领域使用"云丰"品牌；在健康、养生领域使用"千草堂"品牌；在日化领域使用"金口健""养元青"品牌；在医用敷料、急救包领域使用"泰邦"品牌；在妇科用药领域使用"天紫红"品牌；在儿童用药领域使用"童俏俏"品牌。每一个品牌（子品牌）逐步向纵深发展，其产品销售连年持续上升，使云南白药品牌走出了伤科品牌这一单一领域，并增加了子品牌和大品牌的价值积累。

云南白药集团通过实施"大品牌下多品牌发展"战略，一方面强化了核心品牌的价值定位，牢牢抓住了消费者的心理和情感；另一方面降低了单一品牌所带来的风险，避免了云南白药产品品牌滥用对核心品牌价值的稀释。截至2023年年底，云南白药集团共有"云南白药""云丰""宝相花""宫血宁""云健""七花""昆莲""金品""云南白药YUNNANBAIYAO""金口健""养元青""童俏俏""千草堂"13件商标被认定为"云南省著名商标"。这就使云南白药集团实施"大品牌下多品牌发展"战略有了强有力的支撑，极大地提升了云南白药品牌价值，为公司后续经营发展打下坚实基础。至此，云南白药这个百年品牌不再是"养在深闺人未识"，而是走进更多消费者的生活中，在传统中药与现代生活的完美结合中，走出了一条跨边界创新振兴民族中医药的华美之路。

3. "稳中心，突两翼" 战略

作为中国传统中草药的代表性品牌之一，云南白药是中华民族传统医药瑰宝中的金字招牌，始终因其止血愈伤、化腐生肌的神奇疗效而广受赞誉。

借助于深厚的品牌文化底蕴和中草药资源与技术，云南白药集团开始跳出传统中药的经营模式，朝着"研透药效""做透产业""做强品牌的核心竞争力"的方向迈进。2005年，云南白药集团制定了"稳中央，突两翼"品牌发展战略。其中"稳中央"是以白药专业治疗药物为中心和主体，包括云南白药散剂、云南白药胶囊、云南白药气雾剂和宫血宁四大产品；"突两翼"是进军健康产品领域和拓展透皮产品业务，代表产品包括云南白药膏和云南白药创可贴等。在对中央核心产品的开发上，为了更好地满足消费者对用药便利性的需求，公司通过融汇最新的制药技术，改变了原来单一的散剂产品形态，在百年云南白药散剂的基础上，先后开发了胶囊剂、酊剂、膏剂、气雾剂等五大剂型，极大地稳固了中央产品的白药之"根"，增强了企业核心业务的竞争力。在对"两翼"产品的开发上，云南白药集团根据消费者的需要和市场的需求，果断选择与健康产业、日化产业、药妆产业进行嫁接，将创可贴、牙膏以及药妆等产品作为"两翼"的主要突破口，成功实现了老字号品牌的年轻化跨越，进入了一个更为广阔的中医药蓝海市场。

此外，在成功推出日化品牌的基础上，药妆市场逐渐成为云南白药瞄准的目标。养元青洗发水、千草堂沐浴素、瑶浴系列洗护品、采之汲面膜等一系列药妆产品的成功推出，不仅使云南白药的产品链越拉越长，跨界之路越走越宽，而且在整体上实现较强的产品销售协同效应，进一步突破了只围绕"云南白药"进行产品开发的市场空间。目前，云南白药集团主要以云南白药系列、三七系列和云南民族特色药品系列为主，日化、养生、保健等产品为辅，产品畅销国内市场及东南亚一带，并已进入日本、欧美等发达国家和地区的市场。这期间，云南白药注重自有知识产权的保护与应用，把"白药"与国际顶尖医用材料和技术结合，在市场上不断与强生、联合利华、宝洁等跨国"大鳄"进行交锋，树起了我国中医药民族品牌的一面旗帜。

"稳中央，突两翼"的品牌发展战略的成功实施，不仅为云南白药集团的未来发展勾画出了清晰的产品和业务拓展脉络，也使云南白药的产品结构由"一枝独秀"转变为"多点支撑"，保证了整个企业产品群和价值链的基本支撑点，企业整体经营格局得到了本质的改变，市场抗风险能力也大大增强。同时，技术创新驱动着企业的市场开发和拓展，并赋予了云南白药品牌新的内涵，帮助企业冲出了发展的瓶颈，使云南白药进入了更为广阔的中药产业大市场。

4. "新白药，大健康" 战略

发展大健康目前已成为我国医药产业打破发展桎梏，开拓市场疆界的主流趋势。为了更好地延续传承云南白药这个百年老字号，云南白药集团积极顺应健康产业的发展潮流，在2011年提出了"新白药，大健康"的战略，将云南白药的品牌发展战略从产品层面上升到了产业层面，从"医药产品为主，健康产品为辅"的产业模式转型为"医药"与"健康"并重的模式，正在大健康领域逐步形成新的品牌族群。

246

云南白药集团在坚持以伤科圣药为根基的同时，积极探索创新模式，不断拓展"新白药，大健康"战略内涵，依托现有核心业务板块，通过内生式增长强化白药为主的产品延伸，辅以特色药品市场开发，彻底打破白药牙膏一枝独秀的局面，促进健康板块千草堂系列、养元青洗发护发系列、采之汲面膜系列等产品的"并举发展"与"百花齐放"。同时，云南白药集团还贯彻和落实国家产业转型升级的宏观政策要求，在产业的上下游通过对外合作、兼并收购等外延式发展道路，借助外围研发创新能力较强的科研院所以及先进的现代新兴生物技术，从养生会所、健康管理及服务、休闲度假、茶产业整合发展、高端特色专科诊疗、健康产品（保健品、保健食品、日化产品）制造等方面谋划完成云南白药大健康产业布局。

三、云南白药品牌之梦

云南白药品牌发展的根基是"药"，云南白药品牌发展战略顺应时代步伐，以政策和市场为导向，围绕"药"这个根本进行白药产业链的不断延伸，为公司突破发展空间和践行品牌战略起到了积极的促进推动作用。无论是过去、现在还是未来，云南白药集团都紧密围绕"药"这个核心不断做大做强，"药"是白药人的基因，也是白药人的传承，更是云南白药安身立命的基石。

目前，不甘止步的云南白药集团正在积极践行"成为领先的医药健康综合解决方案提供商"愿景，努力将云南白药打造成中华传统医药与世界领先科技完美结合之典范。在继承与创新中，独特而卓然的企业文化为云南白药提供了源源不断的发展内生力，并在此基础上孕育出了白药最为自豪的品牌发展战略，使白药集团在激烈的市场竞争中乘风破浪，勇立潮头。未来的云南白药集团，有望通过"新白药，大健康"战略的实施，进一步拓宽发展领域，加快发展速度，让传统中药更深地融入现代生活，成为既具有中医药文化内涵，又包含现代生活理念，同时兼容人类最新医药科技成就，受到社会尊重的优秀医药健康企业。云南白药集团品牌发展战略的经验和探索历程也值得我们持续关注和研究，因为它为我国医药行业提供了一个"现代颠覆传统，传统启迪未来"的创新蓝本。

【思考题】

1. 通过本案例的学习，请归纳近年来云南白药集团发展变革经历了哪几个阶段，并总结每个阶段对本组织发展的重要意义。

2. 云南白药集团是如何对组织结构进行调整以适应品牌多样化战略的？

3. 中华老字号是在我国工商业历史发展过程中孕育出的自主品牌，只有持续不断的创新才能使品牌焕发生机和永葆活力。简要分析云南白药集团是如何实现组织创新的，其组织发展创新经验对其他中华老字号组织有什么启示作用。

4. 云南白药集团如何在新时代更好地发展品牌优势，结合发展新质生产力要求，分析云南白药下一步的品牌创新之路。

第九章 组织文化

【学习目标】

1. 理解组织文化的定义
2. 了解组织文化的作用
3. 理解组织文化建设
4. 了解组织文化特质

导入案例

贯穿 Zappos 的组织文化

美国 Zappos 是一家因为组织文化，让亚马逊创始人贝索斯赞叹不绝的公司。他们用了一年的时间去总结自身的组织文化，包括拥抱并驱动变革、积极进取和不断学习、创造欢乐及一点搞怪、谦虚等。福布斯认为，Zappos 的核心价值观是"创造乐趣以及一点点不可思议""建立积极的团队以及家庭精神"，正是在这样的氛围里，员工们快乐地投入工作中，并不断地创新。Zappos 的成功秘诀到底有哪些呢？

1. CEO 以身作则

Zappos 首席执行官谢家华，身家 4.85 亿美元，却卖掉自己的豪宅，住进拖车。作为新一代的富豪，他却视金钱如浮云，努力回报社会，不仅将公司总部搬到赌城拉斯维加斯的旧城区，还投资 3.5 亿美元改造拉斯维加斯的旧城区，希望改变曾经遍地是小偷和流浪汉的赌城旧城区的风貌。他号召艺术家、餐饮业者和投资人搬到旧城区，为那里带来了很多咖啡店、服饰店及固定的文化表演活动。他还将拉斯维加斯的一个拖车公园改造成住宅，自己也买了一辆拖车居住，同时把大部分个人财富投资给社会。要树立组织文化，领导阶层起到关键性作用。

2. 让员工充分展现个性

这是一个让员工充分展现个性的公司。公司 1 600 名员工大都是 X（原 Twitter）的用户，朋友和客户都可以通过 X 了解他们：几个搞怪的员工剃光了头，只留头顶一片头发，理成 Zappos 的 logo；桌上有零食、玩具，墙板被生活照铺满。在 YouTube 上可以看到 Zappos 肯塔基仓库的视频，传送带上的鞋盒、仓库的电子眼、迷宫一样的传送通道就像"在线工业旅游"。这些网上的内容只是 Zappos 的员工在分享自己的工作和生活，却意外地将 Zappos 的品牌植入了客户的头脑。员工随性所为轻松地解除了客户的销售防御心理，也许员工才是品牌宣传的最佳途径。抓住重要的，不聚焦在小事上，合理把握灰度系统。社会媒体显然比广告媒体更容易拉近客户，也是员工与客户建立信赖感的安全通道。

3. 1 000 美元鼓励员工辞职

新员工到了公司满一个星期后，就会有一个公司清退日，这一天，公司会鼓励新员工辞职，如果新员工这时选择离开，将得到 1 000 美元。这成为美国商学院的一个研究案例。人各有志，任何公司都不能保证所有的员工对公司的认同，但是显然尽早知道这一点对公司的长久发展有好处。卓越的公司必须有卓越的团队，拥有卓越的团队则必须付出代价。难以维护的客户背后是难以维护的员工，后者的成本事实上要大得多。

4. 没来得及穿的鞋

一位女士买了一双鞋送给自己的母亲，然而一个星期后，女士的母亲去世了。Zappos 的服务人员联系退货的时候了解到这个事情，没多久就送来了安慰花束，并取走退掉的鞋。小小的期望值管理，往往换来客户大大的满意，给一线人员的授权往往带来服务上的传奇故事。永远记住你的服务不是完美的，但贴心的服务有时却超越完美。

资料来源：Hsieh T. Delievering happiness：A path to profits，passion and purpose［M］. NY：Grand Central Publishing，2010.

第一节　组织文化概述

无论是从宏观还是微观角度来讲，文化因素对组织行为都具有重要的影响和巨大的意义。组织文化是组织成员在认识和行为上的共同理解，它贯穿于组织的全部活动，影响组织的全部工作，决定组织中全体成员的精神面貌和整个组织的素质、行为与竞争能力。对组织文化的研究，将有助于我们对组织成员乃至整个组织行为的理解、预见和把握。

一、组织文化的概念

组织文化是组织成员共有的价值和信念体系。这一体系在很大程度上决定了组织成员的行为方式。它代表了组织成员所持有的共同观念。正如每个人都有其独特的个性一样，一个组织也具有自己的个性，这种个性被称为"组织人格""组织气氛"或"组织文化"。相对于国家文化、民族文化、社会文化而言，组织文化是一种微观文化。任何一个社会存在的由人组成的具有特定目标和结构的集合体，都有自己的文化。政府部门有机关文化，学校有校园文化，军队有军队文化，作为生产经营主体的企业，也有其特定的企业文化。

知识链接 9-1
著名企业的组织文化

简单地说，组织文化是指决定组织行为方式的价值观或价值系统（values or value systems）。早期的公司文化（corporate culture）的研究者特伦斯·迪尔（Terrence E. Deal）和艾伦·肯尼迪（Allan A. Kennedy）在《企业文化：企业生活中的礼仪与仪式》一书中

指出，文化是"我们在这种环境中做事的方式"。他们认为，每个企业乃至组织，都有一种文化，文化对组织中的每件事都具有有力的影响。他们认为，文化决定了游戏的规则。"定义中的文化是一种无形的、隐含的、不可捉摸而又理所当然（习以为常）的东西。但每个组织都有一套核心的假设、理念和隐含的规则来规范工作环境中员工的日常行为。不管是高级管理阶层，还是一线员工，只要违反这些规则，就会受到大家的指责和严厉的惩罚。遵守这些规则是得到奖酬和向上流动的基本前提。"

埃德加·沙因把组织文化描述为"一套基本假设——一个特定组织在学会处理适应外界和整合内部的问题时，发明、发现或发展出来的假设——这些假设已被实践证明行之有效，因而被认为是正确恰当的，也因此被传授给新进成员，作为理解、思考和感觉那些难题的正确方法"。沙因并没有把组织所做的每一件事都视为其文化的一部分，他的观点更偏重心理方面。沙因的基本假设在其他地方以许多种方式重新编写和重新演绎——最近的一种是阿吉里斯的"使用中的理论"。

创造和发展企业文化的关键在于该组织所推崇的价值观。沙因承认单个人物能使这些价值观逐渐形成，并演变成为整个公司的文化——这引发了创立公司文化的关键人物，福特汽车的亨利·福特（Henry Ford）和 IBM 的托马斯·沃森（Thomas Watson）的浓厚兴趣。沙因认为，组织文化决定了组织价值观以及在此价值观下的组织行为，而且组织文化是深刻地隐含在组织深层的东西，要了解它是非常困难的。通过对组织构造、信息系统、管理系统、组织目标、典章以及组织中的传说等物质层面的分析，能够推论得到的文化信息是有限的。

可以看出，对于组织文化的概念，有些人主要强调文化的内在因素，即价值观方面的因素，如特伦斯·迪尔；而有些人的定义则比较宽泛，既包括内在价值观，又包括外在的、表象的文化，如埃德加·沙因。事实上，文化的本质是一定群体所共有的、具有相对稳定性的价值观，这种价值观可以通过一定的形式外化，形成现象文化，如习俗、语言等。综合地说，组织文化代表了一个组织内各种由员工所认同及接受的信念、期望、理想、价值观、态度、行为准则，能使员工凝聚在一起，帮助他们了解公司的政策；组织文化是组织成员的思想观念、思维方式、行为方式以及组织规范、组织生存氛围的总和，既是一种客观存在，又是对客观条件的反映。组织文化代表了组织中不成文的、可感知的部分。

我们认为，组织文化是指在组织长期发展过程中形成的，对组织的存在和发展起着巨大作用的，以价值观念为核心内容的组织精神、行为方式与组织文化网络等的集合体。组织文化对于一个企业的成长，看起来不是最直接的影响因素，但却是最持久的决定因素。组织文化理论兴起于 20 世纪 80 年代初，它是随着企业文化研究的不断深入而出现的。1985 年，美国出版了 3 本专著，即《组织文化》《赢得公司文化的控制》《组织文化与领导力》。这 3 本专著的出版，标志着人们对企业文化的研究扩展到了对组织文化的研究。在这些著作中，作者们探讨了组织文化的根本职能、组织文化的发展和形式、组织变革和与组织变革相关的文化变革过程等问题，使组织文化形成了较为完善的理论体系。

二、组织文化的作用

近年来，关于组织文化的讨论方兴未艾，越来越多的企业认识到了组织文化的效用。在 20 世纪 90 年代，组织文化对员工行为的影响作用似乎越来越重要。现代组织渐渐拓宽了控制幅度，使组织结构趋于扁平，引入了工作团队，降低了组织的制度化、形式化程度，授予员工更大的权力，这些都要求一种强有力的组织文化提供共同的价值观体系，从而保证组织中的每个人都朝同一个方向努力。一般认为，组织文化的作用是可以使组织的运作更加成熟，可以使员工更投入工作，可以为组织带来利润和效能。

我们认为，强有力的组织文化是制度化、形式化的合理替代物。制度化、形式化的规章制度是可以规范员工行为的。组织中高度的制度化、形式化可以带来可预测性、稳定性、秩序性和行为的一致性。而强有力的组织文化同样也能达到上述目的。因此，我们应该把组织文化和制度化、形式化视为达到同一目的的两种不同方式。组织文化越强，管理人员就越可以减少制定规章制度来规范员工的行为。当员工接受了组织文化时，那些规章制度就内化在他们心中了。

知识链接 9-2
亮剑精神与企业文化

组织文化在组织中具有导向、凝聚、激励、创新、约束和效率等多种功能。

1. 导向功能

组织文化的整体优势，使得组织中的个体目标与组织的整体目标相一致。它既是组织成员个体目标趋向组织目标的内在动因，又是个体目标发展的导向。

2. 凝聚功能

组织文化强调组织目标和组织成员目标的一致性，强调群体成员的信念、价值观念的共同性，强调组织对其成员的吸引力和成员对组织的向心力。因此，它对组织成员有着巨大的凝聚作用，使组织成员团结在组织内，形成一致对外的强大力量。

3. 激励功能

以组织文化为组织的精神目标和支柱，可以激励全体员工自信自强、团结进取。组织文化主张理解人、关心人、尊重人、爱护人，强调个人自由而全面的发展，强调自我管理、自我启发、自我完善；强调员工的精神需要，使员工产生被尊重感、自由感、愉快感。在这种"人人受重视，个个被尊重"的文化氛围中，每个人的贡献都会及时得到肯定、赞赏和褒奖。这样，员工时时受到鼓舞，处处感到满意，就会有很大的荣誉感和责任心，进而为获得新的、更大的成功而努力。

4. 创新功能

组织文化注重开拓适当的环境，赋予全体成员以创新动机，提高创造素质，引导创新行为，取得独特的创造成果。

5. 约束功能

组织文化通过文化优势创建出一些非正式的约定俗成的群体规范或共同的价值准则。这种群体规范或价值准则虽然没有强制执行的性质，但它在个体心理上所产生的影响，有

251

时反而比权威、命令的效力大得多，更能改变个人行为，使之与群体行为一致。因此，组织文化对组织成员的行为具有一定的"软约束"作用。

6. 效率功能

组织文化一方面试图通过增强组织成员个体活力，来提高组织整体活力，另一方面对组织内部管理体制提出新的挑战，要求以开放型的管理体制代替传统僵化的、封闭式的管理体制，以提高组织效率。开放型管理体制的特征是利用组织成员的默契合作来补充僵硬的行政协调，主张简单弹性分工，提倡人员之间的互相替代、互相合作。此外，开放型管理体制不仅提倡组织之间的竞争，而且也提倡组织内部的竞争，以此提高组织的整体效率。

同时，组织文化在组织中还具有以下作用。① 它起着分界线的功能作用，即它使不同的组织相互区别开来。② 它表达了组织成员对组织的一种认同感。③ 它使组织成员不仅仅注重自我利益，更考虑到组织利益。④ 它有助于增强社会系统的稳定性。文化是一种社会黏合剂，它通过为组织成员提供言行举止的标准，而把整个组织聚合起来。⑤ 文化作为一种意义形成和控制机制，能够引导和塑造员工的态度和行为。研究者最感兴趣的正是最后的这种可能。正如特伦斯·迪尔和艾伦·肯尼迪所指出的，组织文化决定了游戏的规则。

三、组织文化的创建与维系

（一）组织文化如何形成

组织当前的惯例、传统、做事的一般方式，在很大程度上取决于过去的实践以及这些实践的成功程度。这使我们找到了组织文化的源头：该组织的创始人。创始人突破习惯做法和思想意识的束缚，为组织应该做的事情勾画了一幅愿景，因为新建组织通常规模较小，所以他们很容易把这种愿景灌输给所有的组织成员。

组织文化的形成有三种途径。第一，创始人仅仅聘用和留住那些与自己的想法和感受一致的人员；第二，他们把自己的思维方式和感受方式灌输给员工并使其社会化；第三，创始人的行为鼓励员工认同这些信念、价值观和假设，并内化为自己的想法和感受。当组织获得成功时，创始人的人格特点会根植于组织文化之中。

韩国汽车巨头现代公司强烈的竞争意识以及纪律严明、高度权威的特色，同样可以用来描述其创始人郑周永的特点。创始人对组织文化产生显著影响的例子还有比尔·盖茨之于微软，英格瓦·坎普拉德之于宜家，赫布·凯莱赫之于美国西南航空，弗雷德·史密斯之于联邦快递以及理查德·布兰森之于维珍集团。

（二）保持组织文化的活力

组织文化一旦建立，组织就会在实践活动中为员工提供一系列类似的体验把这种文化维系下去。组织的员工甄选程序、绩效评估标准、培训和开发活动以及晋升程度可以确保组织雇佣的是符合这种文化的员工，奖励的是支持和拥护这种文化的员工，而那些质疑组织文化的员工则会受到惩罚甚至被解雇。

252

维系组织文化的具体方法不仅仅是招聘合适的人员和解聘不合适的人员。组织文化的维系也不仅仅是组织管理者的口号和形象设计，而是应该从组织文化的物质层面、制度层面和行为层面全面推行。

1. 物质层面

（1）组织故事。组织文化的许多基本信仰和价值观被表达在故事中，成了组织中传说故事的一部分。这些故事把当前的文化从老员工传到新员工，强调了文化的重要方面。我国历史上，曾经提出了许多具有强大激励作用和指导作用的精神和口号。一说"铁人精神"，我们立刻想到"铁人王进喜跳进泥浆池，用身体搅拌泥浆压井喷"；一说"雷锋精神"，我们立刻想到一个解放军战士，抱着孩子、扶着大娘行走在泥泞的路上……正是这些有着典型形象的精神，让人们联想起具体事件或人物的口号，才会具有那么大的激励作用。

（2）仪式和典礼。组织的仪式和典礼是有计划的活动或形式，有重要的文化意义。

2. 制度层面

（1）招聘、选拔、晋升和解聘的程序以及有关如何分配员工到相应的工作岗位的制度，谁将得到晋升以及晋升的理由，谁将被解雇以及解雇的理由等相关制度设定的标准，都将强化并证明组织文化的存在。这些制度被组织员工充分知晓并接受，能够更好地维系当前的组织文化。

（2）奖励和地位的定位。员工会通过组织的奖励系统地学到组织的文化，奖励和惩罚会把管理者个人和组织的价值观传达给员工。

3. 行为层面

（1）角色训练、教学和培训。组织文化的各个方面通过管理者履行他们的角色这种方式来传达给员工。此外，管理者和团队可以把重要的文化信息并入训练中。价值观对行为的规范远胜于有形的约束，组织的行为不可能全部用文字规范下来，只有靠文化的力量才能实现。比如，没有文字用于规范领导与员工谈话时要用什么样的语气等。以海尔为例，海尔在员工文化培训方面开展了丰富多彩的、形式多样的培训及文化氛围建设活动，如通过员工的"画与话"、灯谜、文艺表演、找案例等方式，用员工自己的画、话、人物、案例来诠释海尔理念，从而达成理念上的共识。

（2）关注事件和对危机的反应。组织处理事件时要系统地将关于什么是重要的和他们期望的东西强烈地传递给员工。当一个组织面临危机时，管理者和员工对危机的处理方式彰显出文化的许多内涵。危机的处理方式既能强化现有的文化，也能带来新的价值观念和准则，它们在某种程度上改变了文化。

4. 组织文化塑造的误区

组织文化的塑造需要避免以下几个误区。

（1）形式主义。文化不是裱在墙上的东西，不是漂亮的形式，文化的实用价值体现在员工的行为以及产品和服务的品质之上。如三鹿集团就是一个典型的反例。尽管其将核心价值观定位于诚信与责任，但这种形式性的文化却无法为组织带来竞争力。因此，正确的认识是，组织文化之所以可以带来竞争力并非仅是文化表述的差异，更重要的是文化在员工行为和产品品质上如何体现，这是组织文化塑造的根本。

（2）时尚主义。有些组织在塑造文化的过程中，会追逐一些时髦的观点，这些观点经常发生变化，致使组织文化变得非常不稳定，组织的文化塑造也可能半途而废。因此，组织文化的塑造应避免一味地追求时髦，避免为了变化而变化，在充满诱惑的环境中坚守对于组织核心价值观的信念。

（3）急于求成。组织文化的形成是一个持续沉淀的过程，在组织文化塑造的过程中，需要避免急于求成的心态。

（4）领导者职责混乱。常见的是，组织文化来源于领导者的个人喜好，而在组织文化的塑造过程中，第一个打破和不遵守组织文化的有时也会是领导者。在组织文化塑造过程中，领导者的正确责任是，基于组织如何在环境中取得竞争优势而非个人喜好来塑造组织文化，并在这一过程中要做第一个遵守并坚持组织文化的成员。

第二节　组织文化的类型和特点

一、早期的组织文化分类

早期的组织文化分类比较粗略，多以实用性为原则。例如，威廉·大内提出的 Z 理论认为，组织文化有三种类型：A 型文化、J 型文化和 Z 型文化。威廉·大内认为，在管理模式上存在着美国式的 A 型文化模式（American model）和日本式的 J 型文化模式（Japanese model）。美国式的 A 型文化模式表现为一种人际关系淡漠的模式，而日本式的 J 型文化模式则表现为一种人际关系融洽的、接近理想的模式。他提出：① 这两种模式各自根植于两国固有的特定条件，很难移植和彻底改造；② 虽然难以移植，但可以通过学习和借鉴，进行一些改造，吸收和消化另一种文化模式的长处；③ 根据美国当前的社会人文环境的特点，吸收糅合日本的成功经验，可以提炼出一种兼具两家之长的新型管理模式——Z 型模式（Z model）。

威廉·大内认为，这种 Z 型模式既能够满足组织内部紧密团结及更具竞争力的需要，又能够满足员工的自我利益的需要，是一种迈向未来的组织模式。这种 Z 型模式的核心是 Z 理论文化价值观。Z 型文化一般应包括：① 长期雇用、信任及亲密的人际关系；② 职工属于组织整体的信念（及团队精神）；③ 人道化的工作条件；④ 职工心情舒畅、愉快会使工作更有绩效。威廉·大内同时也认定在美国也有一些 Z 型文化模式的组织，它们是集美国式管理和日本式管理的长处于一身的成功组织。

早期的组织文化研究者特伦斯·迪尔和艾伦·肯尼迪则从组织经营活动所具有的风险程度和公司及其员工在决策成功之后获得反馈的速度这两个因素来划分组织文化，从而提出四类文化，象征着管理者在不同类型的组织文化中发挥不同的作用。这四类文化包括：赌徒型文化，硬汉型文化，过程型文化，苦干型文化，见表 9-1。

表 9-1　迪尔和肯尼迪提出的四类组织文化

赌徒型文化 特点：高风险，反馈慢；仔细权衡、周密策划、深思熟虑、有远大志向 适合的行业：石油、航空	硬汉型文化 特点：高风险，反馈快；坚强、乐观、进取心强 适合的行业：房地产、批发、餐饮
过程型文化 特点：低风险，反馈慢；注意过程和细节、遵纪守时、谨慎 适合的行业：银行、保险、公共事业	苦干型文化 特点：低风险，反馈快；服务周到 适合的行业：销售、软件、餐饮

埃德加·沙因认为，组织文化方面的工作者首先应明确三种管理文化，这些文化被他称为"21世纪组织学习的关键"。这三种文化是：① 工作者文化——一种经营成功基础上的内部文化；② 工程师文化——由掌握组织技术核心的设计师和技术专家创造的文化；③ 管理者文化——由高级管理部门、管理者及其直接下属形成的文化。

沙因发现这三种文化很少能和平共处，认为多数组织中都存在三种不同的主要管理文化，它们之间没有很好地、真正地相互理解，而且它们经常在与彼此目标相反的情况下工作。工作者文化通常占主导地位，但近年来可以看到在企业缩减编制时管理者文化的关键作用和在企业流程再造中工程师文化的超越性表现。

在沙因的三种文化之中存在着一句更能引起争论的潜台词。"公司最高层操心的是经济方面的事而不是他们是否对员工足够关心，并且我开始思考管理者这样做是一种注重实际的表现。他们的工作通常不带有任何感情因素，而把员工视为与个人感情无关的资源。人们在成为管理者时首先注意的是生存和金钱。他们对资本市场、股东等事物负责，经济危机总能吸引他们的注意力。"他说，"工程师也把数字公式变成可执行的东西。也许我们应该让工程师把本职工作做得更好而不要过于人性化。我们从未能用一种有效的方法了解到管理者或工程师的思想。我们应试着去了解帮助他们把事情做得更好的方法。"这在沙因看来是一个对企业生命事实的简单声明，而不是玩世不恭的规定。

成功与三种文化达成一致的程度有关。这是一个不稳定的平衡，极易受到干扰。为解决三种文化之间的分歧，沙因主张：① 严格地采用整体文化构想；② 认识到我们过去的旧假设已经不再起作用；③ 学习如何与交叉文化进行对话。公司需要把更多的注意力放在了解工程师和管理者的文化上。沙因提供了一个例子："美国壳牌石油公司首席执行官着手创建一个被我称为学习组织的机构，为了达成这一目标就要先处理棘手的问题，然后是容易的问题。他希望在组织的各个角落里能体现出价值的增加，所以他教给管理者如何运用经济观念来增加价值。一旦他们了解了经济学，他就开始处理容易做的那部分事了。"

美国埃默里大学的杰弗里·桑南菲尔德（J. A. Sonnenfeld）提出了一套标签理论，它有助于我们认识组织文化之间的差异，认识人与文化合理匹配的重要性。通过对组织的研究，他确认了如表9-2所示的四种文化类型：学院型文化、俱乐部型文化、棒球队型文化、堡垒型文化。

表 9-2　组织文化的类型

		组织的开放程度	
		低	高
竞争的激烈程度	高	学院型文化 如 IBM 公司、惠普公司	棒球队型文化 如咨询公司、公共关系公司
	低	俱乐部型文化 如政府机构、公益事业单位	堡垒型文化 如大型零售店、航空公司

（1）学院型文化的公司是为那些想全面掌握每一种新工作的人准备的地方。在这里他们能不断地成长、进步。这种公司喜欢雇用年轻的大学毕业生，公司为他们提供大量的专门培训，然后指导他们在特定的职能领域内从事各种专业化工作，如 IBM 公司、惠普公司等。

（2）俱乐部型文化的公司非常重视适应、忠诚感和承诺。在俱乐部型公司中，资历是关键因素，年龄和经验都至关重要。与学院型文化的公司相反，这种公司把管理人员培养成通才，如政府机构、公益事业单位等。

（3）棒球队型文化的公司是冒险家和革新家的天堂。棒球队型文化的公司重视创造发明，这种公司从符合年龄和经验要求的人中寻求有才能的人。公司根据员工产出状况付给他们报酬。由于它们对工作出色的员工予以巨额奖酬和较大的自由度，员工一般都拼命工作。在会计、法律、投资银行、咨询公司、公共关系公司、广告机构、软件开发、生物研究领域，这种组织比较普遍。

（4）堡垒型文化的公司则着眼于公司的生存，这种文化视生存为第一要务，如旅游公司、出版社等。许多这类公司以前是学院型、俱乐部型或棒球队型的，但在困难时期衰落了，现在尽力来保存自己尚未被销蚀的财产。这类公司工作安全保障不足，但对于喜欢流动性挑战的人来说，这里是令人兴奋的工作场所。堡垒型组织包括大型零售店、航空公司、林业产品公司、天然气探测公司等。

研究发现，许多组织不能纯粹明晰地归类于以上四种文化类型中的某一种，因为它们拥有混合型的组织文化，或者因为它们正处于转型之中。当然，不同文化类型的公司能够吸引不同个性的人。员工个性与组织文化的匹配程度影响一个人在管理层级上升迁的高度和难度。例如，冒险家在棒球队型组织中会很活跃，但在学院型组织中就无所作为了。

早期的组织文化分类虽然简单明了，但缺乏严谨的理论依据，而且流于主观，无法客观地度量和判断特定的文化。为了解决这些问题，组织文化的研究者尝试利用不同的方法来发展组织文化的分类，其中以丹尼逊（D. R. Denison）和梅士拉（A. K. Mishra）的分类、奎因（R. E. Quinn）等人的研究最为突出。

二、跨文化管理的测量、比较与定位的分类

几十年来，不同文化环境中管理方式的比较研究取得了长足的进展，为企业进行跨文化管理提供了理论依据，如荷兰国际管理学家、心理学家吉尔特·霍夫斯泰德（Geert Hofstede）的思维组织文化模式论，冯斯·琼潘纳斯（Fons Trompenaars）和查尔斯·汉普登-特纳（Charles Hampden-Turner）的七层次组织文化理论等。近年来，对我国组织文化的研究也受到海内外学者的重视，出现了不少有价值的研究成果。

（一）吉尔特·霍夫斯泰德的思维组织文化

吉尔特·霍夫斯泰德的思维组织文化测量方式，是广为接受的文化测量方法。霍夫斯泰德在对大量调查数据统计分析的基础上，总结出权力距离、风险规避、个人主义倾向和对抗性四个文化维度，用来测量组织群体（在他的研究中主要是国家而非企业组织）的文化特征。权力距离指下属人员（或两者）感受到的上级和下级之间的权力或影响力的大小。霍夫斯泰德认为，组织中上下级之间应保持多大的权力距离，是由社会文化决定的。风险规避指人们对未来不确定性（风险）的忍受程度。霍夫斯泰德认为，现代组织面临着各种各样的不确定性，而组织面对不确定性的态度在很大程度上受组织所处社会的文化影响。个人主义倾向则用来测量个人受集体影响的程度，个人主义倾向高意味着个人在行为和态度上更多地依赖自我，个人独立性较强。对抗性测量的是人与人之间的和谐程度。霍夫斯泰德的创新研究成了后来学者研究的规范，许多学者从不同的层面拓展了他的研究，并验证了其研究的有效性，其中最有代表性的是霍普（Hoppe）对来自商业、政府机关、学术界和非营利机构的 1 544 名资历较深的行政管理人员的调查。霍夫斯泰德在后来的研究中把长期导向增加到文化维度中，形成霍夫斯泰德的文化五维度。霍夫斯泰德的研究主要集中在价值观方面，他通过对比相同组织中的不同点来确定文化特性。

（二）冯斯·琼潘纳斯和汉姆登·特纳的七层次组织文化理论

同霍夫斯泰德一样，荷兰管理学家、心理学家琼潘纳斯和剑桥大学特纳也集中研究了组织的价值观。不同的是，他们以七组两难选择的方式来概括管理文化特性，这七组两难的选择分别是：平等与等级、个人主义与集体主义、按时间顺序与仅注意某一时期、功利主义与忠诚、普遍性与特殊性、成就与归属、内在与外在取向。在研究中，他们主要采用问卷调查的方式，通过调查，迫使研究对象对这七个两难选择的问题"表态"，从而总结出其所在群体的文化模式。

在这项始于 1993 年的研究中，琼潘纳斯和特纳对包括 46 个国家在内的一万多名组织雇员进行了问卷调查。与霍夫斯泰德不同的是，他们采取简单抽样的形式确定参与者，而较少对样本进行控制，并且其调查的国家也扩展到了霍夫斯泰德未涉及的东欧地区和苏联。琼潘纳斯从七组两难选择的问题中经过分析提取出两组层面，作为划分不同文化类别的主要依据，它们是功利主义、忠诚和平等主义、保守主义。前者根据各个国家样本在群体稳定性和持续性等项目上的得分分类，后者按被调查者对遵守一般的规章制度和法律的赞成程度来划分。根据这两个层面，琼潘纳斯划分出四种不同的国家类型。这两个层面的

划分或多或少地与霍夫斯泰德的权力距离和个人主义倾向两个维度相关联。

（三）霍尔（Hall）的高相互联系/低相互联系文化框架

霍尔的高相互联系/低相互联系文化框架主要是从人们之间的信息沟通方式来描述文化特质，其衡量文化用的是高相互联系和低相互联系两个维度。在霍尔的定义中，高相互联系文化指人们之间相互联系紧密，社会上存在比较规范的等级体系，个人自控力较强，不轻易流露自己的情感，内涵丰富的信息通过简单的表述在成员内高度共享。这样的社会重视整体价值而不强调个人价值，人们之间的信息是公开的而非私人的。这样的国家如中国、韩国、日本。相反，在低相互联系文化中，人们强调个性、自主性和平等性。这样的国家如瑞典、挪威等。金（Kim）、潘（Pan）和帕克（Park）运用社会导向、承诺、责任、对抗性、沟通方式和对待新事物的态度六组指标对霍尔的高相互联系/低相互联系理论进行了经验论证，他们的调查样本包括来自中国、韩国和美国的参与者。从他们的研究结果看，虽然数据并不具有绝对意义，但足以说明各国文化的差异。美国在各方面的综合得分相对于两个东方国家明显要低，说明相对于东方文化而言，西方文化更信奉低相互联系，倾向于个人主导。而有意思的是，在两个东方国家中，韩国的得分要比中国高。这表明韩国比中国更倾向于社会主导。

（四）其他相关的比较方法

莱瑟姆（Lethem）和纽保尔（Neubauer）运用哲学流派来划分不同的文化。他们认为，在知识经济时代，重要的是能够增长知识的想法、概念，如对一个民族有深刻影响的哲学思想。他们把欧洲国家分为四大哲学流派，即实用主义、理性主义、完整主义和人文主义，并试图分析不同哲学思想对管理的影响。

宝贡敏结合了东西方文化的特性，提出了东西方文化比较的七维度测量框架，这七维度测量框架是：竞争导向，合作导向，风险态度，自然力、社会力与精神力的强调取向，理性逻辑倾向与情感倾向，机械化与军事化倾向，时间倾向。

（五）丹尼逊和梅士拉的分类

丹尼逊和梅士拉非常注重组织管理中的战略和外部环境这两大要素。他们从一些企业的个案开始，找出了四种不同的组织文化的特性。丹尼逊和梅士拉认为，战略和外部环境对公司文化有着重要影响。公司文化应包含组织在其环境中有效率运转所必需的因素。例如，如果外部环境要求灵活性和反应能力，组织文化就应当鼓励适应性。文化价值观和信念、组织战略和商业环境之间的恰当关系会提高组织的绩效。

丹尼逊和梅士拉利用了布莱克（Blake）和穆顿（Mouton）的管理方格图（managerial grid），从两个不同的方向划分出四种不同的文化特性。他们在对文化和效能进行研究后认为，战略、环境、文化间的配置与文化的四种类别相关联，如表9-3所示。这些类别基于两个因素：一是竞争性环境所需要的转变与弹性（灵活性）或稳定与指导（稳定性），即转变与稳定的对比；二是战略的重心和强度侧重于外部导向（外部程度）或是内部一体化（内部程度），即外部适应与内部一体化的对比。存在着这些区别的四种文化是适应性文化、使命性文化、投入性文化和持续性文化（又称均匀性文化）。

表 9-3　四种不同的组织文化特性

项　　目	转变与弹性	稳定与指导
外部导向	适应性文化	使命性文化
内部一体化	投入性文化	持续性文化（均匀性文化）

资料来源：Denison D R，Mishra A K. Toward a Theory of Organizational Culture and Effectiveness ［J］. Organization Science，1995，6（2）：204-223.

（六）奎因等人的竞争价值结构

奎因和他的同事们提出应用竞争价值结构（competing values framework）来分析组织文化。竞争价值结构原本是用来分析组织效能的，经过奎因及其同事的改造，已被广泛地应用在组织文化的研究上，而且学者也建立起了一套量表来应用此结构，其信度和效度也已被接受。

知识链接 9-3
四种不同的组织文化特性

竞争价值结构强调组织内不同的价值观，如平稳和转变之间（control versus flexibility）的矛盾、外在环境与内部组织之间（internal versus external focus）的矛盾，这些基本的价值冲突和张力可以用来解释一个组织内不同的着重点，从而考虑该组织领导人的风格、凝聚力、战略导向以及组织整体的特性，在这些基本价值取向上便可以看到组织文化的重点。事实上，关于外在环境与内部组织之间的矛盾这一基本的价值冲突来源于沙因的研究成果，沙因的外部环境适应与内部组织一体化是奎因及其同事提出的组织内不同的价值观矛盾的来源。

奎因的组织文化可以分为团体文化（group culture）、发展文化（developmental culture）、理性文化（rational culture）和层次文化（hierarchical culture），具体如图 9-1 所示。

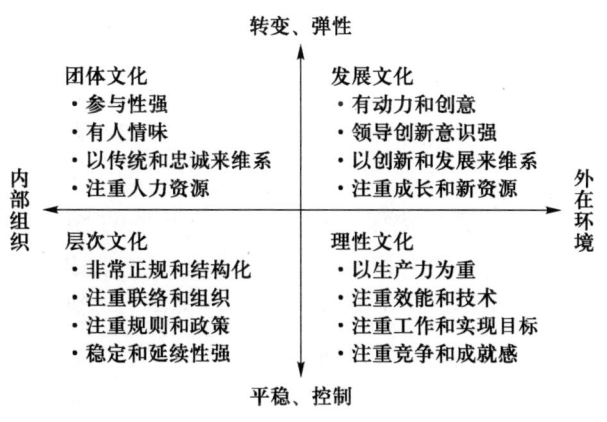

图 9-1　竞争价值结构

从图 9-1 中可以看出，团体文化注重组织内部一体化，但强调转变和弹性，以人力资源为主要的战略重点。这种文化的基本价值观主要围绕归属感、信任和参与等，因此注重发展人的潜能和争取员工的投入。发展文化强调转变和弹性，但注重适应外在环境。因此，成长、新资源和创新等为其特色。理性文化比较注重平稳成长，以生产力、业绩和实现目标为主要的战略重点。组织偏重于实现目标，以适应外在环境的需要，组织领导人因此会注重工作、效率和实现目标。层次文化注重组织的稳定性，因此，极其依赖规则和政策，领导人比较保守，多以技术和控制来管理这类组织。

需要强调的是，这四种组织文化虽然分布于两个不同的对比之中，但很少有企业组织是单独属于某一特定文化的，组织通常都有多重焦点，只有其中的一种比较突出。例如，一些社会服务机构比较注重团体文化，但也有层次文化和理性文化的影子。同时，一个正常的企业组织更不应该只有一种文化，否则很容易陷入极端，这正是此竞争价值结构所要反映的，一个组织内有不同的力量互相牵引着，因此，均衡是极为重要的。

三、组织文化的特点

大系统既包含社会文化、民族文化等主系统，也包含社区文化、组织文化等属于亚文化层次的子系统。由于文化的层次不同，其所具有的功能、所担负的任务、所要达到的目的也不同。组织文化作为一种子系统文化，其特性主要包括以下几个方面。

（一）主体性

由于组织文化是组织内全体员工共有的文化，组织文化一改传统组织管理把人当作一种消极被动的客体的思想，而是把人当作组织管理中积极主动的主体，通过组织员工共同拥有的价值观念进行内在的控制，使之按照共同价值标准监督和调整自己的日常行为。因此，组织文化既注重主体行为的自觉性、主动性，注重群体心理的培养，千方百计地挖掘主体内在的巨大潜能，激发每一个员工的创造精神，又强调个体行为和群体行为的统一，从而构成团结协作的组织整体。

（二）民族性

每个民族都面临着不同的经济条件和社会环境，从而形成了独特的民族文化。组织文化的生长以同质的民族文化为基础，并相互影响、相互渗透，使一个特定的社会组织的组织文化呈现出民族性特征。如我国的组织文化必然带有中华民族文化的烙印。

（三）独特性

现实存在的各种规模和类型的组织，处在不同社会环境的历史文化背景之中，在各具特色的实践活动过程中，创造了各自区别于其他组织的思想意识、价值观念和行为准则，并不断实现功能上的组合。无论哪一个组织，由于其行业、规模、市场、社会文化背景、组织风格、管理方式、领导和员工素质、环境等不同，其组织文化必然充分体现组织的个性特征。

（四）时代性

组织的运作是在一定的时空条件下进行的，必然会受到当时当地政治、经济和社会文化的影响与制约。组织文化产生在特定时代的大背景下，必然是时代精神的反映。当代的组织文化渗透着现代经营管理的种种意识，如市场经济意识、竞争意识、效益和效率意识、顾客第一意识、战略管理意识、公共关系意识等。

（五）整体性

组织文化寻求在组织内部形成一种共同的目标信念、价值观念、行为准则和道德规范，将个人的目标和追求融于组织的整体目标之中，使组织成员的个体观念逐渐向整体观念过渡，在目标一致、利益一致的基础上，将组织成员紧密地结合为一个整体，自觉地协调局部利益与整体利益、目前利益和长远利益的关系，并产生巨大的向心力和凝聚力，形成一个整体的力量。

（六）综合性

组织文化的根本任务，就在于探索组织中各种管理要素的优化组合和动态平衡。因此，组织本身是一个综合性很强的群体，要使这个综合体发挥出整体优势和整体功能，仅仅停留在对组织的某个侧面、某个层次的研究是不够的。而组织文化的着眼点恰恰是组织的综合管理，它全方位地研究组织，并力图阐明组织内部各要素与各子系统之间的内在联系。组织文化的任何一个要素都不可能单独地存在和发挥作用，它只有与其他各要素相互联系、相互影响、相互渗透，不断实现功能上的组合并转化为员工的实际行动，才能达到激励员工的主动性和创造性、增强组织凝聚力、向心力和持久力的目的。

最新研究认为，下面七个方面的特征是组织文化的本质所在。

（1）创新与冒险，即组织在多大程度上鼓励员工创新和冒险。

（2）注重细节，即组织在多大程度上期望员工做事缜密、善于分析、注重细节。

（3）结果导向，即组织管理人员在多大程度上集中注意力于结果而不是强调实现这些结果的手段与过程。

（4）人际导向，即管理决策在多大程度上考虑到决策结果对组织成员的影响。

（5）团队导向，即组织在多大程度上以团队而不是个人工作来组织活动。

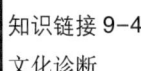
知识链接 9-4
文化诊断

（6）进取心，即员工的进取心和竞争性如何。

（7）稳定性，即组织活动重视维持现状而不是重视成长的程度。

以上每一种特点都表现为一个组织成员对组织所持的共同感情、在组织中做事的行为方式、组织成员应有的行为方式的从低到高的连续带。

第三节　组织文化建设

一、组织文化建设的影响因素

（一）组织的创始人

我们经常说组织文化，其实就是"老板文化"。一个组织在成长初期，其创始人的行为风格会直接影响组织文化的特点，部分特征将贯穿于组织的整个生命周期，特别是一些优秀的组织文化特点更加容易传承与发展。

（二）组织自身的发展

一个组织在成长过程中会呈现不同的特点，组织文化中优秀的部分一般会得以发展，而阻碍组织发展的部分会消亡，但这种"消亡"需要一定的外力推动——变革。当组织文化不适合组织发展要求的时候，就必须进行变革，这也意味着组织文化也是变革的一部分，也要随组织的不断发展而进行优化。否则，有可能影响组织运作，甚至影响组织生存。

（三）组织员工

组织员工受组织文化的影响，同时也能反作用于组织文化。例如，高层管理人员的综合素质、行为举止要与组织文化保持相对的一致性，这样才能使文化得以传播与发展；否则，组织文化会在高层管理人员的影响下慢慢发生变化，并演变成新的组织文化类型。全体员工要认可组织文化本身的精髓，文化才能发展；否则，组织文化可能发生变化，要么员工改变了文化，要么组织文化导致人员流失、运营艰难、组织倒闭。

（四）组织对文化的传播力度

组织文化得以沉淀，还有赖于组织对其进行内外部宣传，这样将使其发展壮大，被更多的人员了解，并形成鲜明的、独具特色的文化内涵，否则组织文化将缺乏一定的个性特征，对员工缺乏价值观影响，难以形成指引员工行为的内在动力。

二、组织文化建设内容

（一）制定组织文化系统的核心内容

（1）组织价值观体系的确立应结合本组织自身的性质、规模、技术特点、人员构成等因素。

（2）良好的价值观应从组织整体利益的角度来考虑问题，更好地融合全体员工的行为。

（3）一个组织的价值观应该凝聚全体员工的理想和信念，体现组织发展的方向和目标，成为鼓励员工努力工作的精神力量。

（4）组织的价值观中应包含强烈的社会责任感，使社会公众对组织产生良好的印象。

（二）进行组织文化表层的建设

组织文化表层的建设主要指组织文化的物质层和制度层的建设，从组织的硬件设施和环境因素入手，包括制定相应的规章制度、行为准则，设计公司旗帜、徽章、歌曲，打造一定的硬件设施等，为组织文化精神层的建设提供物质上的保证。

（三）组织文化核心观念的贯彻和渗透

（1）员工的选聘和教育。

（2）英雄人物的榜样作用。

（3）礼节和仪式的安排和设计。

（4）组织宣传口号的设计、传播。

三、组织文化建设步骤

（一）文化盘点

文化盘点即把组织目前现存的文化一一搞清，找出组织的文化差异。组织的文化差异包括三个层次：最深层的是具有民族特色的社会文化背景差异；中间层是具有组织特色的组织文化差异；表层的是具有个性特色的个体、文化素养的差异。

（二）组织文化设计

在摸清现实存在的组织文化之后，立即进行文化设计。即根据组织发展战略和历史传统、行业特点、服务对象等设计出文化建设的目标，包括观念层、制度层、形象层的完整的组织文化体系。

（三）文化建设实施

这是关键的环节。制造舆论，重视沟通，并进行相应的环境改造，让员工明白变革的必要性和必然性；进行制度改革创新，确立组织的规章制度和员工的行为规范；树立组织文化的模范人物，实现组织精神人格化，让员工学习、模仿；加强员工培训，开展丰富多彩的活动，让员工在培训活动中接受新观念，形成热爱学习、不断创新、尊重知识、尊重人才的新风气；加强督促检查，建立文化建设评价制度，并把考评结果与年终考核、奖金的发放、职务的升迁结合起来。

四、组织文化创建

组织文化是作为一个观念系统而存在的，因此，将组织文化形成一个统一概念，通过个性化、鲜明的视觉形象表达出来，再传导给社会更有效率、效果。

（一）组织形象识别系统

组织形象识别系统（Corporate identity System，CIS）由理念识别（MI）、行为识别（BI）、视觉识别（VI）三部分组成，其中核心是MI，它是整个CIS的最高决策层，给整个系统奠定了理论基础和行为准则，并通过BI、VI表达出来。所有的行为活动与视觉设计都是围绕着MI这个中心展开的，成功的BI与VI就是将组织富有个性的、独特的精神准确地表达出来。BI直接反映组织理念的个性和特殊性，包括对内的组织管理和教育，对外的公共关系、促销活动、资助社会性的文化活动等。VI是组织的视觉识别系统，包括基本要素（组织名称、组织标志、标准字、标准色、组织造型等）和应用要素（产品造型、办公用品、服装、招牌、交通工具等），通过具体符号的视觉传达设计，直接进入人脑，留下对组织的视觉影像。组织形象是组织自身的一项重要的无形资产，代表着组织的信誉、产品质量、人员素质等。塑造组织形象虽然不一定马上给组织带来经济效益，但能创造良好的社会效益，获得社会的认同感，最终会得到由社会效益转化来的经济效益。它是一笔重大而长远的无形资产的投资。未来的组织竞争不仅仅是产品品质、品种之战，更重要的还是组织形象之战，因此，塑造组织形象便逐渐成为有长远眼光的组织的长期战略。

组织理念识别（MI）。从理论上说，组织的经营理念是组织的灵魂，是组织哲学、组织精神的集中表现。同时，也是整个组织形象识别系统的核心和依据。组织的经营理念要反映组织存在的社会价值、组织追求的目标以及组织的经营哲学，尽可能用简明确切的、能为组织内外乐意接受的、易懂易记的语句来表达。

组织行为识别（BI）。组织行为识别的要旨是组织在内部协调和对外交往中应该有一种规范性准则。这种准则具体体现在全体员工上下一致的日常行为中。也就是说，员工们的一举一动都应该是一种组织行为，能反映出企业的经营理念和价值取向，而不是独立的、随心所欲的个人行为。行为识别需要员工们在理解组织经营理念的基础上，把它变为发自内心的自觉行动，只有这样，才能使同一理念在不同的场合、不同的层面中具体落实到管理行为、销售行为、服务行为和公共关系行为中。组织的行为识别是组织处理和协调人、事、物的动态动作系统。行为识别的贯彻，对内包括新产品开发、岗位分配以及文明礼貌规范等，对外包括市场调研及商品促销、各种服务及公关准则，与金融、上下游合作伙伴以及代理经销商的交往行为准则。

组织视觉识别（VI）。任何一个组织想进行宣传并传播给社会大众，从而塑造可视的组织形象，都需要依赖传播系统，传播的成效大小完全依赖于在传播系统模式中的符号系统的设计能否被社会大众辨认与接受，并给社会大众留下深刻的印象。符号系统中的基本要素都是传播组织形象的载体，组织通过这些载体来反映企业形象，这种符号系统可称作企业形象的符号系统。组织视觉识别系统是一个严密而完整的符号系统，它的特点在于展示清晰的"视觉力"结构，从而准确地传达独特的企业形象，通过差异性面貌的展现，达成企业认识、识别的目的。

（二）组织文化建设的基本要求

组织文化建设的基本要求如表9-4所示。

表9-4 组织文化建设的基本要求

序号	具 体 内 容
1	组织文化建设应坚持以马克思主义为指导，与社会主义精神文明相协调
2	组织文化建设要立足国情，并把传统的文化精华与最先进的时代特征紧密地结合起来
3	组织文化建设要服务于组织的宗旨和战略目标，并形成自身特色
4	组织文化建设要形成以组织精神为核心的文化体系
5	组织文化建设要有科学的程序和方法，并注重实效

（三）组织文化的强化

组织文化建设不可能一蹴而就，必须通过传播，在员工中不断得到强化。具体做法是：

（1）领导表率。组织领导是组织文化的倡导者和塑造者，更是组织文化的实施者。一方面，领导通过归纳提炼，将组织文化升华，并通过宣传鼓动，使组织文化在组织中得以推广和实施；另一方面，领导的作风、行为在组织文化建设过程中起着潜移默化、率先垂范的作用。事实说明，要使组织的价值观念和行为规范真正成为组织员工的共同观念和自觉行为，不是靠行政命令和强制性压力，而是很大程度上依赖于组织领导对员工的感染力。因此，组织领导言传身教、身体力行，是组织文化建设中最关键的环节。

（2）榜样示范。榜样是组织文化的要素之一。在塑造优秀组织文化的过程中，榜样起着引导作用、骨干作用和示范作用。组织中的榜样是组织文化的生动体现，他们为全体员工提供了角色模式，建立了行为标准。榜样往往成为一个组织文化的具体象征。在建设组织文化过程中，要特别注意发现、培养、宣传组织的榜样人物。

（3）故事熏陶。组织文化的价值观往往会反映在组织的一些"故事"或"传说"当中。在一个有着强有力的文化的组织中，"故事"或"传说"往往很多，如组织如何艰苦创业，如何在竞争中取胜，如何走出困境，如何开发新产品，如何对待组织的"功臣"等。每一个事件都会留下一串"故事"。组织经历的事件越多，组织文化就越成熟，留下的"故事"或"传说"也就越多。通过"故事""传说""比喻"或其他口头或非口头的方式，组织可以广泛地在员工中传播它的思想意识和价值观。这种方式对新加入组织的成员理解组织文化背景尤为有效。

（4）仪式强化。组织文化的生长需要各种具体的活动和一定的形式来催化。其中组织的仪式起着重要的作用。仪式是价值观的载体，使价值观外在化。如日本企业的"朝礼"，我国某些商场早晨的"迎宾仪式"，都从某个方面展示了本组织的文化。仪式是一种动态的文化，而且它有形、具体，具有很强的可操作性，便于组织运作。仪式是组织运行的兴奋点，特别是一些大型庆典仪式具有戏剧化特征，可以对组织文化起到强化作用。

（5）网络影响。美国《西方企业文化》一书的作者迪尔和肯尼迪把组织文化网络看作由消息探听者、轶事传播者、说教者、背后议论者和小集团五个方面的人所形成的"一个隐蔽的等级集团"。文化网络实际上是组织中重要的文化沟通与传播枢纽。在强文化组织中，管理者为了确切地知道人们真正在想什么，以及影响人们的日常行为的方式有哪些，所采取的高明的办法，是承认这种文化网络的存在和重要性，因势利导地管理和开发此种网络，通过文化网络不断传播和强化组织的信仰和价值观，以保持文化的生命力，并使之深深渗透到组织的各阶层、各部门和员工的内心中。

（四）组织文化创新

某种特定的文化会随着时间的推移而变得对组织不适宜并成为有效管理的绊脚石。当组织文化不再支持组织的使命时，管理者可以做些什么来改变组织的文化呢？组织文化创新是对构成组织文化诸要素包括经营理念、组织宗旨、管理制度、经营流程、仪式、语言等进行全方位系统性的弘扬、重建或重新表述，它以对传统组织文化的批判为前提，使组织文化与组织的生产力发展步伐和外部环境变化相适应。组织文化创新的前提是组织经营管理者观念的转变。因此，进行组织文化创新，组织经营管理者必须转变观念，提高素质。

首先，要对组织文化的内涵有更全面、更深层次的理解。要彻底从过去那种认为搞组织文化就是组织唱唱歌、跳跳舞、举办书法比赛等活动的思维定势中走出来，真正将组织文化的概念定位在组织经营理念、组织价值观、组织精神和组织形象上。

其次，要积极进行思想观念的转变。要从原来的自我封闭、行政命令、平均主义和粗放经营中走出来，牢固树立适应市场要求的全新的发展观念、改革观念、市场化经营观念、竞争观念、效益观念等。

再次，要认真掌握现代化的管理知识和技能，同时要积极吸收国外优秀的管理经验用于组织发展，并且在文化上要积极融入世界，为组织走国际化道路做好准备。

最后，要有强烈的创新精神，保持一种非凡的活力，双眼紧盯着国际、国内各种信息，紧盯市场需求，及时地将外界的信息重新组合，构造出新的创新决策。

第四节　多样情景下的组织文化特质

一、组织文化特质

组织文化特质就是组织文化不可分割的最小文化单元。作为组织文化的基本表征、基本构成单元，组织文化特质不仅是具体的、生动的组织文化得以区分的显性标志，更是将组织文化本身同其他集团文化、组织文化区别开来，并成为组织社会文化、组织民族文化、组织行业文化的基本显性标志。

（一）组织文化与传统农业自给自足自然经济无关

它建立在现代社会化大生产的基础上，即大规模生产和交易的基础上，这样就使其在文化特质中摒弃了组织、厂商供给的自给性、自足性和极限性，而是从经营规模、活动区域、投入收益、组织存续等方面，全面追求无限性。在严格的意义上说，组织是在大机器生产出现后，伴随着工厂的出现而产生的。自第二次科技革命、产业革命以来，由于新兴产业、现代产业的初始资本投入额不断增大，投资周期、风险不断变化，公司尤其是股份公司形式成了现代组织的主要形式（指骨干与核心组织）。相对于传统的组织形式，股份公司本身就是一种组织制度的创新。因此，可以说与传统的生产经营实体文化相比较，组织文化建立在较高的科技文化背景上，包含着制度创新因素，从而在组织文化特质中包含着对科学技术文化深深的依赖性和不断变革组织方式的制度创新性。

（二）组织文化是一种商品经济实体文化

组织在商品货币经济高度发展、价值规律充分调节的经济环境中，只能靠它所提供的产品与劳务在市场和社会检验（消费者通过货币选票、投诉、索赔，消费者协会通过受理投诉、警告，政府机关通过法律，新闻媒介通过舆论监督来执行这种职能）中所具有的优势和竞争力，来赢得组织的成长。因此，组织文化特质中包含着深深的实效性、实用性和竞争性。例如，组织文化中的新技术概念从来就不是一个纯粹的发现、单纯的思想或主意，而是技术化为产品的过程，涉及新产品资源、资金、技术、市场等的边界，以及新产品的风险度、投放市场时间和机会成本。

（三）组织文化是一种动态积累财富的实体文化

它强调在运动中存续、发展，因此在其文化特质中包含了一系列特定的文化单元、投资文化规范、核算文化规范、风险收益文化规范等。这种文化不惧怕投入，反倒主张以不断扩大的规模进行投入，但充分必要条件是相应的产出，是包括机会成本核算在内的成本、收益比的计算。这种文化也不惧风险，反而鼓励必要的冒险，但充分必要条件是有把握获益的总和机会的概率保证，是以适度损失来换取大利。

（四）组织文化特质中包含竞争、优胜劣汰

这种文化倾向无疑是社会进化论，但与此同时，组织文化特质中又因其强烈的排他性、独占性而夹杂着垄断倾向、保全社会完整性，因而这种文化又具有垄断色彩、社会保护主义意味。各种"场外交易""妥协""平均利润率"等都是其文化特性的体现。

二、组织道德

组织道德是组织文化的基石，是组织文化运作的平台。一个缺乏组织道德的组织是不可能生存下去的。组织道德作为一种意识形态，是为了适应社会的需求自然产生的，是一定环境下人们对组织提出的道德要求，反映了组织内在的价值观念和组织意识。组织道德作为组织文化的重要内容，对组织和社会有重要的作用，如有利于塑造良好的组织形象，有助于形成健康的组织气候，有利于组织的生产活动等。组织道德水平的高低直接反映着组织文化水平的高低。组织经营者的人格、组织价值观、组织精神、营销服务理念、职工行为规范等无不与组织道德的形成有紧密的关系。如很多组织都提出了"小胜靠智，大胜靠德"，说明了道德在组织中的重要性。道德是组织经营的底线，是不能被破坏的。

三、创建积极的组织文化

积极的组织文化强调利用员工优势，奖励多于惩罚，并且强调个人活力和成长。

第一，要清楚团队活动的定位。团队建设活动不能抑制员工的工作积极性，也不能挫伤团队士气。它们应该是给予团队成员分享彼此的有趣经历，让每个员工都融入集体的机会，而不应该演变为一种带有官僚气息的负担。

第二，需要充分交流。与团队的成员进行更多的交流，同时做一个很好的聆听者。团队成员之间的交流、沟通也是非常重要的。为此，应该为他们提供一个工作交流的空间。

第三，要留心公司员工之间的冲突。如果你感觉有问题，在它还没有壮大前先解决掉。即使一个潜在的矛盾都会影响员工的士气和工作效率。如果管理者与团队某个员工有矛盾，应该坐下来好好沟通，看看问题出在什么地方，倾听员工的需求，然后寻求一个两全其美的办法。

第四，欢迎有建设性的批评意见。公司欢迎员工就存在的问题挑战老板，并提出新的解决办法。企业就是要打造这样的企业文化。这样，公司的每个员工都会为了同一个目标

而一起努力。

第五，要肯定员工取得的成就（无论成就大小）。作为一个领导，要对员工做到奖罚分明。当公司业务停滞不前时，公司管理层要第一个站出来指出问题，给员工敲响警钟。但是，当公司的业务有了提升，公司管理层要立即表扬员工所取得的成绩，哪怕是很小的成果。要知道员工都是需要被认可的，当他们感受到被欣赏时，就会感受到他们在团队中的价值，这样他们会以更大的激情投入工作。

四、跨文化的组织行为

跨文化的内涵和外延正在扩大，已逐渐渗入经济、社会发展中，并随着经济全球化趋势的全面铺开而持续并广泛地受到关注。跨国公司战略联盟的跨文化风险是跨国公司在跨地域、跨民族、跨政体、跨国体的跨文化经营管理过程中，由于不同地方、不同组织、不同民族的文化差异而导致的文化冲突使联盟中的跨国公司实际收益与预期收益目标发生偏离的可能性。

文化差异演化为文化风险还需要一定的外部条件——市场竞争，文化风险是在市场竞争中体现出来的，它的产生与发生作用都离不开市场。正是在市场竞争机制下，文化差异才能转化成文化风险。国际企业需要在不同的文化环境中与其他企业，尤其是与当地企业展开各种形式的竞争，只有在市场机制的条件下，文化差异才可能对企业的经营成果和经营目标的实现带来不利的影响，这时才表现为文化风险。

跨文化风险因战略联盟国际化程度不同而不同。联盟中跨文化风险是发生在跨国公司联盟中与文化有关的特殊风险。当联盟涉足国际市场时，跨文化风险对联盟中的跨国公司经营的影响就明显体现出来。从简单的直接出口到在海外市场进行大规模投资，跨文化风险的影响随着企业跨国经营程度的不断深入而愈加重大。

跨文化风险的重要性已经为许多业界人士所认识。跨文化风险是通过具体的、特定的人而发生作用的，这里的人主要包括联盟者、雇员和顾客。此外，文化风险还表现为国际企业内部来自不同文化背景的职员之间，以及国际企业与东道国消费者之间由文化差异导致发生文化冲突的可能性。当然，合作者、雇员、顾客这三方面通常不是孤立地单独发生作用，而是相互影响。

跨文化风险与文化诱发优势并存。风险具有一种不确定性，它的可能结果包括损失和收益两种情况。跨文化风险在可能带来损失的同时，也可能基于潜在的优势带来额外的收益。

关键概念

组织文化（organizational culture）

组织社会化（organizational socialization）

组织文化维系（organizational culture maintenance）

文化差异（cultural differences）

跨文化管理（cross cultural management）

组织文化建设（organization culture construction）

组织形象识别系统（corporate identity system）

组织文化特质（organizational cultural characteristics）

组织道德（organizational morality）

复习思考题

1. 什么是组织文化？它在现代管理中的地位与作用如何？

2. 与中学相比，大学校园的学习和社交文化究竟有哪些不同？

3. 社会学家或人类学家认为美国公司的文化不过是美国整体主导文化的反映。因此，为了改变企业的组织文化，首先要做的就是改变整个社会内在的价值观和信念。你对此有何看法？

4. 如何认识文化差异？组织跨文化冲突有哪些表现？如何解决？

5. 在组织文化的发展、保持和变革中，领导扮演着怎样的角色？

6. 创建和维系组织文化的因素有哪些？

7. 什么是积极的组织文化？它如何在组织发展中发挥作用？

8. 如何理解组织文化的民族性？

9. 选取你身边熟悉的具体组织实例，分析其组织道德的内涵和作用。

管理游戏

公 司 氛 围

参与人数：集体参与（需要进行分组，5 人一组）

时间：30 分钟

场地：教室

道具：纸、笔

游戏规则与程序：

1. 将所有学员分成 5 人一组，给每个小组分发一些纸和笔，每个小组的人围成一圈坐在桌子旁。

2. 每个小组分别列出 10 个最不受欢迎和最受欢迎的氛围，如放任、泄愤、嫉妒、独裁、轻松、平等等。

3. 公布每个小组的答案，然后让他们解释选择这些答案的原因。

4. 最后大家讨论一下，什么样的公司氛围才最适合公司的发展。

相关讨论：

1. 理想的公司氛围反映了什么样的价值观？

2. 你与你的团队有意见不相同的地方吗？你们是如何解决的？彼此应该怎样进行交流？

案例分析

企业欲重组，文化需先行
——红云红河集团的企业文化融合创新①

红云红河烟草（集团）有限责任公司（简称"红云红河集团"）成立于 2008 年 11 月 8 日，是中国烟草"深化改革、推动重组、走向联合、共同发展"向更高层次和更高水平迈出的重要一步。可以说，这次云南烟草界的变革改变了中国烟草的格局，甚至影响到世界烟草版图的构成。红云红河集团的成立，不但承载着国家殷切的期望，也寄托着中国烟草打造世界级大企业的梦想。然而，重组之后的红云红河集团，不仅规模更加庞大、业务更加复杂，而且管理理念各不相同，员工思想也并不统一。要想发挥重组企业的集团优势，促进公司稳步发展，化解原有企业间的文化冲突，提炼一套行之有效的融合文化尤为重要。

一、发展历程

1922 年，云南墨江人庾恩锡在昆明成立亚细亚烟草公司，从上海购进美、日卷烟设备，从山东、河南购进烤烟，享誉 80 多年的"大重九"就此诞生。它以"重九起义"这一日子命名，寄托着人们的爱国热情，加上品质优异，在 20 世纪二三十年代曾红极一时。1942 年，云南纸烟厂成立，恢复"重九"生产。新中国成立后，云南烟草行业迎来新的发展，1955 年成立了"公私合营昆明纸烟厂"，1957 年并入云南纸烟厂，完成了云南烟草行业的第一场整合。此后，云南纸烟厂又更名为"昆明卷烟厂"。伴随着新中国的成长，昆明卷烟厂也在不断发展壮大。改革开放后，中国烟草改革拉开序幕。从 1995 年开始，昆明卷烟厂在提升销售、生产、技术、工艺水平的同时，加快了新产品研发步伐，并且开始积极向省外整合重组。2005 年，红云集团应运而生，成为中国烟草行业实现现代企业制度和产权制度改革的先行者。2008 年 11 月 8 日，原红云烟草集团、红河烟草集团红河卷烟厂重组为红云红河集团，举世瞩目的世界第五大烟草集团就此诞生。

二、前车之鉴

红云红河集团深刻地认识到，重组之后的企业不仅规模更加庞大，业务更加复杂，而且管理理念各不相同，员工思想也不统一，未来之路并非一马平川，而是充满艰难险阻。这是因为，企业间的重组必然伴随着两种或多种企业文化的冲突，而企业文化是企业的

---

① 段万春. 组织行为学教学案例集［M］. 北京：高等教育出版社，2015.

"性格"标志，是企业基本管理制度、经营理念的诞生之源，由此可见，消除文化冲突、推进不同背景的文化融合是企业成功重组的关键所在。

在国外，并购重组的成功率只有43%左右，而在那些失败的并购重组案例中，80%以上直接或间接起因于新企业文化整合失败。在我国，因文化因素导致重组失败的例子也屡见不鲜。例如，2004年10月28日，上汽以5亿美元的价格高调收购了韩国双龙48.92%的股权，但是由于不重视文化融合，并未改变两个企业的各种管理文化和行为，导致两种文化之间产生了非常严重的冲突。2009年2月6日，韩国法院宣布双龙汽车进入破产重组程序，这意味着双龙的大股东上汽集团永远失去了对双龙的控制权。在重组双龙的5年时间里，上汽投入的人民币累计达42亿元，但早已损失大半。企业重组失败的主要原因无外乎以下四个方面：对文化融合重要性认识不足；文化融合模式比较单一；文化融合的重点错位；文化融合节奏把握不当。

三、原有文化与可能冲突

无论是红云烟草集团还是红河烟草集团，在企业发展过程中都形成了各具特色的企业文化。红云烟草集团的企业文化从企业精神、企业愿景等方面予以概括；红河烟草集团的企业文化从核心价值观、企业精神等方面予以概括。红云红河集团重组前的两个企业在企业文化方面既存在共性之处，也存在差异、区别甚至冲突之处。纵观现有企业文化之间的冲突，可能存在于以下四个方面。

（1）经营理念的冲突。不同企业具有不同的经营理念，优秀企业往往着眼于长远，制定适宜的远景战略规划，而有些企业可能只注重短期利益，忽视长期发展，因此，企业重组后，可能在经营理念上不统一，从而产生冲突。

（2）价值观念的冲突。共同的价值观是企业文化的核心。企业重组时，企业文化冲突首先集中反映在员工个体不同的价值观上。具有差异性的价值观接触在一起，必然会相互摩擦、相互碰撞。每个个体都出于本能，极力维护自己长时期形成的价值观，轻视别人的价值观，使之不能形成统一的行为准则。

（3）决策管理的冲突。不同的经营思想导致企业决策机制的迥异。有的企业长期以来习惯于集体决策、集体论功过以及集权管理，有的企业则强调分层决策、独立决断和个人负责以适应市场快速多变的要求，这种决策机制的冲突在来自不同管理体制的领导层中表现得尤为突出。

（4）劳动人事的冲突。经营思想和价值观的差异会导致用人制度不同，也会成为冲突的原因。一些企业在选人用人上长期习惯于套用原有的衡量标准，片面强调政治素质、职务对等、个人历史、人际关系等，故选拔的企业管理者不一定有管理才干。而优秀企业已经打破这种用人制度，更多地强调创新素质，强调贡献、成就和企业管理能力，认为只有这些素质才是企业发展所需要的。由此形成的用人观念冲突，不仅会给企业重组后的管理本身带来矛盾，也会给员工带来巨大的心理压力和困惑。

四、融合后的企业文化

重组后的企业文化，不仅影响新企业员工的士气和精神，而且决定企业的决策行为，影响企业的运行效率，制约企业今后的发展方向。文化整合是重组企业最艰难的工作之一，因为需要改变重组各方历史的企业文化差异，需要通过实现各方企业文化交融、化解冲突，实现认同整合。红云红河集团经过认真思考、广泛调研、征求各方意见之后提出了一套新的企业文化理念。

1. 核心价值观：国家利益至上，消费者利益至上

基本释义："两个至上"是全行业的共同价值观，是行业及每一位员工奉行的价值评价标准和崇尚的基本信念。在国家烟草专卖体制下，必须把国家利益和消费者利益摆在高于一切的位置，作为一切工作的根本出发点和归宿。

"两个至上"共同价值观是国家实行烟草专卖制度的根本要求，是烟草行业践行社会主义核心价值体系的根本体现。在践行"两个至上"过程中，集团努力做到"三个始终"，牢固树立"五种意识"，以高度的政治责任感和自觉性，为国家创造价值，为消费者提供服务，为地方经济做出贡献，为社会和谐奉献力量，为员工发展提供平台。

2. 企业精神：传承、和谐、创新、超越

基本释义：传承是一种智慧，追求厚积薄发；和谐是一种责任，追求共创共享；创新是一种能力，追求持续突破；超越是一种态度，追求开拓进取。

传承是集团持续发展的基石。集团主张承前启后、扬优弃莠、与时俱进、继往开来，在传承中促进集团持续健康发展。和谐是集团持续发展的环境和条件。集团倡导相互尊重、各司其职、携手奋进、共享成果，在和谐中实现团队目标，建设美丽企业。创新是集团持续发展的不竭动力。集团要求以岗位责任为基础，改变思路、打破常规、提升能力、注重效率，在创新中实现持续进步。超越是集团持续发展的根本要求。集团坚持以谦虚态度为原则，不断反思差距、发现不足，在超越中追求更高目标、更大价值、更好业绩、更快速度、更佳状态。传承、和谐、创新、超越，是红云红河人的精神气质，是红云红河人的共同特性，集团要把传承、和谐、创新和超越贯穿于员工的思想和行为中，在传承中攻坚克难，在和谐中凝聚力量，在创新中铸就品牌，在超越中实现理想。

3. 企业使命：履行社会责任，创造恒久价值

基本释义：致力于减害降焦的研究和应用，为消费者提供优质产品，实现集团效益持续增长，回报国家和社会。

"履行社会责任，创造恒久价值"体现了红云红河实业报国和振兴民族工业的信心与决心。集团牢记"两个至上"行业共同价值观，更加注重生态文明建设，持续推进减害降焦的研究应用，积极履行社会责任，为消费者提供优质产品，为社会健康发展做出贡献。

4. 企业愿景：用每个人的成功，打造百年品牌

基本释义：坚持"以人为本"为核心的科学发展观，追求员工成才、品牌成长、集团发展的和谐统一。

诠释：集团把成就员工、打造百年品牌作为共同追求，明确了人的智慧才是企业的核心竞争力，通过把每个员工培育成态度积极、技能优秀、勇于负责的卓越员工，来实现百

年品牌和常青基业的共同理想。

5. 企业战略：由大变强，争创一流

基本释义：集中优势资源，夯实管理基础，持续创新增效，争当中国烟草工业企业排头兵，争创中式卷烟领军品牌。

集团始终坚持中式卷烟的发展方向，着力推进绿色、循环、低碳发展，注重科技、产品、营销、文化的持续创新，创造国内领先、国际知名的一流品牌，使集团竞争实力逐步提升，品牌价值与日俱增，市场份额不断扩大，真正实现由大到强的跨越式发展，并积极推进国际化发展战略，使集团早日跻身国际烟草先进行列。

6. 品牌理念：品质成就品牌，特色创造市场

基本释义：技术创新增添品牌特色，卓越制造奠定品牌基础，优秀品质培养品牌忠诚，独特文化提升品牌价值。

市场观：消费者的选择就是我们的追求。技术观：核心技术、特色品牌。质量观：用工作质量保证产品质量。经营观：协同共赢创造价值。品牌观：优质产品、优良服务、优秀文化。

7. 管理理念：以人为本，和谐管理

基本释义：注重人文关怀和心理疏导，培育自尊自信、理性平和、积极向上的良好心态，倡导爱岗敬业，促进和谐管理，确保企业高效运行、良性发展。

组织观：决策科学，运行高效。工作观：严、细、实。用人观：三让三不让。团队观：团结向上，唯旗是夺。岗位观：爱岗敬业，尽职尽责。

8. 行为理念：低调做人，高效做事

基本释义：做人要勤奋踏实、实实在在，做事要讲效率、重实效。

做人原则：低调、谦和、诚信、务实。做事原则：有目标、有行动、有成效。能力要求：勤学习、善思考、勇创新、敢担当。平衡之道：快乐工作，快乐生活。社会责任：关爱他人，报效祖国。

9. 廉政理念：知荣辱、讲廉洁、重规范、促发展

基本释义：红云红河人时刻注重党风廉政建设，崇尚廉洁，敬德修业，严格规范，注重自律，坚持"标本兼治、综合治理、惩防并举、注重预防"的方针和教育、制度、监督并重的原则，持续建立健全惩治和预防腐败体系。廉政文化建设以领导干部为重点，以廉洁理念为基础，以廉政制度为保障，以风险防控为关键，倡导廉洁从业，共建和谐企业，促进集团持续、稳定、健康发展。

领导岗位人员廉政观：秉公用权，清正清廉。管理岗位人员廉政观：规范自律，尽职尽责。其他岗位人员廉政观：遵纪守法，爱岗爱企。

五、企业文化的贯彻落实

经过融合之后提出的新的企业文化，在红云红河集团得到了贯彻落实，取得了令人振奋的成绩。

1. 品牌建设，优质产品创市场

红云红河集团拥有云烟、红河、小熊猫、红山茶、石林等多个中国卷烟"百牌号"产品，其中核心品牌云烟、红河为中国驰名商标、中国名牌产品。面对市场环境的变化和行业发展背景的调整，红云红河对自身的品牌阵线进行了重新"调校"，制定了新形势下的发展目标。在国家烟草总局"532"和"461"的行业宏观愿景之下，红云红河集团提出了"331"品牌发展规划。其中，云烟定位为高端规模效益型品牌，红河品牌定位为市场规模型品牌，"集中一切力量和资源，做精做强做大云烟，做好做稳做实红河，不断提高经济运行质量和效益"是红云红河现阶段品牌发展的首要目标。到了 2012 年，红云红河集团明确提出"28718"工作目标，即：云烟品牌规模达到 280 万箱，一类云烟规模力争达到 70 万箱，红河三类以上规模达到 120 万箱，集团实现税利增长超过 80 亿元。2013 年生产卷烟 518 万箱，实现税利 663 亿元，位列中国企业 500 强第 156 位，云南百强企业第 2 位。经过努力，红云红河集团荣获"2013 年中国自主创新百强企业""2013 年卷烟制造行业效益十佳企业""2013 年中国工业卷烟制造行业杰出贡献企业"等荣誉称号。

事实证明，红云红河集团对品牌的梳理"调校"是成功的。整合后的企业实力和行业资源让旗下主打品牌云烟、红河爆发出了强劲的增长势头，推动其在市场上攻城略地、披荆斩棘。当然，品牌的整合图强与资源的合理调配并非对边缘品牌的舍弃那么简单。它还包括对主打品牌的风格确立和形象丰满等诸多工作。例如，云烟（软紫）、云烟（win）、云烟（红印象）、红河（奔腾）、红河（运）等新品就是在这一阶段脱颖而出，对提升这两款品牌的竞争实力发挥了重要功效。

2. 热衷公益，社会责任树形象

作为一家内生性成长驱动的企业，红云红河集团早就意识到，要让社会更有价值，企业就必须勇于承担社会责任，从战略的高度定义品牌的内涵和价值，持之以恒地参与公益事业，回报社会，重新定义企业的使命。一个企业做公益并不难，但能够长期坚持做公益，而且把对社会的回报当作自己义不容辞的责任，作为战略任务投入各种资源，并不是所有的企业都能做到的。因此，在红云红河集团的发展战略规划中，公益事业不仅涵盖了捐款、助教等，而且将其延伸为兴边富民、对口帮扶、新农村建设等系统性扶贫工作。2005 年至 2021 年，红云红河集团投入巨资对口帮扶文山富宁、昭通巧家、曲靖会泽、临沧沧源和镇康五个贫困县，帮助当地修建学校、兴建饮水工程、铺路架桥等，积极参与当地的各项民生工程，改善当地落后的基础设施，再根据各县县情，因地制宜地开展扶贫项目，通过整村推进、产业扶持，圆满完成了脱贫攻坚任务。如今，集团又奋进在绘制乡村振兴美丽画卷的发展之路上。

"红云红河集团的成立与发展，离不开全省 4 000 多万父老乡亲的关心和厚爱，创造效益和回报社会是我们义不容辞的责任。"这是红云红河集团内部的共识。

【思考题】

1. 为何企业文化融合在企业并购重组中是非常重要的？

274

2. 根据本案例的描述，你认为红云红河集团在企业文化融合方面有哪些成功经验值得借鉴？

3. 红云红河集团将企业使命定义为"履行社会责任，创造恒久价值"，请分析企业积极履行社会责任对企业本身、行业发展以及社会发展的意义，并思考企业履行社会责任与实现经济效益之间的关系。

4. 请结合红云红河集团企业文化的践行情况，谈谈你如何看待企业文化对企业发展的导向作用。

第十章 群体行为

【学习目标】

1. 了解对群体的定义与分类，注意群体与团队的区分
2. 了解群体属性与行为特征
3. 掌握群体对组织和个人的影响
4. 了解社群和网络社会

导入案例

"五好战士"

任正非曾讲过一个部队里评"五好战士"的故事。他在20世纪70年代当兵的时候，部队设置了"五好战士"这一荣誉奖项。这个荣誉覆盖了超过50%的士兵，由此形成了一种场效应，后进的士兵就坐不住了，因为半数以上的人都是"五好战士"，为什么自己还不是呢？后进者会努力争取，先进的士兵被后进者推动，也会更加努力。所谓"蓬生麻中，不扶而直"。于是，优秀的士兵越来越多，一茬接着一茬，整个队伍的战斗力也就越来越强了。

资料来源：吴建国，景成芳．华为组织力［M］．北京：中信出版社，2022．

第一节 群体概述

一、群体的定义及其特征

（一）群体的定义

关于群体的定义，不同学者因所强调的重点不同而对其表述也不相同。应当讲，群体在不同状况下所表现出的动态特性是定义群体概念的关键因素。

唐·赫尔雷格尔（Don Hellriegel）等人在其《组织行为学》中指出，一个群体是由那些与他人分享目标，在很长一段时期内经常相互交际的人组成，这些人数量应该很少，以便彼此能够进行面对面的交流。并强调群体不是在某一段时间内偶然聚集在一起的几个人，它是成员之间相互作用的集合，而群体目标则是群体存在的主要原因。群体与更大的

276

系统，如一个组织中的某一部门或整个组织本身，在某些方面是有所不同的。首先，为了群体持续存在，其成员必须能够互相看得见、听得到；其次，每名成员必须参加和其他成员的一对一双向交往；最后，军事组织或其他正规组织中常见的等级差异，在群体中必须是极小的。不过这并不意味着群体成员在相互影响方面没有地位上的差异或区别。

西拉季（A. D. Szilagyi）等人提出的群体定义是：两个或更多的个人为了实现共同的工作目的和目标而形成的互相依赖和互相作用的集合体。该定义着重强调这些人具有共同的目的和目标，以及相互依赖和相互作用的特点。

美国社会心理学家霍曼斯（George C. Homans）通过对群体构成要素的分析，从另一角度揭示了组织行为学中群体的内涵。他认为，群体是由任务活动、相互作用和情感这 3 个要素构成的统一体，三者相互依赖、相互制约，缺一不可。其关系如图 10-1 所示。

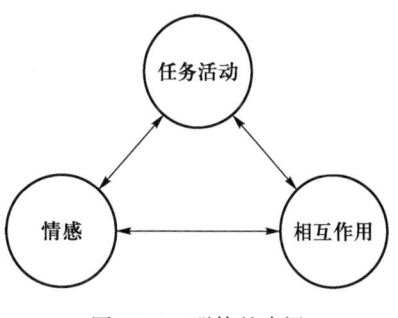

图 10-1　群体的内涵

本书倾向于这样定义群体：群体是指为了达到某种特定的共同目标，由两个或两个以上相互联系、相互影响的个体所组成的人群组合体。

（二）群体的特征

群体通常应具备以下特征。

（1）群体由两个或两个以上的人构成。

（2）群体成员一致认同某种特定的共同目标。

（3）群体成员在实现目标过程中有一定的行为关系，进而相互联系、相互影响。

（4）群体具有一定的关系结构及行为规范。

（5）群体处于开放性的社会环境中，其成员、目标、成员间相互关系以及结构和规范均具有动态的特征，并由此产生群体与群体之间的差异性特征。

应当加以说明的是，把握群体特征及提高群体行为效能在研究和管理运用中十分重要。比如，在共同目标方面，"一致认同"可能是通过群体成员自愿、服从或者强制的方式达成，这就体现出全体成员对完成目标的期望概率的不同认定，而"共同的目标"既可能是群体成员的首要目标也可能是其次要目标，致使群体成员对目标价值的认同出现差异；在行为关系方面，在围绕群体目标实现的过程中，各成员的行为内容及行为方式基于"分工协作"的原则有各不相同的表现，并形成相互沟通、相互依赖、相互制约的关系；群体关系结构显示出各成员在群体中的地位和角色差异，在相应的群体规范下，会形成某些行为被鼓励、接受，而某些行为受到限制或者约束的规则，以及群体各种心理动力的习惯性方向和强弱情况；群体动态性特征是在相对稳定的状态下受群体内外其他特征变化影响的，其结果既可能向成功（好）的方向发展，也可能向失败（坏）的方向发展。可以说，群体并不是个体成员的简单相加，而是具有特定内涵的、综合体现群体各种内外特征的复杂人群组合体。

我们认识并掌握群体特征的目的在于：有效利用并发挥群体特征优势资源，抑制其不利于目标发展的特征。例如，在群体沟通中，正式群体更侧重于规范性的指令传输；而非正式群体并不强调规范性的指令传输，更多采用适合群体成员间双向沟通的传输方式。又如，正式群体中地位较高的成员与一般成员相比，往往因其在群体活动中承担着一定的管理职权而在使用群体规范的行为内容和表现方法上有所不同。

（三）人们加入群体的原因

对组织来说，群体最主要的功能就是完成组织赋予的任务。组织为了有效达到目标，必须分工合作，将最终目标拆解为若干子目标，分配给相关的群体去完成。群体为完成组织任务，就要设立工作目标，收集资料与意见，制定工作实施方案，进行决策，开展人力协助，进行可行性研究和工作检查，以此确保整个组织的目标得以实现。人具有社会性，每个人在一定的群体中生活和工作，都有得到群体评价的欲望，都有一种对群体的依赖和归属感。

那么，人为什么会加入群体呢？罗宾斯将其原因归纳为五条，详见表 10-1。

表 10-1　人们为什么加入群体

需　　要	原　　因
安全需要	通过加入群体，个体能够减少独处时的不安全感。加入群体之后，个体会感觉自己更有力量，会减少自我怀疑，在面对威胁时更有韧性
地位需要	在一个被他人认为很重要的群体中，个体能够得到被他人承认的满足感
自尊需要	群体能使其成员感受到自身的价值。也就是说，群体成员的身份除了能够使外界认识到群体成员的地位之外，还能够使群体成员自身感受到自己存在的价值
情感需要	群体可以满足其成员的社交需要。人们往往会在群体成员的相互作用中获得满足。对许多人来说，工作中的人际关系是满足情感需要的基本途径
权力需要	权力需要是单个人无法实现的，只有在群体活动中才能实现
实现目标的需要	有时完成某种特定的目标需要多个人共同努力，需要集合众人的智慧、力量。在这种时候，主管人员就要依赖正式群体来完成目标

与群体相比，偶然聚合的人群没有共同目标和归属感，也没有结构和社会角色分化。例如，在车站等车的人群、电影院中的观众、商店里的顾客，都属于非群体性的人群集合体。当然，这种非群体的集合体也可能转化为群体。例如，面对灾难时，互不认识的人为了营救更多人这一共同目的，可能很快形成一个结构化的群体。

二、群体的分类与结构

（一）群体的分类

在分析和确认群体特征时，通常需要按照一定的特征标准原则对指定群体进行分类，突出其区别或者类似于其他群体的特征；并通过分类群体的其他基本特征及其一般规律，实现对指定群体的全面、客观的认识和了解。群体的类型比较复杂，主要有以下五种分类方法，如表 10-2 所示。

表 10-2 群 体 分 类

分 类 方 法	类 型
群体的规模	大型群体和小型群体
群体成员间相互关系的密切程度	松散群体、联合群体和集体
群体的社会影响及作用	参照群体和非参照集体
群体是否存在	假设群体和实际群体
群体的构成原则和方式	正式群体和非正式群体

1. 按照群体的规模大小分为大型群体和小型群体

群体规模大小的衡量标准是相对的，规模指标也是根据对群体特征的认识来确定的。比如可以按照群体的构成人数的多少、群体完成指定目标任务的大小、群体占用组织资源的多少等划分成大、小型群体。从群体的社会性意义来看，存在群体成员间能够面对面接触和沟通、情感交流频繁的群体，这样的群体被称为小型群体。如生产班组、兴趣小组等。大型群体则是指群体成员通过群体目标及各层次的组织机构间接联系在一起，情感交流相对较少的群体，如学校、集团公司、部队等。

组织行为学的研究重点是小型群体，它是大型群体与个体之间的中介，是组织的基本构成单位，对组织行为及个体行为都有着重要的影响。

2. 按照群体成员间相互关系的密切程度分为松散群体、联合群体和集体

（1）松散群体处于最低层次，群体成员只在时间和空间上接近，但没有共同活动的内容和目标要求。比如，同一航班的乘客、同一病房的病人等。松散群体不是组织行为学研究群体的主要对象，但在特定条件发生变化时，其群体特征可能发展变化，群体的发展水平可能得到提高，松散群体可能由低层次发展为中间层次的联合群体。比如，有着共同目的地及行程路径、来自不同地方的一群人，可能因频繁接触和交流或意外事件的发生，由松散群体发展为联合群体。

（2）联合群体处于群体发展水平的中间层次，常常由松散群体进一步发展而成。联合群体的特征是成员之间有一些共同的活动，但这种共同活动主要取决于成员的个人目的或利益，因此，群体活动的成败与个人利益有密切的关系。成员虽然能在心理上意识到"我是群体成员之一"，但其行为带有浓厚的个人感情色彩，既可以承担任务，也可以拒绝承担任务。比如，音乐爱好者协会、业余桥牌运动队等就属于此类群体。

（3）集体是群体发展的最高层次，其存在不仅对成员有意义，而且对整个社会和人类都有积极意义。它的目的与社会要求的根本利益一致，活动具有广泛的社会意义，组织极为严密，纪律也极为严格。其成员不仅有共同的目标、共同的利益和共同的活动，每个人还承担一定的责任，在明确的群体规范下相互交往，沟通极为密切，具有组织性和心理上团结一致的特点。需要注意的是，任何集体都是群体，但不是所有群体都可被称为集体。

学校与班集体、工矿企业、机关团体以及少先队、共青团等进步组织可称得上集体。

3. 按照群体的社会影响及作用分为参照群体和非参照群体

（1）参照群体又被称为标准群体或榜样群体，其标准、目标和规范可以成为人们行动的指南，成为人们要努力达到的标准，成为一个人的"内在中心"，引起人们的向往和追求。人们常常会把自己及所在群体的行为与参照群体的标准进行对照，如果不符合这些标准，就会改正自己的行为。但应当注意，一个人心目中的参照群体有时不是现实中实际存在的群体，而是来自于想象，如来自于某文艺作品中的群体形象或凭空杜撰等。虽然想象中的参照群体也会对个人的行为产生重大的影响，但心理学实验及现实情况表明，以想象中的群体作为参照群体不太利于人们个性的正常发展。

（2）非参照群体是相对于参照群体而言的，是指那些虽然存在并活动于社会上，但其标准和目标不足以成为人们行动参照物的一般性群体。通常在划分参照与非参照群体时，往往将个体所在群体作为非参照群体。值得注意的是，由于群体之间的特征存在一定的差异性，在学习和追求参照群体行为的目标、内容和方法时，照抄照搬是不可取的，应当结合自身群体的特征提出适合自身群体实际发展的目标、内容和方法。

4. 按照群体是否存在分为假设群体和实际群体

（1）假设群体是一种客观上并不存在的群体，只是为了研究或统计分析的需要而被人为"设计"划分出来的。假设群体又被称为统计群体或目标群体，常常可以按照年龄、性别、区域、职业、消费能力、信用度等特性进行二次划分。虽然假设群体在实际中并不存在，但在研究和分析某些问题时，是一种比较有效的方法。比如，在市场消费占有率的消费群体分析中，可依据目标市场占有率指标建立一个接近市场其他特征的假设消费群体，并细化群体各类分项指标及必要的调整偏差方案，通过与实际消费群体相关指标的对比分析，找到两者差异，作为企业市场行为调整的参考依据。

（2）实际群体是指客观存在的群体，群体成员之间有着直接或间接的联系，因共同的目标和活动而结合在一起，如同一班级的学生、同一车间的工人等。

5. 按照群体的构成原则和方式分为正式群体和非正式群体

（1）正式群体。正式群体是指由组织结构确定职务分配及行为、分工清晰、成员地位及角色明确、群体规范相对完善的群体。工厂的车间、班组、科室，学校的班级、教研室以及党团组织、行政组织等都是正式群体。在正式群体中，群体特征受组织的影响。群体成员在群体中的地位和角色由组织决定，群体及其成员行为的指向与组织目标保持一致并受到组织的引导和控制，群体规范与组织文化特征及管理风格相协调，后续提到的群体概念均是以正式群体为主。

（2）非正式群体。非正式群体是指建立在某种共同利益或需求基础上，没有明文规定、没有正式结构、不是由组织确定的，在工作环境中自然形成的群体。非正式群体的构成是由多方面的因素造成的，其中成员个人需求在群体中得到满足是一个重要的原因。并且由于个体需求的多样性，非正式群体特征具有复杂性。从个性需求方面来看，非正式群体的特征，不仅表现在达到一致认同的目标并在完成目标的基础上获得满足，而且表现在群体行为关系中约束和指令相对较少，成员更能按个性特征自由发挥；成员间多以自愿交往而非强制性交往的方式形成心理压力较小的沟通关系；群体中因淡化等级差别及制度化的行为模式而形成更多默认的、相对于正式群体更灵活的关系结构和群体规范；与正式群体比较，非正式群体具有较强的可塑性，可以协调相应特征以适应环境，在时间、空间上具有一定的优势。

（二）群体的结构

群体结构是指群体成员的组成成分，可以分为不同的方面，如年龄结构、知识结构、专业结构、能力结构、性格结构、信念结构等。所谓群体结构就是指群体中的成员所具有的这些结构的有机结合。

群体结构对群体人际关系和工作绩效有深远的影响，因而研究群体结构、对其进行合理化配置和管理是组织行为学的任务之一。如果群体成员搭配得当，群体结构合理，则该群体通常具有较高的凝聚力，呈现出较强的协调性，工作效率往往较高。相反，群体结构不合理往往会使群体涣散，成员之间互相扯皮，经常发生冲突，从而降低工作绩效。

三、群体的形成与发展

人们加入群体的原因是多种多样的，群体形成的过程也是多种多样的，因而群体的发展呈现出较强的动态性，具有阶段性特征。虽然各类群体都有各自不相同的特性及变化特点，但在许多重要方面也存在相似的演化模式。学者提出了许多关于群体发展的理论，其中较有代表性的是四阶段模型和五阶段模型。

（一）塔克曼的群体发展四阶段模型

塔克曼（Tuckman）在 1965 年提出，群体发展需要经历四个阶段：形成阶段、风暴阶段、正常阶段、发挥作用阶段，如图 10-2 所示。

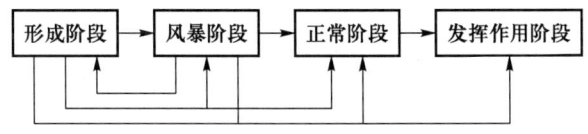

图 10-2　塔克曼的群体发展四阶段模型

群体的发展没有标准模式可言，但是塔克曼模式还是为研究群体的发展提供了一个普遍适用的可循之道。该模型是在对众多群体研究后总结出来的，是对群体发展模式及其规律较为完善的总结。虽然要明确指出群体在某个时期处于哪个发展阶段比较困难，但了解群体的发展过程是十分重要的。因为群体在不同阶段有不同的行为，各发展阶段都会对群体发展的最终结果造成影响。

（二）群体发展五阶段模型

基于塔克曼的群体发展理论，学者发展出了许多群体发展理论。目前广为认可的是群体发展五阶段模型。这五个阶段是：形成阶段、震荡阶段、规范化阶段、执行任务阶段、终止阶段，如图 10-3 所示。

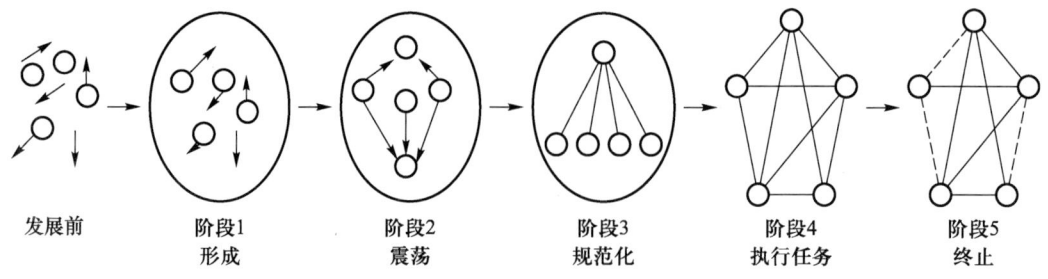

| 发展前 | 阶段1
形成 | 阶段2
震荡 | 阶段3
规范化 | 阶段4
执行任务 | 阶段5
终止 |

图 10-3　群体发展五阶段模型

在群体形成发展过程中，不同的阶段有不同的特点，具体如表 10-3 所示。

表 10-3　群体发展五阶段特点

阶段	特　点	表　现
形成	群体目标、组织结构和领导关系都不确定	群体成员努力了解和明确其所在群体的目标、各自在群体中所处位置及应负的责任
震荡	冲突和对抗	群体成员接受了群体的存在，但抵制群体加给他们的约束
规范化	配合协作	群体内部成员之间开始形成亲密的关系，群体表现出一定的凝聚力
执行任务	有相对稳定的效益	群体结构已经充分发挥作用，并被群体成员完全接受
终止	群体成员的反应差异很大，有的很乐观，有的则很悲观	群体准备解散，高绩效不再是首要任务，注意力转向群体的收尾工作

当然，并不是所有群体都会按部就班地经历上述几个发展阶段。许多因素会对群体发展过程起阻碍或促进作用。例如，假设群体中不断有成员加入和离开，那么该群体就可能一直无法执行任务。其他可能影响群体发展模式的因素包括群体所处的环境以及群体成员对任务时间及期限的注意程度。同样，群体也并不总是依次从一个阶段发展到下一个阶段。事实上，有时几个阶段会同时进行，比如震荡和执行任务阶段就可能同时出现，群体甚至可能会回归到前一个阶段。

第二节　群体行为特性

个体各有个性，但在群体中，由于受群体规范和群体中其他成员的影响，往往会表现出不同于个体单独情境下的行为特性。这种反应是群体压力下的产物，也是个体适应环境的方式。

一、群体压力

群体成员的行为常受到群体压力的影响，当一个人在群体中与多数人不一样时，会感觉到群体压力，这种压力会引发从众性（conformity）和去个性化（deindividuation）现象。

（一）从众性

社会心理学把在群体情境下个人受到群体压力影响，而在知觉、判断与行为上和群体中多数人趋于一致的倾向称为群体从众性。有时在群体压力非常大的情况下，会迫使群体的成员违背自己的意愿而产生完全相反的行为。群体压力与权威命令的作用不同，群体压力不是由上而下明文规定来强制改变个体的行为反应，没有强制执行的性质，但个体在心理上往往难以违抗，因此它改变个体行为的效果有时反而强于权威命令。

（二）去个性化

群体中还经常出现去个性化现象。去个性化是指个人在群体压力或群体意识的影响下，自我导向功能削弱或责任感丧失，进而产生一些在个人单独活动时不会出现的行为，如集体起哄、相互打闹追逐，甚至成群结伙地故意破坏公物、打架斗殴等。

值得注意的是，去个性化既可能导致反常的或消极的行为，也可能导致建设性或创造性行为，因此不能仅把去个性化当作消极的现象对待。另外，除了个体对道德责任的回避外，还有大量的因素也会影响到去个性化，如群体规模、情绪的激发水平、情境不明确时的新奇感、群体中的独特刺激（如酒精等）、参与群体活动的程度等因素。

二、群体士气

群体士气是指群体呈现出的齐心协力、高效运作的精神状态，对于群体绩效水平的高低具有非常重要的影响。

（一）群体士气的含义

群体士气体现为群体为达到群体目标所秉持的某种态度和工作精神，由群体的工作精神和成员对组织的积极态度组成。美国心理学家史密斯（G. R. Smith）认为，士气就是对某个群体或组织感到满足，乐意成为该群体的一员，并协助达成群体目标的一种态度。雷顿（A. H. Leighton）则认为，士气是一群人追求共同目标，持久地、自始至终地协同工作的群体能力。由此可见，士气不仅代表个人需求满足的状态，还意味着个体认为这种满足源于群体，因而愿意为实现群体目标而努力。同时，群体士气又是群体态度的集成，与群体凝聚力相关。一般来说，群体凝聚力高，则士气高（即群体成员对达到目标具有积极进取的态度和顽强奋斗的精神）；反之，士气则低。

心理学家克瑞奇（D. Krech）等人于1962年在《群体中的成员》一书中提出，士气高昂的群体应该具有以下7个特征。

（1）群体的团结来自内部的凝聚力，而不是外部的压力。

（2）群体成员中没有分裂为互相对立的小团体的倾向。

（3）群体本身具有适应外部变化和处理内部冲突的能力。

（4）成员间具有强烈的认同感与归属感。

（5）每个成员都明确掌握群体的共同目标。

（6）成员对群体的目标及领导者持肯定、支持的态度。

（7）成员认可群体存在的价值，并具有维护群体持续存在的意愿。

从理论上讲，一个群体如果完全符合士气高昂的 7 个特征，那么这个群体的工作效率必然会很高。

（二）群体士气与生产率的关系

群体士气与生产率紧密相关。一般来说，群体士气高，群体的行为强度就大。因此，相对于士气不高的群体，士气高昂的群体，其绩效更为显著。但群体行为包括行为方向和行为强度两方面。只有当群体行为符合现实目标和任务要求时，才能带来高绩效。因此，群体士气与生产率的关系，和凝聚力与生产率的关系类似，都取决于群体行为方向。

除此之外，大量的研究表明，士气的高低与生产率之间并非呈正比例关系，职工的士气只是提高生产率的必要条件之一，而不是充分条件。要提高生产率，除了提高士气以外，还需要具备其他许多条件，如机械设备、原材料供应、职工的素质、人员的调配等。

戴维斯（K. Davis）认为，士气和生产率的关系可能出现三种情况（如图 10-4 所示），即：① 高士气，低生产率（A 线所示）；② 高士气，高生产率（B 线所示）；③ 低士气，高生产率（C 线所示）。

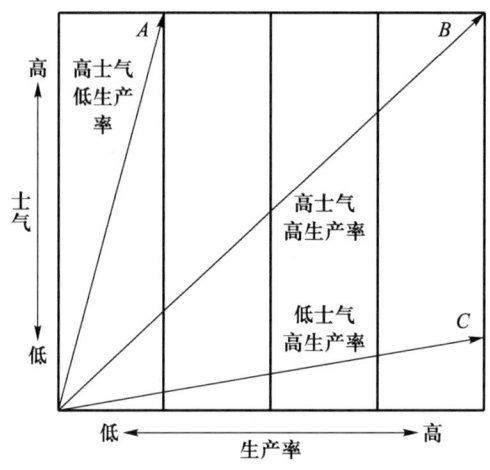

图 10-4 士气与生产率的关系

事实上，如果考虑目标一致性这一变量，士气与生产率的关系则呈现如下四种。

（1）当组织的目标与个人的需求一致时，士气高，生产率也高。

（2）当组织的目标与个人的需求无关联时，士气高，生产率却低。

（3）当组织的目标与个人的需求无关联时，士气低，生产率也低。

（4）当组织过度依赖物质和金钱刺激时，虽然士气低，也会产生较高的生产率，但是这种高生产率缺乏持续性。

（三）影响士气的因素

影响职工士气的因素很多，概括起来主要有以下几种。

（1）个人、群体、组织目标的一致性。士气是群体成员的一种群体意识，代表一种个人成败与群体成就休戚相关的心理，这种心理只有在个人目标、群体目标及组织目标协调一致时才会产生。

（2）内部的团结性。内部人际关系和谐，成员间相互理解、相互关心的群体，其成员之间有强烈的认同感、一致性和合作精神，冲突和敌对现象少，必然具有很高的群体凝聚力和高昂的群体士气。

（3）报酬合理性与需求满足公平性。金钱虽然不是人们追求的唯一目标，但是可以满足人们的许多需求。有时，它还代表个人在组织中的成就、贡献以及社会地位。报酬是否合理、能否满足成员需求是影响群体士气的重要因素。

（4）领导的风格。领导者和管理人员的品质和风格，对其下属的工作精神影响很大。近代心理学研究表明，凡是士气高昂的战斗性群体，其领导大都比较民主，乐于采纳意见，体谅下属，关心职工的疾苦。而那些官僚主义、独断专行的领导，往往引发信任危机，轻则阻碍工作，重则众叛亲离。

（5）工作的满足感。所谓工作的满足感，就是指工作本身能够令人满意。它能促使群体成员精神振奋，斗志昂扬，愿意接受工作挑战，施展个人抱负，从而使整个群体保持高昂的士气。

（6）意见沟通方式。研究表明，在群体中，如果沟通受阻，可能引起职工的不满，导致士气低落。莱维特（Theodore Levitt）通过实验指出，单向沟通的意见接受者，因无法核对意见的正确性，容易陷于情绪不安的状态之中，从而产生抗拒心理，降低士气。而采用双向沟通的办法改善沟通关系，让员工参与决策和群体讨论，则可以提高员工的工作士气。

（7）工作环境。工作环境对人的身心健康具有重大的影响，群体成员在工作时身心舒适，就会减少心理疲劳和焦虑不安。只有群体成员身体健康、心情愉快，才有可能保持较佳的精神状态，从而提升群体的士气。

三、群体的凝聚力

一个群体要取得高绩效，必须将群体成员紧密团结在一起，使群体达到关系密切、目标明确、遵守规范、沟通顺畅的良好状态。组织行为学把这种状态纳入群体凝聚力的研究范畴。群体凝聚力是维持群体存在和实现群体目标的重要条件。

群体凝聚力，又称群体内聚力，是指群体对其成员的吸引力以及群体成员之间的相互吸引力，是群体使成员参与内部活动并拒绝离开的吸引力。群体凝聚力的强弱，与群体对成员、成员与成员彼此间的吸引力大小以及成员分担群体目标的程度高低等有关。

（一）影响群体凝聚力的主要因素

1. 内部影响因素

（1）群体的领导方法。不同的群体领导，可能有各自不同的领导方法，对群体凝聚力产生不同的影响。勒温的群体气氛和工作效率的实验结果表明，采用民主型领导方法的小组，成员间更友爱，思想更活跃，群体凝聚力更强。一般来说，专制型或放任型的领导方法都不利于群体凝聚力的形成。但是，对于处于特殊情境的群体，采用专制型的领导方法往往可以通过扭转局势来增强群体凝聚力。

（2）成员的共同性。如果群体成员有共同的目标、利益、兴趣爱好，并且普遍接受群体规范，那么成员的感知结果和行为表现极易趋于一致，群体的凝聚力就较强。

（3）成员对群体的依赖性。群体越能满足成员物质及精神需要，成员就越能被群体吸引，对群体的依赖程度越高，群体凝聚力越强。这也受到群体的目标结构、规模大小、奖励方式，以及信息沟通程度等因素的影响。

（4）群体成员相处时间。群体成员相处时间的长短将会影响相互之间的凝聚力。如果相处时间比较多，他们就容易形成较为亲密的关系，增进了解和友谊，开展其他交往活动，发现共同兴趣，从而增强相互之间的吸引力。此外，群体成员之间的物理距离对相处时间也有重要影响。

（5）群体中的性别构成。有研究表明，全部为男性成员的群体，其凝聚力低于全部为女性成员或者男女混合的群体。相对合理的解释是，与男性相比，女性的竞争性较弱，而合作性较强，有助于增强女性群体和混合群体的凝聚力。

（6）进入群体的难度。获得某一个群体的成员身份越困难，这个群体的凝聚力就可能越强。因为群体成员在加入前的共同经历越艰难，他们对这一经历的印象就越深刻，进一步增强群体成员之间的相似性，为彼此之间的沟通提供更好的话题，从而在他们之间建立起良好的对话平台，所以共同的经历有助于增强凝聚力。

2. 外部影响因素

（1）群体地位。组织中不同群体所处的地位等级，对群体凝聚力的影响很大。一个群体在组织中的等级地位，直接关联到群体是否受到其他群体的挑战、威胁，以及所承担任务的艰巨性和面临的晋升机会等，从而影响群体凝聚力。如果一个群体有较高的技术业务水平，所从事的工作具有较大的挑战性且较少受到监督，则这个群体就具有较高的地位等级。在这样的群体中，成员的工作艰巨且富有挑战性，同时也存在不断晋升的机会，这些因素都有利于增强群体的凝聚力。

（2）群体规模。群体规模越大，群体内部的关系网络越复杂，群体成员之间相互作用的难度也随之增加。此外，随着群体规模的扩大，小集团在群体内部滋生的可能性也相应增大。由于小集团的目标往往与群体目标不一致，从而会导致其成员偏离群体目标，削弱群体成员坚守共同目标的能力，所以小集团的产生通常会降低群体内部的凝聚力。

（3）外部威胁。一般来说，在群体受到外部攻击的时候，群体的凝聚力往往会增强。因为此时群体与外部的矛盾激烈程度超出了群体内部的矛盾程度，群体内部成员很容易在群体领导的号召下团结起来。这也解释了为何企业管理者或国家统治者在难以应对企业或国家的内部矛盾纷争时，会引入外部矛盾来分散成员的注意力，转移矛盾焦点，以求暂时的安宁。

（4）历史上的成功。如果某个群体有非常成功的历史，它不仅容易建立起群体合作精神来团结现有的群体成员，同时对于群体外的人员也具有很强的吸引力和诱惑力。一般来说，与不成功的企业相比，成功的企业更容易得到新员工的青睐，因此能够优先挑选到优秀的人才，使群体的成功步入良性循环。

在以上因素中，群体的领导方法、成员对群体的依赖性、群体地位，以及其他外部影响因素等影响着群体对其成员的吸引力；成员的共同性、群体成员相处时间等，则影响着群体成员间的相互吸引力。

（二）凝聚力与生产率的关系

群体凝聚力与群体生产率的关系较为复杂，二者相互影响。不能简单地认为凝聚力越强，生产率就越高。一般来说，凝聚力与生产率之间的关系要受到群体目标与组织目标一致性的影响。

美国社会心理学家沙赫特（Schachter）等人针对群体凝聚力和生产率的关系展开了相关的实验。他们将凝聚力和诱导作为实验的自变量，将生产率作为因变量，选择了两个凝聚力强的实验组 A、B，两个凝聚力弱的实验组 C、D，以及一个对照组 E，同时进行制作模盘的工作。在前 16 分钟，五个组的工作效率相差无几。之后，对 A、C 两组提出"提高生产量"的要求，作为正诱导；对 B、D 两组提出"不要工作太快"的要求，作为负诱导；对 E 组不做任何要求。

由图 10-5 可知：

（1）A 组，高凝聚力，在积极诱导下，诱导效果明显，生产率明显提高。

（2）C 组，低凝聚力，在积极诱导下，诱导效果较低，生产率有所提高。

（3）E 组，由于未受诱导，生产率保持不变。

（4）D 组，低凝聚力，在消极诱导下，诱导效果较低，生产率受到一定抑制。

（5）B 组，高凝聚力，在消极诱导下，诱导效果明显，生产率明显受到抑制。

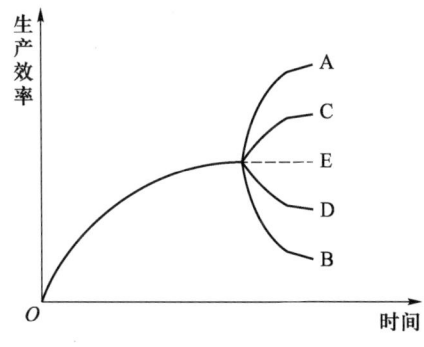

图 10-5 凝聚力与生产率的关系

这一结论说明，低凝聚力的群体较难受到引导，高凝聚力的群体则相对容易引导。对于高凝聚力的群体，如果给予正面引导，生产率将有明显提高；如果进行负面引导，生产率将会受到明显抑制。

美国管理学教授罗宾斯等人用图 10-6 说明了凝聚力与生产率之间的关系。基于群体与组织目标一致性的高低以及群体凝聚力的高低，可以得出 4 种不同的组合情况，进而对生产率产生不同的影响。如果群体与组织目标的一致性较高，且群体凝聚力也高，则易产生较高的生产率；如果群体与组织的目标高度一致，即使这时的群体凝聚力较低，也有可能出现高生产率；当群体与组织的目标不一致时，群体的态度就不会支持组织的目标，如果这时的群体凝聚力高，产生的破坏性就大，生产效率就低；如果这时的群体凝聚力低，则不会对生产率产生太大的影响。

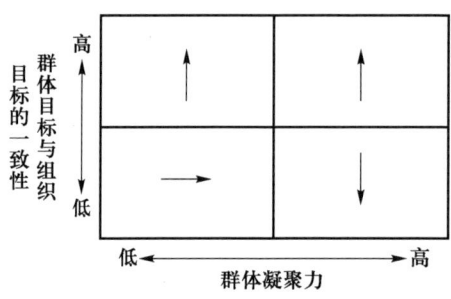

图 10-6　群体凝聚力与生产率之间的关系

此关系图将群体凝聚力和群体目标与组织目标的一致性作为影响生产率的两个变量，分析它们对生产率的影响，从而在一定程度上解释了凝聚力对生产率的作用。但是，它并未阐明目标一致性这一变量对群体凝聚力的影响。事实上，群体目标与组织目标的一致性程度，会对群体的凝聚力产生影响。例如，群体目标与组织目标的一致性大小会反作用于个人目标与群体目标一致性的大小，从而影响群体的凝聚力，这就需要进行更深入的分析和探讨。

四、群体冲突

（一）冲突的基本概念与冲突过程

1. 冲突的概念

从心理学的角度来看，冲突即两种目标互不相容和互相排斥的状态。当一个人面临两种互不相容的目标，感到左右为难时，内心会产生冲突，如不同需要之间的矛盾、动机的相互斗争、思想层面的交锋等。冲突也可能出现在同一个群体的成员之间，如在群体内部，当两个人对同一问题产生意见分歧时，冲突就会产生。另外，冲突也可能在群体之间爆发，如相关部门在组织年度预算安排上的分歧、生产企业中生产部门与销售部门在产品交货期上的矛盾等。

所谓群体冲突，是指在组织中个体与个体、个体与群体、群体与群体之间由于认识上的差异或在目标、利益上的矛盾而产生的对立过程。我们把群体冲突定义为一种过程。事实上，当某一方认为（或感觉到）另一方对自己所关心的事情已经或即将产生不利影响时，冲突过程就开始了。在组织中，冲突屡见不鲜。事实证明，冲突是一种客观存在的、不可避免的、正常的社会现象，是组织行为的固有部分。因此，我们必须了解和掌握冲突发生、发展的一般规律。

传统观点认为，冲突只有消极意义，组织中的冲突意味着意见分歧和对抗，会破坏人际关系的和谐，不利于组织中正常活动的进行，只能起到破坏作用。所以，应当采取各种措施避免冲突的发生和存在。与之不同，现代冲突调节理论提出了新的观点：一是冲突是客观存在的现实；二是冲突并非都是坏事；三是管理者要正确处理冲突，防止和制止破坏性冲突，调节和利用建设性冲突，并将冲突维持在适当的水平上。为了更好地理解冲突的内涵，表 10-4 列出了冲突的优缺点。

表 10-4　冲突的优点与缺点

冲突的优点	冲突的缺点
共同讨论冲突将使成员具备解决问题的意识及能力	竞争性的过程
可推动组织进行改变和调整	错误认知和偏见
强化彼此关系，提升士气	情绪化
有助于个人及组织保持警惕	沟通减弱
促进个人发展	模糊焦点
有助于心理成熟	僵化的承诺
可以刺激创新	扩大差异和矛盾，缩小共同点

2. 冲突的过程

斯蒂芬·罗宾斯把冲突过程划分为五个阶段，分别为潜在的对立或失调、认知与人格化、行为意向、行为、结果，如图 10-7 所示。

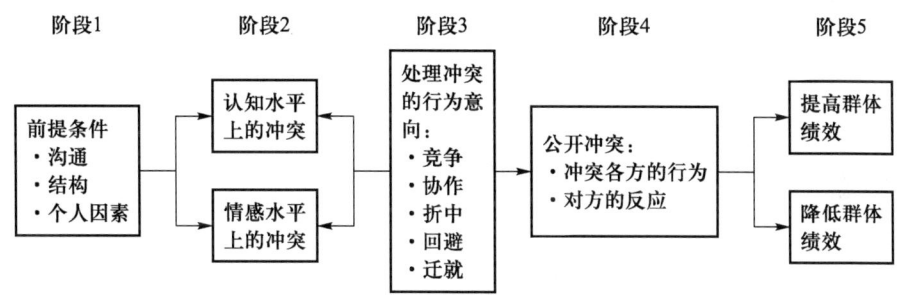

图 10-7　冲突过程

（1）潜在的对立或失调。在冲突的第一阶段，存在可能产生冲突的条件，主要包括沟通、结构和个人因素。沟通不畅、存在干扰信息的噪音，不合理的组织结构，以及个人价值观和个性特征的差异都是造成冲突的潜在原因，它们是冲突形成的必要条件，但不是充分条件。

（2）认知与人格化。如果前面提到的三个条件对某一方关心的事情产生了一定程度的消极影响，则潜在的对立或不一致在第二阶段中就会凸显出来。只有当一方或多方意识到冲突或感觉到冲突时，前面所说的条件才会真正导致冲突。

（3）行为意向。行为意向处于一个人的认知、情感和外显行为之间，指的是做出从事某种特定行为的决策。许多冲突产生且不断升级的原因在于一方对另一方进行了错误归因。此外，行为意向与行为之间也存在很多不同，因此，一个人的行为并不能准确地反映他的行为意向。

（4）行为。冲突行为表现为冲突双方公开地尝试实现各自的愿望，但这些行为往往带有刺激性，且这种刺激常常与最初的愿望无关。由于判断错误或缺乏经验，有时外显的行为会偏离原本的意图。

（5）结果。冲突双方的行为与反应相互作用，最终产生了相应的结果，这些结果可能具有积极作用，即提高了群体的工作绩效；也可能产生消极影响，即冲突降低了群体的工作绩效。

（二）冲突的种类及其基本特征

群体中的冲突形式多样，内容繁杂，可按冲突的范围和性质进行分类。

1. 根据冲突的范围可分为三种类型

（1）群体中个体之间的冲突。群体中个体之间的冲突形式丰富多样，其产生原因、内容和表现形式各不相同。从冲突的起因来看，有的是客观因素造成的，有的是主观因素造成的；从冲突的内容来看，存在感情冲突、工作冲突、地位冲突、职权冲突、待遇冲突、性别冲突等；从冲突的表现形式来看，有隐蔽冲突、公开冲突、半隐蔽半公开冲突、时隐时现冲突等。其中，因工作方法产生的意见分歧是正常冲突，若处置得当，有助于推动组织目标的实现。但个人思想引发的无原则纠纷则属于不正常的冲突，往往对组织目标的实现起消极作用。

（2）群体之间的冲突。构成组织的各个群体由于任务界定不清、职权划分不明，常常会出现互相牵制、埋怨和扯皮的现象，进而引发各种冲突。究其原因，一方面是群体间存在利益关系，另一方面是群体之间的竞争。不同原因引发的群体间冲突对组织目标的实现会产生不同的影响。

（3）个体与群体之间的冲突。个体与群体之间，由于多种原因也会产生各种各样的冲突，这些冲突主要表现为两种情况：一是个体对群体不满，最终可能致使个体离开群体，或个体满腹牢骚、消极怠工，甚至对群体进行破坏活动；二是群体对个体不容，最终可能导致群体处罚个体，甚至排斥个体。

2. 根据冲突的性质可分为两种类型

（1）建设性冲突，也称积极冲突，是指双方目标一致，但因认识不同而产生的冲突。其特点是：① 双方目标一致，共同关注目标的实现；② 双方愿意了解和听取对方的观点和意见，交换意见时以讨论为主，不伤害彼此感情；③ 双方围绕争论的问题交流意见，对事不对人。

建设性冲突在组织中既是常见的，又是必要的。和谐、和平、平静的状态并不总是有助于组织目标的实现，有时反而会使组织缺乏生机和活力。相反，适当的冲突会给组织注入活力，促进组织目标的实现。因此，建设性冲突是组织前进的动力，具有积极作用，管理者应善于提倡、引导和促进建设性冲突的产生。

（2）破坏性冲突，又称消极冲突，是指由于双方目标不一致而造成的冲突。其特点是：① 双方目标不一致，并都坚持自己的观点；② 不愿听取甚至根本不听取对方的观点和意见，很少或完全停止交换情况和信息；③ 双方不以争论的问题为中心，逐步由对问题、观点的争论转变为对人的攻击。

破坏性冲突会伤害群体成员之间的感情，破坏人际关系，阻碍组织目标的实现。因此，应加以预防、限制并妥善处理。

（三）导致冲突的主要原因

导致冲突的原因多种多样，归纳起来主要有以下几点。

（1）组织机构设置不合理。组织机构设置不合理极易导致冲突。比如，所设机构的职、责、权分配不合理，协调关系不明确，容易造成无人负责或相互推诿扯皮的问题；如果存在"多头领导"的情况，下达的命令或指示相互矛盾，也会造成冲突。

（2）信息沟通障碍。一个组织的信息网络往往很复杂，表现在网络的多样性、网络间联系的复杂性、信息传递的多层次性等方面。如果彼此之间缺少必要的规范，又不进行信息互通，必然会导致部门之间发生冲突。比如，在制定企业生产计划时，生产部门基于对传统产品设计和生产的熟练程度，主张多生产传统产品，而销售部门依据市场调查和预测的信息主张发展新产品，因而产生了冲突。

（3）考核评价不当。对企业中各部门和个人的工作绩效或行为表现进行考核评价，不仅对组织目标和个人的需要动机有反馈、调节作用，还因其涉及个人的切身利益而成为冲突产生的敏感因素。因考评不当而产生冲突的原因主要有两个：一是评价者的价值观不同，导致评价标准不同（包括评价对象横向对比不当及针对评价对象的考评指标和考评标准不合理）；二是过于侧重考核个人成绩。有研究表明，单纯以个人绩效为核心的考核评价方法，会引发人与人之间的竞争和冲突，对集体的合作与团结产生不利影响。

（4）个性差异。由于人的气质、知识、经验、态度和价值观等不同，对同一事物或人的是非、好恶、美丑及好坏的评价也不同，因而会导致冲突。这种因个性差异引发的冲突在企业中非常普遍。

（5）利益需求不一致。因利益需要或利益分配导致的得失问题，容易造成冲突。对此，组织领导者必须按照公平、公开、公正的原则，对其成员关心的报酬分配、福利分配、奖惩以及职务晋级等问题制定明确的原则或标准，并说明理由，这样不仅符合组织大多数人的意愿，而且能达到良好的沟通效果，保证规章顺利实施。与此同时，因为不同的人对同一事物的认识和理解存在差异，容易导致个体对完成目标任务所获得的利益有截然不同的判断。

（6）宗派。宗派所秉持的特定世界观、价值观和方法论常常会导致信息失真或被歪曲，产生排他行为，因而容易导致冲突。宗派有实际存在的和观念上的两种形式。当企业领导任人唯亲时，特别容易激起员工的安全需要和利益保护意识，从而形成宗派并保持一定的抵抗和对抗势力。但是，人们也常常以宗派的视角来观察问题，把不是宗派的情况误判为是宗派的，比如，"谁是谁的人"就属于这类猜测。

除了上述六个主要原因外，地方主义、本位主义、风气不正等原因也会导致群体冲突。

（四）解决冲突的方法

由不同原因引起的冲突由于其性质不同，相应的解决方法也应有所不同。在实际工作中，必须具体问题具体分析。目前解决冲突的常规方法有以下10种。

（1）协商解决法。这是解决冲突常用的方法。当各群体因资源分配问题发生冲突时，可由双方派出代表，秉持协商的原则，通过相互让步和妥协来解决冲突。运用这种方法时，要求冲突双方必须顾全大局、互相体谅，共同谋求解决方法。

（2）仲裁解决法。当冲突双方经过协商无法解决冲突时，需要由公允的第三方或较高层的领导者出面对冲突各方进行调解，通过仲裁，使冲突得到解决。采用这种方法时，要求仲裁者必须具有一定的权威性，处事公正，或是相关领域的专家。否则，仲裁解决法可能无法发挥作用。

（3）权威解决法。当冲突双方通过协商、仲裁均不能解决冲突，而且不服从调解者的调解或仲裁结果时，应由上级主管部门或司法机关作出裁决，遵循下级服从上级的原则，强制冲突双方执行命令。一般情况下不宜采用此方法，因为这种强制手段往往不能消除引起冲突的根源。

（4）拖延法。有些冲突很严重，但一时难以判断是非对错，如果不是急需解决的问题，冲突双方可暂时搁置，不去寻求解决的办法，任其发展，暂缓解决。

（5）回避法。即冲突双方为了维持表面的"和平共处"，有意回避矛盾，避免意见分歧公开化，其目的在于缓和冲突，防止矛盾激化。当冲突的内容不属于原则性问题，且冲突处于潜在期或刚刚被感知的阶段时，可采用这种方法。

（6）转移目标法。寻找一个外部参照物，转移冲突双方的注意力。

（7）心理位置互换法。因某种关系而产生冲突时，双方可设身处地，互换位置，考虑如果自己处在对方的位置上应该如何处理这件事。

（8）求同存异法。如果冲突并非原则性问题，只是由个性差异引起的，冲突双方应相互谅解，求大同、存小异。

（9）调整政策法。对于因职责或报酬分配不合理而引起的冲突，应及时调整相关政策，使之趋于合理，以解决冲突。

（10）群体重组法。当某些群体内冲突剧烈且长期无法解决，严重影响群体效率时，应果断解散该群体，进行重新组合。

第三节 群体对组织和个人的影响

群体在社会中普遍存在，并且随着社会交往的拓展而不断发展。在现代社会，人与人之间的交往越来越多，个体参与群体活动的频率也越来越高。这说明群体不仅有利于社会、组织的发展，同样有利于群体自身及个体的发展。群体在社会活动中起到了极其广泛和深远的作用，主要表现在对组织和对个体两个方面。

一、群体对组织的作用

人在通常情况下既是某个或某些群体中的一员，又是组织中的一员。因此，无论群体是否隶属于组织，由于个体的参与，群体与组织之间产生了一定的关联。这种关联既包括组织对群体的影响，又包括群体对组织不可避免的影响，这构成了群体对组织发挥作用的基本条件。特别是在组织内的正式群体中，有效、合理利用群体对组织的积极作用，始终维持组织目标发展的方向性及组织整体力量的连贯性，是组织发展与进步的关键。即使组织中的成员参与组织以外的群体（无论是否为正式群体），由于该群体同样对个体存在一定程度的影响，因而，也间接地与组织产生相互作用。群体对组织的作用主要表现在以下几个方面。

（一）群体是保证组织目标得以实现的中坚力量

正如目标管理思想所展示的，在分工协作的模式下细分组织整体目标时，企业的二级、三级甚至四级目标必须由组织的二级、三级和四级组织机构来实现，不可能由某一人或相互独立的某几个人完成。无论是在大中型企业还是在小型企业，明确的企业分工都是保障企业有序发展的必要前提，分工协作意味着职能的划分、职能关联性的确定，以及企业正式群体的界定和正式群体间相互协作关系的明确等。因而，只有通过群体内部及群体之间的努力与合作，才有可能完成组织目标。

（二）群体是推动组织发展的原动力

组织发展既需要完成当前任务，又需要具备应对商品经济社会冲击的能力。群体作为组织构成的基本单元，更可能发挥集思广益的作用，为组织提供新的思路和方法。特别是当信息分散到基层群体和个体时，通过群体成员之间的相互影响和有效沟通，能激发出新的创造力。

（三）群体是组织职能部门相互联系的纽带

组织职能分工强调分工明确、责权分明。即便有明确的书面资料说明各职能部门之间的工作关系和协调办法，具体的协调工作还是离不开群体中人员的实际行动。

（四）群体是解决组织问题的一种有效办法

组织中许多问题的解决过程非常复杂，需要掌握不同信息的人员相互沟通，并对可能的解决方案进行严格的论证。因此，组织往往通过设立课题小组、工作小组等诸如此类的群体来解决实际问题。如在制定组织长期计划、进行大型项目的预算、开展新产品设计与研制以及拓展新市场时，组建任务型群体是一种非常有效的途径。

（五）群体能够推动复杂决策的完成

如果企业决定进行人力资源的改造，这既涉及组织结构的变动，又涉及组织中个体工作岗位的调整，甚至可能因需适应新的行业市场发展要求，需要撤销某些部门和不必要的工作岗位，这无疑是典型的复杂问题。实践证明，设立一个包括企业内部各主要群体代表的执行工作小组就是一个很好的办法。由于这些群体参与了决策过程，有助于深入了解基层实际情况，提高调整工作的效率，减少协调时间和精力的不必要消耗，准确把握既适应环境要求又符合企业发展特点的有效方案，妥善处理改造过程中的遗留问题，在尽可能短的时间内完成旧体制改造和新方案实施。

（六）群体是促使成员社会化或对其进行培训的媒介

如果将若干人集中起来加以训练，不仅能使他们接受同样的教导，还有利于形成群体的一致意见，这个现象被称为社会标准化。社会标准化效应的出现是由于群体成员在相互作用和影响的过程中，产生模仿、感染、暗示和遵从等心理过程，从而形成群体的行为模式，并进一步形成群体的标准。这种行为标准一方面起到了引导各成员行为的作用，另一方面发挥着评价尺度的功能。不过，这种方法存在一定的风险，因为群体一致的意见有可能以对抗组织的形式出现。但是，这并不妨碍组织在教育活动中采用群体教育的方法。

（七）群体是组织社会形象的传播工具

组织中的群体是组织社会形象的载体。组织可以通过大量的媒体进行宣传，建立和维护其社会形象。而且，他人或其他组织往往通过对组织中群体行为的认识，以及与群体中个体的交流和沟通，来认识和了解该组织。

群体作为实现各种工作职能的有力武器，在管理领域中占有十分重要的地位。如果一个组织能在适当的时机，将合适的人组织成相应的群体，来完成特定的任务，则可极大地提高整个组织的效率。

二、群体对个体的作用

个体的需要是多种多样的，而群体能使其成员在心理上获得极大的满足。群体可以满足成员的如下心理需求。

（一）群体是满足成员个体需要的基本手段

满足社会交往需求、获得社会尊重，并利用个体的思想观念影响他人和环境，是社会人的重要社会性特征。群体为社会人提供了满足这些需要的场所和条件。群体成员通过与其他成员的沟通交流和共同行动，既展示了自身的个性特征，又了解到他人的个性特征和环境特征。在对诸多特征要素的对比中，成员可获得更多判断，形成对自身和他人更丰富的选择性评价，从而满足自身不同类型的心理需求，并为形成新的行为动机创造条件。

（二）群体是人们产生、加强和巩固认同感以维护自尊的基本手段

虽然家庭是这些基本过程的源头，但其他各种正式和非正式群体（特别是工作场所的群体）对人们观念的影响更为关键。比如，"我们从事什么工作？""我们的地位如何？""我们的价值有多大？"，这些观念常常在群体中得以产生、加强和巩固，而且与其自尊的强弱有着非常密切的关系。肩章、制服、帽徽等外在形式之所以重要，正是因为它们可以帮助人们明确自己的身份，满足自尊的基本需要。

（三）群体是确立和检验社会现实的基本手段

群体由具有不同特性的社会人构成，虽然表现的方式和程度各有不同，但同样包含社会现实的一般性和特殊性特征。通过与他人合作、讨论并交换对事物的看法，进而形成一致的见解，人们可以增加对社会环境的间接和直接体验，减少对社会环境认识的不确定性

以及随之产生的焦虑，进而对自身行为产生极大的影响。很多通过群体形成的信念可能缺乏实际依据，但其影响力丝毫不减。

（四）群体是减弱人们不安、焦虑和软弱感的基本手段

当人们身处险境时，他人的存在会使自己感到力量倍增，并冲淡原有的焦虑和不安情绪。比如，当工人感到待遇不公、生活无保障时，会联合起来组成工会，以消除个人势单力薄的感觉。当管理层企图通过奖励来控制工人时，工人们往往会自发地限制产量，借助群体的力量与之抗衡。

（五）群体是其成员用来解决问题、完成任务的一种途径

群体能够收集信息、相互协作开展活动、提供增长知识和技能的条件等。在群体成员按照分工要求完成任务时，承上启下的连续性要求群体成员不仅仅是独立地完成任务，还必须获得群体相关成员的支持和协作，协调和处理岗位职责边缘的交接工作，以实现群体任务高效完成的目标。

知识链接 10-1
群体对成员的影响

第四节　社群与社会网络

一、社群

（一）社群的概念及特征

一般而言，社会学家与地理学家所说的社群，广义上是指在某些边界线、地区或领域内发挥作用的全部社会关系。它可以指实际的地理区域以及在该区域内发生的社会关系，也可以指存在于比较抽象的、思想层面的关系。除此之外，美国社会学家伊恩·罗伯逊这样定义社会群体：社会群体是由以彼此行为的共同要求为基础，并以一种有规则的方式相互发生作用的人们所组成的集体。社会群体是有共同要求的社会个体与其他个体，按照一定的组织形式进行社会互动的集体。社会群体的共同要求各有不同，如基于两性情感与生命繁衍的需求，形成了家庭群体；在共同接受教育及个性发展的基础上，形成了学校的学生群体；为了共同应对环境及相互之间展开良性竞争的需求，某个行业的业主们组建了行业协会；在工业生产的环境中，为了群体认同及维护权益，工人们建立起工会组织等。

社群的特征主要体现在以下几个方面：① 有稳定的群体结构和比较一致的群体意识；② 成员有一致的行为规范，并且成员之间存在持续的互动关系；③ 成员间分工协作，具有一致行动的能力。

（二）社群的分类

社群类型依据社会学家不同的分类标准呈现差异性，仅美国社会学家埃班克的《社会学概念》一书就列举了 40 种。美国社会学家古尔维奇曾经对社会群体提出了多达 15 种划分标准，如群体的成员数量、持续时间、活动频率、形成基础、结构化程度、约束方式、

控制方式等。但基本上可以按照两个标准进行划分。

一是按群体本身进行分类。如萨姆纳的内群体与外群体、我群与他群，梅奥的正式群体与非正式群体，米德的参照群体与成员群体等。

二是对群体与群体之外的社会组织进行分类。如库利等人按成员关系的性质，将其分为首属群体与次属群体；日本社会学会将其分为基础群体与功能群体；苏联社会心理学家安德烈耶娃将其分为大群体与小群体；等等。

还有一些其他有影响的分类，如索罗金的纵向群体与横向群体，帕芝等的"地域的"与"非地域的"群体等。根据群体产生的历史过程，也有人将其分为血缘群体、地缘群体、业缘群体、趣缘群体和志缘群体。

（三）网络虚拟社群

1. 网络虚拟社群的概念

约翰·哈格尔三世和阿瑟·阿姆斯特朗认为，所谓网络虚拟社群是一个供人们围绕某种兴趣或需求集中进行交流的场所。它通过网络来创造社会和商业价值。它是由具有共同兴趣及需要的人们，利用网络传播的特性，通过网上社会互动来满足自身需要，从而构筑的新型生存与生活空间。

网络社群通过各类网络应用联结在一起，在建立的网络群体中，每个用户的行为都有相同而明确的目标和期望。网络社群一般指规模较小、交往密切但关系松散的群体，如腾讯 QQ 群、微信朋友圈，以及以垂直型论坛为代表的专业群体等。

2. 网络虚拟社群的特点

网络虚拟社群主要具有以下特点。

（1）虚拟性。由于网络虚拟社群赖以形成的基础平台只是一种虚拟的网络空间，没有明确的地域观念，社区成员的互动是通过电子交流方式实现的。因此，虚拟性成为网络虚拟社群与人类现实社区的重要区别。

（2）开放性。网络虚拟社群在短时间内得到迅猛发展，是因为它具有把世界"一网打尽"的能力。在横向上，国家间、地区间的距离因虚拟社区的互联而不再是障碍；在纵向上，历史、种族、信仰将逐渐被淡化，不同文化背景、不同语言的人们能够联系在一起，进行实时的、"面对面"的互动。这不仅减少了人际交往和信息获取的成本，也拓展了人类活动的范围。因此，网络虚拟社群的开放性是它与现实社区最重要的区别之一。

（3）功能结构的独特性。① 扁平化的网状与块状结构。传统社群依赖血缘、地缘或业缘而存在，因此在其结构与功能的表现上，或以尊卑长幼，或以远近亲疏，或以势力大小划分成以最高权威为核心的等距离同心圆状层次结构。网络虚拟社群则不同，其成员仅仅是依据"阅缘"这种高度自由的联结机制相互联结，既无明确的核心，也无严格的等级关系和核心权威，其结构表现为扁平化的块状结构。② 高度专业化。传统社群的空间结构具有相对封闭性和凝固性。因此，社群内核的内容具有相当明显的综合性，即功能的复合性。相对而言，网络虚拟社群因"网缘"的作用使其社区成员拥有较大

296

的选择余地。而正是这种自由的选择性，使网络虚拟社群在功能上更侧重于专业性和单一性。

（4）人员流动频繁。网络虚拟社群具有聊天、学习、娱乐、购物等多种功能，人们可以根据自己的需要在不同的社区之间自由流动。网络的互联性和开放性使任何一个网上社区成员自主性流动的权力大于他在现实社区中的权力。如果对社群服务不满或对社群中某些成员、言论不认同，成员可以随时离开。这种情况有时甚至会导致整个社群的人员全部流失，使社群消亡。网络虚拟社群成员的高流动率，一方面源于社群成员在兴趣、学习、情感交流等方面的内在需求；另一方面则因为不受现实社会中职业、身份、居住地和性别的限制。

（四）品牌社群

1. 品牌社群的概念

品牌社群被定义为"建立在使用某一品牌的消费者之间的一整套社会关系基础上的、一种专门化的、非地理意义上的社区"。品牌社群以消费者对品牌的情感利益为联系纽带。在品牌社群内，消费者由于对某一品牌有特殊感情，认为这种品牌所宣扬的体验价值、形象价值与他们自身所拥有的人生观、价值观相契合，从而产生心理上的共鸣。在表现形式上，为了强化对品牌的归属感，社区内的消费者会组织起来（自发组织或由品牌拥有者发起），通过组织内部认可的仪式，形成对品牌标识的崇拜和忠诚，这是消费社区的一种延伸。

2. 品牌社群的基本特征

品牌社群有三个类似于传统社区的基本特征，即共同意识、仪式和传统以及责任感。

（1）共同意识。它是一种集体意识，是指社群成员彼此之间存在固有的联系，并和社群以外的人有所区别。

（2）仪式和传统。它是重要的社会过程，品牌和品牌社群的意义在品牌社群中通过共同的仪式和传统得以复制和传递，社群所共有的历史、文化和意识也因此得以传承。

（3）责任感。它是指社群成员感到自己对整个社群和其他社群成员负有一定的责任或义务。

上述三个基本特征是品牌社群本质的体现，也是形成品牌社群的必要条件，缺失任何一个特征都不能形成品牌社群。

3. 品牌社群的影响

随着通信技术迅速发展和经济全球化加剧，市场上形成了一个个由消费者组成的消费群体，其作用和影响力及对企业的意义有别于以前相对孤立的单个消费者。这种新的消费现象主要体现在以下三个方面。

（1）消费者与企业的联系在加强。企业面临着如何与消费者接触的问题，它们需要新的沟通媒介来更好地与消费者沟通。

（2）消费者之间的联系在加强。消费者不仅通过电话、网络和无数的甚至跨越国界的兴趣组织进行交流，更重要的是通过开展实际活动进行面对面的互动交流。组织群体和社会网络对个体行为的影响在速度和强度两个方面不断提高。

（3）消费者与第三方的联系在加强。产品评论和价格、服务对比增强了消费者与提供信息的第三方的联系，市场变得更加透明，消费者的满意度也相应提高。总之，消费群体对个体消费者关于品牌的认知、偏好和忠诚等都会产生显著的影响。

所以，在如今这个"与消费者联系的时代"，企业有效营销策略的范式可能发生变化。品牌社群概念恰当地概括和反映了这一新的消费现象，受到了广大实务工作者和学者的关注和重视。企业纷纷资助、培育甚至创建属于自己的品牌社群，期望以此留住顾客，并增强顾客对品牌的忠诚度。在品牌社群情境下，社群成员对品牌和社群更高层次的认同，会发展为社群成员所共同拥有的社群意识。社群意识是一种归宿感，即社群成员相信彼此之间及与整个社群之间都有联系，各自的需要都可以通过这种联系得到满足。

二、社会网络

社会网络理论的基本观点是，社会情境下的人由于彼此之间的纽带关系，会以相似的方式思考和行事。一群特定的人之间的所有正式与非正式的社会关系，包括人与人之间直接的社会关系，以及通过物质环境和文化共享而结成的间接社会关系。社会网络作为社会资本的一项重要内容，是人与人之间互动形成的相对稳定的关联体系，具有一般资本或资源的属性，网络的规模大小也直接取决于个人拥有的社会资源的数量。

著名学者费孝通认为，中国的社会关系是以自己为中心逐渐向外扩散的，以此表明自己与他人的亲疏远近，往往以血缘为纽带的宗族关系是中国农村最重要和最稳定的社会网络之一。类似于印度的种姓网络或部分非洲国家的种族网络，宗族是"有着共同祖先且父系单线延续的合作组织，其成员自觉地与组织外成员区分开来，并共享组织的资源（如土地、声誉或市场信息等），与宗族内成员互惠互利并共担责任"。与地缘或朋友等网络不同，这种乡土文化决定了宗族网络的强度或凝聚力。

社会网络理论研究既定的社会行动者（包括社会中的个体、群体和组织）所形成的一系列关系和纽带，将社会网络系统作为一个整体来解释社会行为。社会网络既会连接起原本没有纽带关系的行动者，也会将行动者划分至不同的关系网络。社会网络理论可同时应用于微观和宏观的组织现象分析，微观层面包括领导力、工作团队、权力、信任、员工离职等，宏观层面包括企业间关系、组织联盟、网络治理等。

关键概念

群体（group）

群体属性（group attribute）

群体冲突（group conflict）

从众性（conformity）

去个性化（deindividuation）

社群（community）

网络虚拟社群（virtual community）

品牌社群（brand community）

社会网络理论（social network theory）

复习思考题

1. 什么是群体？它有哪些基本类型？有哪些发展阶段？

2. 试着回顾你所处的群体之中出现的各种互动现象，如协同效应、社会惰化效应等，并解释其原因。

3. 群体冲突产生的原因有哪些？在发生群体冲突时，管理者应该如何应对？

4. 在管理中如何增强群体的凝聚力？

5. "群体凝聚力是我们在群体中工作时所体验到的美好、温暖的感觉。群体的领导者应当努力提高群体的凝聚力。"请对此观点做出评价。

6. 谈谈你在不同的群体中的角色和作用，群体给你带来了什么影响？

7. 列出你所隶属的 4 个群体，分别说明他们是正式群体还是非正式群体？解释这些群体为什么会形成？为什么你会加入每个群体？其他人为什么加入群体？它们在构成上相似吗？区别是什么？

8. 试说明管理者如何利用非正式群体的特征和作用加强组织内非正式群体的管理。

管理游戏

齐 心 协 力

参与人数： 5 人以上一组为佳（要求全体学员观摩）

时间： 10~15 分钟

场地： 空地

游戏规则与程序：

1. 将学生分成几个小组，每组在 5 人以上。

2. 每组先派出两名学生，背靠背坐在地上。

3. 两人双臂相互交叉，合力使双方一同站起。

4. 以此类推，每组每次增加一人，如果尝试失败则需再来一次，直到成功才可以再加一人。

5. 教师在旁观看，选出人数最多且用时最少的一组为优胜。

相关讨论：

1. 你能仅靠一个人的力量就完成起立的动作吗？

2. 如果参加游戏的队员能够保持动作协调一致，这个任务是否更容易完成？为什么？

3. 你们能否想出一些办法来保证队员之间的动作协调一致？

案例分析

东航的多米诺骨牌效应①

2008年4月，四季如春的春城昆明气候温和，阳光明媚。在各大航空公司飞机频繁起降的轰鸣声中，国内第三大航空企业——中国东航股份有限公司（简称"东航"），此刻却经历着严峻的考验。

3月31日，东航云南分公司从昆明飞往大理、丽江、西双版纳、芒市、思茅和临沧六地的14个航班在飞到目的地上空后，告知乘客无法降落，又全部飞回昆明。事发后，东航对外宣称，飞机"集体返航"是因为天气原因。当"天灾"被查证为"人祸"之后，东方航空八架飞机在云南上演的返航之举——著名的"3.31返航事件"犹如一粒石子，激荡起东航千层的浪花……

1. 东航的发展历程

东方航空前身是上海民航管理局，1988年改制成立以航空运输为主业的东方航空。1993年10月6日，成立中国东方航空集团，并明确提出要把东航建设成"以航空运输为主，相关产业配套，多角化经营，全方位渗透的跨地区、跨行业的国际性航空集团"，除航空运输主业外，投资企业涉及广告传媒、旅游、宾馆、金融、期货、贸易、房地产、航空食品、设备制造等众多行业。

20世纪90年代中后期，东航进入鼎盛时期，销售收入100亿元，年利润4亿元以上，1996年利润额曾达到6亿元。

1997年2月4日、5日及11月5日，东方航空集团公司所属企业——中国东方航空股份有限公司分别在纽约证交所、香港联交所和上海证交所成功挂牌上市，成为当时最具发展潜力的中国航空公司，为中国民航发展史揭开了崭新的一页。

1997年，东航依法对原中国通用航空公司实施了兼并。1998年8月，东航与中国远洋运输（集团）总公司联合组建中国货运航空有限公司。

但自此之后，东航的发展却遭遇挫折，而李丰华上任的2002年正是东航迅速走向衰落的起始之年。

2002年，东航连续并购通用航空、长城航空、武汉航空、西北航空、云南航空五家航空公司。2003年，上海市政府确立建设"上海航空枢纽"方案，李丰华遂率领东航发起了一场前所未有的"上海保卫战"，调集全国14家分、子公司的机队和机组经营上海市场。经过1年多的奋战，东方航空在上海压制了上海航空、国航的攻势，市场份额从31%

---

① 段万春. 组织行为学教学案例集［M］. 北京：高等教育出版社，2015.

提高到了 36%。但不幸的是，这一大好形势被 2004 年 11 月份的"包头空难"断送。事故发生后，东航的声誉大为受损。

为了扩大公司规模，赢得东航在中国航空市场的地位，2004—2005 年，东航新增飞机 77 架，每周定期航班由 3 057 班次增加到 4 860 班次，由此带来的财务支出、管理费用、经营成本迅速上升，再加上西北航空的原有亏损、航油价格暴涨，东航资产负债率迅速达到 90% 以上。最终，经历 2004 年少许赢利后，2005 年东航亏损 4.67 亿元人民币，2006 年则巨亏 27.8 亿元人民币（按国内会计准则）。2009 年以来，东航以全新姿态迎来新的发展，荣膺"中国民航飞行安全五星奖"、荣登《财富》杂志"最具创新力中国公司 25 强"，被国际品牌机构 WPP 评为"中国最具价值品牌 50 强"，并排名靠前，连续三年累计赢利过百亿，净资产回报率位列央企前列。2022 年 12 月 9 日，东航正式从中国商飞接收全球首架 C919 飞机，2024 年，东航 C919 机队规模达到 10 架。

2. 东航"返航门"事件全过程

2008 年 3 月 31 日，东航云南分公司 14 个航班因飞行员"闹情绪"全部返航。

2008 年 4 月 1 日，东航又有 3 个航班返航。

2008 年 4 月 1 日，民航总局召开紧急会议以期解决问题。

2008 年 4 月 5 日，东航致歉，仍称返航缘于"天气原因"。

2008 年 4 月 6 日，东航宁波飞往上海航班中途返航，百余乘客"情绪激动"。

2008 年 4 月 7 日，东航上海飞往烟台航班因机械故障返航；海口飞往南京航班延误。

2008 年 4 月 7 日，东航首次承认返航"存在明显的人为因素"。

2008 年 4 月 9 日，昆明机场东航出港航班晚到几十分钟。

2008 年 4 月 17 日，民航总局对东航处以人民币 150 万元罚款。

2008 年 4 月 24 日，东航一架上海飞往北京的航班在飞行了一个多小时后折返。

2008 年 5 月 4 日，东航昆明—西双版纳、昆明—大理的航线永久停航。

2008 年 5 月 10 日，东航一架 B7371800 型飞机在北京首都机场起飞滑行时起火。

2008 年 6 月 4 日，东航云南公司的 MU5941 次航班在飞抵丽江机场跑道上空后却因为"天气原因"被迫返航。

2008 年 6 月 28 日，东航航班从昆明飞往丽江，却在一个多小时后又返回了昆明。

2008 年 7 月 16 日，东航被指航班晚点 4 小时无人解释，40 多名未登机旅客拒飞后，苦熬一夜。

2008 年 7 月 20 日，东航 MU2815 从南京飞往成都双流机场，因天气原因班机备降重庆江北机场后，乘客被困机舱 5 小时无人理睬。

2008 年 7 月 21 日和 7 月 23 日，从昆明飞往昭通的东航航班，连续出现了飞抵昭通机场上空后，以天气原因为由返航的情况。

3. 东航的"多米诺骨牌效应"

在一个相互联系的系统中，一个很小的初始能量就可能产生一连串的连锁反应，人们就把它们称为"多米诺骨牌效应"或"多米诺效应"。东航的"返航门"事件揭示了东航内部的若干问题，这些微小的初始能量已经爆发出巨大的能量，产生了显著的"多米诺骨牌效应"：公司战略失误—企业文化腐烂—人员士气低落—沟通渠道不畅—返航门—业绩崩盘—信任危机—品牌塌陷……

（1）公司战略方面的问题。据统计，从1997年6月至"返航门"事件发生时，东航易主频繁，仅东航股份就换了5任董事长、7任总经理，平均每位董事长在任时间2年，每位总经理在任时间只有1年。

2002年，国务院做出了关于民航体制改革的决定，将航空公司重组成三大航空集团：原国航、西南航、中浙航重组成国航，原南航、新疆航空、北方航空重组成南航，原东航、西北航空、云南航空公司重组为东航。据了解，东航集团旗下的14家分公司大部分由民航各省分局转制而来，其人员和财务涉及地方利益，整合的难度本身就很大，整合不好的直接后果是航线整合不力、运力调配不能统一，结果既造成了资源的浪费，也增加了成本开支。

2004年初，为了实施建设上海国际航空枢纽港的目标，东航屯集14家分、子公司的机队和机组，发动了一场前所未有的"上海保卫战"，并成功地使其在上海市场的客运占有率达到了36.3%，比2002年31%的占有率大大提高。凭借价格战中的胜利，东航在上海航空业的市场份额有所提升，但最终却因"包头空难"事件而惨败收场。

2005年，东航向当时的民航总局提出在北京设立分公司的申请，希望以"北京攻坚战"出奇制胜，但这种战略并没有取得太大成效。

2006年，东航开始与新航洽谈入股合作，希望得到这家全球服务最好的航空公司的帮助，提高国际长航线收益，这一曾被看好的"东新恋"最终无果。

（2）企业文化方面的问题。公众心中神秘而又令人憧憬的飞行员一族却戏谑地自称"非人"，让我们像机器一样，可以，但又不给上油，不去维护，所以有些飞行员才会采取过激的做法。"我们是人才，你们也需要我们，但为什么不重视我们？"

为了发动"上海保卫战"，东航14家分、子公司的1 500名机组人员背井离乡来到上海，由于集团总部接待能力有限，大部分机组只能自己解决在上海的住宿和办公问题，由于开销太大，而东航集团在工资待遇上并没有给予额外补助，一时间士气低落，分、子公司机组人员怨声四起。

东航云南分公司机长李晓东告诉《环球企业家》记者，员工有困难、有意见的时候，东航在安抚和帮助飞行员解决问题方面没有做太多工作，影响了员工的工作热情，类似的辞职、罢飞、绝食示威的局面很可能会继续下去。

在东航内部，云南分公司与上海总公司相比，员工劳动强度大，效益好但分配工资比总部低。从2002年云南航空公司被东航兼并后，原云南航空公司员工的工资基本没有上调。合并后的云南分公司与上海总部以及其他分公司实行统一的财务核算，将盈利的钱拿去补贴总公司和其他分公司的亏损。一位飞机维修人员在接受《中国新闻周刊》采访时也表示，分公司岗位级别往往比总公司人员低。

一位不愿透露姓名的飞行员反映，这次集体返航事件背后的"炸药包"是，自云南航空公司并入东方航空公司以来，产生很多不当管理，飞行员们"无数次"反映问题，但均得不到解决，感到公司"缺乏人文关怀""没有企业文化""重用小人"。另一位飞行员在说到这次事件的原因时也说到，"单位不讲理呗，不重视飞行员呗。这才是飞行员要离开的真正原因，都愿意到一个受重视、受尊重的工作环境中去"。

（3）沟通渠道方面的问题。东航内部人士透露，云南分公司十几个员工曾就住房补贴拖欠问题，多次联名反映而无果。从 2007 年开始，这些员工直接找到东航总部工会反映，仍无果。据知情人透露，在东航事件发生之前，东航云南分公司飞行员宿舍流传着《致东方云南分公司飞行员的一封信》，其内容十分尖锐地反映了东航云南分公司飞行员在待遇、企业文化、工作氛围方面的种种不满，但这封信仍然未能引起主管领导的重视。

2003 年，云南地税局对空勤人员飞行小时费按 8%的税率核定计算缴纳个税，但 2006 年云南地税局要求将飞行小时费并入工资薪金一并计算个税，相当于按照 20%~30%的标准对分公司员工收税。仅此一项，云南分公司飞行员的个税比以前多缴纳 1 万~7 万元，这在云南分公司飞行员队伍中造成了强烈的反响。信中就此提到："公司领导和有关部门又有谁来为我们争辩和争取呢？"

此外，云南分公司的职工普遍认为东航合并云南航空后，云南分公司的盈利能力明显好于其他分公司，但东航实行统一的财务核算，相当于拿盈利的云南航空的钱去补贴总公司和其他分公司的亏损。而事实上云南分公司人员拿到手的工资却比亏损的总公司人员低。付出与所得比例失调，引起大家普遍不满。对此，信中写道："其他飞云南高原特殊机场的航班均得到了很高的风险补贴，而我们通过种种合理合法的渠道向公司领导层反映，要求提高待遇，却一直遭到他们的敷衍或拒绝。"

（4）返航门。公司战略导向的失误、企业兼并过程中的文化冲突、沟通渠道的封闭，点燃了飞行员心中不满的导火索，最终导致了返航门事件的发生。

（5）业绩崩盘。东航事件发生后，民航西南地区管理局对东航作出两项具体决定：自 2008 年 5 月 4 日起，停止东航昆明至西双版纳、昆明至大理两条航线经营权，所停航线的经营权交由其他公司临时经营。

航空公司三季报显示，国航和东航都在巨亏之列，东航亏损高达 23.3 亿元。据 4 月 29 日东航董事会的公告显示，2007 年度停止的两条航线主营收入共 2.6 亿元，调减部分航线主营业务收入共 4 亿元，停止和调减的航线占 2007 年底经审计的主营收入的 1.52%。

此外，受返航事件影响，东航 4 月份以来的客座率已经由 3 月份的 72%下降至 60%，而去年同期的客座率为 75%，上半年的航空总体运力投放同比下滑 2%，整体客座率水平下降了 2.9%。

（6）信任危机、品牌塌陷。返航事件并没有随着东航其后的道歉与处罚决定而结束，相反，随着类似事件陆续发生，公众对东航的不满和不信任达到了巅峰，而面对一时间铺天盖地的指责和不满，东航并没能妥善解决。这就是东航没能处理好返航事件带来的余波，造成了部分旅客在能够选择其他航空公司的情况下，一般不会再选择东航。

东航方面表示，只要一有航班延误，哪怕只有十几分钟，旅客都不相信公司的解释，并立刻与工作人员理论。2008年4月6日，东航宁波—上海航班因浦东机场大雾中途返航，百余乘客"情绪激动"；4月7日，东航上海—烟台航班因机械故障返航，落地后部分惊魂未定的乘客立即退票；同一天，东航海口—南京的航班延误，众多乘客质疑航空公司给出的解释；4月9日，昆明机场东航出港航班晚到几十分钟，许多乘客围着东航工作人员讨说法……

自东航发生返航事件后，品牌价值已毁损不少。之后，在东航陆续发生的诸多事件，纷纷被媒体冠以"东航返航门再现""东航再现危机"之类的标题，甚至有旅客在网上"联名抵制东航"。

6月29日，有媒体以《东航由昆明飞往丽江航班再次发生返航事件》为题，报道了又一起"返航事件"，旅客熊先生在接受媒体采访时亦表示："怎么又是东航？"随后，有旅客以博客形式发表文章称"以后不再乘坐东航的飞机"，并历数自己乘坐东航航班所遭遇的种种倒霉经历。该博客一度被挂上博客首页，吸引了大量网民的注意。更有网络调查显示，高达62.4%的乘客表明将不再选择东方航空公司，67%的乘客表示对东航的企业管理能力与飞行员的职业品德产生怀疑。不少乘客更是表明，即便出更高的价格也愿意选乘其他航空公司的航班。

返航事件的直接负面影响将在短期内使东航乘客减少，公司营利下滑。长远来看，则使公司品牌美誉度受损，投资者信心减弱，并可能影响其在资本市场上的成长。返航事件演变成一场严重的舆论危机，并裹挟着巨大的破坏力，足足使东航辛辛苦苦建立起来的品牌价值、公众信任、企业美誉度倒退5年甚至10年。

4. 东航的困境

东航可以说一方面饱受磨难，一方面正等待着"凤凰涅槃"。在获国家财政部注资30亿元的第三天，中组部、国资委在东航集团召开干部大会，宣布任命刘绍勇担任东航集团总经理并兼任集团的党组副书记，原东航集团总经理李丰华另有任用。南航前掌门人落座东航后，如何挽救这家问题重重的上海滩民航业巨子？

【思考题】

1. 东航的战略失误是其失败的主要原因之一，你觉得企业的高层管理者应如何提高其战略思维能力？

2. 沟通渠道封闭是东航事件发生的原因之一，你认为东航应如何解决这个问题？

3. 企业在兼并过程中，应如何提高其文化整合能力？

4. 从"天灾"到被查证为"人祸"，东航在处理公关危机时出现了哪些问题？应该如何解决？

5. 结合你对一系列返航事件处置情况的了解，你认为目前东航急需解决的问题是什么？应如何解决？

第十一章 团队管理

【学习目标】

1. 掌握团队的概念和内涵
2. 了解团队的类型及优缺点
3. 理解团队效能的定义
4. 了解团队管理的途径
5. 理解创业团队的定义
6. 了解创业团队的组建过程
7. 了解团队管理的冲突和挑战

导入案例

华为的团队奋斗文化——"胜则举杯相庆,败则拼死相救"

"胜则举杯相庆,败则拼死相救",体现了华为团队精神的终极理念,这句口号最早是华为市场部提出来的,主张不管谁胜利,都是团队的胜利,大家一起庆祝;不管谁失败,也都是团队的失败,大家都会去拼死相救。

早期,华为开创了一年365天,一天24小时,全天候的服务方式。华为上上下下所有员工,要确保手机24小时全天候开机,以便让客户随时能找到他们。而且,不论是谁接到客户的请求,绝对不允许推脱推辞,华为推行的是"首问负责制",即客户首先找到某个员工,即使同他无关,该员工也要负责将信息传递到公司内部相关人员和部门,推动问题的解决,形成解决问题的闭环。

正是依靠"胜则举杯相庆,败则拼死相救"的团队紧密配合作战行为,依靠着团队协作、互为补充,华为才能攻克一个又一个的山头,才能初步在竞争激烈的电信市场中,获得生存发展的可能。任正非在《一江春水向东流》一文中有这样一番话:

"我深刻地体会到,组织的力量、众人的力量,才是力大无穷的。人感知自己的渺小,行为才开始伟大","我后来明白,一个人不管如何努力,永远也赶不上时代的步伐,更何况是知识爆炸的时代。只有组织起数十人、数百人、数千人一同奋斗,你站在这上面,才摸得到时代的脚。我转而去创建华为时,不再是自己去做专家,而是做组织者。在时代面前,我越来越不懂技术,对财务半懂不懂,如果不能民主地善待团体,充分发挥各路英雄的作用,我将一事无成。"

第一节　团 队 概 述

团队是由一群有不同背景、技能和知识的人组成的特殊群体，是群体的特殊形式。其特征表现为成员间高度的互补性、知识技能的跨越性和信息的差异性。团队通过充分发挥成员优势，为组织目标服务。先进的团队理念及其成功范例，促使团队成为全球众多大型组织机构和企业的基本运作模式。

一、团队的概念

团队的概念最早源于企业管理领域，是指由少数有互补技能，愿意为了共同的目的、业绩目标和方法而相互承担责任的人所组成的群体。团队以任务为导向，拥有共同的行为目标，成员之间分工不明确，工作内容相互交叉，协作性强。

群体与团队在功能上存在显著差异。在工作群体中，成员不一定参与需要共同努力的集体工作。因此，工作群体的绩效，仅仅是每个成员个人贡献的总和。在工作群体中，不存在一种积极的协同作用，能够使群体的总体绩效超越个人绩效之和。而工作团队则是由两个或两个以上的人组成的共同体，该共同体合理利用每一个成员的知识和技能协同工作，解决问题，以达到共同的目标。通过成员的共同努力，团队能够产生积极的协同作用，使团队绩效远远大于个体绩效之和。图 11-1 展示了工作群体与工作团队的区别。

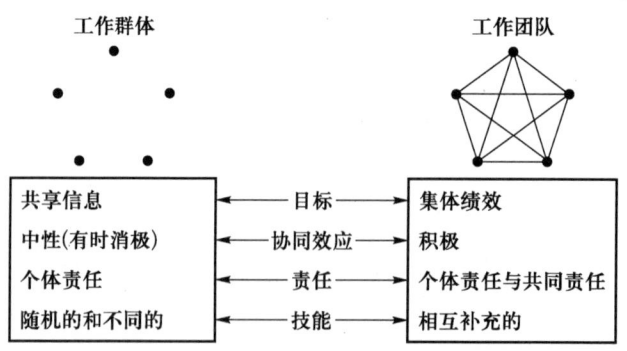

图 11-1　工作群体与工作团队的区别

众多组织管理人员围绕工作团队重新组织工作流程，旨在发挥工作团队的积极协同作用，使组织在不增加投入的情况下，提高产出水平和组织绩效。

不过，建立团队并非一蹴而就，并不能保证必然产生积极的协同作用。若仅仅把工作群体改称为工作团队，并不能自动提高组织绩效。

二、团队的发展阶段

蒙特伯罗和布泽塔将团队的发展划分为四个阶段：初创阶段、动荡阶段、规范阶段、运作阶段。团队发展各阶段的效率和特征详见表11-1。

表11-1　团队发展各个阶段的效率和特征

阶　　段	效　　率	特　　征
1. 初创	低	戒备的、谨慎的、不承担责任的
2. 动荡（功能失调）	低-中 无-低	好争辩的、定位的 群体在这一阶段陷入困境
3. 规范	中-高	合作的、相互支持的、善于沟通的
4. 运作 1 运作 2（呆滞）	高 中	协作的、整体化的、高标准的 常规的、不接受外部观点的

三、团队的类型

根据团队的存在目的，可以对团队进行分类。在组织中，较为常见的团队类型有以下四种。

（一）问题解决型团队

在团队概念刚刚兴起时，大多数团队的形式都很相似。这些团队一般由来自同一个部门的5~12名员工组成，他们定期聚集，讨论如何提高产品质量、生产效率和改善工作环境。我们把这种团队称为问题解决型团队。

在问题解决型团队里，成员就如何改进工作程序和方法交流看法或提出建议。但是，这些团队几乎没有权力根据这些建议自行采取行动。

20世纪80年代，应用最为广泛的问题解决型团队之一是质量圈。这种工作团队由职责范围部分重叠的员工及主管人员组成，人数在8~10人。他们定期举行会议，讨论所面临的质量问题，调查问题产生的原因，提出解决方案，并采取有效的行动。

（二）自我管理型团队

问题解决型团队的做法虽有效，但在调动员工参与决策的积极性方面存在不足。这种欠缺促使企业努力创建新型团队。自我管理型团队是真正独立自主的团队，它们不仅关注问题的解决，而且负责执行解决方案，并对工作结果承担全部责任。

自我管理型团队通常由10~15人组成，他们承担部分以往由上司所承担的责任。一般来说，他们的责任范围包括：控制工作节奏、决定工作任务的分配、安排工间休息、检查工作程序。完全的自我管理型团队甚至可以自主挑选成员，并让成员相互进行绩效评估。这样，主管人员的重要性降低，甚至可能被取消。例如，通用电气公司机车发动机厂大约有 100 个团队，负责工厂的大部分决策：有权安排检修工作，决定工作日程，批准日常设备采购。即使一个团队未经报告就花费 200 万美元，工厂经理也不会有所顾虑。现在，美国大约 30% 的公司采用了这种团队形式。

自我管理型团队可以减少管理层次，形成扁平式的组织机构。相对于传统的管理团队，它能为员工带来更高的成长满意度、社会满意度和信任感，能够提高 30% 的工作效率，并极大地改善产品和服务质量。这种类型的团队在通用汽车公司、百事可乐、惠普公司等企业得到了广泛应用。但是，与传统的组织形式相比，自我管理型团队的缺勤率和流动率偏高。因而，应当注意采用这种团队形式并不一定产生积极效果这一现实问题。

（三）多功能型团队

多功能型团队由来自同一等级、不同工作领域的员工组成，目的是通过识别和解决跨部门、跨领域和多功能的问题来完成特定的任务。

许多组织采用跨越横向部门界线的方式组建团队。20 世纪 60 年代，IBM 率先采用多功能型团队，将不同部门的员工组织形成任务攻坚队。到了 20 世纪 80 年代末，多功能型团队得到了广泛的应用，几乎所有的汽车制造公司都采用了这一类型的团队来完成复杂的项目。

多功能型团队是一种有效的方式，能使组织内（甚至组织之间）不同领域的员工交换信息，产生新的观点，解决面临的问题，协调复杂的项目。当然，多功能型团队的管理并非易事。在其形成的早期阶段，往往要消耗大量的时间，因为团队成员需要学会处理复杂多样的工作任务。在成员之间，尤其是那些背景、经历和观点不同的成员之间，建立信任并实现真正的合作，也需要一定的时间。

（四）虚拟型团队

虚拟型团队借助现代网络技术，把身处不同地点的人员联系起来，以实现共同目标。这要求团队成员无论是身处同一空间，还是远隔千里，都能在线协作。

虚拟型团队最显著的特征是以一系列信息技术为纽带来联系成员和实施任务。常用的三大类信息技术是：桌面视听会议系统、合作软件系统、网络系统。飞速发展的信息技术为虚拟型团队的良好运行奠定了基础。虚拟型团队可以完成信息共享、制定决策、执行任务等其他团队所能实现的全部工作。它既可以联合组织内部所有成员，又可以联合不同组织间的成员（如供应商或合作伙伴）。

与面对面型团队相比，虚拟型团队存在三个基本差异。

（1）缺乏语言和非语言暗示。

（2）情感交流有限。虚拟型团队容易受到成员间沟通不足和缺乏直接交流的影响。由于无法进行日常的面对面问答、讨论，特别是在成员未曾谋面的情况下，虚拟型团队往往只能以任务为导向，难以进行充分的社会情感交流。

（3）能够克服时空约束。比如，在得克萨斯仪器公司，来自印度、德国和日本的集成电路工程师虽然跨越 12 个时区，却能集思广益，设计新产品，合力排除故障。

308

四、团队管理要素

通常情况下，任何一个团队都要具备以下五个要素。

（一）目标一致

如果成员间的思想不统一、意识跟不上、考核不到位，即使有再好的措施也难以有效执行。遇到问题不退缩、不迟疑，是提升执行力的关键保障。所以要带好一个团队，首先要把部门目标与公司（组织）目标紧密结合，并切实可行地落实到团队的每个成员身上，围绕公司的核心目标来分解自己的工作并坚定不移地执行。各级管理者一定要层层分解、检查、处置，只有这样才能形成合力，将大家的精力、激情集中到一起共同前进。有效目标的建立一般遵循如下原则：① 目标的具体化、可测量化。② 明确时间限制。良好的目标不仅需要明确时间界限，而且要对任务完成时间进行合理的规划。③ 制定难度适中的目标。

📖 案例

拉 绳 实 验

德国科学家瑞格尔曼进行了一项拉绳实验。他将参与测试者分成四组，每组人数分别为 1 人、2 人、3 人和 8 人。实验要求各组用尽全力拉绳，同时使用灵敏的测力器测量拉力。

测量的结果有些出人意料：

2 人组的拉力仅为单人单独拉绳时拉力总和的 95%；

3 人组的拉力是单人拉力总和的 85%；

8 人组的拉力则降到单人拉力总和的 49%。

之所以会出现人多力量却不一定大，即 1+1<2 的情况，原因在于团队成员的目标不一致。

（二）良好沟通

沟通带来理解，理解带来合作。如果不能很好地沟通，就难以领会对方的意图，进而无法开展有效的合作。在团队中，缺乏交流沟通，就无法达成共识；没有共识，就无法协调一致，难以形成默契；没有默契，就无法发挥团队绩效，也就丧失了团队建立的根基。所以，有效沟通是打造高效团队的必要前提。

（三）适当激励

绩效评价注重的是整个团队的绩效。但是，团队绩效是每个成员协同努力的结果，因此必须重视团队成员个人的作用。所以，一个团队需要一套公平、透明的绩效评估体系，以此对成员的努力和绩效进行客观评价。在此基础上，还需要对团队成员进行适度激励。假如评估体系不合理，就会影响团队成员的积极性，进而影响团队的整体绩效。

（四）团队凝聚

团队凝聚力是一种无形的精神力量，是将团队成员紧密联系在一起的看不见的纽带。团队的凝聚力来自于团队成员自觉的内心动力和共同的价值观，是团队精神的集中体现。团队凝聚力在外部表现为团队成员对团队的荣誉感及团队的地位。因此，必须设置可达成的目标承诺，同时，引导团队成员将个人目标与工作目标相统一。团队凝聚力在内部表现为成员之间的融合度和团队的士气。因此，必须采取有效措施增强团队成员之间的融合度和亲和力，形成高昂的团队士气，使团队成员对团队产生强烈的认同感和归属感。

（五）团队文化

团队文化是社会文化与团队长期形成的传统文化观念相互融合的产物，包含价值观、最高目标、行为准则、管理制度、道德风尚等内容。在众多企业实践企业文化管理的过程中，团队已经成为强有力的核心价值观，加强团队文化建设具有一定的重要性和必要性。团队文化具有以下五个方面的重要作用。

（1）导向作用。所谓导向作用，是指通过对团队领导者和员工的引导，将员工的行为引向组织的共同目标，使员工齐心协力，朝着同一个目标努力。

（2）约束作用。团队文化产生的约束功能，能够通过团队内部形成的观念和氛围，约束员工的个体行为。这种约束不是自上而下的硬性强制力量，而是由硬性控制转向软性内化控制，由控制员工行为转向控制员工的意识，由控制员工的短期行为转向对其价值观和长期目标的控制。因此，这种约束不仅仅是规章制度的约束，更强调软约束，更为持久，更易深入人心。

（3）凝聚作用。任何组织群体都需要凝聚力，传统的管理方法主要依靠组织系统自上而下的行政指令，忽视了个人感情和社会心理需求。而团队文化通过培养群体意识，借助员工在长期实践中形成的习惯、信仰、动机、兴趣等文化心理，沟通员工思想，激发共同的使命感、归属感和认同感，进而强化团队精神，产生强大的凝聚力。

（4）激励作用。团队文化通过员工之间的正常竞争可以实现激励功能，这种激励不仅体现在物质层面，还能使员工得到团队的认可和其他员工的尊重，让员工实现自我价值，满足其多层次需要。

（5）辐射作用。团队文化能够塑造组织的良好形象，扩大组织在内部和外部的影响力。

五、团队的优点和缺点

（一）团队的优点

20世纪40年代对英国采矿业和20世纪70年代对日本经济奇迹的研究报告和大量调查结果表明，在适当的条件下，团队能比个人做出更优的决策，产出更优质的产品，提供更好的服务，激发员工更高的工作激情。例如，团队成员能迅速地分享信息和协作完成任务，而不像由管理者领导的传统部门那样，信息传递非常缓慢而且准确率低。一般而言，团队能够为顾客提供更好的服务，因为他们整合了更多成员的知识和专业技能，远超单个"服务之星"。

在很多情况下，团队合作比个人单独工作更能激发工作热情。原因是：第一，员工本身具有相互联结的内在需求，而且更容易被激发去实现所在群体的目标。当团队已经成为员工社会身份的一部分时，这种激励作用更加显著。第二，团队成员对团队的其他伙伴都负有责任，而这些伙伴也会比传统的管理者更紧密地监督彼此的表现，尤其是当团队的表现取决于表现最差的成员时，如装配线上速度最慢的员工决定整体进度。第三，在一定的情况下，当员工在一起工作时，彼此会成为参照标杆。当员工知道自己的表现会与其他员工进行比较时，会受到激励而更努力地工作。

（二）团队的缺点

虽然团队合作有很多好处，但也不是在所有场景都比个人单独工作更高效。团队存在的主要问题在于过程损失所带来的附加成本。这意味着部分资源（包括时间和精力）会被耗费在团队的发展和成员关系的维系上，而不是在项目本身。个人单独解决问题比化解团队成员间的观点分歧更高效。团队要表现得好，团队成员就要对目标、完成目标的策略、各自的角色以及非正式管理规则等达成一致并且相互理解。而个人单独工作时，几乎不存在不一致、误解、分歧、合作问题（即使有，也比团队协作时少）。当工作很复杂，需要多人的技能和知识时，团队是必要的。但是当任务可以由个人单独完成时，过程损失会使团队合作的效率低于个人单独完成。

当团队吸纳新员工或者进行人员替换时，过程损失的问题会特别明显。新的团队成员需要花费时间和精力弄清楚怎样和其他成员进行合作；现有成员的绩效也会受到影响，因为他们要投入精力去容纳和整合新的成员。过程损失在新成员融入团队后依然存在，因为大型团队需要更多的协调和时间来解决冲突等问题。软件制造业将这种现象命名为布鲁克斯定律，即向延期项目中增加人员，只会使这个项目进一步延期。尽管这些问题广为人知，但研究发现管理者仍然会低估向现有团队增加人员所带来的过程损失。

此外，团队中最为人熟知的缺陷就是由于群体懈怠而导致的生产力损失。当人们在团队中工作付出的努力比独自工作少（而且往往处于较低水平）时，就会出现群体懈怠现象。这种情况经常发生在个人成果被隐藏或者难以识别的时候。个人成果在大型团体中容易被隐藏，尤其当团队只产出单一的产品，例如解决客户问题时，员工可能会减少自身努力。当团队中每个成员的贡献易于分辨时，这种群体懈怠的情况就会减少。为减少群体懈怠，可以采用减小团队规模或者单独衡量每位团队成员的表现等方式。当工作任务有趣时，群体懈怠发生的概率也会降低，因为个人会被工作本身激励，从而认真完成任务。当团队的目标非常重要时，群体懈怠的情况也会减少，这很可能是因为个体从同事的良好表现中感受到了较大的压力。最后，在重视团队成员身份以及坚信努力工作才能实现团队目标的员工当中，这种群体懈怠发生的频率也会比较低。

总的来说，团队能成为竞争优势中一股强大的力量，但也会带来许多问题。当员工组成团队时，面对的诸多问题可能影响团队的工作表现或者使团队士气低落。为了判断何时团队协作会比个人独自工作更有优势，我们需要深入研究影响团队有效性的条件。

第二节　团队效能与管理

一、团队效能的定义

团队效能由团队绩效（周边绩效）和组织绩效（任务绩效）共同构成。任务绩效是指任务的完成情况，即职务说明书中规定的绩效，与组织的技术层面直接相关，是传统绩效评估的主要部分；周边绩效是一种涉及心理和社会关系的人际和意志行为，是一种有助于完成组织工作的活动，侧重于衡量组织成员在工作职责外、与工作绩效相关的品质特征，如帮助他人、团结协助等，这类行为也被称为组织公民行为、亲社会的组织行为等，都是指在组织中与他人合作和帮助他人等有益于组织的行为。

二、团队效能的影响因素

团队效能的发挥，受到很多因素的影响，既有团队所处组织环境的影响，又有团队自身内部因素的影响。

（一）团队特征

1. 团队异质性

团队规模越大、成员异质性越高，信息获取途径就越畅通，这些因素与团队效能的关系就越显著。异质性指个性、性别、态度、背景或经验因素的多样性。异质性高的组织更有可能获得成功，来自不同背景的员工更能推动组织向目标迈进，提升组织的绩效。一般认为，群体成员背景的异质性与团队效能呈正相关关系，并且在创造性和智力性任务中，团队成员的异质性对团队绩效也有影响。

2. 团队规模

团队规模对团队效能的影响呈倒 U 形，即团队规模过大或过小都会降低团队效能。当团队规模增大时，成员间的心理距离增加，满意感和参与度降低，协作程度低于小型团队。当团队规模变小时，虽然团队成员间的关系较亲密，满意感和参与感较高，但团队的执行力相对较弱。只有团队的规模适中时，才能取得最大的团队效能。研究表明：① 成员总数为奇数的群体比成员总数为偶数的群体更具有优势，因为团队成员总数为奇数时，可以降低投票时出现僵局的可能性；② 5~7 人组成的团队在执行任务时，会比更大或更小的团队更有效。

3. 分配角色及增强多样性

如果员工的工作性质与其个性相符，其绩效水平就容易提高，工作团队内的角色分配也是如此。高绩效团队能够使员工恰当地匹配不同的角色。

一系列研究已经证明，团队成员倾向于扮演九种潜在团队角色，如表 11-2 所示。

表 11-2　几种团队角色

角 色 名 称	角 色 作 用
革新者	革新者产生创新思想
倡导者	倡导者倡导和拥护新思想
开发者	开发者分析决策方案
组织者	组织者构建工作结构
生产者	生产者提供指导并确保工作落实
核查者	核查者检查具体细节
维护者	维护者处理外部冲突和矛盾
建议者	建议者寻求全面的信息
联络者	联络者促进合作与综合协调

（二）对共同目标的承诺

有效的团队具有一个团队成员共同追求的、有意义的目标，能够为团队成员指引方向、提供动力，让团队成员愿意为之奉献。成功团队的成员通常会投入大量的时间和精力来讨论、修改和完善一个在群体和个人层面上都被认可的目标。

（三）团队沟通

团队沟通是团队内部成员之间共享信息，共同解决问题，做出有效决策的互动过程。沟通的目的是使团队成员对团队目标、任务和问题有共同的了解，以实现目标一致、思想一致和精神团结。在对传统团队的研究中发现，互动性的沟通是团队工作的必然要求，团队的效能在很大程度上受到沟通质量的影响。另外，团队成员之间的信任感影响团队的决策，团队成员之间的信息交流越顺畅，团队决策的有效性越高，团队效能也越高。

（四）领导与结构

高绩效团队还需要领导和合理结构来提供方向和重点。确定与成员技能匹配的工作任务、保证工作负荷公平分配、安排工作日程、明确技能开发方向、解决冲突、制定和修改决策等，都需要团队的领导和团队结构发挥作用。领导命令有助于团队成员形成相似、正确的心智模型，进而通过团队沟通影响团队的有效性。

（五）团队氛围

团队氛围是团队成员对团队目标、团队运作、团队结构等具体情境的认知或心灵体验。当团队成员对团队各方面有充分的认知，明确知道团队发展与个人发展的关系密切时，整个团队的凝聚力会更强，团队成员能够主动为个人及团队的目标和行动承担责任。

（六）绩效评估与奖酬

个体绩效评估、劳动报酬、个体积极性等与高绩效团队的开发并非同步。因此，除了根据个体的贡献进行评估和奖励以外，管理人员还应该考虑以群体为基础进行绩效评估、利润分享、小群体激励及其他方面的变革，加强组织对团队的支持，提高成员的积极性，使团队得以顺利开展工作，提高团队的效能。

三、团队管理的途径

团队管理的途径有很多表述，但大致可分为四种类型：角色界定途径、人际关系途径、任务导向途径及价值观途径。

（一）角色界定途径

该途径界定了团队成员参与团队活动时所扮演的角色。目的是明确每个人对自己的期望、整个群体的规范，以及不同成员所承担的责任。这意味着团队清楚地意识到自己作为一个工作单元的角色定位。它的运作既有实效又有效率，因为每个成员都能清楚地理解自己的位置、角色和责任。

（二）人际关系途径

该途径旨在促进团队成员间形成较高程度的社会意识及个人意识。例如，通过帮助成员学会如何互相倾听，或者如何了解团队中其他成员的经历，以便更好地理解彼此的个性以进行有效交流，有助于成员们共同工作。

（三）任务导向途径

该途径强调团队的任务，以及每个团队成员对这项任务的完成所能做出贡献的独特方式。在这一途径中，重点不是成员本身如何，而是成员所拥有的技能以及这些技能如何对整体做出贡献。因此，这一途径十分强调不同团队成员之间的信息交流，也强调根据完成任务所需的资源、技能以及实际步骤，对团队的任务进行实际分析。

（四）价值观途径

这一途径致力于发展成员间的相互理解，其重点是团队成员对其所从事工作的整体立场，以及他们所秉持的价值观，而不是组成团队的个人的性格或者他们担当的角色。通过确保团队中的每个人都拥有共同的价值观，确保团队的工作目标反映这些价值观，团队成员能够更有效地协同工作，并且能够感知到自己的个人行为如何为团队的共同目标做出贡献，以及如何反映团队的共同价值观念。

四、对团队表现的评估

根据组织内部团队之间的影响力和它对有效完成团队任务的价值，卡特森伯奇和史密斯在1993年提出用团队行为曲线来评估团队表现。该曲线对团队建设有一定的启示意义，如图 11-2 所示。

在这个模型中，工作群体和工作团队的区别在于，工作群体强调个人完成自己领域的任务，没有共同的责任，而工作团队强调成员间的合作

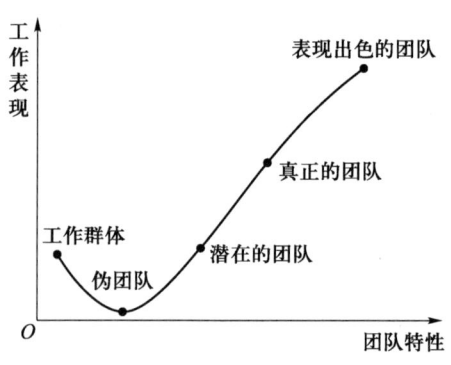

图 11-2　团队行为曲线

314

与共同责任。

在从工作群体向工作团队转化的过程中，存在很多风险，其中之一就是成为伪团队——一群被称为团队或自称为团队的人，但在实际工作中缺乏协作，没有集体责任感，工作效果甚至不如工作群体。

潜在的团队是处于工作群体和真正的团队之间的群体，这样的群体认识到有必要改善其表现，并且确实有改进的意愿。但是由于缺乏明确的共同目标，且把工作重点放在个人责任上，未能真正形成协作的风气，因此阻碍了群体的发展。虽然生产率会有所提高，然而更常见的情况是，潜在的团队因没有明确的方向，难以发展成为真正的团队。

真正的团队由一些为共同目标而工作的人组成，团队中每个成员共同对团队所需达到的目的负责，同样也对团队整体采用的工作方法负责。但这并不意味着团队中的每个人都是一样的。一个真正的团队由具有互补性技能的人员组成。如果工作需要，他们也愿意学习新的技能。由于成员协同工作，他们的创造力远远超过一般的工作群体。

高效团队是把团队的潜力发挥到极致的团队。表现出色的高效团队成员不仅对自己团队的成功负责，也关心和助力其他人的成长和发展，共同学习、共同发展、共同提升是这种团队的主要特征。这种团队的能量很大，常常能实现看起来不可能实现的目标。

第三节　团队的创业特质

创业是一个发现和捕获机会，并由此创造出新颖的产品或服务，实现其潜在价值的过程。创业必须投入时间和精力，承担相应的财务、精神和社会等方面的风险，并获得金钱的回报、个人的满足和独立自主的权利。

一、创业团队

创业团队是指在创业初期（包括企业成立前和成立早期），由一群才能互补、责任共担、愿为共同的创业目标而奋斗的人所组成的特殊群体。创业团队的重要性主要体现在两个方面：一是创业团队越来越"流行"。对创业实践的研究显示，无论地理区位、行业类型、创业者的性别，有一大批新创企业是由创业团队推动的。二是创业团队对于创业绩效或创业成功产生了积极的影响。大量实证研究表明，团队创业的业绩要优于个体创业。

通常，创业团队由四大要素组成。

（1）目标。目标是凝聚团队成员努力的重要因素，从本质上说，创业团队的根本目标在于创造新价值。

（2）人员。任何计划的实施最终要落实到人的身上。作为知识的载体，人员所拥有的知识对创业团队的贡献程度，将决定企业在市场中的命运。

（3）角色。明确每位成员在新创企业中担任的职务和承担的责任。

（4）计划。制定指导计划以明确成员在不同阶段的工作内容以及工作方式。

二、创业团队和一般团队的区别

创业团队不同于一般团队，有自己的显著特征，如表11-3所示。

表11-3　一般团队与创业团队的区别

区　　别	一　般　团　队	创　业　团　队
目的	解决某类或具体问题	开创新企业或拓展新事业
职位层级	成员并不局限于高层管理者	成员处于高层管理者的职位
权益分享	并不必然拥有股份	一般情况下在企业中拥有股份
组织依据	为解决特定问题临时组建	基于工作原因而经常共事
影响范围	只影响局部、任务性的问题	影响决策的各个层面，范围广泛
关注视角	战术性、执行性的问题	战略性的决策问题
领导方式	由公司最高层直接领导	以高层的自主管理为主
成员的组织承诺	较低	高
成员与团队之间的心理契约	不正式且影响小	心理契约关系特别重要，直接影响公司决策

三、创业团队的组建

组建创业团队需要制定周密的创业计划。创业计划是在对创业的总目标进行具体分解的基础上，以团队为整体考虑制定的计划。它确定了在不同的创业阶段需要完成的阶段性目标，通过逐步实现这些阶段性目标，最终实现创业的总目标。

（一）招募合适的人员

招募合适的人员是创业团队组建的关键环节，主要应考虑两个方面。一是互补性，即其能否在能力或技术上与其他成员形成互补。这种互补性的形成，既有助于强化团队成员间的合作，又能保证整个团队的战斗力，更好地发挥团队的作用。一般而言，创业团队至少需要管理、技术和营销三个方面的人才。只有这三个方面的人才形成良好的沟通协作关系，创业团队才可能实现稳定高效运作。二是适度规模。适度的团队规模是保证团队高效运转的重要条件。团队成员太少则无法发挥团队的功能和优势，而过多又可能产生交流的障碍，团队很可能分裂成许多较小的团体，进而削弱团队的凝聚力。一般认为，创业团队的规模控制在2~12人最佳。

（二）职权划分

为了保证团队成员顺利执行创业计划、开展各项工作，必须预先在团队内部进行职权的划分。创业团队的职权划分就是根据执行创业计划的需要，具体确定每个团队成员所要担负的职责以及相应的权限。团队成员之间的职权划分必须明确，既要避免职权重叠和交叉，也要防止因无人承担责任而造成工作上的疏漏。

（三）团队的调整融合

完美的创业团队并非在创业一开始就能建立起来，很多时候是在企业创立一定时间以后，随着企业的发展逐步形成的。在团队运作过程中，团队组建时在人员匹配、制度设计、职权划分等方面的不合理之处会逐渐暴露出来，这时就需要对团队进行调整融合。由于问题的暴露需要一个过程，因此团队的调整融合也应是一个动态持续的过程。

四、创业团队的类型

（一）同质性创业团队和异质性创业团队

团队异质性一般指团队成员在人口特征、重要的认知观念、价值观、经验等方面表现出来的差异。具体到创业团队异质性，主要包括性别、年龄、种族、受教育水平、创业经验等易于观测的外部异质性，以及认知、价值观、偏好、态度、创业承诺等深层次的内部异质性。一般而言，异质性团队更可能取得卓越的团队绩效，而同质性团队则能更高效地完成常规任务，如表11-4所示。

表 11-4　创业团队异质性分类

分　类	含　义	特　点	主 要 属 性
社会性异质性	团队成员在社会地位和社会角色方面的差异	具有较强的外部性，与团队的工作和任务往往没有直接联系	性别、年龄、种族、受教育水平等
功能性异质性	团队成员在所掌握的与工作相关的知识技能、工作背景和工作经验等方面的差异	具有明显的内部性，往往与团队的工作和任务具有天然的直接联系	行业经验、职能经验、创业经验、人格、价值观、偏好等

（二）节约型团队、单成员团队、混合团队和嵌套团队

节约型团队是一种极端形式的创业团队，这种创业团队的成员完全了解团队所处的情境，只需处理一些确定性很高的常规事件。在节约型团队里，成员信念相同、利益共享，不存在激励问题。

单成员团队是只有一个成员的团队，这个成员就是创业者自己。可以把单个创业者视为由在不同时间阶段扮演不同角色的过渡性行为主体构成的团队。在创业过程的不同阶段，每个阶段的过渡性行为主体对相应阶段的决策变量进行控制，并基于不同的先验知识和信息做出决策。

混合团队至少包括一个创业者和一个罗宾逊式节约者，创业者负责发现市场目的—手段框架，节约者在这个框架下监督生产和交易效率。

嵌套团队至少包括两个创业者：一个领头创业者和一个协助创业者。领头创业者为团队确定总体经营思路或愿景，而协助创业者则在实施中充分发挥其先前知识与专业技能的作用。领头创业者不必具有超群的市场知识与商业技能，但要有卓越的创造力和战略视野，能敏锐地发现商机。为了培育协助创业者并保证其与自己的认知一致，领头创业者必须充分发挥

知识链接 11-1
其他创业团队的分类

自己的认知领导力，加强与团队成员的交流和互动，以达成团队共识，更有效地传播其总体经营思路。

第四节 团队管理面临的挑战

一、社会惰化

社会惰化是团队成员在为共同目标开展活动时，出现努力程度和平均贡献随着群体成员的增加而减少的现象。社会惰化普遍存在于各种类型的群体、团队和组织中，它会削弱群体凝聚力，降低工作效率，甚至会阻碍群体目标的实现。关于社会惰化现象，一种解释是，群体成员认为其他人没有履行应尽的职责，因而降低了自己的努力程度以求得内心的公平感。另一种解释是群体责任的扩散：由于群体活动的结果不能非常明确地归结为具体某个人的作用，个人投入与群体产出之间的因果关系非常模糊，所以个人具有降低在群体中努力程度的倾向。也就是说，如果个体在群体中的绩效难以体现和衡量，群体的效率就会大幅下降。

二、"搭便车"问题

"搭便车"问题，是指在团队生产过程中，由于团队成员的个人贡献与所得报酬没有明确的对应关系，或者由于其他激励措施不力，而造成每个成员都有减少自己的成本支出而坐享他人劳动成果的机会主义倾向。"搭便车"导致团队成员缺乏努力工作的积极性，使团队工作效率低下或产出不足。实际上，团队面临的一个问题是个体之间相互"搭便车"的情况。例如，在团队中有人为团队的总绩效努力工作，而有的人坐享其成。虽然短期内，这类团队还是能完成任务，但是长此以往，团队成员的积极性必定会慢慢消退，彼此被同化，积累到一定程度，团队就会处于瘫痪状态。

三、难以实施准确的个人绩效考核

绩效评价旨在客观地对个人的能力、工作状况和适应性，个人的个性、资质、习惯和态度，以及个人对组织的相对价值，进行有组织的、实事求是的评估。它是人力资源管理的核心工作。团队作为一个整体也有绩效，但在团队中，传统的个人绩效考核方法常常难以发挥作用。这是由于团队生产具有高度合作的性质，团队成员具有较强的互补性，团队的产出是团队成员共同努力的结果。由于团队生产的这些特点，在团队中容易出现较严重的信息不对称，使团队中单个成员的努力水平不可观测，导致单个成员的绩效常常无法被准确地度量。

四、个性化与团队合作的冲突

采用团队形式面临的一大障碍是个体阻力，因为员工成功与否不再由个人绩效单独决定。要成为一名优秀的团队成员，个体必须学会与他人进行开放而坦诚的沟通，学会面对差异并解决冲突，学会把个人的目标升华为团队的利益。这对许多员工来说，是一项艰难的任务，甚至有些员工可能无法完成。在下面两种情况下，塑造团队成员面临着艰巨的挑战：① 组织文化是高度个人主义的；② 在高度重视个人成就感的组织中推行团队模式。通常，组织可以通过选拔、培训与奖励等方式来培养团队成员的合作性，减少个性化与团队合作之间的冲突。

冲突管理作为团队日常管理的重要内容，是影响团队内部互动和信息交流的主要因素。创业过程中，冲突产生的作用取决于人们面对冲突时的行为或行为意向，即冲突管理方式。认知冲突和情感冲突是影响创业团队决策绩效的主要变量，特别是认知冲突，能够促使团队成员仔细检查问题和更加深入思考，从而推动学习和创造性思想的发展。高效的创业团队在决策时，一方面要适当增加认知冲突，因为认知冲突有助于对决策问题形成充分的认识，提高决策的质量；另一方面要尽量减少情感冲突，因为情感冲突会导致团队成员之间关系紧张，并影响团队成员的决策接受度，进而降低决策的质量。从团队过程观点来看，团队内积极的冲突管理会带来良好的团队互动效果。从冲突的功能性观点来看，过高水平或过低水平的冲突都不利于团队有效互动。

五、员工多元化

员工多元化涵盖使员工个人区别于他人的差异化特征，包括性别、种族、民族、年龄和身体状况等，有时候也包含其他因素，比如婚姻状况、父母情况和宗教信仰等。团队的成员个体在各种因素上都存在着差异，使得团队的管理面临着新的挑战——如何管理团队成员的多元化，既尊重个体的独一无二的特性和贡献，又提高组织的共同观念。随着员工多元化趋势的发展，陈旧观念和歧视思想可能会增加，团队中对特定人群的歧视会妨碍被歧视人员发挥潜力。员工多元化是一把双刃剑，一方面可以带给团队更多的信息与知识，进而提升企业的绩效，另一方面，潜在的小集团主义可能出现，影响信息的有效利用。在关于员工多元化与组织绩效关系的研究中，研究人员将组织内部多元化分为三个层面。

（1）多元化断层，即拥有不同特质的群体在组织内形成了截然不同的亚群体，各亚群体不同的文化、价值观、行为方式、管理风格，极易引发小集团主义和亚群体间的文化冲突，进而影响组织的绩效。

（2）交叉特质的员工多元化，即同一亚群体内部在多个维度上存在差异，亚群体内成员拥有多种差异化的特质，亚群体内差异较大，而群体间差异相对较小，即"相对差异度"较小。这种亚群体内部员工交叉特质的安排，尽管并没有真正减少群体成员的差异，但是成员感知到的差异减弱，文化冲突相应减弱，所以潜在小集团的意识并不强烈。因为强调了不同群体之间的相似性，以及每一个群体内部的差异性，交叉特质的组织中群体内偏见比较少，绩效较高。

（3）强烈的身份认同，即组织内部在人口统计学意义上呈现多元化，但所有组织成员都秉承统一的组织理念，有强烈的组织认同感。也就是说，虽然组织内部员工的多元化程度较高，但因逐渐形成了组织群体的共同意识，实现了多元化员工共同价值观的调整与再造，进而形成了共同的组织文化。

多元化之所以对组织绩效产生负面影响，是因为根据相似吸引理论，存在差异的人群易产生人际冲突，影响合作的绩效，所以企业应该通过激发员工的组织认同感、重视不同文化的交流融合、有效配置交叉特质员工和建立信息共享的机制与平台等方式，扬长避短，提高组织绩效。

六、团队职责不明

在团队建设的过程中，经常会出现各职能部门和成员分工不清、职责不明的情况，这在传统团队中表现得十分明显。随着移动互联网时代的到来，团队建设也发生了很大的变化，团队的存在意味着承担具体的职责，而这些职责必然要由团队中的管理者、中层员工和基层员工来分担。但是，在实际操作时，这些职责无法像数学计算那样精密分配到每个人的肩上。加上可能出现的推脱、拖拉、职责模糊等现象，导致团队内出现职责不明的问题，从而导致团队执行力迅速降低。

通常，职责不明的现象在团队中主要表现为以下方式。

（1）岗位职责随意化。在一些以技术脑力活动为主的团队或者互联网时代下的新型团队中，由于无法明确界定岗位职责，导致岗位任务不清晰，只能通过员工的自我定位或是领导的期待加以确定。

（2）职责按照资历走。不少团队都出现过这样的情况：新员工加入后，该团队中原本资历最浅的员工顿时如释重负，将各种杂事统统抛给新人。但如果所有人都抱着这样的心态来看待职责的划分，团队内就会产生职责不明的问题。一旦职责按照资历的高低进行相应分配，而不再按照能力、经验或者特点分配，而且管理者也默认了这样的规则，势必会让本来已经模糊的职责分配原则变得更加不可掌控。

（3）职责跟随人员变化。实际上，职责跟随人员变化也会产生类似的问题。成熟团队内部的职责应该是根据岗位的作用，进行科学的安排和分配。但不少团队管理者由于种种主客观原因，如信任的差别、情感的亲疏或者对业绩的认可程度不同，将职责同人员联系起来，导致人员一旦负责某项职责，即使更换岗位也必须长期承担。这种职责分配的方式，在小型团队内可能还比较便于运作，但团队成长扩大之后，职责、人员和岗位之间必然形成一盘散沙似的乱局，无法理清。因此，管理者必须在这样的情况出现之前，将职责同人员进行适当分离，保证团队内职责分配的整体性和科学性。

关键概念

团队（team）
解决问题型团队（problem-solving team）
自我管理型团队（self-managed team）

多功能型团队（multi-functional team）

虚拟型团队（virtual team）

团队效能（team efficiency）

高效团队（high-performance team）

社会惰化（social loafing）

"搭便车"问题（free-rider problem）

创业团队（entrepreneurial team）

复习思考题

1. 如何理解团队的概念？影响团队效能的因素是什么？

2. 为什么要对"群体"和"团队"进行区分？你认为哪些行为有可能与这种区分有关？

3. 假如你是某一团队的领导者，结合团队管理要素，你觉得应该如何充分发挥团队的优点？

4. 团队管理可以通过哪些途径进行？试举例分析你身边高效管理团队的特征。

5. 团队的组建是一个非常重要的过程，你认为在创业团队的组建过程中应该重点注意些什么？

6. 创业团队有别于一般团队，请谈谈你认为哪些因素是创业团队最需要具备的？

7. 对于像"逻辑思维"这样的自我管理型团队，如何实现团队的有效管理？

8. 结合你平时参加的各种团队活动，分析团队管理过程中会面临的挑战。

9. 当个性化和团队合作发生冲突时，在不妨碍团队创新的前提下，作为管理者，你认为应该怎样协调管理更为恰当？

管理游戏

瞎 子 摸 号

参与人数：14~16人为一组

时间：30分钟

场地：空教室

道具：摄像机、眼罩及小贴纸

游戏规则与程序：

1. 让每位学员戴上眼罩。

2. 给每个人一个号码，但这个号码只有本人知道。

3. 让小组根据每人的号码，按从小到大的顺序排列成一条直线。

4. 全程不能说话，只要有人说话或摘下眼罩，游戏结束。

5. 全程录像，并在点评之前放给学员看。

相关讨论：

1. 你是用什么方法来通知小组你的位置和号码的？

2. 沟通中都遇到了什么问题？你是怎么解决这些问题的？

3. 你觉得还有什么更好的方法？

案例分析

真空世界的先行者①

7 月，正值南方的梅雨季节，雨水更是频频光顾昆明这座春城。"这么大的雨，戴老师应该不会来了吧？"真空冶金研究所的小黄心想。今年的雨水好像特别多，还常常是夹带着暴风，和以前年份的和风细雨大不一样。

正在这会儿，门被轻轻地推开了，"这么大的雨，戴老师，您……"小黄的声音惊异中还带着几分颤抖，要知道戴老师今年已接近 80 岁高龄。"呵呵，好多年没见过这么大的雨了，我们接着昨天的问题……"一层薄薄的雾气笼罩在小黄的镜片上。

一、真空冶金研究所的背景

云南省素有"有色金属王国"之称，矿冶工业是其支柱产业，但有色金属冶金技术水平和研发能力却相对落后。传统的冶金过程是在大气环境下进行的，产量低、污染大。从 20 世纪 50 年代起，戴永年教授就开始在此领域展开研究，经过多年的努力，实现了冶金在真空下的操作。其中，该所研制成功的"内热式多级连续蒸馏真空炉"和"卧式真空炉"已有约 60 台/套在中国、巴西、玻利维亚等国内外 40 多个单位使用，不仅有效地减少了有色冶金对环境的污染，改造了传统冶金技术，而且可将很多冶金中间产品进行有效分离，变废为宝。他带领课题组研究成功的"内热式多级连续蒸馏真空炉""卧式真空炉"及"锂的真空冶炼新工艺"在工业上应用广泛，被国内外多家单位采用，创造产值约 10 亿元，新增利税超过 3 亿元，利润超过 2 亿元。

此外，他还长期从事锡冶金及真空冶金的教学和科研工作，创建了真空冶金及材料研究所，自行研制了大、中、小型多种真空炉，先后培养了 40 余名博士、硕士研究生，承担并完成了数十个研究项目，团队成功研究开发的几十种工艺设备或工艺方法获得国家专利，他们的辛勤工作为我国有色金属真空冶金的人才培养和有色金属冶金工业的发展做出了重要贡献。鉴于以上卓越贡献，1999 年戴永年当选为中国工程院院士。

二、艰难的创业之路

1956 年戴永年自矿业系毕业以后留校任教。科学的道路是寂寞的，何况他所从事的是

---

① 段万春. 组织行为学教学案例集 [M]. 北京：高等教育出版社，2015.

322

一条更为冷清的路。矿冶是云南传统的优势产业，但"常压冶金"是一条走了上千年的老路，其缺点显而易见：流程长、消耗多，而且污染严重。怎样改变这一落后的生产方式，是摆在戴永年面前的课题。刚开始，没有任何可参照的资料，没有任何可以依赖的先例，一切从零开始。在真空冶金试验室里，至今仍存放着一台扩大试验设备，这是戴永年研制的第一台"真空冶金炉"。就是这样一台设备，花了戴永年整整21年的时间。21年，是一个人从青年走向中年的最宝贵的岁月。在这21年里，经历了多少困难、失败，看过了多少冷眼、怀疑、猜忌……如果没有超乎常人的坚定和执着，一般人很难坚持下来，但戴永年坚持下来了。回想起当年的窘迫，戴永年至今记忆犹新。

1970年，戴永年开始试制可以用于生产的"真空炉"。他每天骑着自行车，在学校与相距7千米的昆明冶炼厂之间往返奔波，风雨无阻。学校也从紧张的经费里拨出700元支持他的研究，这是他得到的第一笔经费。但这笔钱只够做一个炉壳，差的钱怎么办呢？

不善言辞的戴永年豁出去了，他大着胆子向省冶金局科技处求援，科技处同意借给他5 000元。当时人们的工资普遍只有几十元，这可是一笔巨款啊。要是研究失败了，这钱可怎么还？戴永年心里也没有底，但为了"真空炉"，戴永年再一次豁出去了。他又向厂里借来一吨试料，实验终于得以进行。就是在这样的压力下，能应用于生产的"真空炉"终于研制成功。也是从那个时候开始，戴永年开始了事业的"井喷期"，科研成果源源不断地问世，他所著的《真空冶金》开创了我国有色金属真空冶金的先河，一系列科研成果获国家大奖，由他发明和研制的"真空炉"在国内外（巴西、玻利维亚等）近40个厂家使用，为国家创造产值近10亿元；1981年出任冶金系主任，中国有色金属学会重有色金属冶金学术委员会副主任委员，中国真空学会真空冶金专业委员会副主任。1999年，因为在"真空冶金"领域的突出贡献，戴永年当选为中国工程院院士，成为当时云南高校中唯一的院士。

三、战胜困难的利器——牢不可摧的团队精神

在中国传统文化里有这么两句老话："一个好汉三个帮""独木不成林"。研究所之所以取得今天令人瞩目的成就，固然与戴院士的辛勤劳动分不开，但仅靠他一人之力也是"无力回天"的，而正是戴院士领导下的这个团队创造了这样一个奇迹，真正发挥了"1+1>2"的团队效应。自从他主持真空冶金及材料研究所以来，全所10余人（有时达到30余人）团结协作，无论是在工厂做实验的还是搞理论研究的都很努力，在工作上相互支持，在生活上相互关心，共同取得了很多成果，这让他有很好的环境来研究和发展真空冶金事业。问题是，在曾经条件那样艰苦、甚至对科研结果难以预知的情况下，戴院士是如何组建这一团队，并带领他们克服重重困难，取得辉煌成果的呢？

（1）有效的领导方式。当年戴院士的一个学生（现已为研究所主要领导）谈道："戴老师科研很严谨，为人也非常谦虚，从不拿自己的资历、辈分炫耀，即使在当选院士以后，也是一如既往地平易近人。"这句话简明地道出了戴院士的领导方式——平易近人，不打官腔，不说套话，更重要的是表里如一，从而获得了极高的个人威望。管理学理论提到，领导在组织中的地位不仅取决于其实际的岗位，同时也取决于其个人在组织中的威

望，只有同时具备这两点因素，才能保证有力的领导。无疑，戴院士就是这样的一位领导者。

（2）严谨的组织结构。研究所的结构并没有照搬呆板的层层传达的中国传统式结构，而是根据研究需要灵活地设置科研部门，根据科研项目的不同组成各种临时性的攻关小组，在项目进行过程中，各个部门、小组进行充分的沟通，实行信息共享，把个人优势和团队优势充分结合起来。从现代管理学观点来看，该组织属于典型的矩阵职能制。

（3）崇真务实的外部环境。1978 年，全国上下出现了一场崇尚科学、重视教育的潮流，国家更是加大了对科研教学的投入，研究所依托的矿业系正是在当时高校院系调整的情况下产生的。当时的全国高校院系调整造就了一大批当今蜚声海内外的著名学府。在这样良好的外部环境下，研究所的发展更是"芝麻开花——节节高"。

（4）平等的合作地位。整个团队都是在一种和谐的、一视同仁的氛围下进行科学研究，研究人员各司其职。

（5）对于科研工作者来讲，研究成果产生高社会效益就是对其最大的鼓励和奖赏。

（6）合理的群体规模。多年来研究所总是遵循"因事设人"的原则，确保事事有人做，而不是人人有事做。这样就从根源上杜绝了机构臃肿、办事效率低下的问题。

（7）充分的信息交流与沟通。1964 年，我国在国际全面封锁的环境下独立研制成功出了原子弹，消息传来令世界震惊。能在那么短时间内完成一系列的理论、试验和生产环节，不能不说是个奇迹。曾参与当年原子弹研究的科学家道出了一个秘密。当时在研究原子弹期间正碰上"文革"，许多有威望的科学家被下放到基层，包括王淦昌、赵忠尧等一大批元勋。正是这样的安排，使得年轻的科研人员有了接受高级专家直接指导的机会，同时不再因为身份、权威的限制而敢于直接同他们面对面地讨论，这样的好处有二：一是在专家的直接指导下加速了科研进程；二是在问题的讨论中培养锻炼了大批中青年专家。这段时期也被誉为我国科技发展的"黄金时期"。研究所的发展与此非常类似，在以戴院士为首的团队里，没有长幼尊卑之分，有的只是对科学真理孜孜不倦的追求和探讨。

（8）积极向上的群体。戴永年院士曾就读的矿业系云集了一大批优秀的学者，他们大都是从德国、法国、英国、美国、比利时等欧美强国学成归来的留学生，而且矿冶系的许多研究设备都是从美国进口的，当时的矿冶系堪称名校中的"强校强系"。之后参与研究的学生也是经过戴院士精心挑选的，一开始就为研究所的发展奠定了坚实的人才基础。

四、团队后续发展

2004 年，研究所被云南省政府认定为"云南省有色金属真空冶金重点实验室"，于 2005 年 12 月，由国家发展改革委批复、云南省发展改革委主管、依托昆明理工大学组建的"真空冶金国家工程实验室"成立，这是我国首批启动建设的国家工程实验室，是依托高校建设的首家国家工程实验室。2012 年 3 月，实验室通过国家发展改革委的验收。2012 年团队入选教育部创新团队发展计划，2014 年入选科技部重点领域创新团队并被授予"全国专业技术人才先进集体"的称号。

2022 年 1 月 27 日，戴永年院士因病医治无效，在昆明逝世，永远离开了他所热爱的科教事业，永远离开了他所奋斗的"真空冶金国家工程实验室"。但是，他带领的优秀团队接过"接力棒"继续向科学高峰奋进，仍坚持不懈地在"真空世界"里寻求着科学的真谛。

【思考题】

1. 阅读案例，试分析戴院士团队在异常艰苦的条件下取得辉煌成果的原因是什么？对于现代企业团队管理有何启示？

2. 结合实际，谈谈优秀的团队精神如何激励组织不断创新发展。

主要参考文献

［1］段万春．组织行为学［M］．北京：北京大学出版社，2012．

［2］段万春．组织行为学教学案例集［M］．北京：高等教育出版社，2015．

［3］《组织行为学》编写组．组织行为学［M］．北京：高等教育出版社，2019．

［4］陈春花，曹洲涛，宋一晓，等．组织行为学［M］．5版．北京：机械工业出版社，2024．

［5］傅红，周贺，段万春，等．企业文化变革对新生代员工工作压力影响的实证研究［J］．昆明理工大学学报（自然科学版），2015，40(6)：126-132．

［6］曹勤伟，段万春．科学研究的规模经济悖论与多维绩效分析［J］．科学学研究，2021，39(10)：1758-1769．

［7］傅红，李晶，宋全瑞，等．国企混改背景下高管股权激励作用系统的成长上限基模分析［J］．经济问题探索，2021，(1)：70-78．

［8］司慧迎，段万春．基于共享创新的新创组织创业绩效影响研究［J］．昆明理工大学学报（社会科学版），2021，21(2)：67-77．

［9］谢晖，任倩，段万春．哲学社会科学创新团队内在合作成效的影响因素机理分析［J］．电子科技大学学报（社科版），2021，23(2)：65-74+112．

［10］Du Y W, Zhong J J. Group inference method of attribution theory based on Dempster-Shafer theory of evidence［J］. Knowledge-Based Systems, 2020, 188.

读者意见反馈

为收集对教材的意见建议,进一步完善教材编写并做好服务工作,读者可将对本教材的意见建议通过如下渠道反馈至我社。

咨询电话　400-810-0598

反馈邮箱　gjdzfwb@ pub. hep. cn

通信地址　北京市朝阳区惠新东街 4 号富盛大厦 1 座　高等教育出版社总编辑办公室

邮政编码　100029